高等院校经管专业"十三五"规划创新全媒体系列教材

企业文化

Corporate Culture

◎主　编　胡春森　董倩文
◎副主编　杨宏兰

华中科技大学出版社
http://www.hustp.com
中国·武汉

图书在版编目(CIP)数据

企业文化/胡春森,董倩文主编.—武汉:华中科技大学出版社,2018.6(2021.12重印)
ISBN 978-7-5680-3104-2

Ⅰ.①企… Ⅱ.①胡… ②董… Ⅲ.①企业文化 Ⅳ.①F270

中国版本图书馆 CIP 数据核字(2017)第 168279 号

企业文化　　　　　　　　　　　　　　　　　　　胡春森　董倩文　主编
Qiye Wenhua

策划编辑：曾　光
责任编辑：姚传浩
封面设计：孢　子
责任监印：朱　玢
出版发行：华中科技大学出版社(中国·武汉)　　电话：(027)81321913
　　　　　武汉市东湖新技术开发区华工科技园　　邮编：430223
录　　排：华中科技大学惠友文印中心
印　　刷：武汉邮科印务有限公司
开　　本：787mm×1092mm　1/16
印　　张：17
字　　数：434 千字
版　　次：2021 年 12 月第 1 版第 4 次印刷
定　　价：40.00 元

本书若有印装质量问题，请向出版社营销中心调换
全国免费服务热线：400-6679-118　竭诚为您服务
版权所有　侵权必究

序言

《企业文化》适合普通高等学校经济管理专业的在校学生和对企业文化建设感兴趣的读者学习。通过对本书的学习，读者可以掌握企业文化建设的基本知识，了解企业文化的发展历程，掌握建设企业文化的基本要点；通过分析本书的典型案例，掌握运用理论知识建设一个好的企业文化的能力。

随着市场竞争的加剧及全球市场的高度开放，企业文化被赋予了更为重要的意义。企业文化是企业的无形资产，是企业用之不竭的财富。树立具有自己特色的价值观体系是企业在激烈竞争中获胜的必备因素。企业文化建设研究是企业培养核心竞争力的需要，是人才竞争和市场竞争的需要。企业文化建设在企业发展中具有极为重要的意义。

本书从管理学、经济学、组织行为学、哲学、文化学、心理学、社会学和系统论等方面论述了相关理论对企业文化及其建设的理论支持。从企业文化的原理和特征，企业文化的结构和功能，企业文化的运行平台、演化机制、运行路径等方面构建了企业文化理论分析框架。本书从企业精神文化、企业制度文化、企业行为文化和企业物质文化等方面分析了企业文化建设效果的评价要素，根据科学性、完备性、前瞻性、实践性原则，探讨了企业文化建设效果的诊断模型。

本书由湖北商贸学院胡春森、湖北大学董倩文任主编，武汉工程大学杨宏兰任副主编，并由杨宏兰和董倩文老师完成后期的文字校对工作。

本书的编撰完成还得到了湖北商贸学院领导及各位同事的大力指导和帮助，在这里也一并感谢！

编 者
2017 年 5 月

目 录

第一章 企业文化是什么 (1)
第一节 企业文化的定义 (1)
第二节 企业文化的发展史 (40)
第三节 影响企业文化的因素 (44)
第四节 企业文化的作用 (48)

第二章 企业文化与企业竞争力 (52)
第一节 文化管理的时代 (52)
第二节 什么是文化竞争力 (58)
第三节 文化力的作用 (62)
第四节 文化是重要资本 (64)
第五节 什么是企业竞争力 (71)
第六节 企业文化与企业竞争力的关系 (75)

第三章 企业文化建设概述 (78)
第一节 企业文化建设的内涵 (78)
第二节 企业文化建设的目标 (86)
第三节 企业文化建设的宏观架构 (100)

第四章 企业文化的诊断 (104)
第一节 企业文化诊断的意义与特点 (104)
第二节 企业文化诊断的理论基础 (120)
第三节 东西方国家常用的企业文化测量维度 (125)

第五章 企业文化的设计 (131)
第一节 企业文化设计的原则 (131)
第二节 企业文化设计的主要方法 (133)
第三节 企业文化设计的关键程序 (135)
第四节 企业文化设计的基本技术 (140)

第六章 企业文化的实施 (172)
第一节 企业文化建设和规划 (172)
第二节 企业文化建设的领导机制 (179)

第三节　企业文化建设的组织基础 …………………………………（180）
　　第四节　企业文化职能部门的人员保证 ………………………………（182）
　　第五节　企业文化建设的组织运作 ……………………………………（186）
　　第六节　企业文化的实施艺术 …………………………………………（193）
第七章　企业文化的传播 ……………………………………………………（229）
　　第一节　企业文化传播的内涵 …………………………………………（229）
　　第二节　企业文化传播的要素 …………………………………………（232）
　　第三节　企业文化传播的条件与时机 …………………………………（236）
　　第四节　企业文化传播的过程 …………………………………………（238）
第八章　中国的企业文化建设 ………………………………………………（242）
　　第一节　中国传统文化的特色 …………………………………………（242）
　　第二节　中国企业文化建设的一般模式 ………………………………（246）
　　第三节　领导与企业文化建设 …………………………………………（256）
参考文献 ………………………………………………………………………（266）

第一章　企业文化是什么

📖 **教学内容和教学目标**

◆ 内容简介
1. 企业文化的含义
2. 企业文化的类型
3. 企业文化的特征与构成
4. 企业文化与企业思想政治工作
5. 企业文化与企业形象
6. 企业文化的发展历程
7. 企业文化的影响因素
8. 企业文化的功能

◆ 学习目标
1. 了解企业文化的概念和特点
2. 熟悉企业文化的类型
3. 理解企业文化的组成
4. 了解企业文化的发展历程
5. 理解企业文化的功能和作用

📖 **引入案例**

第一节　企业文化的定义

一、企业文化的含义

企业文化的含义有两种。

第一种是狭义的理解，认为企业文化是意识形态范畴，仅仅包括组织的思想、意识、习惯、感情领域。例如，《Corporate Culture》(中译本名"企业文化"或"公司文化")的两位作者，美国学者特雷斯·迪尔和阿伦·肯尼迪认为，组织的文化应该有别于组织的制度，它包括四个要素，即价值观、英雄人物、典礼仪式、文化网络。这四个要素的地位及作用分别是：价值观是企业文化的核心;英雄人物是企业文化的具体体现者;典礼仪式是传输和强化企业文化的重要形式;文化网络是传播企业文化的通道。

第二种是广义的理解,认为企业文化是指企业在创业和发展过程中,所形成的物质文明和精神文明的总和,包括企业管理中的硬件与软件、外显文化与隐形文化(或表层文化与深层文化)两部分。这种观点认为企业文化既包括非物质文化、又包括物质文化。例如,企业中人员构成状况、生产资料状况、物质生产过程和物质成果特色、工厂的厂容厂貌等都是企业文化的重要内容。

二、企业文化的类型

由于民族、制度、地域、行业、发展阶段,以及外来文化、个人因素、企业传统因素等的综合影响,企业文化呈现出百花齐放的局面。为了深入地研究企业文化,对其恰当分类是必要的。

1. 特雷斯·迪尔与阿伦·肯尼迪的分类

1982年7月,美国哈佛大学教授特雷斯·迪尔和麦肯锡咨询公司顾问阿伦·肯尼迪出版了《Corporate Culture》一书。书中指出,企业文化的类型,取决于市场的两种因素:其一是企业经营活动的风险程度;其二是企业及其雇员工作绩效的反馈速度。由市场环境决定的四种企业文化类型分别是以下几种。

(1) 强悍型文化:这是所有企业文化中极度紧张的一种。这种企业文化恪守的是:要么一举成功,要么一无所获。因此,员工们敢于冒险,都想成就大事业。对所采取的行动是正确的与错误的,这种企业都能迅速地获得反馈。具有这类文化的企业往往处于投资风险较大的行业。

(2) 工作娱乐并重型文化:这种企业文化坚定拼命地干、痛快地玩的信念。职工很少承担风险,所有一切均可迅速获得反馈。

(3) 赌注型文化:这种企业文化适用于风险高、反馈慢的环境,企业所做的决策承担的风险很大,但却要在几年之后才能看到结果。其信念是注重未来、崇尚试验,相信好的构想一定要给予机会去尝试、发展。

(4) 按部就班型文化:这种企业文化常存在于风险低、资金回收慢的组织中,由于职工很难衡量他们所作所为的价值,因此,他们关心的只是"怎样做",人人都在追求技术上的完美、工作上的有条不紊,极易产生官僚主义。

四种企业文化类型的具体特征见表1-1。

迪尔和肯尼迪对企业文化的划分方式,在现实中不可能有如此典型的企业。任何一个企业,往往是四种类型的混合。比如市场部是强悍型文化,生产部和销售部是工作娱乐并重型文化,研发部是赌注型文化,而会计部是按部就班型文化。

表1-1 四种文化类型的具体特征

文化类型	特 征
强悍型文化	①强调工作的快节奏,让人感到极度的紧张; ②强调快速反馈,甚至不惜冒风险行事; ③奉行个人英雄主义,企业文化主体的代表一般是年轻者; ④强调追求最佳、最大和最杰出的超人境界; ⑤轻视合作,急功近利,不能容忍厚积薄发的稳健型的人; ⑥短期失利者没有生存的余地,因而人才流动率很高,难以形成企业必须有的凝聚力

续表

文化类型	特　征
工作娱乐并重型文化	①工作环境轻松,员工彼此之间宽宏大度; ②员工思想极度活跃,很少有禁锢人的禁忌; ③强调员工坚韧不拔的毅力,并不强调让员工承担风险; ④强调顾客价值的优先性,以为顾客提供良好的服务和需求的满足为重点; ⑤强调集体行动,相互之间能友好相处; ⑥强调凭激情和直觉做事
赌注型文化	①强调鼓励员工冒险和创新; ②不提倡按部就班、循规蹈矩; ③强调用充分的信心来诱导自己的行为,彼此之间总是以信心来鼓励他人的行动; ④强调放眼未来,不拘于一时的得失,强调要对未来进行投资; ⑤发展波动相对较大
按部就班型文化	①强调安定,将降低风险和稳定放在首位; ②强调按科学规律办事,大事小事都是先建章、定规,后行事; ③重质量,轻速度,宁可牺牲发展,也要追求一种完美; ④拘于工作的每一个细节,但却可能忽视工作的方向; ⑤人们很少有激情,完全靠理性来支配自己的行动

2. 艾博斯的分类

艾博斯(Ebers)把企业文化类型分为:合法型文化、有效型文化、传统型文化、实用主义型文化(见表1-2)。

表1-2　Ebers的企业文化分类表

特征＼类型	合法型文化	有效型文化	传统型文化	实用型文化
组织内容	环境的规范和价值观	对绩效的需求	成员的价值观、信仰和传统	成员的(自我)利益
效度基础	信念	适当的绩效	亲和性	心理和法律的契约
焦点	外部支持;合法性	产出;专业知识;计划;控制	信用传统;长期的承诺	成就;奖励和贡献的公平分配
个人服从的基础	识别;一致产生的信念压力	社会和管理的指令	内部化	结果的计算
行动的协调	名义调整	共同的目的	表演和联络的行为	内部锁定利益和战略行动
特征集合	公共机构环境;绩效难以知道	结构化相互依赖的集体;被监督;绩效容易知道	有稳定成员关系、长期的和密集交流的集体	通常是为了共同的利益或目的而将个人集结起来的小型混合团体

3. 康妮·格莱泽和芭芭拉·斯坦析格·斯马雷的分类

美国康妮·格莱泽与芭芭拉·斯坦伯格·斯马雷把企业文化分为鲨鱼型、戞神鱼型、海豚型。其中海豚型符合人性,是人心向往的管理哲学。它摒弃了旧的缺点,吸取其长处。也就是说,把男性的优势和女性的优势有机地结合起来。用脑和心来领导,以自信、宽容来运作。它完全摆脱了旧式过于性别化的管理方式,创立了无性别之分、刚柔结合、有血有肉的灵活方式。需要说明的是,并非所有女性都像戞神鱼优柔寡断,所有男性都像鲨鱼般冷酷无情,喜好操纵(见表1-3)。

表1-3 康妮·格莱泽与芭芭拉·斯坦伯格·斯马雷的企业文化分类表

鲨鱼型	戞神鱼型	海豚型
缺乏同情心、傲慢、严厉	社会工作者型、重人缘	尊重下属、宽容、仁慈
君主式领导	不讲等级	蛛网式管理
疏远、与下属保持距离	与下属打成一片	与下属保持密切的关系
任务、成果至上	友谊、人情至上	成果与人并重
分析型	表达型	分析、表达型
极少授权	过度授权	必要时授权
强调竞争	回避竞争	强调合作
对新见解不感兴趣	缺乏主见	鼓励创新
培养员工的依赖性	融入员工之中	培养员工的独立性
只关心业绩	过度在意下属感受	业绩、下属感受并重
理性	直觉	理性加直觉
严肃、不幽默	好幽默	适度严肃、适度幽默
追求权力,甚至滥用	不喜欢权力,甚至误解	适度用权、适度放权
压抑下属的技能	过于依赖下属的技能	调度、善用下属的技能
强调、要求服从	重人缘	寻求尊敬
个人主义	寻求共识、缺乏独立性	重视共识、必要时独立行事
过于苛刻	多赞美、少批评	坦率、公平
独享工作计划和目标	缺乏明确的计划和目标	共享计划和目标
情绪化、反复无常	过于乐观	沉稳
过于自信	缺乏自信	自信
冷漠	热心	客观、敏感、关心
无视下属的要求	过于纵容	慎重对待下属的要求
只罚不赏	负面批评较少	赏罚分明
高度控制、操作	缺乏果断	公开、坦诚
用脑决策:理性	用心决策:感性	心脑并用:理性、感性并重
固执、心胸狭窄	听从下属	心胸宽广、听取下属意见
不接受批评	太关注批评	坦诚、勇于面对批评
令人畏惧	讨好人	鼓舞员工

续表

鲨鱼型	戛裨鱼型	海豚型
强调、要求忠诚	渴望忠诚	努力赢得忠诚
盛气凌人	被动	有主见
居高临下	朋友身份	领导身份

4. 基于管理方格理论的分类

布莱克和莫顿发展了领导风格的二维观点,在"关心人"和"关心生产"的基础上提出了管理方格理论。

管理方格与企业文化如图1-1所示,它在两个坐标轴上分别划分出9个等级,从而产生81种不同的领导类型。但是,管理方格理论主要强调的并不是产生的结果,而是领导者为了达到这些结果应考虑的主要因素。在管理方格中存在81种类型,布莱克和莫顿主要阐述了五种具有代表性的类型。我们不难发现不同的管理风格表现出不同的企业文化特征(见表1-4)。

(1) 贫乏型(1.1):领导者付出最小的努力完成工作。
(2) 权威型(9.1):领导者只重视任务效果而不重视下属的发展和下属的士气。
(3) 俱乐部型(1.9):领导者只注重支持和关怀下属而不关心任务效率。
(4) 中庸型(5.5):领导者维持足够的任务效率和令人满意的士气。
(5) 团队型(9.9):领导者通过协调和综合工作相关活动而提高任务效率与工作。这种类型的文化是理想的企业文化,由于充分地关心人,形成了良好的人际关系,上下左右同心同德,组成了亲密合作的团队,反过来有力地促进了生产经营活动。

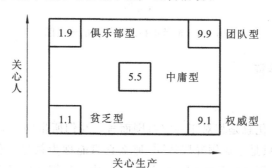

图1-1 管理方格与企业文化

表1-4 管理方格理论中五种类型的特征

权威型	团队型	俱乐部型	贫乏型	中庸型
工作导向	团队合作导向	关系导向	导向不清	稳定导向
以严为主	宽严相济	以宽为主	不负责任	注重平衡
效率第一	效率、公平并重	公平第一	得过且过	循序渐进
追求效益	和谐基础上追求卓越	放任自流	没有追求	和谐基础上争上游
很少授权	适当授权、兼顾民主	充分民主	放弃权力	适当授权
性恶论	性善论	性善论	人性假设不清	性善论

5. 梅泽正和上野征洋的分类

日本的梅泽正和上野征洋把企业文化类型分为：自我革新型、重视分析型、重视同感型、重视管理型。他们以行动基本方向与对待环境的态度为横纵坐标，把四种类型分别放入四个象限（见图1-2）。

（1）自我革新型：适应市场变化，重视竞争与挑战，不断自我变革。

（2）重视分析型：重视企业发展的各种因素，生产效率、管理效率被立为大政方针。

（3）重视同感型：重视市场地位的稳定和客户满意度，回避风险、重视安稳。

（4）重视管理型：注重企业内部规范，以及与竞争对手之间的关系协调，重视风险回避和安稳地位。

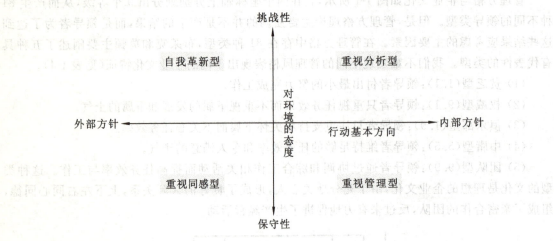

图1-2 梅泽正和上野征洋的分类图

三、企业文化的特征

（一）范围性

文化具有范围性，文化总是相对于一定范围而言。我们所指的企业文化通常是企业成员所普遍认同的部分。如果只是企业领导层认同，那么它只能称为领导文化；如果只是企业中某个部门中的普通员工认同，那么它只能称为该部门的文化。依据认同的范围不同，企业中的文化通常可以分为领导者文化、中层管理者文化、基层管理者文化，或部门文化、分公司文化、子公司文化、企业文化等。

（二）实践性

每个企业的文化都是在长期实践的基础上，通过有目的的实践活动有意识地培养起来的。离开了企业的实践，就不可能有企业文化。企业的实践是企业文化产生发展以及不断丰富的源泉。实践性的含义还在于企业文化不是空洞的口号，而是要付诸实践的价值观和信仰体系。不结合企业实际的文化，只是一种文化形式；不能够指导企业实践的文化，只是一种文化理念；不能够与企业实际有机结合起来的文化，肯定是没有生命力的文化。这一点是担负着企业文化建设重要使命的管理者要特别注意的。有些企业文化没有生命力，发挥作用不突出的重要原因之一是与企业的实践脱离。

（三）目的性

企业文化具有鲜明的目的性，要紧紧围绕企业自身，为其终极目标服务。这是因为：第一，企业文化与该企业生存发展同生死、共存亡；第二，企业文化的形成与实践的主体是该企业的员工，员工的切身利益与企业盈利程度息息相关。因此，不利于企业发展的文化在企业里无立足之地，纵使有外来文化的干扰，也没有太多的影响。当然，当具体的某个企业目的与社会发展目标相悖时，企业的目的性就必须做出适当的调整和修改。例如，企业文化必须适应环境文化，企业分配制度要适应于现行国家推行的分配体制的总格局等。

（四）社会性

企业植根于社会，属于社会经济活动的一个细胞。企业文化属于社会文化的一个组成部分并且与社会文化紧密相连，它们之间相互产生影响。企业文化有自己独特的个性，但在社会大文化背景下，处于绝对的从属地位，脱离社会文化的企业文化没有生存的可能，与社会文化背道而驰的企业文化必然遭到取缔。

（五）普遍性与差异性

有企业就有企业文化，这是不以人的意志为转移的客观规律。企业作为法人，就具有拟人性，不仅表现在承担民事权利义务与责任这个主要方面，还表现在自己的经营思想、经营理念、组织形式、管理制度和经营目标等方面。企业文化的这些内容对企业都具有运用的普遍性，但对于不同的企业来说，企业文化具有差异，甚至千差万别。差别在于不同的企业文化用不同的方式、方法来凝聚企业；差别还在于企业处于不同行业、生产不同产品、针对不同服务对象等，因此不同企业具有不同的企业文化。

（六）可塑性

企业从整体和长远的利益出发，积极倡导新价值观念、新道德观念和行为规范，使企业文化不断更新，这是可塑性的表现之一。那么企业文化的个性除具有行业特点外，往往与企业领导人的个性特点及本人素质休戚相关，甚至从某种意义上来说，企业领导者的特点就是企业精神的一个象征。由于企业领导是不断变化的，所以这也影响着企业文化的不断变化，这是可塑性的另一个表现。

（七）共识性

企业文化代表企业共同的价值判断和价值取向，即多数员工的共识。当然，共识通常是相对而言。在现实生活中，通常很难想象一个企业所有员工都只有一种思想、一个判断。由于人的素质参差不齐，人的追求呈现多元化，人的观念更是复杂多样，因此，企业文化通常只能是相对的共识，即多数人的共识。

四、企业文化的构成

由于企业文化既有作为文化现象的内涵又有作为管理手段的内涵，所以对企业文化结构的认识势必存在差异性。

从文化的角度来分析，一般认为企业文化分为三部分：一是精神文化部分；二是制度文化部分；三是物化部分（物化部分有人认为亦可把其分为行为文化和器物文化）。从管理的角度来分析，一般认为企业文化内容可分为显性内容和隐性内容，其中企业文化的隐性内容是企业文化的根本，它主要包括企业精神、企业哲学、企业价值观、道德规范等。这些内容是企业在长期的生产经营活动中形成的,存在于企业成员的观念中,对企业的生产经营活动有直接的影响。企业文化的显性内容是指企业的精神以物化产品和精神性行为为表现形式的,能为人们直接感觉到的内容,包括企业设施、企业形象、企业经营之道等。

综合学术界的各种观点,本书认为企业文化的结构应包括精神文化、制度文化、行为文化和物质文化,如图1-3所示。

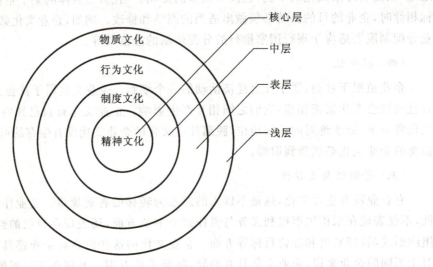

图1-3 企业文化结构示意图

(一)精神文化

精神文化是现代企业文化的核心层,指企业在生产经营中形成的独具本企业特征的意识形态和文化观念,它包括企业价值观、企业宗旨、企业愿景、企业精神和企业伦理等。由于精神文化具有企业的本质特点,故往往由企业在多年的运营过程中逐步形成。

1. 企业价值观

价值观是价值主体在长期的工作和生活中形成的对价值客体总的根本性看法,是一个长期形成的价值观念体系,具有鲜明的评判特征。不管对价值观怎样划分,价值观一旦形成,就成为人们立身处世的抉择依据。企业价值观就是指导企业有意识、有目的地选择某种行为去实现物质产品和精神产品的满足,去判定某种行为的好坏、对错,以及是否具有价值或价值大小的总的看法和根本观点。

企业价值观包括两个方面:一是核心价值观,核心价值观是长期稳定、不能轻易改变的;二是附属价值观,如企业的经营理念、管理理念等,要不断调整以适应环境的变迁。例如,海尔的价值观如下。

(1) 企业核心价值观:敬业报国,追求卓越。

(2) 质量理念:优秀的产品是优秀的人才干出来的;有缺陷的产品是废品。

(3) 服务理念:用户永远是对的;把用户的烦恼降到零。

(4) 营销理念:首先卖信誉,其次卖产品。

(5) 创新理念:以观念创新为先导、以战略创新为基础、以组织创新为保障、以技术创新为手段、以市场创新为目标。

(6) 兼并理念:吃休克鱼,用文化激活休克鱼。

(7) 人才理念:人人是人才,赛马不相马。

(8) 研发理念:用户的难题就是我们研发的课题;要干就干最好的。

(9) 市场理念:只有淡季的思想,没有淡季的市场;市场唯一不变的法则是永远在变。

企业价值观是企业成员用来判断、区分事物好与坏、对与错的标准。它作为企业人员所共享的群体价值观念,是企业文化的磐石,也是企业真正得以成功的精髓。企业价值观的决定影响着企业存在的意义和目的,为企业的生存和发展提供基本方向和行动指南,它决定企业的战略决策、制度安排、管理特色和经营风格、企业成员的行为取向,是维系企业运行的纽带。

比如,在福州沃尔玛,一进商场如果你想买什么东西而不知道在哪里,只要你开口问任何一个服务员,她(他)只有一句话"跟我来",把你带到你所需要买的物品的地方,而不像有的超市紧紧给你指一个方向。在福州沃尔玛,它有四条退货原则。

(1) 如果顾客没有收据——微笑,给顾客退货或退款。

(2) 如果你拿不准沃尔玛是否出售这样的商品——微笑,给顾客退货款。

(3) 如果商品售出超过一个月——微笑,给顾客退货或退款。

(4) 如果你怀疑商品曾被不恰当地使用过——微笑,给顾客退货或退款。

这就是沃尔玛,宁可收回一件不满意的商品,也不愿失去一个顾客。沃尔玛门庭若市的后面是它的核心价值观——对顾客忠诚。

2. 企业宗旨

企业宗旨是关于企业存在的目的或对社会发展的某一方面应做出的贡献的陈述,有时也称为企业使命。企业宗旨应该包含以下含义。

(1) 企业宗旨实际上就是企业存在的原因或者理由,也就是说,是企业生存目的的定位。无论这种原因或者理由是"提供某种产品或者服务",还是"满足某种需要"或者"承担某个不可或缺的责任",如果一个企业找不到合理的原因或者存在的原因连自己都不明确,或者连自己都不能有效说服,也许可以说这个企业"已经没有存在的必要了"。

(2) 企业宗旨为企业确立了一个经营的基本指导思想、原则、方向、经营哲学等,它不是企业具体的战略目标,不一定表述为文字,但影响经营者的决策和思维。这中间包含了企业经营的哲学定位、价值观凸显以及企业的形象定位,我们经营的指导思想是什么?我们如何认识我们的事业?我们如何看待和评价市场、顾客、员工、伙伴和对手?等。

(3) 企业宗旨是企业生产经营的形象定位。企业宗旨中关于企业经营思想的行为准则的陈述,有利于企业树立一个特别的、个性的、不同于其他竞争对手的企业形象。诸如"我们是一个愿意承担责任的企业""我们是一个健康成长的企业""我们是一个在技术上卓有成就的企业"等。良好的社会形象是企业宝贵的无形财产。以下是一些企业的企业宗旨的实例。

曾经业务多元化的万科从1994年开始,致力于将多元化转型专业化的道路。王石用一句话——"中国城市住宅开发商、上市蓝筹、受尊敬的企业",就把万科是什么、行业地位、客户口碑说得一清二楚,把万科的企业宗旨明确了。

2000年前后,随着企业的成熟和规模的发展,微软公司重新也是更精确地表达了自己的使命：创造优秀的软件，不仅使人们的工作更有效益，而且使人们的生活更有乐趣。从这个精准的企业宗旨阐述中可以看出，微软只做软件，是一家"不制造计算机的计算机公司"，微软认为"乐趣"与"效益"同样会给企业带来机会。

企业宗旨足以影响一个企业的成败。彼得·德鲁克基金会主席、著名领导力大师弗兰西斯女士认为：一个强有力的组织必须要靠使命驱动。企业的使命不仅回答企业是做什么的，更重要的是回答为什么做。崇高、明确、富有感召力的使命不仅为企业指明了方向，而且使企业的每一位成员明确了工作的真正意义，激发出内心深处的动机。

3. 企业愿景

愿景这一概念是美国管理大师彼得·圣吉提出的。他在《第五项修炼》中提出构建学习型组织的修炼方法之一就是构筑共同愿景。

何谓愿景？愿即意愿，有待实现的愿望；景即景象，具体生动的图景。愿景是主体对自己想要实现目标的刻画。愿景有时也被称为远景，但是两者略有区别。愿景带有所向往的前景之意，而远景更侧重于长远目标之意。

共同愿景是组织中人们所由衷向往、共同分享的意愿和景象，它能激发起内部成员强大的精神动力。

企业愿景就是企业全体人员内心真正向往的关于企业的未来蓝图，是激励每个成员努力追求和奋斗的企业目标。相对于企业核心价值观中所涉及的终极目标而言，企业愿景更清晰和具体，有更多量化的成分，也融入了更强烈的竞争意识。例如：

(1) 微软：让世界上每一台电脑都因为微软而转动；
(2) 波音：领导航空工业，永为航空工业的先驱；
(3) 海尔：中国的世界名牌，进入全球500强。

心有多大，舞台就有多大。一个企业能成为什么样的组织取决于所描绘的企业愿景，目标影响未来所能达到的高度，企业愿景可以鼓舞人心，激励斗志。尽管目标是"争取第一"，并不一定能实现，但如果企业的目标只是"保持中等"，那几乎可以肯定与第一无缘。此所谓："取法乎上，仅得其中；取法乎中，仅得其下。"

企业核心价值观、企业宗旨与企业愿景这三者从本质上是一致的（见图1-4），彼得·圣吉指

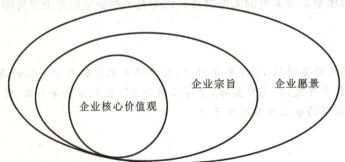

图1-4 企业核心价值观、企业宗旨与企业愿景三者的关系

出:愿景若是与人们每日信守的价值观不一致,不仅无法激发真正的热忱,而且可能因挫败、失望而对愿景抱以嘲讽的态度。企业价值观是企业在向愿景迈进时,全体成员必须认同的观念和必须自觉遵守的行为准则,是企业愿景得以追求和实现的思想保证。企业宗旨是在界定了企业愿景概念的基础上,进而把企业宗旨具体地定义到回答企业所进行的经营活动的这个范围或层次。也就是说,企业宗旨只具体表达企业在社会中的经济身份或角色,包括在社会领域里,该企业是分工做什么的,在哪些经济领域里为社会做贡献。企业愿景包括企业宗旨,企业宗旨是企业愿景中具体说明企业经济活动和行为的理念,如果要分开来表述企业愿景和企业宗旨,企业愿景里就应不再表达企业经济行为的领域和目标,以免重复或矛盾。

4. 企业精神

企业精神是企业在整体价值观体系的支配和滋养下,在长期经营管理者经精心培养而逐渐形成的,是全体成员共同意志、彼此共鸣的内心态度、意志状况、思想境界和理想追求。企业精神是企业文化的重要组成部分,是企业文化发展到一定阶段的产物。企业精神与企业价值观存在着十分密切的联系:企业精神是在价值观支配指导下精心培育的,企业价值观是企业精神形成、塑造的基础和源泉。同时,二者也有明显的区别:价值是一种关系范畴,先进的价值观是以正确反映这种关系为前提的,价值观更强调人们认知活动的理性一面;而精神是一种状态范畴,描述的是员工的主观精神面貌,它更强调人们基于一定认知基础上,在实践行动中表现出来的情绪、心态、意志等精神状况。

国内外的许多成功企业都有自己独特的企业精神。

(1)本田株式会社(以下简称"本田")企业精神:追求技术与人的结合,而不仅仅是生产摩托车。人要有创造性,绝不模仿别人;要有世界性,不拘泥于狭窄地域;要有接受性,增强相互之间的理解。

(2)松下的企业精神:生产报国、光明正大、团结一致、力争上游、文明礼貌、顺应潮流、报恩报德。

(3)北京同仁堂的企业精神:同修仁德,济世养生。

(4)三一集团的企业精神:自强不息,产业报国。

企业精神渗透于企业生产经营活动的各个环节之中,它能给人以理想和信念,给人以鼓舞和荣誉,也给人以引导和约束。企业精神的实践过程即是一种员工共同意识的信念化过程,其信念化的结果,会大大提高员工主动承担责任和修正个人行为的自觉性,从而主动地关注企业的前途,维护企业的声誉,自觉为企业贡献自己的力量。企业精神是企业进步的推动力量,是企业永不枯竭的"能源"。

5. 企业伦理

企业伦理,又称为企业道德,是指人类社会依据对自然、社会和个人的认识,以是非、善恶为标准,调整人与社会关系的行为规范和准则。

在当今时代,如果企业只追求利润而不考虑企业伦理,则企业的经营活动会越来越为社会所不容,必定会被时代淘汰。也就是说,如果在企业经营活动中没有必要的伦理观指导,经营本身也就不能成功。树立企业伦理的观念,体现了重视企业经营活动中人与社会要素的理念。例如,美国曼维尔公司曾经销售过一种名为弗莱克斯Ⅱ型板材的产品,这是一种水泥建筑板材,这种新产品在安装后开始出现裂缝。该公司最后决定建立一个特别工作组,与在125个销售处购买过这种产品的580个客户联系,花了2000万美元为客户调换板材,并且不管这些板材是否出了问题。虽说曼维尔公司在短期内付出了昂贵的代价，但是赢得了建筑商的信任。

企业伦理是由经济基础决定的，也受民族文化和社会文化的影响，具有历史性和具体性。不同企业的道德标准可能不一样，即使是同一企业，也可能在不同的时期有不同的伦理道德标准。它是企业文化的重要内容之一，是一种特殊的意识形态，贯穿于企业经营活动的始终和管理活动的各个层面，对企业文化的其他因素以及整个企业运行质量都有深刻的影响。

（二）制度文化

制度文化也叫企业文化的制度层，它在企业文化中居中层，是具有本企业文化特色的各种规章制度、道德规范和职工行为准则的总称，是企业为实现自身目标对员工的行为给予一定限制的文化，它具有共性和强有力的行为规范要求。

企业制度文化的规范性是一种来自员工自身以外的、带有强制性的约束，它规范着企业的每一个人，企业工艺操作规程、厂规厂纪、经济责任制、考核奖惩制度都是企业制度文化的内容。具体来讲，企业制度文化包括以下三个方面。

1. 一般制度

一般制度是指企业中存在的一些带普遍意义的工作制度和管理制度，以及各种责任制度。这些成文的制度及不成文的企业规范和习惯，对企业成员的行为起着约束的作用，保证整个企业能够井然有序地运转。例如员工日常行为规范、劳动人事管理制度、财务管理制度、物资供应管理制度、设备管理制度、服务管理制度、岗位责任制度等。

2. 特殊制度

特殊制度主要指企业的非程序化制度，如总结表彰会制度、员工评议制度、企业成立周年庆典制度，等等。同一般制度比，特殊制度更能反映一个企业的管理特点和文化特色。企业文化贫乏的企业，往往忽视特殊制度的建设。

3. 企业风俗

企业风俗主要指企业长期相沿、约定俗成的典礼、仪式、行为习惯、节日、活动等，如定期举行文体比赛、周年庆典等。与一般制度、特殊制度不同，企业风俗不是表现为准确的文字条目形式，也不需要强制执行，而是完全依靠习惯、偏好的力量维持。它可以自然形成，也可以人为开发，一种活动、一种习俗，一旦被全体员工所共同接受并沿袭下来，就成为企业风俗中的一种。

企业制度文化是人与物、人与企业运营制度的结合部分，它既是人的意识与观念形成的反映，又是由一定物的形式所构成。制度文化既是适应物质文化的固定形式，又是塑造精神文化的主要机制和载体。企业精神所倡导的一系列行为准则，必须依靠制度的保证去实现，通过制度建设规范企业成员的行为，并使企业精神转化为企业成员的自觉行动。正是由于制度文化这种中介功能，它对企业文化的建设具有了重要的作用。

（三）行为文化

企业的行为文化又称为企业文化的行为层，它是指企业成员在生产经营、学习娱乐中产生的活动文化，它包括企业经营、教育宣传、人际关系活动、文娱体育活动中产生的文化现象。企业行为文化的表现：向客户提交产品是否按时和保证质量；对客户服务是否周到热情；上下级之间以及员工之间的关系是否融洽；各个部门能否精诚合作；在工作时间、工作场所，人们的脸上是洋溢着热情，心情是愉悦、舒畅的还是正好相反……它是企业经营作风、精神面貌、人际关系的动态体现，也折射出企业精神和企业的价值观。

从人员结构上划分，企业行为包括企业家行为、企业模范人物行为和企业成员行为。

1. 企业家行为

在市场竞争中，没有什么比"企业家是企业的灵魂"这句话更能说明企业家在企业中的作用了。企业家将自己的理念、战略和目标反复向员工传播，形成巨大的文化力量；企业家艺术化地处理人与工作、雇主与雇员、稳定与变革、求实与创新、所有权与经营权、经营权与管理权、集权与分权等关系；企业家公正地行使企业规章制度的"执法"权力，并且在识人、用人、激励人等方面成为企业行为规范的示范者；企业家与员工保持良好的人际关系，关心、爱护员工及其家庭，并且在企业之外广交朋友，为企业争取必要的资源。优秀的企业家通过一系列的行为将自己的价值观在企业的经营管理中身体力行，导而行之，推而广之，以形成企业共有的文化理念、企业传统、风貌、士气与氛围，也形成独具个性的企业形象，以及企业对社会的持续贡献。

2. 企业模范人物行为

企业模范人物是企业的中坚力量，他们来自于员工当中，比一般员工获得了更多的业绩，他们的行为常常被企业成员作为仿效的行为规范，他们是企业价值观的"人格化"显现。员工对他们感觉很亲切，不遥远、不陌生，他们的言行对员工有着很强的亲和力和感染力。企业应该努力发掘各个岗位上的模范人物，大力弘扬和表彰他们的先进事迹，将他们的行为"规范化"。将他们的故事"理念化"，从而使企业所倡导的核心价值观和企业精神得以"形象化"，从而在企业内部培养起积极健康的文化氛围，用以激励全体员工的思想和行动，规范他们的行为方式和行为习惯，使员工能够顺利完成从"心的一致"到"行的一致"的转变。

3. 企业成员行为

企业成员是企业的主体，企业成员的群体行为决定企业集体的精神风貌和企业文明的程度。企业成员群体行为的塑造是企业文化建设的重要组成部分。要通过各种开发和激励措施，使员工提高知识素质、能力素质、道德素质、勤奋素质、心理素质和身体素质，将员工个人目标与企业目标结合起来，形成合力。

某企业创造性地提出"99＋1＝0"的企业行为文化，99代表每天所做的事情，1代表可能出现的缺点失误或不足。这句话中1的细节对99来说就是问题，这正是"99＋1＝0"的管理思想含义。

例如，融入人事行政事务中，让"99＋1＝0"出效率，订立凡是员工来人事行政部办事，都实行一次了解、接待或沟通完毕，能当场解决的问题，绝不留到第二天解决；不能即时解决的问题，做出记录并给予明确的答复时间。否则就好比做了99件事，但最后一件事情没做好，就等于效率为零。

融入生产管理中，追求"99＋1＝0"的缺陷，生产岗位上运用作业指导书，对工序环节检验等操作实行互相提示，绝不将有缺陷的产品进行到下一工序。同时，配套服务，如送物料交接等工作都非常清晰，不但实物与单据责任到位，而且把问题控制在发生处。

在实际工作中可列举出几个例子：某质检员在包装车间巡检发现正在包装的产品外观有深浅不同的现象，凭经验，他认为"对校板"存在偏差，这是最容易出问题的地方，这位质检员即时找到该班组长，请其不要打包和封胶纸，并让核查的质检员过来，向其说明不放行的理由，这是对事不是对人，最后检查出十多箱产品存在质检不合格的问题，重新返工，直至确定产品合格为止。

又比如，一个新进的员工提供入职的健康检查证明，刚好过了一年时间，按企业入职制度规定,有效的健康证明是一年,入职前体检自行承担费用,入职后的体检费用由企业承担。人事专员立即把情况向经理汇报,经理指出既然办理了入职手续,也可确认为企业成员,应一视同仁,由人事专员安排第二天带这位员工去做体检,费用由企业承担。这位员工很感动,并介绍了有工作经验的员工到这家企业。

事实上,运营管理细化到过程的每一个环节,不仅是责任所必须做到的实处,而且是成功的关键。这个"1"的问题深入人心,并成为员工良好的工作习惯和作风,全面提高了企业的运作效率,有助于实现企业的既定目标。

(四)物质文化

企业物质文化,也叫企业文化的物质层,是企业成员创造的产品和各种物质设施等所构成的器物文化。外层的物质文化是企业成员的理想、价值观、精神面貌的具体反映,所以尽管它是企业文化的最外层,但它却集中表现了一个现代企业在社会上的外在形象。因此,它是社会对一个企业总体评价的起点。

物质文化的载体是指物质文化赖以生存和发挥作用的物化标志,它主要体现在以下几类。

(1) 企业产品:现代意义的产品概念是指人们向市场提供的能够满足消费者或用户某种需求的任何有形产品和无形服务。有形产品主要包括产品实体及其品质、特色、式样、品牌和包装;无形服务包括可以给买主带来附加利益和心理上的满足感及信任感的售后服务、保证、产品形象、销售者声誉等。现代产品的整体概念由核心产品、形式产品和扩大产品三个基本层级组成(如图 1-5 所示)。产品的这些要素是企业文化的具体反映。在日益激烈的市场竞争中,有形产品和无形服务中所蕴含的文化因素,已经成为竞争的主要手段。

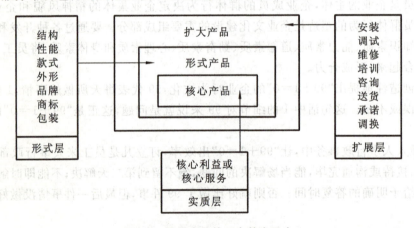

图 1-5 现代产品的三个基本层次

(2) 企业名称、标志、标准字、标准色、厂徽、厂旗、厂歌、厂服,这是企业物质文化的最集中的外在体现。如最典型的麦当劳的红黄两色,因为是红灯和黄灯的颜色,让人看到就会潜意识地停步。

(3) 企业外貌:自然环境、建筑风格、办公室和车间的设计及布置方式、企业的标志性建筑(如厂区雕塑、纪念碑、英雄模范塑像等)、绿化美化情况、污染的治理等是人们对企业的第一印象,这些无一不是企业文化的反映。

(4) 企业对员工素质形成的实体手段:指企业对员工在生产经营活动中的劳动所建立的必要的保健、卫生、安全等设施,以及为提高员工文化知识、科学技术素质所建立的必要的技术培训、职业教育、文化教育传播网络等,如企业报纸、企业刊物、企业宣传栏、企业招贴画等。

（五）企业文化各层次之间的关系

首先,精神层决定了行为层、制度层和物质层。精神层一经形成,就处于比较稳定的状态,精神层是企业文化的决定因素,有什么样的精神层就有什么样的物质层。

其次,制度层是精神层、物质层和行为层的中介。精神层直接影响制度层,并通过制度层影响物质层和行为层。企业文化通过一系列的规章制度、行为准则来体现企业特有的价值观。在推行或实施这些规章制度和行为准则的过程中,从而形成独特的物质层,并以特有的价值取向反映在其行为中。制度层的中介作用,使得许多卓越的企业家都非常重视制度层的建设,使它成为本企业的重要特色。

最后,物质层和行为层都是精神层的体现。精神层虽然决定着物质层、制度层和行为层,但精神具有隐性的特征,它必须通过一定的表现形式来体现,它的精神活动也必须付诸实践。物质层和行为层以其外在的形式体现了企业文化的水平、规模和内容。企业文化的物质层和行为层还直接影响员工的工作情绪,直接促进企业哲学、价值观念、道德规范的进一步成熟和定型。

企业文化的物质层、行为层、制度层和精神层密不可分,它们相互影响、相互作用,共同构成企业文化的完整体系。其中,企业的精神层是最根本的,它决定着企业文化的其他三个方面。因此,我们研究企业文化的时候,要紧紧抓住精神层的内容,只要抓住了精神层,企业文化的其他内容就被顺理成章地揭示出来了。

五、企业文化与企业思想政治工作

（一）企业思想政治工作

广义的思想政治工作是指以人为对象,解决人的思想、观点、政治立场问题,提高人们思想觉悟的工作。从本质上来说,是做人的工作,目的是调动人的积极性、主动性和创造性,以创造更多的社会财富。思想政治工作是党的工作的重要组成部分,是实现党的领导的重要途径和社会主义精神文明建设的重要内容,也是搞好经济工作和其他一切工作的有力保证。

企业思想政治工作,是指企业管理人员,针对员工在思想上的各种矛盾、疑惑。通过宣传科学、正确的道理,解决员工的思想问题,帮助员工树立正确的世界观、人生观、价值观,使员工以积极的姿态投入工作和生活中,促进企业全面发展的一种教育疏导工作,是搞好企业治理的有机组成部分,为企业生产经营活动提供精神动力和思想保证。

2011年3月,中共中央办公厅、国务院办公厅转发了《中央宣传部、国务院国资委关于加强和改进新形势下国有及国有控股企业思想政治工作的意见》,并要求其他所有制企业的思想政治工作参照本意见执行。为此,新时期企业思想政治工作又注入了新的内涵。

1. 企业思想政治工作的工作对象

企业思想政治工作的工作对象是全体员工的思想和行为。企业思想政治工作主要是做人的工作,是为了帮助人们确立无产阶级的立场、观点和方法,在改造客观世界的同时,改造自己的主观世界。李瑞环同志曾在中国职工思想政治工作研究会第六次年会上的讲话中指出,思想政治工作就是用人类历史上最先进、最科学的世界观、方法论去教育人、启发人,解决人的立场和思想问题,使人从各种谬误和偏见中解放出来,不断提高认识和改造世界的能力。

2. 企业思想政治工作的基本内容

企业思想政治工作的基本内容主要包括中国特色社会主义理论体系教育、理想信念教育、民族精神和时代精神教育、社会主义荣辱观的宣传教育以及形势政策教育。企业思想政治工作,坚定干部职工对中国特色社会主义的信念。要把社会主义核心价值体系贯穿于企业思想政治工作的各个方面,坚持不懈地开展中国特色社会主义理论体系宣传普及活动,深入学习实践科学发展观,使马克思主义中国化的最新成果深入人心;开展理想信念教育,引导干部职工树立牢固的中国特色社会主义共同理想和正确的世界观、人生观、价值观;开展以爱国主义为核心的民族精神和以改革创新为核心的时代精神教育,增强干部职工的国家意识、公民意识;开展社会主义荣辱观的宣传教育,弘扬中国工人阶级的伟大品格。强化形势政策教育,激励干部职工积极投身改革开放和社会主义现代化建设中。要结合国际国内形势的发展变化、党和国家重大政策措施的出台,宣传我国各项事业取得的新进展、新成就,分析经济社会发展面临的机遇和挑战,讲解中央的决策部署,帮助干部职工正确认识形势、准确理解党和国家的大政方针。要针对干部职工普遍关心的劳动就业、社会保障、收入分配、教育卫生、居民住房、安全生产等热点问题,把党和政府的各项政策措施讲清楚,把对人民群众的利益安排讲明白,做好解疑释惑、增进共识工作。要及时向干部职工阐释企业市场环境的新变化和企业改革发展的新任务,介绍企业发展的长远规划和实施步骤,坚定干部职工搞好国有企业的信心。

3. 企业思想政治工作的总体要求

企业思想政治工作的总体要求是高举中国特色社会主义伟大旗帜,以邓小平理论和"三个代表"重要思想为指导,深入贯彻落实科学发展观,紧紧围绕党和国家工作大局,紧紧围绕建设社会主义核心价值体系,紧密结合企业生产经营、改革发展中心任务,坚持解放思想、实事求是、与时俱进、开拓创新,坚持党的全心全意依靠工人阶级根本方针,坚持以人为本,尊重人理解人、关心人,坚持把解决思想问题与解决实际问题结合起来,贴近实际、贴近生活、贴近群众,创新内容形式、创新方法手段、创新体制机制,努力提高国有企业思想政治工作科学化水平,培养和造就有理想、有道德、有文化、有纪律的社会主义劳动者,为推动企业科学发展、促进社会和谐稳定做出新贡献。

(二)企业思想政治工作的特性

1. 政治性

企业思想政治工作的主要内容就是在党的正确领导下,用马克思列宁主义、毛泽东思想、邓小平理论等重要思想及科学发展观教育人、说服人、转变人的思想,引导人的行为,提高人的思想政治素质,坚持党的原则,坚持为党的纲领、路线、方针、政策服务,纠正各种错误思想和潮流,在政治上、思想上、组织上、行动上与党中央保持一致,自觉地为实现党当前的和长远的革命目标和任务而努力奋斗。因此,企业思想政治工作作为党的思想政治工作的一个重要组成部分,必须服从和服务于党的中心工作,属于思想政治范畴,具有鲜明的党性、政治性。

2. 群众性

企业是以人为主要构成因素的经济活动单位,企业思想政治工作主要是做人的工作,主要解决人的认识、观点、立场问题,旨在培育有理想、有道德、有文化、有纪律的社会主义建设人才。因此,企业思想政治工作必须坚持群众路线,全心全意依靠工人阶级。强调职工是企业的主人,是企业改革和发展的主力。企业思想政治工作的群众性包含三层含义:第一,企业思想政治工作的内容应该尽量满足群众的需要;第二,企业思想政治工作的工作路线应该走群众路线;第三,企业思想政治工作的形式应该尽量为群众喜闻乐见,既要满足群众需要,又要引导群众,提高他们的政治觉悟。

3. 实践性

首先,党的思想政治工作是随着马克思主义同中国工人运动相结合而产生的,是伴随着党的成长壮大全面发展起来的。因此,企业思想政治工作人员不能退出政治生活实践,否则不会具备政治敏锐性和敏锐的思维能力。其次,企业思想政治工作的要求必然随实践的发展而提高。人类的每一项思维成果都是在实践的需要下产生的。离开了实践的思想政治工作,就像长期不使用的铁锹会生锈一样,也会退化、衰竭。最后,企业思想政治工作的成果要在实践中接受检验。企业思想政治工作是做人的工作,由于认识的主、客观条件的复杂性,就使人的认识难免发生偏差,思维活动也会有出轨的危险。而认识成果的对与否,思维活动本身无法验证,只有实践才能检验思维活动成果的真理性,正确的成果就会得到推广、应用,错误的就会得到修正。

(三)企业文化与企业、思想政治工作

企业文化与企业思想政治工作既不是相互包含,又不是完全重合,而是你中有我、我中有你,是一种相互交叉、互为依存的关系。

企业文化与企业思想政治工作有许多共同点:目标基本一致,对象完全相同,内容有相似之处,手段大体重合。坚持以经济建设为中心,企业一切工作就都必须从企业的生产经营出发、围绕生产经营进行,这就要求企业思想政治工作充分调动干部员工的积极性、创造性,把企业内部的各种力量凝聚在一起,为实现企业目标服务,从这个意义上来讲,企业思想政治工作与企业文化建设的目标是一致的。企业文化和企业思想政治工作的对象都是企业的全体员工,企业文化强调以人为中心、重视人的价值,企业思想政治工作则强调广大员工的企业主人翁地位,都提倡尊重人、理解人、关心人、爱护人。同时,两者又有很大的不同,企业文化本质上属于经济文化范畴,而企业思想政治工作属于政治文化范畴。

从企业文化的角度来看,其核心层次——观念层的内容,如企业目标、企业哲学、企业宗旨、企业精神、企业道德、企业风气等都属于思想政治工作的范围;其中间层次——行为层的形成和贯彻,也离不开思想政治工作的保证和促进作用。从思想政治工作的角度来看,其大部分内容直接与企业的生产经营活动有关,而且比例日益增大,这些内容都可以划入企业文化的范围。当然,有些企业思想政治工作(如计划生育、纯粹的党务工作等)则与企业文化建设没有直接关系。

由上述分析可以得出结论:企业思想政治工作是培育企业精神、建设企业文化的主要手段,而企业文化则为企业思想政治工作与管理工作的密切结合提供了一个最好的形式。加强企业文化建设,就可以使思想政治工作与企业管理工作更好地拧成一股绳,由"两张皮"变成"一张皮"。在企业文化建设中,要求企业思想政治工作紧紧围绕着生产经营工作开展,要求企业的管理工作以人为中心,向干部员工的价值观和道德领域深入,使二者水乳交融、相得益彰。

(四)企业文化与企业思想政治工作的比较

1. **企业文化和企业思想政治工作的相同点**

1) 主体一致

企业思想政治工作主要解决人的认识、观点、立场问题,旨在培育有理想、有道德、有文化、有纪律的社会主义建设人才。企业思想政治工作坚持群众路线,全心全意依靠工人阶级。强调职工是企业的主人,是企业改革和发展的主力。企业文化则从研究人的共同价值取向出发,将

人文因素融入企业管理实践中,注重塑造人的灵魂,强调自我激励,主张实行人性化管理。企业文化理论认为,人不仅是管理的对象,更是管理的主体。只有强化企业职工的主体意识,才能最大限度地发挥全体职工的劳动积极性和创造性,增强责任感。两者的研究对象都是人,都是以人为本的科学,它们都是以尊重人、理解人、关心人、激励人为共同的出发点,都强调协调好企业内部的人际关系,都重视培养人的集体意识和提高人的思想道德素质,都把最大限度调动员工积极性和主动性作为自己的重要任务,均强调通过凝聚人的力量而推动企业的发展,旨在培养人的良好品质、塑造人的美好灵魂。

2) 目标统一

企业思想政治工作的目标,是通过马克思主义理论教育和社会主义、爱国主义、集体主义思想教育,通过党的路线、方针、政策和道德教育,引导员工树立正确的人生观、价值观,提高企业整体素质,保证企业经营的正确方向,为企业经济建设提供强有力的精神动力和思想保证,最终达到提高企业经济效益的目的。企业文化建设的目标,是通过强化软管理,提升企业管理水平,激发人的工作热情、增强企业的凝聚力、向心力、核心竞争力,不断提高经济效益,进而发展社会生产力。两者都强调提高企业的经济效益,发展企业生产力,为经济建设服务,都注重经济效益和社会效益的统一,都坚持职工的价值观和企业的价值观的统一,并把职工利益和企业利益统一起来,因而有了共同的价值取向、道德规范、行为准则和心理趋向。

3) 内容重合

企业思想政治工作和企业文化建设都强调通过加强职业道德,进行目标激励和形势任务教育,把员工的意志和力量统一到完成企业科研生产经营目标上来;都重视人的思想品德的培养,贯彻脚踏实地为企业服务的方针;都注重吸收和借鉴人类社会创造的一切文明成果,探索社会思潮的变化规律。其中,理想信念教育始终是企业思想政治工作和企业文化建设的核心内容。理想信念是人们对未来社会和生活有科学根据的向往和追求,是人们为之奋斗的目标。崇高的理想信念是党胜利的旗帜,是党的战斗力、凝聚力、向心力与团结力的思想基础,是人的灵魂与精神支柱。有了崇高的理想信念,就会有取之不尽、用之不竭的精神动力,焕发出极大的革命与建设的积极性与创造性。在当今新的历史时期,企业思想政治工作和企业文化建设尤其要突出理想信念教育。

2. 企业文化和企业思想政治工作的不同点

1) 范畴不同

企业文化是整个社会文化中的亚文化,从本质上来说,它属于经济文化范畴,是一门新兴的企业管理科学。它是在现代管理科学的基础上,吸收并融合了社会心理学、行为科学、公共关系学、美学、思维科学、文化人类学等学科的相关知识而形成的。企业思想政治工作则属于政治伦理教育范畴,主要解决职工思想意识方面的问题,是一门关于企业职工的思想、行为及其发展规律的科学。在开展思想政治工作时,虽然也需要运用管理学、心理学等一些知识,但其理论基础主要是马克思主义哲学、政治经济学、科学社会主义以及党建理论等。同时,企业文化的外延要超出企业思想政治工作。企业文化的外延包括物质文化和精神文化。例如,企业环境的物质方面的建设是属于企业文化建设的范围。企业思想政治工作则主要反映在思想意识方面,它属于精神文化的一部分。

2) 性质不同

思想政治工作是我党的优良传统,它以马克思列宁主义、毛泽东思想、邓小平理论和"三个代表"重要思想为指导,依照党的纲领和不同阶段政治、经济的中心任务,通过有组织、有意识地教育、灌输马克思主义理论,使党员和广大群众树立科学的世界观和人生观,掌握马克思主义的观点、立场和方法,它具有鲜明的党性、思想性,本质上属于政治工作的范畴。企业文化则是产生于西方资本主义发达国家的一种新的管理理论,它通过培育企业职工共同的价值观和行为准则,对职工的行为进行有效的管理和控制,追求企业整体优势,具有明显的管理性和经济性,本质上是经济管理问题。

3) 方式不同

企业文化着眼于人的管理方式的研究,通过企业领导人的倡导,靠全体职工的自我教育、自我约束、自我体验,进而逐步养成,它的运行特点主要是以潜移默化的形式,通过良好的企业文化氛围,提高职工的思想道德素质。企业文化建设特别注重感情因素,主要通过文化手段,创造文化氛围,来影响人的思想,制约人的行为,形成以企业价值观为核心的群体意识。企业思想政治工作则着眼于职工思想觉悟的提高,其运行方式是对职工进行马克思主义基本理论、党的基本路线、爱国主义、集体主义的系统教育和正面灌输,通过宣传、教育、谈心、疏导、激励等方式对职工在生产过程中所产生的各种思想问题、情绪问题和行为问题进行疏导,及时予以解决。较之企业文化,它更注重理性色彩,在理论教育方面占有更大的比重,强调牢固树立正确的世界观、人生观、价值观,增强分清理论是非、政治是非的能力。

由上可知,企业文化和企业思想政治工作并不是完全等同的,把企业文化简单地纳入企业思想政治工作的范围,或者把企业思想政治工作简单地纳入企业文化的范围,都是不妥当的。如果把两者等同起来,相互代替,那么就有可能出现放松企业文化建设或放松企业思想政治工作的不良后果。这对于企业的发展是极为不利的。

(五) 企业文化与企业思想政治工作的结合

企业文化和企业思想政治工作既有联系,又有区别。从某种角度来看,两者你中有我,我中有你,但你不能代替我,我也不能代替你。因此,企业文化和企业思想政治工作内容上的渗透性和功能上的互补性决定了两者必须紧密结合起来,相辅相成。

1. **企业思想政治工作为企业文化建设提供支持和保证**

1) 企业思想政治工作为企业文化建设提供方向指引

我们建设的是符合中国国情、具有特色的社会主义企业文化,它必须以经济建设为中心,坚持四项基本原则,坚持改革开放,坚持两个文明一起抓;体现社会主义市场经济的特征;体现国家、企业、职工三者利益根本一致的观念;体现职工是企业的主人,是生产经营活动的主体,以及维护职工平等的地位、权利和尊严的观念。所有这一切,都有赖于企业思想政治工作的作用。企业思想政治工作,正是运用人类历史上最先进、最科学的世界观、方法论去教育人、启发人,从而解决职工的思想问题,使职工能从各种误区和偏见中解脱出来,不断提高认识世界、改造世界的能力。从这个意义上来说,企业思想政治工作塑造了企业的灵魂,保证了企业文化建设的社会主义方向。

2) 企业思想政治工作为企业文化建设提供思想保证

思想政治工作是进行世界观、人生观、价值观的教育,避免企业成员出现"精神危机"。企业文化是企业在生产经营活动中,为谋划自身的生存和发展形成的,并为员工所认同的一种先进的群众意识,具有鲜明的时代特征和企业个性。加强企业文化建设,就必须突出思想政治工作的针对性,充分发挥企业党组织的政治核心作用,只有把企业思想政治工作同企业的改革、发展紧密结合才能有生命力。因此,企业的任何政策、改革措施出台前,思想政治工作都必须先行,搞好宣传引导。

3) 企业思想政治工作为企业文化建设提供桥梁纽带

企业思想政治工作应充分发挥自己的桥梁纽带作用。首先,它搭建了企业和政府、社会之间的桥梁。企业思想政治工作应及时传达党和国家的方针、政策,引导企业战略决策,提高企业整体思想素质,明确企业发展的长远大计,使企业有一条掌握政策导向的正式渠道,为公司发展指明方向。其次,企业思想政治工作搭建了企业与员工的桥梁。通过有效沟通,将企业面临的市场形势,企业的经营目标、经营战略和经营观念传达到每个员工的头脑之中,使之成为员工的共识,要使每一个员工都知道自己承担的责任和应做的贡献,把自己的工作与企业的总目标紧密结合在一起,努力把企业营造成为所有成员的"生存的共生系统""经济利益的共同体"和"共有的发展平台"。要善于通过细致的思想政治工作化解员工的疑惑,帮助员工设计个人的发展计划,辅导他们谈谈个人的事业奋斗目标,从而使全体员工理解企业、支持企业,与企业同呼吸共命运、增强企业凝聚力、形成合力,达到统一思想、增强信心的目的。

案例1-4

中国电信苏州分公司举办"下访沟通日"活动,开辟领导与员工"零距离接触"的绿色通道。员工代表积极踊跃地将各自所在工作部门收集到的话题以及结合自身实际工作对公司提出意见和建议,并与公司领导班子进行了现场沟通。引来了员工的广泛参与,增强了公司领导与基层员工的关系,推进了企业民主管理进程,扩大了员工的知情权、参与权、咨询权、质疑权,起到了沟通一次,宣传一片的功效,成为企业宣传政策、交流沟通、为员工办事、企业民主管理、化解矛盾的新平台。

2. 企业文化建设有助于企业做好思想政治工作

1) 企业文化建设有助于促进企业思想政治工作方法的创新

企业文化建设的特点不是灌输,而是通过以文载道,以文化心,使员工自觉自愿地去追求一种价值观念,去共行一种行为规范。新型企业文化有助于改变传统的思想政治工作方法,树立以人为本的理念,通过营造公平、公开、民主、和谐的氛围,建立平等交流多项沟通的机制,变教育为沟通,达到良好的效果。同时,通过开展企业文化建设,可以用身边的人、身边的事、身边的文化进行教育与自我教育,将企业的先进理念和先进行为潜移默化地渗透到思想和行动中。

2) 企业文化建设有助于丰富企业思想政治工作的内容

人的素质包括思想道德素质、科学文化素质、专业技术素质和身体心理素质,而思想道德素质是员工最重要的素质。企业文化和企业思想政治工作的最终目的都是开拓先进生产力,发展先进文化,提高员工的思想素质,使之更好地服务企业,创造财富、造福社会;更好地坚定理想信念,明确肩负的使命。这样,企业思想政治工作才能更具体、更实在、更丰富、更有生命力。

3) 企业文化建设有助于增加企业思想政治工作的文化含量

思想政治工作是我党的一大政治优势,只有从企业改革、改制的大局出发,正确处理国家、集体、个人三者利益的关系,做好员工的思想教育和转化工作,才能使之成为有理想、有道德、有文化、有纪律的具有中国特色社会主义事业的建设者和接班人。企业文化建设所倡导的企业精神，是企业成员所认同的价值观念，是企业之魂，只有坚持先进正确的企业文化建设方向，有效地开展企业思想政治工作，才能解决好价值观这一文化建设的核心内容，保证企业文化建设的健康发展，保证企业三个文明建设的协调发展，保证企业的改革、发展和稳定，提高企业的核心竞争力。

因此，企业文化和企业思想政治工作是两个不同的概念，它们有着辩证的关系，相互联系、相互作用、与时俱进、共同发展。在实际工作中，加深对企业文化和企业思想政治工作内涵的理解和认识，特别是深刻认识它们间的辩证关系，对加强和改进企业思想政治工作，都具有巨大的作用。坚持以人为本，掌握和运用辩证的、科学的工作方法进行企业文化建设和思想政治工作，就一定能够成就优秀的企业和优秀的员工。

六、提高企业思想政治工作的有效性，促进企业文化建设

邓小平同志讲过，要善于学习，更要善于创新。江泽民同志指出，创新是一个民族的灵魂，是一个国家发展的不竭动力，是一个政党永葆生机的源泉。他还强调，主张创新、与时俱进不仅是马克思主义的优良传统，也是中华民族的优良传统。胡锦涛同志指出，要建设创新型国家。企业思想政治工作也必须创新，要把改革创新贯穿于新形势下国有企业思想政治工作的全过程之中。我们党历来高度重视国有企业思想政治工作，在长期实践中积累了许多好经验、好做法，我们必须大力继承和发扬。同时，要结合形势任务的发展变化，研究新情况，解决新问题，创造新经验，增强工作的针对性、实效性。

1. 树立以人为本的企业思想政治工作理念

1）以情动人

感情的交流与沟通是开展思想政治工作的前提和基础。思想政治工作是做人的工作，而人又是有感情的，不论是思想认识的统一，还是政治觉悟的提高，都是以感情的交流、沟通、融合为基础的。在传统的思想政治工作里，单位就是员工的家，这种亲情化的活动机制在强调社会管理的今天，仍然有其重要性和必然性。这就要求政治工作人员开展思想政治工作的时候，必须坚持以人为本的核心理念，怀着满腔热忱，带着感情去关心、爱护、体贴员工，帮助他们解决具体困难，把党组织的温暖、企业的关怀送到员工家中，把工作做到员工心坎上。这样，才能真正增进感情，增强凝聚力。

案例1-5

为了给一线员工营造温馨和谐的生活环境，大庆油田建设集团推行了"八个一"工作法，即一次亲情慰问，组织员工家属到前线探亲走访，将亲人的问候送到前线员工的心坎上；一句生日祝福，在员工过生日时，其他同志都会送上一句生日祝福，并送上一碗长寿面和生日蛋糕；一声温馨提示，每天班组安全讲话都要进行"请穿好工服、戴好安全帽、系好安全带、不要违规操作"温馨提示，教育员工安全操作；一条节日热线，为前线项目部发放摄像头，前线将士可以与亲人进行"面对面"的沟通和交流；一次联谊活动，定期组织"心连心"慰问小分队深入各前线项目部与外埠员工进行联谊，丰富员工文化生活；一种节日氛围，每逢节日都要为员工做上一桌丰盛的饭菜，并帮助编发对亲人祝福的手机短信；一次文体活动，每月开展一次小型文体比赛，赛后对

优胜者进行奖励;一次视察活动,每年组织一次职工代表视察活动,并形成调研报告,为领导决策提供依据。

2) 因人施教

俗话说,"一把钥匙开一把锁"。职工的经历、年龄、觉悟、修养、志趣爱好等均各有差异,而社会的多元化也不断促进人们思想活动的多变性和差异性,我们应正视并尊重这种差异,根据不同对象的特点,有的放矢,对症下药,实施分层分类教育。对青年职工,应关心他们的爱情、婚姻、事业;对离退休职工群众,则应多关心他们的文化娱乐、医疗保险和养老金等。同时,人们的思想是分层次的。不同层次职工的思想认识、所持态度是存在差异的,所呈现的"热点"问题也不同。如果解决好了一个层面的"热点",就等于解决了一个层面众多职工的认识,职工群众的觉悟就会上一个台阶。所以,思想政治工作要切忌"一刀切",要因层施教,从"热点"出发进行把脉,方能顺藤摸瓜,解决问题。

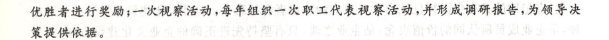
案例1-6

大庆油田人事部、团委注重培养青年职工的能力,联手开拓青年成长、成才途径,开展了"树百年人才、创百年油田"主题活动。这个活动坚持育人与建功的有机融合,坚持油田发展与青年成才的互相促进,坚持人企和谐的科学发展,统筹做好"五篇文章",实施五项行动。五项行动:做好素质篇,实施百年油田青年素质拓展行动;做好建功篇,实施百年油田青春建功行动;做好成才篇,实施百年油田青年人才开发行动;做好文化篇,实施百年油田青年文化培育行动;做好团建篇,实施百年油田团建创新行动。确定2005年为启动年,以夯实基础工作为重点,出台了《团支部工作细则》《青年岗位能手考核管理办法》《铸百年青年突击队项目组织实施方案》,实施了共青团活动项目化运作。确定2006年为推进年,以培育技能型人才为重点,创造性地开展"首届青工安全生产技能大赛",印制十大工种的"安全随身行"小册子,出台了《关于进一步加强青工岗位技能提升工作的通知》,形成了一个关注青年、培养青年的良好氛围。2007年为提升年,以提升青年思想素质为重点,以"追寻创业足迹、重读大庆精神为主题,组织了大庆油田历史陈列馆、铁人王进喜纪念馆百日参观,"忆队史、讲传统""身边的感动"主题征文以及"品读历史、启迪人生"读书活动,坚定了团员青年与祖国共奋进,与企业同发展的信心和决心。

3) 选树典型

榜样的力量是无穷的,应坚持发挥先进典型的模范作用,不断增强思想政治工作的感染性和示范性。一是充分发挥党员领导干部的示范表率和党员的先锋模范作用。始终把加强先进性建设作为思想政治工作的重要内容和目标,以思想教育、先进性教育、实践教育为重点,特别是我们高度重视各级领导干部的表率作用,在"立行"和"立言"上多下功夫,身体力行,率先垂范。实践证明,广大党员、干部以身作则,是最有力的思想政治工作。二是充分发挥先进典型的示范带动作用,对员工在实践中形成和表现出来的好思想、好业绩,对基层创造的好经验和好作法,及时总结、宣传推广,提高思想政治工作的感召力和渗透力,营造一心一意谋发展、齐心协力促和谐的浓厚氛围。

2007年,大庆油田公司党委在实践中总结提炼了典型培养的"五个三"工作法。"五个三"工作法的内容是:在发现典型上突出"三新",即用新观念、新视角、新举措去认识、发现、评价新典型;在培养典型上突出"三早",即典型培养计划早研究、典型培养工作早部署、典型培养效果早见效;在总结典型上突出"三特",即对典型事迹和经验的总结充分体现时代特征、行业特色、岗位特点;在宣传典型上突出"三全",即宣传报道坚持全方位、全过程、全参与;在典型作用发挥上突出"三好",即典型引领好、激励好、成长好。运用这套做法,这个单位涌现出了一大批先进典型,出现了老典型有新事迹,新典型有好做法的生动局面。

2. 改变企业思想政治工作的方式

1) 变被动为主动

随着社会的不断发展,职工群众的知识水平和文化层次不断提高,民主法律意识和参与意识也进一步增强,如果企业思想政治工作还只是停留在依靠行政命令搞活动、做报告、造舆论,结果往往会造成"雷声大、雨点小"的情况,很难收到预期的效果。为避免"走过场",这就要求在方法上实现从职工被动接受教育,向职工自我教育、自我管理、自我约束、自我提高的自主型转变。

位于太行山麓的石家庄电力机务段,不仅担当着京广、京九、石(石家庄)太(太原)、石(石家庄)德(德州)等主要铁路干线上279对客、货列车牵引任务,而且还承担着石家庄、邯郸两个铁路枢纽以及石太、石德、邯长铁路线全线的调车任务,确保安全生产的任务重、责任大。如何通过有效的思想政治工作,引导全段8000多名干部职工在安全运输中心往一处想,劲往一处使,成为段党委躲不开、绕不过的现实问题。为此,段党委从树立人本理念出发,紧紧依靠职工,以"一切为了安全,一切为了职工"的企业价值观为主线,充分尊重职工群众的首创精神,在全段干部职工中广泛开展了征集安全理念、警句、格言活动,形成了"执行标准一点也不差,差一点也不行""违章蛮干不是勇士,遵章守纪绝非懦夫""上标准岗,干标准活,交放心车"等具有广泛群众基础的安全理念。同时,段党委根据各个阶段的安全生产重点任务,让职工担纲上台,发动职工以现身说法、自我剖析以及"安全在我心中"演讲等形式开展安全教育,引导大家无论在任何地方都能以大局为重,以安全为本,自我加压。

2) 变灌输为渗透

理论都是灰色的。孟子说,言语虽近,所指则远,鼓动精神,奥妙无穷,不费寸铁,谈笑解围。思想政治工作方法上的改进,就是讲究思想教育的艺术,对员工反映的思想认识问题,要通过耐心说服和积极疏导去解决,在潜移默化中,把抽象的政策方针理论与具体事实有机结合起来,尽可能用通俗易懂、言简意赅、易于接受的语言了解员工的思想动态,有效解除其思想或行动上的困惑。

3）变单向为多元

单靠思想教育不可能解决所有问题，加强企业思想政治工作必须立足于教育、辅之以管理，把思想教育与法律、道德约束、经济杠杆等多种手段结合起来，制定《加强党员政治理论和业务学习制度》《进一步加强思想政治工作的若干意见》等制度，积极推进思想政治工作与业务工作同部署、同考核、同奖惩，将教育内容和要求渗透企业规章、企业管理的各项制度中，真正形成企业思想政治工作的整体合力。

案例1-9

大庆油田适应形势发展需要，在基层党支部中开展了"六好"达标竞赛。具体目标是：支部建设好、领导班子好、队伍素质好、经营管理好、文化氛围好、环境建设好，其中每一项还包括若干具体内容，如"经营管理好"包括"完成工作任务、讲求经济效益、实现安全环保、实施民主管理、做到管理规范"五项内容。同时油田深入开展"六个一"创建活动，即选配一个好书记、建设一个好班子、带出一支好队伍、完善一套好制度、构建一个好机制、创造一流工作业绩。在创建活动中，推行ABC分类管理法，把党支部的工作内容细化量化为9类40项考核指标，使党支部的工作内容具体化、工作目标分值化、工作考核规范化。定期组织检查考核，推动党支部建设整体水平。目前，全油田已有90%以上的基层站队通过了"六好"达标的考核验收。

3. 创新企业思想政治工作载体

1）积极开展丰富多彩的活动

活力来源于活动，只有不断开展活动才能保持活力。企业党组织要将思想政治工作与开展活动相结合，通过开展各项活动来活跃企业文化氛围，使企业和谐发展。充分利用节庆文化月、文化周活动或工作之余，或寓教于乐，开展丰富多彩的体育娱乐活动；或寓教于文，开展多种形式的座谈会、技能竞赛、参观学习等文化活动；或寓教于各种服务之中，为职工提供服务，切实解决职工的实际问题。只有这样，才能调动职工的工作积极性和创造热情，企业思想政治工作才能不断地健康发展。

案例1-10

长岭炼化公司以主题晚会为载体，推进思想政治工作形象化。每年年终举办一场《感动长岭》文艺晚会，以故事、演讲、小品、相声、短剧等形式，向干部职工传导企业主旋律，还以企业安全生产、日常管理等现实工作、生活为题材，拍摄系列电视专题短片、室内情景剧，总结管理经验，宣传安全意识，鞭挞不文明现象，让思想政治工作真实可信，感染力强，让职工群众在愉悦中受到启发和教育。

2）充分发挥大众传媒的作用

在新形势下，要善于利用大众传媒开展思想政治工作，注重利用手机、博客、楼宇电视、电子杂志等员工喜闻乐见的新手段，结合企业发展改革中出现的新情况、新问题，加快建立思想政治工作的调研网络和信息网络，增加企业思想政治工作的科技含量，使职工群众能及时了解党的方针、企业政策及支部的要求，支部也能及时了解职工群众的思想状况，从而制订合理有效的企业思想政治工作方案,以扩大覆盖面,增强影响力,提高时效性。

案例1-11

北京六建集团有限责任公司总承包部针对党员办公分散、施工现场任务繁重的特点,党支部特开通了"飞信"平台,将40余名党、团员的手机号加入平台,通过手机报的形式了解党和国家重要会议提出的重大任务和战略部署,党的基本概念和相关名词解释,进一步拓展党员干部的理论视野。手机报共开辟三大固定栏目,其中,"要论摘编"主要摘登《毛泽东文集》《邓小平文选》《江泽民文选》、胡锦涛同志的重要讲话;名词解释主要摘登党的基本概念和重要会议的名词解释,加强党员干部对科学理论的理解和学习;"党史今日"摘登党的革命和建设史上的重大事件,生动展现马克思主义同中国实践相结合的伟大历程。此外,手机报还设定了一些临时栏目,比如"一句话新闻"等简讯,随时刊发报道,开展"创先争优"过程中的一些重要通知和事件,方便广大职工及时了解活动动态。党员干部普遍反映,通过学习使他们认识到,要充分发挥党员的战斗堡垒作用、先锋模范作用,更加努力地奋战在施工一线,为百姓建设更多更好的民心工程。

七、企业文化与企业形象

现代企业文化,是在 20 世纪 80 年代初期对管理科学、行为科学、文化学等当代管理理论的研究和探索中逐渐形成的。其核心内容是吸取了传统文化的精华,应用先进的管理思想,为企业提出明确的价值观、科学发展观和行为规范。现代企业不仅要重视企业文化的建设,同时还要塑造良好的企业形象,这对促进企业生产经营,提高管理水平,增强竞争能力有着极为重要的作用。

(一)企业文化的具体内容

企业文化是一个企业特有的传统和作风,它的内容相当广泛,本节仅对企业文化的概念、内容及特点进行简要的阐述。

1. 企业文化的含义

20 世纪 80 年代,由美国哈佛大学教授特雷斯·迪尔和管理顾问阿伦·肯尼迪合著的《企业文化》一书的出版,标志着企业文化理论的正式诞生。他们通过研究发现,成功而杰出的大企业都具有明确的经营哲学,员工有共同的价值观念,有共同遵守并没有形成文字的行为规范,还有各种用来渲染和强化这些文化内容的礼仪和习俗。每个企业都有一种文化,它潜移默化地对企业产生重要的作用,从企业的决策、人事的升迁到员工的行为举止和衣着爱好等都受企业文化的影响,成功的企业必定有繁荣的企业文化。因此,它是企业制胜的法宝。

企业文化是指在一定的历史条件下,企业及其员工在生产经营和变革的实践中逐渐形成的共同思想、作风、价值观念和行为准则,是一种具有企业个性的信念和行为方式。它包括价值观、行为规范、道德伦理、习俗习惯、规章制度、精神风貌等,而价值观处于核心的地位。

企业文化可分为狭义和广义两部分。狭义的企业文化,即指在企业生产经营实践中形成的一种基本精神和凝聚力,以及企业全体员工共有的价值观念和行为准则。从广义的角度而言,除了上述内容外,还包括企业成员的文化素质,企业中有关文化建设的措施、组织、制度等。就企业文化的结构层次来看,可分为三个层次:第一是物质文化层次,它是指企业环境和企业文建设的"硬件"设施,它是企业文化结构中的最外层;第二是制度文化层次,包括企业中的习俗、习惯和礼仪,以及成文的或约定俗成的制度等,它是企业文化的中介层;第三是精神文化层次,它是企业文化的核心,主要指的是企业成员共同的意识活动,包括生产经营哲学、以人为本的价值观念、美学意识、管理思维方式等,它是企业文化的最深层,是企业文化的源泉。企业的物质文化、制度文化、精神文化是密不可分的,它们相互影响、相互作用,共同构成企业文化的完整体系。

2. 企业文化的主要内容

有专家把企业文化的内容归纳为五种:企业环境、价值观、英雄人物、礼节和仪式、文化网络。其实,更具体地说,企业文化的内容一般有以下七个方面。

1) 企业的最高目标或宗旨

企业是一个经济实体,必须获取利润,但我们绝对不能把盈利作为企业的最高目标或宗旨。企业经营实践证明,单纯把盈利作为最高追求,往往适得其反。纵观世界上比较优秀的企业,大都以为社会、顾客、员工服务等作为最高目标或宗旨。

2) 共同的价值观

所谓价值观,就是人们评价事物重要性和优先次序的一套标准。企业文化中所讲的价值观,是指企业中人们共同的价值观。共同的价值观是企业文化的核心和基石,它为企业全体员工提供了共同的思想意识、信仰和日常行为准则,这是企业取得成功的必要条件。优秀的企业都十分注意塑造和调整其价值观,使之适应不断变化的经营环境。

3) 作风及传统习惯

作风和传统习惯是为达到企业最高目标和价值观念服务的。企业文化从本质上来讲,是员工在共同的联合劳动中产生的一种共识和群体意识,这种群体意识与企业长期形成的传统和作风关系极大。

4) 行为规范和规章制度

如果说企业文化中的最高目标和宗旨、共同的价值观、作风和传统习惯是软件部分的话,那么行为规范和规章制度就是企业文化中的硬件部分。在企业文化中硬件要配合软件,使企业文化得以在企业内部贯彻。

5) 企业环境和公共关系

任何企业都不是独立于社会之外的,企业环境和公共关系对企业的形成、存在和发展具有极大的影响。因此,企业的环境和公共关系是企业文化不可缺少的部分。

6) 企业形象识别系统

企业要存在于社会,并且要区别于其他企业,就必须有自己独特的企业形象识别系统,这是企业文化的表象内容。

7) 培育和造就杰出的团队和企业英雄

企业文化是以人为本的。人是企业文化的承载体,也是体现者和传播者,因此,企业文化必须培育和造就一个个杰出的企业团队和企业英雄(领袖)。

(二)企业文化建设的原则

1. 目标明确原则

企业文化建设必须坚持正确的方向,明确所要实现的目标,有效地引导企业人员的认识和行为,可以激励企业人员的工作热情和创新精神,最终要确保企业文化建设目标的实现。

2. 以人为本原则

人是企业文化生成的第一要素,企业文化建设必须依靠人,又是为了人。企业文化建设要尊重人、理解人、信任人和关心人,形成以人为本、和谐发展的良好企业局面,才能建设好自己的企业文化。

3. 领导带头原则

企业领导在企业文化建设中起着至关重要的作用,没有企业领导率先垂范或积极参与,企业文化建设取得成效是不现实的。企业领导要严于律己,随时随地加强实业文化地宣传和践行,做好企业文化建设的表率。

4. 全员参与原则

企业文化是整个企业的文化,是企业全员文化,企业文化建设要发动全员积极参与,采取积极强化的方式维护企业人员参与的热情。让企业人员认知、认同并自觉践行企业文化,形成全员共建、共享企业文化的良好氛围。

5. 博采众长原则

企业文化建设要以海纳百川的胸怀广泛借鉴,有选择性地吸纳优秀的时代文化、民族文化、行业文化、中外企业文化,取人之长补己之短,不断丰富、完善自己的企业文化。

6. 彰显个性原则

企业文化建设既要有共性,又要有个性,而且要着力彰显自己的个性,通过企业文化的个性差异来增强企业的凝聚力、体现企业的个性形象、打造企业新的核心竞争力。

7. 整体推动原则

企业文化建设是系统工程,要对企业文化系统整体推动,将企业文化建设与企业方方面面的经营管理结合起来,要力戒片面性和形而上学,杜绝脱离经营管理、孤立而单纯地进行企业文化建设的倾向。

8. 循序渐进原则

企业文化建设是长期工程,既不能盲目冒进,也不能时断时续,更不能停滞不前,而是要按部就班、循序渐进、逐步提升,要有锲而不舍的精神和持之以恒的行为,不要有一蹴而就或自暴自弃的心理。

9. 注重绩效原则

企业文化建设重过程更重结果,要转变管理方式,避免形式主义、教条主义,鼓励企业人员工作的主动性和创造精神,为企业人员实现目标创造条件、提供服务,让企业文化建设产生实绩、获得预期效果。

（三）企业文化建设的内容

企业文化建设是一项系统工程,主要从物质文化、行为文化、精神文化、制度文化四个方面着手。

1. 物质文化建设

企业的物质文化层是由企业成员创造的产品和各种物质设施设备等构成的器物文化,企业的物质文化是看得见摸得着的,是企业的精神文化的外在表现。由于物质文化是企业文化的表层文化,所以物质文化的建设是企业文化建设的首要任务。

我们需要再次强调企业物质文化是什么？企业物质文化是指由职工创造的产品和各种物质设施等构成的器物文化，是一种以物质形态为主要研究对象的表层企业文化。相对核心层而言，它是容易看见、容易改变的，是核心价值观的外在体现。

企业物质文化是组织文化的表层部分，它是组织创造的物质文化，是一种以物质形态为主要研究对象的表层组织文化，是形成组织文化精神层和制度层的条件。优秀的组织文化是通过重视产品的开发、服务的质量、产品的信誉和组织生产环境、生活环境、文化设施等物质现象来体现的。只有先重视企业物质文化的建设，搞好企业物质文化建设，才能使企业文化建设事业做得更好。

一般来说，企业文化建设中的物质文化建设内容主要包括：
（1）产品文化价值的创造；
（2）厂容、厂貌的美化、优化；
（3）企业物质技术基础的优化。

我们都知道，企业存在的意义就是为其顾客群体生产产品和提供服务。企业的产品是企业物质文化的首要内容。企业文化范畴的产品文化包含三个层面的内容：
（1）产品的整体形象；
（2）产品的质量文化；
（3）产品设计中的文化因素。

厂容、厂貌对一个企业的物质文化塑造也是很重要的。厂容、厂貌的重要性对内表现为，企业的外观环境、生产环境及活动场所的整体环境对企业成员的影响是非常大的。对内，可以想象在一个破旧不堪的厂房工作和在一间高档写字楼里工作，人的感受是明显不同的。对外，厂容、厂貌在顾客对企业的整体感知方面的影响也很明显，是企业整体物质形象的展示，反映了一个企业的文化内涵。

企业物质技术基础的优化也是企业物质文化建设的重要内容。只有企业在激烈的市场竞争环境里生存并发展，其生产经营管理能力才能够得以继续、发展、丰富，也只有这样，企业文化才能够得以建立和发展。另外，企业先进的技术和优良的设备、持续改进的产品质量和服务质量，不仅显示了企业回报社会的价值，而且反映了企业文明进化的程度，是企业文化的另一种反映方式。

企业在建设物质文化的过程中，需要着重遵循以下几个方面的原则：
（1）品质文化原则；
（2）顾客愉悦原则；
（3）技术审美原则。

2. 行为文化建设

企业行为文化建设：第一是注意人力资本的培育和积累，加大人才的培养和引进力度，加强员工教育、培训；第二要注意经营管理的科学性、效益性；第三是激发员工作风和精神风貌的活力；第四是建立良好的人际关系环境，为员工提供更多的参与管理、参与文化建设的机会，注重发挥非正式组织的作用；第五是搞好员工的文化娱乐体育活动，引导员工发展自己的个人兴趣，提高员工的综合素质。

3. 精神文化建设

相对于企业的物质文化、制度文化，企业的精神文化是一种更深层次的文化现象。在整个企业文化系统中，精神文化处于核心地位，是企业物质文化和制度文化的升华，是企业的上层建筑。

企业精神文化的内容主要包括：

（1）企业哲学；
（2）企业价值观；
（3）企业精神；
（4）企业伦理道德；
（5）企业风貌；
（6）企业目标；
（7）企业形象；
（8）企业心理等。

由于企业的精神文化已经是企业文化的核心层，所以企业的精神文化建设不仅对企业文化的建设意义重大，而且对它的要求也比对企业物质文化、制度文化建设的要求更高，它的历史更长，过程更艰难。

建设企业精神文化，主要需要从以下三个方面着手。

1）明确企业所奉行和追求的价值观念

企业价值观属于企业精神文化的范畴，在企业文化体系中，占核心地位。在科学的世界观和方法论的指导下，培养和明确企业所奉行和追求的价值观，是企业精神文化建设的主要内容，也是企业文化建设的重要内容之一。

现今社会中，由于技术更新速度的不断加快、生产力的不断提高，企业所面临的市场环境瞬息万变。对于一个企业来说，长期目标、短期目标、经营策略、组织结构、企业领导等都是可能发生变化的，但企业的使命和核心价值观是不能频繁变化的。因为当重大变革来临时，它们会起到维系组织的作用。

因此，明确企业的价值观不仅对企业文化建设影响重大，而且对企业的生存和发展也具有极其深远的作用和影响。

2）塑造企业精神并使其成为企业生存和发展的主体意识

企业精神是企业家和企业成员在长期的实践过程中总结，并表述为某种观念、信条与口号，逐渐为企业成员所接受，在实践中加以体现的团体意识，是企业文化的重要内容。企业精神的形成，急需企业哲学和企业价值观的指导，同时又是其在实践中的体现。

企业精神不是自发地产生、形成的，一般需要领导在长期的生产经营管理实践中概括总结、凝练而成，并不断加以倡导、灌输，使它逐步成为员工的共识。此外，企业领导自身的身体力行和追求，也会不同程度地融入其中。而这个不断升华发展的过程就是企业精神塑造的过程。

3）促进企业道德的形成和优化

企业道德是用以调整企业与员工、员工与员工、一般员工与管理者以及企业与社会等关系的行为规范的总和。

企业道德是企业精神文化的重要组成部分，它属于社会意识，直接体现了企业文化的特色和企业的社会责任感，并用具体形式表现企业文化的约束功能和塑造功能。企业道德又是一种管理观点，即主张通过对道德观念、规范的运作来约束员工行为。

任何一个企业的文化，如果离开了企业道德规范，就算不上是成熟的、系统的企业文化。所以,我们在建设企业精神文化时,必须注重企业道德的建设,促进企业道德的形成和优化,使之在企业各方面的协调发展上发挥其应有的作用。加强企业道德建设,既有利于调动企业成员的积极性、主动性和创造性,又有利于塑造良好的企业形象。

4. 制度文化建设

企业的制度文化是企业文化的中层文化,也是一种强制性文化。它是人与物、人与企业运营制度的结合。同时,企业制度文化具有中介性,表现在它是精神和物质的中介。制度文化既是适应物质文化的固定形式,又是塑造精神文化的主要机制和载体。正由于制度文化具有这些性质,它的建设对企业的文化建设具有重要作用。

在企业的文化建设过程中,我们强调的制度文化建设,是企业和员工行为规范化的体系建设。制度文化一旦形成,企业文化建设就有了得以强化和发展的保障。

要进行制度文化建设,需要从以下三个主要方面入手。

1) 确立合理的领导体制

企业领导体制是企业领导方式、领导结构、领导制度的总称,其中最主要是领导制度。企业领导体制的产生以及发展,是企业生产发展的必然结果,也是企业文化进步的产物。不同时期的企业领导体制,反映着不同的企业文化。在企业制度文化中,领导体制影响着企业组织结构的设置,制约着企业管理的各个方面。卓越的企业家就应当善于建立统一、协调的企业制度文化,特别是统一、协调的企业领导体制。企业领导层要以身作则,在制度执行上率先垂范,才能促进形成优秀的制度文化,才能产生一呼百应的领导效果。所以,企业领导体制是企业制度文化的核心内容,只有确立合理的领导体制,才能使好的企业制度文化得以建立、发展、完善。

2) 建立和健全合理的组织结构

企业的组织结构指的是企业为了实现其目标而设计、建立的不同职位的职能以及它们之间的相互关系。企业组织机构好比一幢建筑的框架,它对企业的生存和发展有很大的影响。因此,组织机构是否适应企业生产经营管理的要求,对企业生存和发展有很大的影响。不同文化背景下的企业,有着不同的组织机构。企业目标、内外部环境、员工素质、领导体制等都会对企业的组织机构构成影响。组织机构形式的选择,必须有利于企业目标的实现。

建立精简、统一协调、高效的组织结构,是企业优秀文化的体现,也是卓越企业的主要标志之一。建立和健全合理的组织结构是企业制度文化建设的另一重要内容。

3) 建立和健全开展组织活动所必需的规章制度

企业的规章制度主要包括企业的生产管理制度、人事制度、财务制度和奖惩制度等。这些规章制度更强调的是外在的、强制的约束,重在对企业员工进行监督、考核和监控等。它是实现企业目标的有力措施和手段。

只有科学的建立完善的规章管理制度,才能把企业的不同职能部门,生产经营管理活动的各个方面、各个环节有机地结合起来,形成一个统一的整体。健全的、合理的企业规章管理制度有利于充分调动企业职工的积极性和发挥主观能动性。科学、完善、实用的企业规章制度与优秀的企业文化是相辅相成的。

(四)企业文化建设的时机

一般而言,企业文化作为一种最高境界的管理方式,在企业生存和发展的任何阶段都需要。但一般在出现下面几种情况时,是企业进行文化建设的最佳时机。

1. 企业成立时

很多人说企业刚成立时没有企业文化,也不需要建设企业文化。这种观点不正确。企业文化在企业成立的那一刻就有了,企业文化贯穿企业生存、发展、衰亡的始终。企业成立时就建设企业文化,能够很好地规划、实施企业战略,能够很好地把企业家文化灌输到企业员工当中,形成企业文化,这会给企业的长远发展注入持久的动力。

2. 企业经营出现困境时

企业经营出现困难的原因往往有多种,但从长期来看,是企业文化的优劣起的决定作用。而且,当企业经营出现困境时,企业人员的士气往往比较低落,工作状态不佳.工作效率下降,这时就需要进行企业文化的建设,以解决这些问题。

3. 企业管理效率下降时

随着企业的发展壮大,企业规模也越来越大,企业机构也会慢慢变得臃肿,"大企业病"往往会出现,这时的管理效率也会下降。很多企业遇到这种情况时,往往只注重机构的精简,而忽视了企业文化的作用,其结果往往是陷入"精简—膨胀—再精简—再膨胀"的怪圈。实际上,精简机构是无法从根本上解决企业的问题,只有通过企业文化建设,并辅之以机构改革,才能"药到病除"。

4. 企业快速成长时

当企业快速成长时,企业一般会大规模录用人员、资本投入、机构扩张,企业人员往往会盲目乐观、骄傲自满。殊不知,乐极生悲、骄兵必败。这时,企业很有必要进行文化建设,防微杜渐,使企业人员始终树立危机意识,保持不断学习、创新、进取的精神状态.

5. 企业计划上市时

很多企业发展到一定程度都有上市的打算。但是,企业上市受到的约束条件往往比较多,其中有硬性的约束,也有软性的约束。而且,如果不对企业人员加强宣传和指导,他们往往对企业上市不理解,漠然置之,甚至暗地里横加阻拦。这时,企业进行文化建设就能很好地解决这些问题,使上市更为顺利。

6. 企业重组时

企业重组是企业获得快速发展的一种途径。但是,企业重组会给企业带来方方面面的问题,诸如企业领导人更换、企业经营管理方式变化、企业员工思想波动、企业文化混乱,等等。这些都需要及时地进行企业文化建设,才能使企业重组获得真正的成功。

7. 企业高层领导调整时

当企业领导调整、更替时,新的领导可以总结企业发展的经验和教训,可以把新思路、新方法、新作风带给企业,给企业注入新鲜的文化血液。在此时进行企业文化建设,就能使企业激浊扬清,摆脱束缚,奋起直前,驶入发展的快车道。

8. 企业技术、设备、产品更新换代时

企业的技术、设备、产品更新换代时,不仅给企业的经营管理方式带来变化,也给企业人员的思想观念、传统习惯带来冲击,甚至给企业的价值观也带来挑战。而在此时,如果不进行企业文化建设,企业成员将会落伍,企业文化将会滞后,企业发展将会出现隐患。

9. 外部环境发生巨变时

"唯一不变的是变化"是一条铁律,企业的外部环境无时无刻不在变化。当企业的外部环境发生巨大变化时,比如出现全球性的金融危机、所在国家出现政治动荡或军事冲突、所在地区出现重大灾情、所在行业出现诚信危机、所在市场出现产销渠道阻塞等,就需要及时进行企业文化建设,以变应变,方能稳住企业人员的情绪和工作状态,激发他们的工作热情,使企业化险为夷。

(五)企业形象的概念

企业形象是指企业的产品、服务、人员素质、经营作风和公共关系等在社会公众中留下的总体印象。它是企业素质的综合体现,是企业文化的外在反映,是社会公众对一个企业的总体评价。实践证明,树立良好的企业形象,对创建品牌,增强企业核心竞争能力,提高企业经营管理水平和经济效益等方面都具有极其重要的作用。良好的企业形象对于企业员工而言,可增强企业员工的向心力、凝聚力,从而为企业吸引更多高素质的人才。

1. 企业形象的构成要素

企业形象的构成要素,一般可概括为企业的有形要素、企业的无形要素和企业成员三大类。企业的有形要素主要包括企业的产品、技术装备、内外环境、产品广告、包装等内容;企业的无形要素主要包括企业经营理念、企业精神、企业管理的规章制度、企业信誉等内容;企业员工包括员工的文化素质和技术水平、职业道德、精神风貌、言谈举止等内容。上述诸要素构成了企业的整体形象,但其中影响较大的要素有如下五点。

1)产品形象

产品形象是企业形象的代表,也是企业形象的基础。社会公众主要是通过企业产品的质量、性能、品种、规格、造型、商标、包装、价格等内容来了解和认识企业的;企业也是依靠向社会提供性能良好、外形美观的产品和提供优质服务来塑造良好形象的。因此,产品形象是企业形象的物质基础,产品形象的好坏直接影响着企业形象的好坏。质量优良的产品会给公众留下良好的企业形象,也只有良好的企业形象才能得到社会公众的好感和信赖。

2)服务形象

服务形象是通过企业及其员工在产品售前、售后和技术服务过程中所表现的服务态度、服务方式、服务质量,以及由此引起消费者和社会公众的客观评价而树立的。企业服务方式越灵活、服务态度越好,社会公众对企业的亲切感、信任感就越强。因此,在市场经济中,强化服务质量,以精益求精的服务取胜,不失为在激烈竞争中塑造良好企业形象的关键。

3)环境形象

环境形象是指企业的生产环境、销售环境、办公环境、厂房建筑和厂区各种设施等。环境形象反映着企业的经济实力、管理水平和精神风貌,是企业向社会公众展示自己的重要窗口。特别是生产和销售部门环境的布局、造型、色彩及各种装饰等,都直接关系到企业的环境形象。加强"三废"治理,减少环境污染,注意生态平衡,也对提高企业知名度和信赖度有着直接的和重要的影响。

4)员工形象

员工形象不仅包括企业成员的装束仪表、言谈举止、工作态度、进取敬业、服务态度和团结互助精神等,而且还包括员工良好的价值观念和道德行为。企业是员工的集合体,员工的言行也将直接影响企业的形象,同时员工形象是决定企业形象的能动力量。员工形象好,可以强化企业的凝聚力和竞争力,为企业长期稳定发展打下牢固的基础。

5）企业家形象

企业家在企业形象的形成中处于核心和关键的地位,企业的成败兴衰与企业家审时度势、应付变局、组织指挥等能力有着密切的关系。在企业形象塑造过程中,企业家应不断完善和提高自身形象,努力成为员工的楷模,以良好的企业家形象来引发社会公众对企业形象的好评。

企业形象是企业重要的无形资产,因为它代表着企业的信誉、产品的质量、员工的素质,决定了企业在市场上占有的份额、股票价格的涨跌等,与企业的人力、财力、物力处于同等地位,被称为企业形象力或第四种资源。

（六）企业形象的分类

企业形象是一个全面系统的有机整体,通常把它分为企业外在形象和内在形象两个部分。

1. 企业的内在形象

企业的内在形象是企业形象的灵魂和支柱,也是企业外在形象的源泉。企业的内在形象一般包括以下几个要素。

1）企业经营思想

企业经营思想是企业生产经营活动的指导思想和基本原则,是企业高层领导的价值观和方法论,并在企业的具体运营中体现。它是企业长期经营实践之后形成的文化精华,也是企业成功的关键所在。

2）企业经营方向

企业经营方向是指企业的业务范围和企业的经营方针。企业的业务范围表明企业在一个或几个行业领域为社会提供服务;经营方针是指企业经营战略、经营目标及其前进的路线。

3）企业精神和价值观

企业精神是企业的行为准则和企业价值观的体现。企业精神包括员工对本企业特征、地位的理解和认同,对本企业的共同信念,对本企业未来的发展所抱有的期望等。

4）企业信誉

企业信誉又称企业经营道德,它是指企业在经营活动中应该遵循的、靠社会舆论监督、传统习惯约束及内心信念维系的行业经营规范的总和。企业信誉是较高层次的信誉,它是指企业内外部所有公众对企业履行和承担社会责任的综合评价。

2. 企业的外在形象

企业的外在形象一般包括以下几个内容。

1）物质设备形象

企业的物质设备包括厂房、仓库、办公楼、生产设备、企业标识及企业在公开场合使用的一切有形物品。例如,建筑物的样式、外部装修、色彩搭配、绿地、内部装修等都影响着企业的外部形象。

2）企业成员形象

企业成员形象对企业形象的建立起着举足轻重的作用,因此必须对成员进行必要的培训,并做好人力资源管理,使企业成员具有进取心、责任感和敬业精神,积极、主动地做好自己的工作,使企业焕发出蓬勃的朝气和青春的活力。

3）产品形象

产品的性能、质量、风格、特色、包装装潢等都影响产品形象。尤其是产品质量,在今天已成为影响企业形象的一个决定性因素。产品质量是企业的生命,要树立良好的企业形象,就必须加强质量管理,以确保产品质量的稳定和不断提高。

4）品牌形象

好的品牌或商标有助于树立企业形象,品牌效应能够给企业带来巨额利润。例如,可口可乐、奔驰、麦当劳、波音等举世闻名的超级品牌,这些企业在全球范围内树立了良好的形象,其潜在的价值是无法估量的。

（七）企业形象的作用

良好的企业形象是企业的宝贵财富,它是企业花费了巨大的精力、财力和物力,经过长期的努力而建立起来的。这种企业与公众之间令人满意的关系是任何竞争者不得诋毁和模仿的。良好的企业形象可以使企业获得多方面的效益。

1. 有利于增强企业的竞争力

企业形象策划绝不是单纯的工艺设计。企业形象策划是为了提高企业的知名度、美誉度和市场竞争力而对企业成长战略和市场发展空间全局的、系统的长期谋划。其中企业的经营范围、所处的地理环境、竞争对手的状况、企业所面临的机会和威胁是企业形象策划的外部因素,企业的优势与劣势、资源状况、企业的历史传统、人员素质、企业文化等是企业制定战略的内部依据。企业要根据内外部的客观条件来确定自身的发展。例如,万宝路（Marlboro）香烟,本来是专对女性市场开发的,其名字就是由"Man always remember lovely because of romantic only"（男人总是忘不了女人的爱）一组单词的首字母组成的,但它的销路并不见好。于是公司邀请著名的李奥·贝纳广告公司为产品重新设计形象,用象征力量的红色作为外盒的主要色彩,并在广告中使用美国西部牛仔形象,结果吸引了无数爱好、欣赏和追求这种气质的顾客,万宝路也成了当今世界最为畅销的香烟品牌之一。

企业在求生存、求发展的过程中,是走专业化的道路,还是走多角化的道路？是选择差异化战略,还是选择低成本扩张战略？这些经营决策在漫长的岁月沉淀下来形成的文字或企业成员约定俗成的共识,并相应地铸成了企业自己的价值取向、审美观念、道德信条、行为规范等一系列意识形态,从而确定了企业自己恰当的市场位置,成为正确认识企业自身和增强企业竞争力的源泉。

2. 有利于扩大市场份额

企业形象策划要对企业的营销理念进行梳理、更新、明确,要对企业的内部管理制度进行调整、规范。所有的这些活动都是围绕着更好地为顾客或员工服务的中心思想进行的。CIS 导入的过程,就是确立以人为本、上下同心,全心全意为顾客服务的过程。企业成员通过亲身参与CIS 导入的活动,自然而然地就把自己当作企业的主人,从而增强对本企业的热爱和关心,自觉地接受、认同和执行本企业的理念和制度,树立为客户服务的思想和工作作风。当全体员工同心同德、积极向上、不懈努力来承担自己的使命时,企业对外不仅能以优惠的条件获得信贷,获得经销商更多的支持以打开销路,而且由于产品质量的不断提高会获得广大消费者的信赖,从根本上促进市场份额的扩大。

3. 有利于增强企业对内的凝聚力和对外的亲和力

企业精神是企业在其经营管理活动中形成的,并为全体员工所认同和信守的价值观、理想目标等意识形态的概括和总结。企业精神是企业的灵魂。企业精神一般具有鲜明个性、激励警策性、持久传承性。通过企业形象策划,有利于形成企业精神,从而有利于增强企业对内的凝聚力和对外的亲和力。

4. 有利于获得消费者的认同

品牌在大多数消费者看来都是一种信任的标志,同时也是一种荣耀的象征。品牌所引申出来的气派和身价,让消费者认为即使花费比同类商品高得多的钱也值得购买。企业形象策划正是通过对名牌的缔造而赢得消费者的认同的。

5. 有利于创造和谐的内外部环境

良好的企业形象能够使企业信息的传播更简单,更有效,更易于公众的识别和认同,从而达到最佳的沟通效果。同时,企业在形象策划中塑造企业个性,弘扬企业精神,有利于企业搞好内外部公共关系,创造和谐的内外部环境。

（八）企业形象的塑造

企业形象包括实体形象和品牌形象两个方面,那么纯粹的宣传就不可能真正塑造企业形象。企业形象的塑造依赖两个方面,即"做"和"传"。"做"就是扎扎实实地做好企业质量工作、经营工作、管理工作,侧重塑造企业的实体形象,这占形象塑造工程90%的份额。"传"就是通过公共关系活动和传播媒体向公众传递相关信息,侧重塑造品牌形象,具有画龙点睛的作用,占形象塑造工程10%的份额。在塑造形象问题上要有辩证思维:既要造实(做)又要造名(传),造实先于造名,造实重于造名,造名不能急于求成。策划企业形象重中之重的工作是夯实形象基础。从总体上来讲,塑造企业形象的途径主要有以下十个方面。

1. 推行规模化、集团化、国际化经营战略

企业形象的塑造需要内在的实力,这就是规模化、集团化、国际化、多角化的经营。在塑造企业形象的过程中,应该利用自身积累的资金,积极开发企业形象的"聚合效应、磁场效应和扩散效应"的价值,同时大胆运用资本经营策略、负债经营策略、兼并策略等,组建集团化公司,经营多种体系化的业务,主动开拓国际市场,实现规模化营运。让企业有效地创造出规模经济效应,为企业形象的塑造奠定良好的基础。

2. 加强科学管理

从严格的角度来看,企业形象不是"包装"出来的,而是"管理"出来的。从以下两例调查中可知,公众对良好企业形象的期待是多方面的。美国的一位教授经过大量调查研究后,指出公众所期望的企业形象应有如下特征:

(1) 有革新表现;

(2) 企业正在发展,成长性强;

(3) 具有现代感;

(4) 在产品研究和开发方面表现突出;

(5) 深受顾客欢迎;

(6) 盈利丰厚;

(7) 经营管理有方;

(8) 进行多角化经营;

(9) 有效满足消费者的需要;

(10) 有良好的社区环境,邻居关系融洽;

(11) 与原料供应商关系良好;

(12) 光明正大地进行竞争；
(13) 主动为解决社会问题尽心尽力；
(14) 培养出效率高、有才能的经营管理人员；
(15) 关心合并问题；
(16) 坚守独立；
(17) 没有劳资纠纷，员工关系融洽；
(18) 拥有优秀的雇佣者；
(19) 积极资助文化、教育、艺术事业；
(20) 重视营销与贸易；
(21) 在重大的诉讼中取胜；
(22) 制造优异的产品。

之后，日本一家广告公司通过对日本公众的调查。指出公众心目中的良好企业形象，具有以下几个特征。

(1) 技术精湛；
(2) 积极开发新产品；
(3) 历史悠久，有传统性；
(4) 和蔼可亲，公众乐于接近；
(5) 宣传广告有效；
(6) 可靠性强，可信赖程度高；
(7) 行业有发展前途；
(8) 企业稳定性强；
(9) 能够顺应潮流；
(10) 形象整洁；
(11) 研究、开发力量强；
(12) 有国际市场竞争力；
(13) 公司积极进取；
(14) 公司风气良好；
(15) 有现代感；
(16) 经营管理者优秀；
(17) 对顾客服务细致、周到、热情；
(18) 认真对待顾客提出的问题；
(19) 企业规模大；
(20) 销售网络健全。

总之，公众对企业形象的期待和评价指标。任何一个方面都离不开科学而严格的管理。管理是良好企业形象的根本。

3. 推行科技创新战略

技术是企业形象的支柱。企业形象的好与坏，取决于产品的水平和质量。因此，企业形象的本源是产品形象。塑造企业形象最根本的措施就是塑造产品形象。为此，企业应该积极推进科技创新战略。引进高科技人才和现代经营管理人才，全力推行产品的科研、开发战略，用新材料、新技术设计新产品,用款式新颖、性能先进的产品满足公众的需要。高新技术是现代企业发展的制高点,同时也是企业竞争的焦点。掌握了高新技术,企业就能够不断地推出新产品,为公众提供优质产品,这是独享创新利润、提高产品质量、延长产品寿命、永葆竞争活力的关键。

4. 构建企业质量保证体系

公众购买商品时,讲究性价比,不仅关注商品的价格,而且关注商品的功能、造型和质量。质量在公众心目中具有至高无上的意义,所以质量是企业的生命线,是企业形象的根本。公众出于保护自己的利益,在消费活动中逐渐形成了强烈的"以偏概全"思维倾向。在公众看来,商品质量上1‰的失误,就是100％的问题,这将严重影响企业形象。因此,塑造企业形象必须重视质量管理,并推行全面质量管理模式。

5. 重视品牌的定位策划

根据企业的产品特性和公众的心理差异,应该确定出企业品牌的商业方位,选择好自己的品牌地位。优秀的企业形象宣传都有自己特定的核心定位,如搜狐(SOHO)定位于中国网络服务的先锋,诺基亚(Nokia Corporation)定位于以人为本的科技服务。

品牌定位过程中,应该重视公众的需求。对于公众而言,定位是公众能够切身感受到的,也就是说,定位要切合公众的实际需要和个性特点。对于企业来说,定位要以产品的真正优点为基础,突出企业的技术优势和竞争优势。另外,企业定位应该清楚、明白,使公众能够在繁杂的商品中迅速分辨出企业的企业形象。

在实际工作中,品牌定位的方式有优势定位、跟随定位、是非定位、逆向定位、进攻性定位、空隙定位、感性定位和理性定位等。优势定位就是企业找出产品在价格、性能、质量方面的绝对优势,以及在企业文化、产品社会地位、消费者身份方面的相对优势,以其作为区别其他竞争者的特性,形成自己的商业地位。跟随定位就是在市场选择、广告宣传、产品设计以及公共关系活动方面,采取与竞争对手相似或相同的策略方式,跟随他人,以坐收市场利润。是非定位则是企业在宣传中,对消费市场或公众群体有意地进行人为的区分,使产品在品种、性别、年龄、职业、地域以及生活事宜方面有别于其他企业,创造出对立于竞争对手的公众市场。由于这个市场是全新的,所以具有特别的意义,能够有效地保证企业的市场利润。逆向定位是按照公众市场一般的发展趋势,逆向进行策划,找出怀旧性的发展机会,使企业的产品带有明显的传统化、回归性色彩,以传统和回归为手段创造出自己的顾客群体。企业品牌的定位方式多种多样,在策划过程中,应该组合性地运用,全方位地设计出企业自己的企业形象。

6. 强化市场影响力

企业形象是面向市场的,市场是形象生存与发展的"根据地"。策划企业形象的具体内容和形式时,不仅要注意公众的各种需求,而且要符合市场的运作机制,力求能够产生良好的市场效果,使社会效应和经济效应有机统一,充分发挥形象的市场冲击力,为企业取得良好的市场效应奠定基础。

7. 反映企业的经营内容

企业形象具有传达功能和指示功能,是企业经营项目和经营特点的简洁表达。在策划过程中,设计的企业形象应该充分反映出企业的业务特性,让公众从企业形象中直接理解出企业的经营内容和经营特色。

8. 展示企业的综合实力

企业形象作为企业独有的标识,是公众判断企业实力的基本依据。为了尽快影响公众,作用于公众的心理判断思维,企业形象的意境哲学、构成指标、造型模式以及色彩组合等方面,都应该充分展示出企业的品位、格调、业绩、规模和综合实力。通过企业形象的设计与宣传,使公众能够直接对企业产生信赖之情,这是企业形象策划工作的理想境界。

9. 积极参与市场竞争

品牌是在市场竞争中成长起来的,通过竞争的优胜劣汰机制,品牌得到了公众的认同,就是成为名牌。因此,在塑造企业形象的过程中,应该选择权威性、具有辐射效应的市场,积极推介企业的商品,并根据公众的消费意见及时革新产品设计,使企业在竞争对手中脱颖而出,最终确立起自己的企业形象。

10. 提升企业形象的文化品位

为了迎接信息化时代的挑战,发达国家的优秀企业已着手进行信息化和知识化的基本建设,这对企业经营模式产生了根本性变化,使得企业其他所有变化都建立在这两个基本建设的基础之上。信息化使技术驱动的大规模生产转变为市场驱动的灵活生产,促使企业面向市场;知识化打破了建立在分工基础之上的官僚等级体制。信息、知识和技术的扩散效应,使得无差异化的生产市场逐渐形成,产品在质量和技术等硬件方面的差异已经逐渐消失,全球的标准化生产现象已露端倪。在这种背景下,企业不可能在硬件指标上形成自己的个性,只有借助文化,以文化战略建立起企业的个性化优势。

从形象的内在机制来看,企业形象要有核心性主题,这是统帅整体形象的根本。企业形象是企业实体的"意识形态",企业的精神追求和哲学境界都融于形象之中。从这个角度来看,企业形象应该全面、准确地体现出企业的文化观念,突出文化色彩,营造文化意境,建立良好的企业文化形象,使企业文化形象具有以下素质:科学的哲学思想、企业人格形象良好、员工道德感强、具有文化品位、乐于资助慈善事业、关心社会问题、公司风气良好、员工和蔼可亲并有礼貌。企业借助文化形象,可以有效地提高企业的文化品位,烘托企业的文化氛围,增强企业形象的市场影响力。

(九)企业文化与企业形象塑造的关系

1. 企业文化与企业形象塑造的联系

我们将企业文化分为四个层次:一是表层的物质文化,二是浅层的行为文化,三是中层的制度文化,四是核心层的精神文化。实际上,每一个层面的企业文化都与企业形象的塑造密切相关。

1)企业物质文化与企业形象塑造

企业文化的表层一方面表现于产品的文化价值,包括产品的造型特点、商标特色、包装设计、品牌理念以及价格定位服务水平等;另一方面表现于企业的各种物质设施,包括企业名称、标志、象征物、环境氛围等。而上述这些方面,正是企业形象最直接的展现,就像是人的脸,是给社会公众的第一感觉和第一印象,这是企业形象塑造的第一环节。当然其中也有一些属于行为文化方面的问题比如服务水准、环境氛围等。

2)企业行为文化、制度文化与企业形象塑造

行为文化的浅层,指的是企业员工在生产经营和人际关系中产生的"活动文化",包括对内和对外规范全体员工的一切经营管理活动。而处于第三层次的制度文化对行为文化的形成具有导向和规范作用,与行为文化密不可分。这两个层次的文化对员工乃至企业家外在形象的塑

造都具有重要的意义,它们对企业员工的行为方式(比如经营管理活动方式、服务方式、待人接物方式)都有直接作用,而这些方面做得如何都对企业形象的好坏产生重要的影响,这些也是企业形象塑造的重要方面。

3) 企业精神文化与企业形象塑造

处于核心层的精神文化包括企业经营哲学、企业宗旨、企业伦理道德观、企业精神和企业价值观五个方面。这些正是企业形象的灵魂,是企业形象的内核,是企业形象塑造的基础和依据。企业形象是企业文化的综合体现,更是企业精神文化的集中体现。社会公众对企业形象的评价,本质上是对企业精神文化的肯定或否定。企业形象在市场和社会中能否长久的维系,最终凭借的是企业精神文化的凝聚和支撑。

由此可见,企业文化的各个层面与企业形象塑造都密切相关。从经营的角度来讲,企业形象塑造的是实现企业差异化优势的现代经营战略;从文化的角度来分析,企业形象塑造则是构造企业个性的企业文化战略。按照"文化决定论"的理论,社会是文化的产物,有文化则存,无文化则亡,文化决定着社会的命运和前途。由此可以推断,企业文化是企业生存和可持续发展的基石。

2. 企业文化与企业形象塑造的区别

企业文化与企业形象塑造有非常紧密的联系,但两者并不等同。

1) 定义

企业文化是员工共同的价值理念和行为习惯。而企业形象塑造是将企业文化运用整体的、系统地传达给社会公众,并使社会公众对企业产生一致的认同感。从这个意义上来说,对于企业文化而言,企业形象塑造只是一个对外的传播过程。

2) 作用

企业文化体现的是企业的管理,是借助于企业的培训教育、树立榜样以及企业的仪式表现出来的。企业形象塑造则是通过策划活动,利用专业的视觉设计、公关活动表现出来的,可以看作是企业文化实践化的一种方式。

3) 属性

企业文化属于思想范畴,而企业形象塑造是通过工具将企业文化变成让社会公众容易接受的信息,达到让公众了解企业、认识企业并在消费的过程中选择企业产品的目的。从这个意义上来说,企业形象塑造是一种营销手段。

4) 管理

企业文化是一种柔性的管理,是企业的管理方法;而企业形象塑造则是把这种管理推向社会,以获得社会的认同,同时吸引和凝聚人力资本,减少管理成本的一种活动。从这个意义上来说,企业形象塑造是一种企业经营方式。

当我们明白了企业文化与企业形象塑造的关系之后,我们更应该认识和理解企业形象塑造在企业长远发展战略中的地位和作用。更应该自觉做到:第一,将企业形象塑造与企业文化建设有机融合,构筑企业中长期发展战略,寻求可持续发展对策,从整体上提高企业素质,从形象和文化的角度来提升企业竞争力;第二,在企业形象塑造中,将企业理念系统地作为主体,走出"表象化"企业形象塑造的误区;第三,在企业形象塑造中,充分注意到企业文化的继承与发展,注意到民族优秀文化传统的背景和作用。

第二节　企业文化的发展史

企业文化以其独到的视角,戴着神秘的"面纱"于 20 世纪 80 年代初开始传入我国,掀起了一阵"早产"的热潮,当时我们对其认知还处于朦胧、幼稚时期,经过十余年的理论和实践之间的磨合、碰撞,企业文化又走入了低谷。在新时期、新机遇、新发展的今天,企业文化理论与实践经终于迎来它的春天。

一、企业文化初探

20 世纪 80 年代初期,日本以仅占世界总面积 0.25%,区区 37 万平方公里的陆地国土面积,以占世界人口 2.7% 共计 1.18 亿国民,创造了高达 10 300 万亿美元的生产总值,占世界生产总值的 8.6%,成为世界经济第二大国,直接挑战美国。

1981 年,美国对日本的贸易逆差达历史最高纪录——180 亿美元,占美国贸易赤字总额的 45%。1965 年,销售量雄踞世界之首的美国 IBM 公司(International Business Machine Corporation)以转让计算机制造技术为条件,获准在日本制造并销售 IBM 计算机,从而打开了日本市场。然而,好景不长,IBM 很快被富士、三菱等日本电器从日本市场上赶了出去。不仅如此,IBM 在香港的市场被富士以低于 IBM 50% 的价格夺走。同样,美国接连失去了菲律宾、马来西亚、泰国、新加坡等国的市场。美国在东亚节节败退。屡遭失败的美国终于扯下"贸易自由"的"面纱",联合其欧洲伙伴筑起了贸易壁垒,对日本实行经济制裁。然而,日本人巧妙地用资本输出替代了产品出口,在美国及其贸易伙伴的土地上开起了高挂"太阳旗"的日本工厂。

日本咄咄逼人的挑战,引起了美国社会的震惊。里根政府商务部长助理克莱德·普雷斯托茨惊呼:"美国的时代已经结束了,20 世纪发生的最大事件是日本以超级大国的姿态出现在世界上。"人们在震惊之余,不禁思考:是什么力量促使日本经济持续、高速增长?日本靠什么实现了经济崛起?日本经济凭什么对美国乃至西欧经济形成了挑战?

日本是个小小岛国,资源贫乏,既没有煤,也没有石油,并且火山、地震等自然灾害连绵不断;日本是个后起的工业国家,资本积累几乎等于零;日本的科学技术一度落后,既没有像中国一样辉煌灿烂的古代文化,也没有像欧洲那样的现代科学技术;日本是个战败国,第二次世界大战后饱受战争创伤,既要担负巨额赔款,又长期遭受美军占领,其政治、经济和文化发展都曾丧失独立性。在这样的条件下,日本经济竟然用了不足 20 年的时间崛起了,简直不可思议。

20 世纪 70 年代开始,有些美国学者就已经把眼光投向日本,旨在探究日本成功的奥秘,寻求美国屡屡输给日本的原因。20 世纪 70 年代末 80 年代初,美国学术界出现了"日本热",被卷入的不仅有管理学者,还有社会学、心理学、文化人类学等诸多学科的学者。他们不远万里,远渡重洋,来到这个东亚岛国,为重振美国经济取经寻宝。

在这种形势下,人们渐渐注意到日本美国企业管理模式的不同,从而发现:理性化管理缺乏灵活性,不利于人们发挥创造性、坚定与企业长期共存的信念,只有塑造一种有利于创新和将价值与心理因素整合的文化,才能真正对企业长期经营业绩的提高和企业的发展起到潜在的、至关重要的作用。

美国学者经过精心的比较、探究,终于发现日本经济崛起的真正原因是基于两国明显差异化的企业文化。

二、企业文化研究的兴起

1981年,美国加利福尼亚大学美籍日裔教授威廉·大内(William G. Ouchi)出版了他的专著《Z理论——美国企业界怎样迎接日本的挑战》,该书分析了企业管理与文化的关系,提出了"Z型文化""Z型组织"等概念,认为企业的控制机制是完全被文化所包容的。1982年,特雷斯·迪尔和阿伦·肯尼迪出版了《企业文化》一书,他们在书中提出,杰出而成功的公司大都有强有力的企业文化,还提出企业文化的要素有五项:①企业环境;②价值观;③英雄;④仪式;⑤文化网络。其中,价值观是核心要素。该书还提出了企业文化的分析方法,应当运用管理咨询的方法,先从表面开始,逐步深入观察公司的无意识行为。同年,美国著名管理专家托马斯·彼得斯(Thomas J. Peters)与小罗伯特,沃特曼(Robert H. Waterman)合著《寻求优势——美国最成功公司的经验》,研究并总结了三家优秀的革新型公司的管理,发现这些公司都以公司文化为动力、方向和控制手段,因而取得了惊人的成就,这就是企业文化的力量。这三本著作加上理查德·帕斯卡尔(Richard Tanner Pascale)与安东尼·阿索斯(Anthonyc G. Athos)合著的《日本的管理艺术》被合称为企业文化研究的四重奏,这标志着企业文化研究的兴起。

企业文化研究在20世纪80年代出现了两个派别。一派是以美国麻省理工学院的埃德加·沙因(Edgar H. Schein)为代表的定性化研究,他们对企业文化的概念和深层结构进行了系统的探讨,也曾提出进行现场观察、现场访谈,以及评估企业文化的步骤等,但是,由于这种方法难以进行客观的测量,在探讨企业文化中的组织文化与组织行为和组织效益的关系时,难以进行比较研究,因而受到批评。另一派是以密歇根大学工商管理学院的罗伯特·奎恩(Robert E. Quinn)为代表的定量化研究,他们认为组织文化可以通过一定的特征和不同的维度进行研究,因此,他们提出了一些关于企业文化中组织文化的模型,这些模型可以用于组织文化的测量、评估和调查。但是,这种被归为现象学的方法,只能研究组织文化的表层,而不能深入组织文化的深层意义和结构中去。

1984年,罗伯特·奎恩和肯伯雷将罗伯特·奎恩提出的用于分析组织内部冲突与竞争紧张性的竞争价值理论模型扩展到对组织文化的测查,以探查组织文化的深层结构和与组织的价值、领导、决策、组织发展策略有关的基本假设。该理论模型有两个主要维度:一是反映竞争需要的维度,即变化与稳定性;二是产生冲突的维度,即组织内部管理与外部环境。在这两个维度的交互作用下,出现了四种类型的组织文化:群体性文化、发展型文化、理性化文化和官僚式文化。竞争价值理论模型为后来组织文化的测量、评估和调查提供了重要的理论基础。

20世纪90年代,随着企业文化的普及,企业组织越来越意识到规范的组织文化对企业组织发展的重要意义,并在此基础上,以企业文化为基础来塑造企业形象。因此,企业文化研究在20世纪80年代理论探讨的基础上,由理论研究向应用研究和量化研究方面迅猛发展,企业文化研究出现了四个走向:一是企业文化基本理论的深入研究;二是企业文化与企业效益和企业发展的应用研究;三是关于企业文化测量的研究;四是关于企业文化的调查和评估的研究。迄今为止,有关企业文化的专著约有60多部,论文分布在十几种管理学和心理学期刊中,企业文化的研究在20世纪八九十年代已经成为管理学、组织行为学和工业组织心理学研究的一个热点,20世纪八九十年代也被称为管理的企业文化时代。

20世纪90年代,西方企业面临着更为激烈的竞争和挑战,因此,企业文化的理论研究从对企业文化的概念和结构的探讨,发展到企业对文化在管理过程中发生作用的内在机制的研究,如企业文化与组织气氛、企业文化与人力资源管理、企业文化与企业环境、企业文化与企业创新等。

1990年,本杰明·施耐德(Benjamin Schneider)出版了他的专著《组织气氛与文化》,其中提出了一个关于社会文化、组织文化、组织气氛与管理过程、员工的工作态度、工作行为和组织效益的关系的模型。在这个模型中,组织文化通过影响人力资源的管理实践、组织气氛,进而影响员工的工作态度、工作行为以及对组织的奉献精神,最终影响组织的生产效益。其中,人力资源管理对组织效益也有着直接的影响。

1990年,海尔特·霍夫斯泰德(Geert Hofstede)及其同事将他提出的民族工作文化的四个特征扩展到对组织文化的研究,通过定性和定量结合的方法增加了几个附加维度,构成了一个企业文化研究量表。

1997年,埃德加·沙因的《组织文化与领导力》第二版出版,在这一版中,埃德加·沙因增加了在企业发展各个阶段如何培育、塑造企业文化,企业主要领导如何应用文化规则领导企业达成企业目标,完成企业使命等内容,他还研究了企业中的亚文化。1999年,埃德加·沙因与沃瑞·本尼斯(Warren G. Bennis)出版了他们的专著《企业文化生存指南》,该书用大量的案例说明了在企业发展的不同阶段企业文化的发展变化过程。

1999年,特雷斯·迪尔和阿伦·肯尼迪再次合作,出版了《新企业文化》,在这本书中,他们认为稳定的企业文化很重要,他们探寻了企业领导在使企业保持竞争力和满足工人作为人的需求之间维持平衡的途径。他们认为,企业经理和企业领导所面临的挑战是:建立和谐的企业运行机制、汲取著名创新型公司的经验、激励员工、提高企业经营业绩、迎接21世纪的挑战。

三、企业文化研究热潮

企业文化作为一门科学的人本管理理论,作为现代企业管理的一个科学阶段,传入中国已经20多年了。从最初的引进、启蒙,到质问、裂变,再到整合、本土化,着实走过了一段不平凡的历程。

1. 中国大陆第一次企业文化研究热潮

中国社会科学院研究员李庆善的研究认为,企业文化一词,从1984年陆续见诸我国纸刊杂志,其中多数文章把企业文化作为一种新的管理方法进行极其简单的介绍。到1988年,企业文化研究热潮已经成为出现在中华大地上的若干热潮之一。掀起这股研究热潮的除了企业界之外,还有从事管理学、文化学、社会学和心理学研究的各界人员。据不完全统计,1988年至1991年三年间,国内报纸杂志上刊载的有关企业文化的文章达250余篇;翻译和编著的有关企业文化的著作达20余种;省市以上单位举办的有关企业文化的研讨会15个;举办企业文化为主题的讲习班和讲座40余期。中央和有些省市相继成立了企业文化理论和应用研究机构。有些课题,已经形成初步成果,被决策机关所采纳。

随着时间的推移,1992年至1999年是企业文化在我国重新受到重视并且日益深入发展的时期,历史的发展使中国企业文化建设迎来了自己的春天。这一时期,我国企业文化建设主要有以下几个特点。

1) 企业文化理论研究不断深入

企业文化理论研究呈现出从直接引进国外理论向在学习国外理论的基础上结合我国实际

进行创新性研究、向企业文化理论研究同我国企业文化建设实践更加紧密结合的方向发展;呈现出从单学科研究向多学科、跨学科研究方向发展的趋势。

2) 企业文化实践活动方兴未艾

一些优秀企业几乎是在企业文化理论传入我国的第一时间就敏锐地对其加以关注,并迅速创造性地学习和运用到企业经营管理的具体实践中,在我国企业界发挥了重要的带头示范作用。如今,被视为我国企业界骄傲的旗帜企业如海尔集团、联想集团等,无不是企业文化理论的实践典范,"海尔文化激活休克鱼"的实践甚至被收入哈佛研究院的案例库。今天,我国越来越多的企业正在优秀企业的示范和带动下日益广泛、深入、全面、主动地参与企业文化实践活动中来,企业文化实践正在不断普及和深化,并带动了许多事业单位的文化实践。

3) 企业文化组织广泛建立

我国各地区、各行业和各部门企业的专业性企业文化组织的建立,极大地推动和促进了我国企业文化建设事业的发展。

4) 企业文化教育培训广泛开展

经过不懈努力,现今北京大学、清华大学、中国人民大学等部分高等院校已经开设了企业文化课程,以各地企业文化组织为主体所开展的企业文化专业培训体系日益展开;以海尔、联想为代表的一批优秀企业的内部企业文化教育培训活动开展得有声有色。社会各个层次、各种类别的企业文化教育培训正在大规模地展开。

5) 涌现出了一支企业文化建设的生力军

在理论界、企业界和全国各级各类的企业文化社团组织中,涌现出大批百折不挠、意志坚定的企业文化推动者,他们为我国企业文化传播、开展做出了重要贡献。

2. 新时期我国企业文化建设新浪潮

2004年7月,国务院国资委在大庆召开了首次"中央企业'企业文化建设'研讨交流会",这次企业文化工作专题会议紧密结合中央企业的实际,总结交流了中央企业"企业文化建设"工作的经验,现场参观学习了中石油在大庆开展的企业文化建设的做法,研究探讨了企业文化建设工作的有关问题,讨论修改了《关于加强中央企业企业文化建设的指导意见》,对中央企业当前和今后一段时期企业文化建设工作进行了部署,目的是动员广大干部职工积极投身企业文化建设,不断提高企业管理和精神文明建设的水平,进一步提升中央企业的核心竞争力,做强、做大中央企业。2004年12月13日,国务院国有资产监督管理委员会(以下简称"国资委")又在京西宾馆召开会议,结合落实中国共产党第十六届中央委员会第四次全体会议精神,对企业文化建设又提出了新的要求。随着理论上认识的进一步成熟与实践的一步步完善,企业文化终于进入一个新的发展时期。

2005年3月26日,国资委下发了62号文件《关于加强中央企业企业文化建设的指导意见》(以下简称"指导意见"),要求中央企业,力争用三年的时间,基本建立起适应世界经济发展趋势和我国社会主义市场经济发展的要求、遵循文化发展规律、符合企业发展战略、反映企业特色的企业文化体系。《指导意见》7000多字,分四大部分、十八条,分别涉及企业文化建设的重要意义、指导思想、总体目标与基本内容、组织实施的工作思路、规划、实施步骤、文化载体及队伍建设、基本要求、领导机制、运行机制等内容,该文件从开始起草到正式颁布耗时近一年。经过深入调研,形成初步意见后广泛征求了企业、专家和有关部门的意见,经过大大小小10多次修改才定稿。《指导意见》对企业文化进行了科学的定义,从根本上突破了以往对企业文化存在的种种狭隘而片面的认识,将企业文化的地位真正上升到人本管理理论的高度,并视之为企业的灵魂。定义中提到的归属感、积极性、创造性,分别揭示出先进企业文化具有的凝聚、激励与创新的功能,全面对应了企业人本管理的三大重要方面。

伴随着2005年国资委62号文件的出台,企业文化理论界、咨询界和实业界掀起一轮新的企业文化热潮。同年,北京交通大学开高校之先河,首开全日制企业文化硕士班;企业文化师被正式确认具备国家认可的从业资格,国内关于企业文化师的培训如雨后春笋般;国内相关刊物和文章更是百花齐放;国内大型企业特别是国有企业先后出台企业或集团企业文化发展指导性意见,如中国石油化工集团公司、中国石油天然气股份有限公司、中国兵器工业集团公司等分别出台相应的文件,全国各地国资、民营企业纷纷自主或聘请专业机构打造自己独具特色的企业文化。

第三节 影响企业文化的因素

概括地讲,我们认为影响企业文化的因素主要有下列八种(见图1-6)。

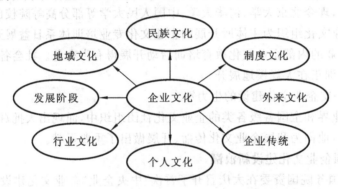

图1-6 企业文化的影响因素

一、民族文化因素

现代企业管理的核心是对人的管理。作为企业文化主体的企业成员,同时又是作为社会成员而存在的。他们长期受到民族文化的熏陶,并在这种文化氛围下成长。在进入企业以后,广大成员不仅会把自身所受的民族文化影响带到企业中来,而且由于其作为社会人的性质并未改变,他们将继续承受民族文化传统的影响。因此,要把企业管理好,绝不能忽视民族文化对企业文化的影响。建设具有本民族特色的企业文化,这不仅是理论问题,更是企业管理所面临的实际问题。

处于亚文化地位的企业文化植根于民族文化土壤中,这使得企业的价值观念、行为准则、道德规范等无不打上深深的民族文化的烙印。民族文化传统是企业经营宏观环境的重要因素,它对企业的经营思想、经营方针、经营战略及策略等也会产生深刻的影响。不仅如此,企业为了经营的成功和今后的进一步发展,还要努力去适应民族文化环境,去迎合在一定民族文化环境下所形成的社会心理状态,否则企业将无法生存,经营陷入困境和危机。需要注意的是,企业文化对民族文化的养分汲取,必须有所区别,不能良莠不分、兼收并蓄。

从另一方面来看,企业文化作为民族文化的微观组成部分,在随着企业生产经营发展的过程中,也在不断地发展变化,优良的企业文化也会对民族文化的发展起到积极的推动作用。

二、制度文化因素

企业文化的另一个重要因素是制度文化,包括政治制度和经济制度。我国实行的是以工人阶级领导的、以工农联盟为基础的人民民主专政的社会主义制度,这是社会主义初级阶段的基本政治制度;在经济制度方面,我国正在建立和完善社会主义市场经济体制,这是当前我国的基本经济制度。我国这样的政治制度和经济制度决定了我国区别于其他国家,具有中国特色的企业文化,同时也为我国企业文化发展提供了广阔的生存和成长空间。

改革开放以来,企业中坚持发挥党组织的政治核心作用,不断完善厂长(经理)负责制,全心全意依靠工人阶级的领导体制,普遍实行职工代表大会制度。深入研究我国当前的政治和经济体制,对于充分发挥社会主义制度的优势、建立具有中国特色的企业文化,是所有企业都必须重视的问题。

三、外来文化因素

中国实行改革开放以来,从西方发达国家引进了大量的技术和设备,在引进、消化、吸收外国先进技术的同时,也引进了国外的文化。引进的国外文化形态可以分为三个层次,即民族层次的文化、企业层次的文化和个体的个人文化,它们都会对我国企业文化产生不同程度的影响。过去我们在引进中较多地注意到技术、管理、人才等因素,而比较忽视文化因素对我国企业的影响和作用。这首先因为文化因素的作用是通过某种技术或设备"中介"间接产生的;其次,文化因素的重要作用在技术和设备引进的初期并不明显,而是在深入的技术引进中才能得以充分体现;最后,还由于国外文化因素的作用是错综复杂的,必须进行综合深入的研究才能够探讨清楚文化因素的这种影响。可以看到,我们从国外引进先进技术的同时,也引入了许多先进的管理思想,增强了企业的创新精神、竞争意识、效率观念、质量观念、效益观念、民主观念、环保意识等,成为我国企业文化中的新鲜血液,但同时也受到拜金主义、享乐主义、个人主义、唯利是图等腐朽落后思想的冲击。西方资本主义企业文化中的糟粕对我国企业文化建设有相当大的破坏作用,应当引起警惕。

一个企业从国内其他民族、地区、行业或企业进行技术转移的过程中,也会对企业文化产生影响。例如,军工企业在转向民品生产的技术转移过程中,军工企业的严肃、严格、严密、高质量、高水平、高效率、团结、自强、艰苦创业等优良的企业文化因素必然对普通企业的企业文化建设产生十分积极的影响。又如,新兴的信息技术产业重视技术、重视创新、重视人才等许多积极的观念也对其他行业的企业文化产生了很大的影响。当然,即使同行业内企业与企业之间由于地区、环境及其他原因也会有相当大的差距,因此地区之间、行业之间、企业之间的技术转移是非常必要的,在这种转移中自然会伴随企业文化的渗透和转移。

总之,在经受外来文化影响的过程中,必须根据本企业的具体环境条件,有选择地加以吸收、消化、融合外来文化中有利于本企业的文化因素,警惕、拒绝或抵制对本企业不利的文化因素。

四、企业传统因素

应该说,企业文化的形成过程也就是企业传统的发育过程,企业文化的建设过程在很大程度上就是企业传统去粗取精、扬善抑恶的过程。因此,企业传统对企业文化的建设与发展具有深远的影响。

以企业为例,企业传统主要表现在宏观和微观两个层面。从宏观上来看,中国现代企业虽然仅有一百多年的发展史,但却创造和凝练了宝贵而丰富的文化传统。概括起来,我国企业文化的优良传统主要来自四个方面。

第一,我国民族资本家在外受帝国主义侵略压迫、内受军阀及反动统治的欺凌下,创办了一批私营企业,并逐渐形成中国民族资本主义企业,其中有一些企业开创了以勤劳节俭、善于经营、实业救国为特色的企业精神。

第二,中华人民共和国成立前,在解放区的一些军工企业及工业企业为了夺取抗日战争和解放战争的胜利,也产生和形成了艰苦奋斗、勤俭节约、无私奉献、顽强拼搏的企业精神和传统。

第三,中华人民共和国成立以后,在我国一些老企业中反映出许多由于历史传统而形成的文化特色,成为现今我国企业文化特色的重要因素。如爱厂如家、艰苦创业的"孟泰精神",三老四严、拼搏奉献的"铁人精神",等等。

第四,改革开放以来,一些新兴的高新技术企业和经营得比较好的工业企业经过二十年的发展历程,开始孕育、产生和形成不少好的现代文化观念,比如重视技术和人才、重视效益、重视管理以及市场观念、竞争意识、服务意识等,都对我国企业文化的影响是非常巨大的。

上述企业文化的优良传统和经验,不仅对形成我国当前的企业文化产生了非常深刻的影响,而且对在新历史起点上的建设和发展中国特色的企业文化也具有十分重要的价值。

从微观上来看,每个企业都应当根据自身的外部环境和内部条件,从本企业所追求的愿景目标、发展战略及经营策略中总结出自己的优良历史传统,从而形成自身的经营哲学、价值观念,创造出本企业独具特色的企业文化风格。重视企业传统,不割断历史,对历史传统进行科学分析。注意发掘和继承优良文化传统,是建设具有个性企业文化的必由之路。

五、个人文化因素

个人文化因素,指的是企业领导者和企业成员的思想素质、文化素质和技术素质对企业文化的影响。由于企业文化是全体企业成员认知和行为的结晶,因此企业成员的思想素质、文化素质和技术素质直接影响和制约着该企业文化的层次和水平。一个村办企业的企业文化与一家高新技术公司的企业文化差异之大是显而易见的,因为前者多为中小学文化程度的农民,其主导需要停留在生存和安全的层次上,所以其企业文化更多地集中在安全第一、艰苦奋斗的实干精神上;而后者大部分员工为大学以上文化程度的科技工作者,他们的主导需要基本上处在自尊和自我实现的层次上。例如,由清华大学校办企业成长起来的紫光股份公司,1991年曾提出"大事业的追求,大舞台的胸怀,大舰队的体制,大家庭的感受"的"四大"文化;中关村四通公司曾以"高效率、高效益、高境界;先做人,后做事"作为企业精神,这些均反映了科技企业对高层次企业文化的追求。

员工中的英雄模范人物是员工群体的杰出代表,也是企业文化人格化的突出体现。王进喜对大庆油田的精神、张秉贵对北京王府井百货公司的"一团火精神"、李双良对太原钢铁有限公司(简称太钢)的精神都发挥了这种作用。向英雄模范人物学习的过程,就是企业文化的培育过程。目前,许多企业重视培养内部的模范、标兵、先进工作者,使企业文化通过他们而实现人格化,众多的员工向他们学习的过程,就是企业文化建设的过程。

个人文化因素中,领导者的人生观、世界观、价值观和文化修养、政策水平、思维方式、管理理念、工作经验、工作作风,乃至人格特征等因素,对企业文化都会产生举足轻重的影响。这是因为企业的愿景和宗旨、核心价值观、企业道德、企业作风在某种意义上来说,都是企业的领导者价值观的反映。国外有时甚至把企业文化称为"企业家精神"。当主要领导者更换时,往往也会对企业文化的发展产生一定的影响。因此,要建设优秀的企业文化,培育一个好的领导者集体是至关重要的。

六、行业文化因素

不同社会行业,对组织提出的要求是不同的,因此,组织文化具有相应的行业特点。在卫生行业,治病救人是最主要的特点,从中国古代医家倡导的"医者父母心"到英国19世纪形成的"南丁格尔精神",都是医疗机构的组织文化中最核心的内容。无论是国外的政府机构,还是国内的政府机构,为辖区的人民(公民)服务都是其主要职责,于是服务意识、服务精神几乎是所有政府机构的行政文化中不可或缺的内容。一个行业内,企业文化长期相互影响,会逐步形成一些鲜明的共性特征。

同样,对从事经济活动的企业来说,不同行业的企业文化也具有各自的特点。从大的方面来说,可以分为第一产业、第二产业、第三产业。每个产业又包括很多大的行业,例如第二产业,可分为采矿业、制造业、电力与能源业、建筑业等行业;还可再进一步细分,例如制造业包括了农副食品加工业、纺织业、家具制造业、医药制造业、橡胶制品业、金属制品业、通信及电子设备制造业等30多个具体的行业。由于各个行业在技术特点、生产方式、管理模式和要求上存在很大不同,所以企业文化也必然有差异。

举例来说,身为服务业的麦当劳,从1954年开设第一家快餐店之后,到目前已经在世界上120多个国家和地区拥有了3万多家连锁店。麦当劳成功的主要原因是其独具一格的企业文化,使它在世界各地的食品和服务完全一致。麦当劳把员工作为第一财富,崇尚"Q+S+C+V",即品质上乘、服务周到、环境清洁、超值享受,企业宗旨是"提供更有价值的高品质食品给顾客"。麦当劳独特的企业文化,既带有企业特色,又反映出行业特点。又如,1865年创立于芬兰的诺基亚公司是全球三大移动通信制造商之一,其优良的企业文化对企业持续长期稳定发展有着重要作用。尽管在世界金融风暴影响下,诺基亚公司2008年全球销售收入仍达507亿欧元,仅比2007年下降1%。诺基亚公司提出"以人为本"的管理模式,把创新作为公司发展的关键和企业文化的核心,具有典型的高技术行业的特点。这也充分说明,不同行业的巨大差异是企业文化建设不可回避的问题。

七、发展阶段因素

处于不同发展阶段的企业,有不同的特点,进而影响到企业文化。企业从导入期、成长期、发展期到成熟期,再到衰退期,便完成了一个循环过程。在这个过程中,企业会积累一些优秀的文化传统,也会不断摒弃一些不良风气。企业生命周期和企业文化发展周期(见图1-7)有以下几点。

导入期,企业往往关注企业的生存和市场情况,而对内部规范管理还顾及不到,可能产生一切以"挣钱"为导向的文化氛围,这时的企业家要特别注意对短期行为的及时纠正。中国有句古话叫"以义取利",这是关系企业存亡的大事。

成长期,随着企业各项工作的顺利开始,企业文化渐渐成形,这时是企业文化建设的关键时期,企业家要抓住这一时机,考虑长远发展,塑造可以永久传承的优秀文化。

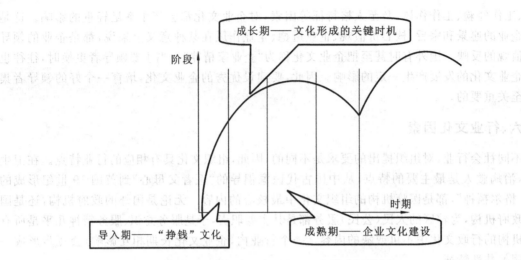

图 1-7　企业生命周期和企业文化发展周期图

成熟期：企业文化基本成形，这时的领导都要特别小心惰性习惯的生产，使企业文化缺乏生命力。在这个阶段，许多企业家采取了变革文化的办法，在原有优秀文化的基础上，剔除糟粕，不断发展。用企业文化这只无形的手，阻止企业走上衰退之路。

八、地域文化因素

地域性差异是客观存在的，无论国家与国家，还是同一国家的不同地区，都存在很大差异。由于不同地域有着不同的地理、历史、政治、经济和人文环境，必然产生一定的文化差异。例如，德国的东西部由于经济和历史原因，价值取向有所不同；在法国，不同地域的人们都保留着自己的特点，包括语言、生活习惯和思维方式；美国的纽约和加利福尼亚，也具有东西部不同文化的特点。又如，文化差异在城市和郊区之间也会有所体现。丰田汽车之所以把总部从大城市移出来，把自己培养成"乡巴佬"的样子，因为它热衷于英国和美国的乡村俱乐部式的风格。世界上最大的轮胎制造商米其林公司，把公司总部设在乡下，而不是巴黎，因为公司领导要摒弃巴黎"浮于表面和趋于时尚"的文化，他们更喜欢以谦逊、简朴和实用著称的郊区。

正是由于这种地域差异产生的文化差异，使企业家在设厂和管理时不得不考虑地域因素。日本企业在进军美国时，尼桑等大公司纷纷入驻田纳西州，因为它们认为，这里有着强烈的工作道德，和睦相处的氛围，这些对日本企业至关重要。同时，田纳西州与东京同在一个纬度上，与东京气候相似，在这里还可以看到樱花，这可能是日本企业入驻的又一个重要原因。

同样，中国地域广阔，同行业、同样的企业性质、同样规模的企业，在东北地区和在广东地区会有很大的文化差异；在东部沿海地区和西部高原地区，也会感受到十分不同的文化。我们在企业文化建设中，必须恰当考虑这些因素。

第四节　企业文化的作用

一、企业文化的功能

企业文化的功能有很多，我们提炼为六大功能，即导向功能、推动功能、凝聚功能、辐射功能、激励功能和约束功能,并设计了企业文化"六大功能"模型(见图1-8)。在此图中,企业可以看成是一个球体,企业文化分别在球体的前、后、内、外、上、下产生功能,即在前面起导向功能,在后面起推动功能,对内起凝聚功能,对外起辐射功能,向上起激励功能,向下起约束功能。

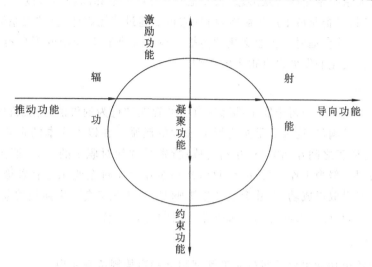

图1-8 企业文化"六功能"模型

（一）导向功能

所谓导向功能就是通过它对企业的领导者和职工起引导作用。企业文化的导向功能主要体现在以下两个方面。

(1) 经营哲学和价值观念的指导。经营哲学决定了企业经营的思维方式和处理问题的法则,这些方式和法则指导经营者进行正确的决策,指导员工采用科学的方法从事生产经营活动。企业共同的价值观念规定了企业的价值取向,使员工对事物的评判形成共识,有着共同的价值目标,企业的领导和员工为他们所认定的价值目标一起行动。

(2) 企业目标的指引。企业目标代表着企业发展的方向,没有正确的目标就等于迷失了方向。完美的企业文化会从实际出发,以科学的态度去制定企业的发展目标,这种目标具有一定的可行性和科学性。企业职员就是在这一目标的指导下从事生产经营活动,而且企业目标并不是一成不变的,随着企业文化的发展,具体任务发展阶段的不同,企业目标也不尽相同,所以指引的方向也有可能不同。

（二）推动功能

企业文化的推动功能是指通过企业文化管理使企业摆脱困境,走出低谷,持续健康发展,不断提升企业的市场竞争力。企业文化不仅能推动企业的经济发展,也能推动企业提升科技、教育等总体的文明状态。

（三）凝聚功能

企业文化以人为本,尊重人的感情,从而在企业中造成了一种团结友爱、相互信任的和睦气氛,强化了团体意识,使企业职员之间形成强大的凝聚力和向心力。共同的价值观念形成了共同的目标和理想,职工把企业看成是一个命运共同体,把本职工作看成是实现共同目标的重要组成部分,整个企业步调一致,形成统一的整体。这时,"企业兴我荣,企业衰我耻"就会成为职工发自内心的真挚感情，"爱企业如家"就会变成他们的实际行动。

（四）辐射功能

从企业文化关系到企业的公众形象、公众态度、公众舆论和品牌美誉度。企业文化不仅在企业内部发挥作用，对企业员工产生影响，而且它也能通过传播媒体，公共关系活动等各种渠道对社会产生影响，向社会辐射。企业文化的传播对树立企业在公众中的形象有很大帮助，优秀的企业文化对社会文化的发展也有很大的影响。

（五）激励功能

企业共同的价值观念使每个职工都感到自己的存在和行为的价值，自我价值的实现是人的最高精神需求的一种满足，这种满足必将形成强大的激励。在以人为本的企业文化氛围中，领导与职工、职工与职工之间互相关心，互相支持；特别是领导对职工的关心，职工会感到受人尊重，自然会振奋精神，努力工作。另外，企业精神和企业形象对企业职工有着极大的鼓舞作用，特别是企业文化建设取得成功，在社会上产生影响时，企业职工会产生强烈的荣誉感和自豪感，他们会加倍努力，用自己的实际行动去维护企业的荣誉和形象。

（六）约束功能

企业文化的约束功能主要是通过完善管理制度和道德规范来实现。

（1）有效规章制度的约束。企业制度是企业文化的内容之一，企业制度是企业内部的法规，企业领导者和企业职员必须遵守和执行，从而形成约束力。

（2）道德规范的约束。道德规范是从伦理关系的角度来约束企业领导者和职工的行为，如果人们违背了道德规范的要求，就会受到舆论的谴责，心理上会感到内疚。同仁堂药店"济世养生、精益求精、童叟无欺、一视同仁"的道德规范，约束着全体员工必须严格按工艺规程操作，严格质量管理，严格执行纪律。

本章小结

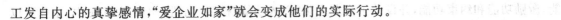

21世纪经济全球化进一步加剧，在竞争激烈的市场中，企业的生存再也无法仅仅依靠自身可用资源来获得竞争优势。企业的经营价值观和战略决策需要被市场承认和包容。新经济时代是一个"知识经济时代"，知识密集型产业将逐步取代劳动密集型产业，并成为创造社会物质财富的主要形式。文化管理通过建立适合企业的文化，将企业的价值观深入员工内心，并采取激励的办法充分调动员工积极性，使员工的知识在最大程度上对企业发展做出贡献。由于企业文化本身的特性，将使企业获得较大的竞争优势。

当今的消费市场愈发追求多样化和个性化，能够凸显出自己个性的企业可以在竞争中获利最大化。很多成功企业取得最终竞争优势常常依靠他们与众不同的、个性鲜明的企业文化。例如，海尔集团张瑞敏很早就认识到塑造企业文化是企业高层领导的最重要的责任，而且把创建企业文化看作是一个紧迫的业务问题，他一直致力于对企业文化的设计、阐释和发展，从而创建了独具特色的海尔文化。海尔的企业文化将中西合璧的方法论和思想结晶同市场经济中动态的社会现实结合起来，以适应市场经济这种独树一帜的企业文化是海尔由弱到强，走向世界的成功秘诀。企业想要在激烈的市场竞争中立足，必须要建立具有自身特色的，并有竞争力的企业文化。企业管理者在企业文化建设中不仅要重视个性、追求同中求异，而且要不断在文化中注入新鲜元素，建立差异度高、形成具有自己特色的文化体系。

复习思考题

(1) 企业文化的含义是什么？
(2) 简述企业文化的特征与构成。
(3) 企业文化与企业思想政治工作的关系是怎样的？
(4) 企业文化的影响因素有哪些？
(5) 企业文化的功能有哪些？

思考题解析

第二章 企业文化与企业竞争力

教学内容和教学目标

◆ 内容简介
1. 企业文化与科学管理的关系
2. 文化竞争力的概念
3. 文化竞争力的作用
4. 文化与资本的关系
5. 企业竞争力的概念
6. 企业文化与企业竞争力的关系

◆ 学习目标
1. 了解企业文化与科学管理的关系
2. 理解文化竞争力的概念
3. 了解文化与资本的关系
4. 企业文化与企业竞争力的关系

第一节 文化管理的时代

一、从经验管理到科学管理是企业管理的第一次飞跃

1769年,世界上第一家现代意义上的企业在英国诞生,这意味着人类迈开了走向工业社会的步伐。此后一个半世纪的漫漫岁月里,早期的企业家们普遍依靠个人经验和直觉,再加上简单的分析和计算来指挥下属、运作企业。就当时的企业规模、市场条件和科技水平而论,不断积累形成的经验管理应该说对生产力的发展起到了积极的作用。然而,随着企业规模的不断扩大和社会化大生产的形成,这种经验管理反而成了企业发展的障碍。

1911年,泰勒的代表作《科学管理原理》一书问世,这标志着企业管理由漫长的经验管理阶段迈进了划时代的科学管理新阶段。企业家不再靠个人经验和直觉来指挥下属,而是开始用调查研究,利用数学模型、数学工具等社会科学和自然科学的方法来代替个人经验。企业家和工人可以不再为生产定额而争吵,因为"时间和动作研究"为企业家提供了精确的计算定额的方法;企业家不再为生产工具和操作工艺的随意性而大伤脑筋,因为生产工具、操作工艺、作业环境、原材料的标准化,为生产效率的提高开辟了广阔前景;企业家不再为工人水平的参差不齐而忧虑,因为"工作挑选工人"的原则让企业家系统地培训员工,为各个生产岗位提供了第一流的工人;企业家不再因工人作业的随意性而叹息,也不再因事必躬亲的指挥而疲于奔命,因为"计划(管理)与执行相分离"的原则,大大加强了企业的管理职能,使依法治厂、依法治企成为可能。总之,泰勒的科学管理理论使企业管理由经验上升为科学,很快在欧美等国家推广。以福特汽车厂的流水线生产为标志,科学管理极大地推动了生产效率的提高。

改革开放以来,我国企业界除了以极大的热情学习和借鉴国外先进的科学技术和生产工艺外,也在逐步学习和借鉴国外企业科学管理的理论和方法,这对尚处于经验管理阶段的中国企业来说是一个强有力的推动。企业普遍加强了定额和定员管理、标准化管理、计量管理、人员培训、现场管理,逐步走上依法治厂的轨道,并收到了显著的效果。目前,我国正处在深化企业改革的关键时期,国家把实现科学化管理作为振兴国有企业、发展各种所有制企业的一项重要举措。学习借鉴科学管理时,要防止两种倾向:一是只见讲话和报告,不见行动,口头上"科学管理",实际上"经验办事";二是不考虑国情和本企业实际,完全照搬。只有企业领导和各级干部带头认真学习、真正掌握科学管理的原理、理论和方法,并将其与中国国情和企业实际紧密结合起来,实现科学管理的中国化,才能真正促使我国企业管理水平实现第一次飞跃。

二、从科学管理到文化管理是企业管理的第二次飞跃

的确,科学管理使企业管理走上了规范化、制度化和科学化的轨道,极大地推动了生产效率的提高。科学管理的理论和方法,尽管是企业管理的伟大创举,但它有其时代和阶级的局限。泰勒重物轻人,仅仅把员工看作经济动物,单纯地强调重奖重罚。这种胡萝卜加大棒的所谓"理性管理"思想不仅在现在是不可取的,在当时也即遭到欧美等许多国家工会的激烈反对,而且随着生产力水平的提高,越来越无法调动工人的劳动积极性。发端于20世纪30年代,流行于20世纪六七十年代的行为科学,力图纠正和补充科学管理的不足。20世纪80年代兴起的企业文化,是这种努力的最新成果,它完整地提出了与科学管理不同的管理思想和管理框架,成为世界管理的大趋势。由科学管理过渡到文化管理不是哪个学派的臆断,也不是追逐所谓"文化回归热"的时髦,而是科学管理越来越不适应飞速发展的现代社会化大生产的集中表现。可以从以下几个方面明显地看到这种趋势。

(一)温饱问题的解决与"经济人假设"的困境

科学管理的基本假设——企业员工都是追求经济利益最大化的"经济人",他们除了赚钱养家糊口和追求物质享受之外,没有其他的工作动机,因此他们都是懒惰的、怕负责任的、没有主动性和创造性的。泰勒及其追随者们认为,对这样的工人只能用严厉的外部监督和重奖重罚的方法进行管理,金钱杠杆是唯一有效的激励手段。

在泰勒时代,即19世纪末到20世纪初,社会生产力水平低下,工人远没有实现温饱,也许"经济人"假设并非没有道理。但即便在那时,有觉悟的工人也绝不是纯粹的"经济人",轰轰烈烈的工会运动就是明证。随着工业革命的进行,生产力迅速提高,一些发达国家的工人逐步解决了温饱问题,赚钱不再成为他们劳动的唯一需要,"经济人"假设陷入了困境,工人的劳动士气

低落重新困扰着企业主。为此,美国管理学家梅奥在霍桑试验的基础上提出了"人群关系论",指出工人不是经济人,而是社会人,他们不仅有经济需要,还有社会需要、精神需要。理论指出,影响员工士气的主要不是物质因素,而是社会条件,尤其是员工的人际关系。在此基础上,行为科学进一步把人的需要划分为生存、安全、社交、自尊和自我实现五个层次。对满足了温饱的员工,物质激励杠杆变得越来越无能为力;相反,设法满足员工的社交、自尊、自我实现等高层次的精神需要,成为激励员工、赢得竞争优势的关键。文化管理以"人"为本,强调尊重人、关心人、理解人、满足人、发展人,提倡在满足必要物质需要的基础上尽量满足人的精神需要,以人为中心进行管理。

(二) 脑力劳动比重的增加与"外部控制"方式的局限

随着科技革命的兴起,一方面诞生了以信息产业为代表的高新技术产业,另一方面各国都强有力地推动高等教育的普及。企业员工队伍的文化层次迅速提高,白领工人的比例越来越高,蓝领工人的比例越来越小,即使是蓝领工人也逐渐摆脱了笨重的体力劳动。脑力劳动在劳动构成中的含量日益提高,这已经成为不可逆转的历史潮流。

脑力劳动的特点是看不见、摸不着,其劳动强度和质量在更大程度上取决于人的自觉性和责任感。在无形的脑力劳动面前,泰勒的时间和动作研究已无用武之地。创造性的脑力劳动,其定额如何确定,其进度如何控制,都成为企业管理者遇到的新问题。如果说泰勒的从严治厂、加强监督的外部控制方法对有形的体力劳动曾经卓有成效的话,那么对待复杂的、无形的脑力劳动,管理重点则必须转移到进行"自我控制"的轨道上来。这就是说要注重满足员工自我实现需要的内在激励,注意更充分地尊重员工,鼓励员工的敬业精神和创新精神,并且在价值观方面取得共识,而培育共同价值观正是企业文化建设的核心内容。

知识经济时代正向人类走来,这是社会进步的一个大趋势。在不久的将来,创造知识产品的脑力劳动将成为社会劳动的主要形式,这预示着文化管理必将取代科学管理,成为知识经济时代唯一适用的管理模式。

(三) 服务制胜时代的到来与"理性管理"的没落

作为生产力迅猛发展的另一个结果,是产业结构调整的加速和第三产业的兴起。目前,欧美发达国家的员工中,50%以上在第三产业工作。第三产业的特点是一般没有直接的物质产品,其主要"产品"是服务。服务质量的竞争,是第三产业竞争的主要形式。即使在第二产业——工业产品的市场竞争,焦点也越来越地转移到服务上来。随着人们消费水平的提高和消费观念的变化,服务质量已成为产品质量的重要组成部分,良好的服务已构成工业产品市场竞争力中的不可缺的成分。在产品的规格、品种、性能、价格不相上下的情况下,对用户提供的售前服务、售中服务、售后服务的多少和质量,就往往成为竞争成败的关键因素。因此,许多企业家和管理学家认为,服务制胜的时代已经到来。

那么,如何提高服务质量?按照泰勒科学管理的"时间动作研究"和外部控制,只能治标不治本。比如微笑服务,硬挤出来的笑并不能使顾客感到愉快,皮笑肉不笑更会使顾客感到难受,只有发自内心的真诚的微笑才能给顾客带来温暖和快乐。这种发自内心的真诚的微笑,只能来自员工的敬业精神、对企业的忠诚、对社会的责任感和高尚的道德情操。这些运用形体动作的培训和外部严格的监督是无法做到的,只能靠在长期的生产经营活动中形成一种共同价值观、一种心理环境、一种良好的传统和风气,即形成一种良好的企业文化。

科学管理又被称作理性管理,这种管理认为只有数字资料才是过硬的和可信的,只有正式的组织和严格的规章制度才是符合效率原则的。完全依赖科学管理的企业管理人过多地在数学模型上进行定量分析,把管理当成是纯粹的科学,而忽视了一个最重要的因素——人是有思想、有感情、并为思想感情所支配的人,不是机器;忽视了管理的非理性因素——观念和情感;忽视了管理不仅是科学也是艺术这样一个本质性的规律。因此,在服务制胜时代到来后,理性管理必然让位于以人为中心的、高度重视观念和情感因素的非理性管理模式,使之与非理性因素有机结合,相得益彰。

(四) 战略管理的崛起与企业哲学的导航功能

战略管理以全局为对象,综合考虑供应、生产、技术、销售、服务、财务、人事等各方面因素,根据总体发展的需要制定企业经营活动的行动纲领。而以生产管理为主的科学管理模式,却难以适应以市场销售为主的全局性战略管理的需要。

战略管理是一种面向未来的、向前看的管理,基于预测未来可能碰到的许多模糊性的、不确定的因素。而以精确的定量分析为特点的科学管理模式,很难适应模糊性的、不确定因素的研究和分析。

战略管理是在复杂多变的竞争中求生产和发展的战略选择,它必须以高明的战略远见和观念为指导,确立高明的企业哲学,从而决定只能在文化管理的模式下去实现。许多成功的企业,之所以能在市场经济的海洋中乘风破浪,正是因为它们具有高明的企业哲学、优良的企业文化。

松下公司靠大量生产的"自来水哲学"和仿制为主的"后发制人策略",长期保持了优质低价的竞争优势,成为家电行业里的"超级大国"。四川长虹电器股份有限公司(以下简称长虹集团)在中国企业中的哲学思考也是值得称道的。2004年,赵勇临危受命出任长虹集团董事长后,确立了"有进有退,有所为,有所不为"的企业哲学,提出了著名的"三坐标战略"——沿着价值链、产业形态、商业模式三个方向推进了企业发展,初步突出了"重围"。2007年,长虹集团总体销售收入突破300亿元大关,连续三年业绩平均增速达到30%。目前,长虹集团的品牌价值已达705.69亿元。前不久,围绕"C时代,长虹在哪里",长虹公司内部展开了大讨论。长虹集团对智能战略、商业模式、产业提升、资产增值等方面进行了探讨,以全新的生态圈去重新审视长虹的发展机遇、发展基础和发展走向,以价值发展和规模发展作为突破方向。

这些中外企业的实践,不仅说明对企业而言是"战略决定成败",而且更充分地说明企业哲学及企业文化在激烈的市场竞争中日益占据的举足轻重的地位。显然,文化管理会更有利于战略管理的实现。

(五) 分权管理的发展与企业精神的凝聚作用

随着通信手段的现代化,世界变小了,决策加快了,决策的复杂程度也空前地提高了。对决策快速性、准确性的要求,导致决策权力下放,各种形式的分权管理应运而生。特别是最近几十年来,跨国公司大量涌现,分权化趋势更为明显。过去,泰勒时代以效率高著称的直线职能型组织结构,即金字塔组织,由于缺乏灵活性而逐渐失去了活力。代之而起的是联邦分权制(即事业部制)、矩阵组织,以及重心移至基层的镇尺型组织和新兴的虚拟组织。这些分权式组织的特点是有分工但不死板,重效率而不讲形式,决策权下放给最了解情况、最熟悉问题的相应层次。总之,等级层次大幅度减少,组织弹性大幅度增强。随着金字塔的倒塌、柔性组织和分权管理的发展,使得企业的控制方式也发生了巨大的变化。

泰勒的科学管理是依靠金字塔形等级森严的组织体系和行政命令的方式,来实施集中统一的指挥和控制,权力和责任大多集中在企业上层。现在,权力下放给各事业部或各地分公司了,有时相隔十万八千里,直接监督和控制已不可能,行政命令已不适宜。那么,靠什么维持庞大的企业(或跨国公司)的统一?靠什么形成数万员工的整体感和向心力?靠什么把分散在世界各地的、不同国籍、不同民族、不同语言、不同文化背景的员工队伍凝聚起来呢?只能依靠共同的价值观、共同的企业目标、共同的企业传统、共同的仪式、共同的建筑格局等,也就是要有共同的企业文化。

法国的阿科尔集团——从1976年开设单一旅馆的小企业,仅10年时间就成为取得全球领导地位的巨型跨国企业。这个集团腾适的诀窍是什么,怎样使分散在72个国家和地区、用32种商业牌号使从事各种业务活动的5万名员工保持凝聚力呢?该公司原董事长坎普说:"我们有7个词的共同道德:发展、利润、质量、教育、分权、参与、沟通。对这些词,每个人都必须有相同的理解。"成立于1971年的美国星巴克公司,仅仅用了30多年的时间,从西雅图的一家咖啡零售店,发展成了拥有5 000多家门店的大型企业,今天已是全球最大的咖啡连锁店品牌。星巴克是如何创造一个餐饮零售企业扩张的奇迹?星巴克创始人霍华德·舒尔茨回答:"我们的最大优势就是与合作者相互信任,成功的关键是在高速发展中保持企业价值观和指导原则的一致性。"这便是星巴克的经营理念。为了做到这点,星巴克每年都要对供应商做几次战略业务评估,评估的内容包括供应商的产量、供货时间、需要改进之处等。通过这种频繁的检查,星巴克希望供应商懂得这样一个理念:与星巴克合作不可能获得短期的暴利,但供应商却可以通过星巴克极其严格的质量标准获得巨大回报。对特许店也是如此,星巴克选择特许加盟店的标准是:以星巴克的经营原则为主!星巴克是如何经营的,特许加盟店就要以同样方式经营,因为星巴克认为自己的原则是从消费者那里来的,对员工更是如此。星巴克的员工工资福利待遇不仅在同行中属于较高档次,而且有的福利待遇惠及员工家人。在股票期权的润滑之下,员工和老板之间的"雇佣关系"变成了"伙伴关系",大家都是财富道路上的同路人,都把星巴克当成是自己的"家"。显而易见,正是独具特色的企业文化成就了今天的星巴克。

（六）网络经济的兴起与虚拟企业的运作

计算机互联网的出现,是人类20世纪的一项重要创举,它的广泛运用正改变着人类的生产和生活方式。网上办公、网上购物、网上炒股、网上拍卖、网络资讯、网络广告、网络银行……网络无处不在,e时代向我们走来。与此同时,依靠互联网的一种全新的经济概念、经济形态、经济模式——网络经济也迅速兴起,并大有席卷全球之势。就连我国山东某地的农民,竟然都是依靠互联网把自己种的蔬菜推销到了国外。

伴随着互联网的普及和网络经济的兴起,世界上出现了一种前所未有的企业组织——虚拟企业。关于虚拟企业,有两种较具代表性的观点:一种观点认为它是网络化、虚拟化的企业;另一种观点则认为是若干企业通过网络构成的虚拟组织,这种形式实际上并非真正意义上的企业。前者,以一批高科技企业,特别是网络企业作为代表,它们的下属公司、部门和员工可能分散在各处,工作时间也没有统一的要求,计算机网络成为工作的载体和渠道,内部网站成为员工的共同家园。后者,以多种形式的企业集群(虚拟企业群落和企业网络联盟)为代表,这是一种基于计算机互联网的新型企业组织合作形式。网络把不同地区、不同部门的企业与个人迅速联合起来,合作成员之间往往通过合作协议达成共同目标、寻求共同利益。无论虚拟企业,还是虚拟企业集群,无论提供有形的产品,还是无形的服务,这样的企业(集群)有一个不可忽视的最大共同点:维系企业运作和连接成员之间的主要渠道是计算机网络。即使在不少传统企业,由于信息技术广泛运用,生产自动化、办公自动化的程度很高,企业对计算机网络的依赖程度大大增加,其运行、管理也具有虚拟企业的某些特征。

如何管理和运作虚拟企业?如何满足来自更大范围顾客的各种全天候、个性化需要?如何管理存在于网上的"虚拟"员工?如何提高虚拟环境下的企业效率、增强企业竞争力?这些新的问题不仅困扰着 e 企业的管理者,也同样摆在了管理学界的面前,亟须从实践和理论上做出回答。经验管理,显然跟不上"十倍速时代"的要求;科学管理,其种种弊端更是暴露无遗。文化管理在很多 e 企业的管理实践中浮出水面,成为它们唯一的选择。通过观察那些成长较快、运作良好的 e 公司,可以看到它们几乎都是文化管理的积极实践者。在分散化、虚拟化的组织中,几乎互不见面的员工认同的是企业的共同目标、共同愿景,维系他们的是共同价值观;在快速的内外环境变化中,学习与创新成为企业的活力来源,企业精神、企业风气对创新的促进作用必然代替制度化、标准化的制约作用;面对社会日益增多的个性化需要,企业宗旨、企业道德更有利于引导企业去尽最大努力满足顾客。文化管理对于虚拟企业而言,可谓"以实制虚"加"以虚制虚",正中要害。

任何事物的发展都不可能一帆风顺。前些年全球泡沫经济的破灭,使网络神话灰飞烟灭,很多虚拟企业遭受了灭顶之灾,人们从中学会了更理智地对待网络经济。但是,从工业化到信息化是不可逆转的社会趋势,近年来很多网络公司又迅速崛起,很多传统企业也加快了信息化改造的步伐。可以相信,当网络经济再展雄风之日,就是文化管理走向辉煌之时。

从以上六个方面不难看出:从科学管理到文化管理,是企业管理顺应历史发展而必然产生的第二次飞跃。其实,这种飞跃的背后,最根本的原因是生产力的现代发展,是生产力与生产关系这对社会的基本矛盾所作用的必然结果。如果不是经验管理、科学管理提高了劳动生产率,人们还没有普遍摆脱贫困,甚至社会化大生产尚未实现,则不可能有现代管理,就更谈不上文化管理了。只有在机械化、自动化、信息化出现并普及,生产力大大发展,市场经济不断完善,竞争对产品差异和服务有了新的更高的要求,这样的前提下才会形成企业文化的锐不可当之势,孕育出文化管理的强大生命力。因此,无论是从经验管理到科学管理,还是从科学管理到文化管理,推动这两次飞跃的真正力量都是生产力的发展。

纵观上述企业管理的整个历史,可以看出大致经历了经验管理、科学管理、文化管理三个阶段(见表 2-1)。

表 2-1 经验管理、科学管理和文化管理

特征 \ 模式	经验管理	科学管理	文化管理
年代	1769—1910 年	1911—1980 年	1981 年之后
特点	人治	法治	文治
组织	直线式	职能式	学习型组织
控制	外部控制	外部控制	自我控制
领导	师傅型	指挥型	育才型

续表

特征 \ 模式	经验管理	科学管理	文化管理
管理中心	物	物	人
人性假设	经济人	经济人	自动人、观念人
激励方式	外激为主	外激为主	内激为主
管理重点	行为	行为	思想
管理性质	非理性	纯理性	非理性与理性相结合

从上表可以看出管理的一种趋势——管理的软化,即越来越突出"人"的地位,人与人的行为成为管理过程的核心。"以人为中心"是现代管理发展的最重要趋势。企业文化理论正是顺应这一趋势而诞生的一种崭新的管理理论,其中心思想就是"以人为中心",所以,它就自然地成为现代化管理的重要组成部分。一个企业,其物力、财力、信息资源都是有限的,而人力资源的开发则永无止境。在我国生产力水平尚落后,资金、原材料等资源尚紧缺,而在人力资源又极丰富的情况下,开发、管理好人力资源具有特殊重要的意义。人的潜力发挥出来了,物力、财力、信息资源也可以得到更好的利用,企业的效益就能提高。所以,对我国企业而言,企业文化建设具有极大的现实必要性。

第二节 什么是文化竞争力

一、《财富》500强评比总结的启示

《财富》500强评比总结中提到,最能预测公司各个方面是否最优秀的因素是公司吸引、激励和留住人才的能力。公司文化是加强这种关键能力的最重要的工具(文化评估专家布鲁斯·普福)。同时,对业绩好的公司和业绩一般的公司进行了对比(见表2-2),我们也不难看出,业绩好的公司更加重视协作精神、以顾客为中心、公平对待雇员、主动性和创新精神的培养,而业绩一般的公司最优先考虑的则是减小风险等方面的问题。海氏集团副总裁梅尔文·斯塔克总结说:"最受赞赏的公司的意见的一致超过我们研究的几乎所有公司。不仅在文化目标上一致,而且在对公司如何争取那些目标的看法上也是一致的。"例如,纽柯公司是《财富》美国500强,年销售额超过48亿美元,公司前董事长肯·艾佛逊认为:纽柯的成功,30%来自于新技术,70%来自于公司的企业文化。可见,公司出类拔萃的关键在于文化。

表2-2 业绩好的公司与业绩不好的公司文化之不同

业绩好的公司最优先考虑	业绩一般的公司最优先考虑
协作精神	尽可能减小风险
以顾客为中心	尊重各级管理者的指挥
公平对待雇员	支持老板
主动性和创新精神	做出预算

二、海尔的核心竞争力——海尔文化

1998年的一天,中国和许多国家的报纸都报道了同一则消息:海尔集团总裁张瑞敏应邀前往哈佛大学商学院,指导该院MBA学生讨论"海尔文化激活休克鱼"的案例。这是哈佛商学院第一次用中国企业做案例,也是第一次邀请中国企业家走上哈佛讲台。

海尔是怎样创造出奇迹的?张瑞敏把这一切归结为长期有意识地培育独特的海尔文化。张瑞敏认为"海尔的核心竞争力就是海尔文化",并以《道德经》中"天下万物生于有,有生于无"这句话诠释了海尔文化的重要性。

人是决定一切的因素,海尔的成功首先在于海尔实施了"以人为中心"的管理。集团从总经理到一般管理人员都把人看作是企业第一位的财富,认识到"海尔的发展需要各种各样的人才来支撑和保证",为了吸引人才、留住人才制定了一系列强有力的措施,在企业内部形成了调动和发挥每个员工的积极性和创造性的良好氛围。海尔认为,如果每个人的潜能发挥出来,每个人都是一个太平洋,都是一座喜马拉雅山。海尔"赛马不相马",努力营造出人才的机制,通过搭建"赛马场"营造创新的空间,使每个员工成为自主经营的SBU(strategical business unit,战略事业单位),从"人材"成为"人才"再成为"人财"。正是这些源源不断的人才,把许多旁人看来不可思议的目标变成了现实。

企业作为社会最小的经济单元,获得利润当然是其存在的目的,但赚钱绝对不是企业存在的唯一目的,也不是终极的最高的目标。海尔正是这样一家不把赚钱作为主要目标的企业,海尔有一个比利润要高得多的远大理想。张瑞敏在《海尔是海》一文中这样写道,海尔应像海一样一旦汇入海的大家庭中,每一分子便紧紧地凝聚在一起,不分彼此地形成一个团结的整体,随着海的号令执着而又坚定不移地冲向同一个目标,即使粉身碎骨也在所不辞。因此,才有了大海摧枯拉朽的神奇。海尔人悟透了一点:用户是人民,是社会主义生产的目的,是不断满足人民群众物质文化的需求。正是有了这样的远大目标,海尔人才会用"敬业报国"四个字激励自己在占领国内市场的同时,不断开拓国际市场,力争在中国的制造业中率先跻身世界最大企业500强。正是有这样的远大理想,海尔才会千方百计为用户着想,把用户的利益和满意放在首位。有这样一件事,在顾客购买的空调被"的士"拐走后,海尔不计自身损失马上又送去一台,并且责怪自己要是早点用公司的车为顾客送货就好了。海尔就是这样坚持"国际星级服务",关心用户胜过关心利润,不断从用户的角度开发让社会满意的新产品,最后赢得了市场,换来了自身的超常规发展。

人活着,需要一种精神;一个企业的生存发展,也需要一种精神来支撑。"无私奉献、追求卓越"就是海尔的精神,是鼓舞一个大企业全体员工奋发向上的强大精神力量。下面三个例子就是海尔员工对海尔精神的生动写照。

(1)海尔青年女工马颖从幼师职业班毕业被分到冰箱厂当焊工,她本着"没有不好干的活,只有干不好的工作"的想法,认真跟着师傅学习技术,刻苦钻研,仅两个月就可独立操作,终于创下了121万个焊点无泄漏的纪录。

(2)1995年在冰箱实行生产线无氟改造时,年轻的分厂厂长助理唐海北带领同事坚持工作三天三夜,完成了德国专家认为必须两周才能完成的工作任务,最后晕倒在刚刚启动的机器旁。

(3)安装维修工毛宗良在送货车辆被扣的情况下,在38℃的高温下背着洗衣机走了两个多小时,终于保证产品按时送到用户手中。

企业的健康发展,离不开正确的发展战略。海尔按照"先谋势,后谋利"的战略观,先后确立并实施了"名牌战略""多元化战略""国际化战略"等一系列战略,成长为中国最大的家电出口企业。2006年海尔开始进入第四阶段"全球化品牌战略",目标是在当地国家创造自己的品牌。为此,海尔坚持"五个全球化",即设计、制造、营销、采购和资本运作的全球化。目前,海尔在全球30多个国家建立本土化的设计中心、制造基地和贸易公司,全球员工总数超过5万人,已发展成为大规模的跨国企业集团,2007年海尔集团实现全球营业额1 180亿元。

海尔是产品,是服务,是企业,更是一种文化。海尔文化是被全体员工认同的企业领导人创新的价值观。海尔文化以观念创新为先导、以战略创新为方向、以组织创新为保障、以技术创新为手段、以市场创新为目标,伴随着海尔从无到有、从小到大、从大到强、从中国走向世界,海尔文化本身也在不断创新、发展。

三、GE的成功——人和思想的力量

通用电气的CEO杰克·韦尔奇提出:"要用快速、简易和自信引导公司文化,通过人的力量来实现生产率增长与竞争优势。"就是在这种企业文化的指引下,杰克·韦尔奇用18年时间使GE成长为拥有1 000亿美元的巨人公司。杰克·韦尔奇有六条经营理念:

(1) 掌握自己的命运;

(2) 面对现实,不要生活在过去或幻想之中;

(3) 坦诚待人;

(4) 不要只是管理,要学会领导;

(5) 在被迫改革之前就进行改革;

(6) 若无竞争优势,切勿与之竞争。

这些都体现出杰克·韦尔奇高超的领导艺术,更为重要的是他的价值思维。杰克·韦尔奇还指出:

(1) 思想和人是至关重要的,通用电气应该借思想来获胜;

(2) 为满足组织的自我实现需求,必须用学习和思想去控制传统和现状;

(3) 通用电气核心能力是人的发展,伟大的人最终可以使任何事成为现实;

(4) 文化是通用电气最无法替代的一个资本。

这些观点成为通用电气企业文化的核心内容,对企业的高速成长起到了不可替代的作用。在用人方面,通用电气公司还有着特别的人才理念。杰克·韦尔奇的用人观是:

(1) 只培养那些与公司观点相同的领导人;

(2) 寻找利用变革力量的领导人;

(3) 寻找具有"4E"(精力、激励、锐利、执行力)才能的领导人;

(4) 寻找自信的管理人员;

(5) 寻找把顾客放在第一位的管理人员。

杰克·韦尔奇讲过,有想法的人就是英雄,他用人类哲学折射出浓厚的企业文化内涵。从全球化到6个西格玛,从无边界管理到数字化管理,正是基于GE强大的文化动力,从而创造了一个又一个神奇。

四、三力理论——政治力、经济力、文化力

在市场竞争中,企业的竞争力由哪些因素构成呢?这虽然十分复杂,但大体上可以概括为三大方面——政治力、经济力和文化力。如图 2-1 所示,这三方面组合起来,就构成了企业的立体化竞争力。

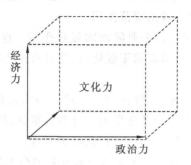

图 2-1 竞争力分解图

政治力包括以下四个方面的内容。

(1) 国家的国际地位。若国家落后,没有实力,则在国际上没有发言权,更没有影响力和号召力,那么该国的企业在国际市场上的处境将会遇到困难。

(2) 政府政策。这是企业外部环境的重要组成部分。争取政府政策的有利倾斜,并充分利用所有优惠政策,是企业赢得竞争的必要条件。

(3) 政党的作用。在中国,党的组织在企业中有明确的地位。如何发挥党组织的保证监督作用,发挥共产党员的模范带头作用,是企业管理者必须要了解的问题。

(4) 社会制度。在中国,如何发挥社会主义制度的优越性(如员工当家做主、厂长与员工政治上平等、职代会制度、按劳取酬制度、思想政治工作制度和传统),是企业管理者必须考虑的重要问题。

经济力包括以下四个方面的内容:

(1) 劳动力和人才的数量和质量;

(2) 资金状况,资金来源,资金运作和流动情况,即财力;

(3) 厂房和设备水平,即固定资产的实力;

(4) 技术和管理水平,科学技术和管理科学都是生产力,向技术要效益,向管理要效益,就是充分发挥技术和管理的经济潜能。

文化力,最先是 20 世纪 80 年代日本学者名和太郎在《经济与文化》一书中提出的,书中认为文化是产业的重要因素。文化力就是组织文化对组织管理的作用,它包括导向、规范、激励、凝聚、约束、辐射等方面。具体包括以下八个方面内容:

(1) 企业目标的牵引力。根据企业的发展战略,适时调整企业的中短期目标,并将其层层分解,变成每个部门、每个员工的奋斗目标,让企业的长远目标振奋人心,吸引员工为之奋斗,最终化为员工的自觉行动。

(2) 企业哲学的指导力。使企业的生产经营活动建立在明确的哲学思考之上,具有足够的稳定性、连续性和深刻性,并且可以驾驭市场竞争风浪,达到胜利的彼岸。

(3) 企业宗旨的感召力。企业宗旨正确阐述企业经营管理的方针,以及企业存在的社会价

值,对内对外都具有号召力。

（4）企业精神的凝聚力。企业精神是企业的群体价值观,是企业竞争的精神动力和凝聚力的重要源泉。在企业精神的指引下,员工的行动带有深刻的自觉性和主动性。

（5）企业道德、企业风气和企业制度的规范力。企业制度是企业内的法规,具有外加的强制约束力,即硬约束;企业道德和企业作风（风尚）,则是非强制性的群体压力,即软约束。这两方面相结合,对员工的行为形成有效的规范作用。

（6）企业风俗、企业典礼、仪式和企业活动的强化作用。这些仪式、风俗、特色活动形成的文化氛围,是对企业理念和群体价值观的正强化,往往具有鲜明的情境性和浓厚的感情色彩,因此具有巨大的感染力。

（7）企业标识、企业旗帜、厂容、厂貌、厂服、厂花、厂歌、纪念建筑、广告词、音响作品、文艺作品、文化体育设施、产品外形和包装的形象力。这些看得见、摸得着、听得到的外在形象,可以扩大企业的影响,宣传企业的精神境界,取得较高的美誉度。

（8）企业公共关系活动的辐射力。企业通过有计划的公关活动,增进传播媒介和社会公众对企业的了解,全面地将企业的理念层、行为层和视觉层展示出来,全方位地树立企业形象,造成有利于企业竞争的无形资产。

政治力、经济力、文化力这三个方面的综合作用,不是简单的相加,而是发挥总体大于部分之和的系统功能。其中的关键在于企业家的总体把握。应该像一个指挥家,指挥一个交响乐队,上百件乐器在时间和空间的舞台上,编织出优美动听的旋律。

第三节 文化力的作用

人们在管理实践中日益深刻地认识到,企业文化对组织管理和未来发展具有十分重要的作用。企业文化在组织管理中所发挥的作用,也就是文化力的具体表现。

一、导向作用

一个没有理想的民族是没有希望的民族,一个没有远大目标的组织同样是没有希望的组织。在激烈的市场竞争中,企业如果没有一个自上而下的统一的目标和愿景,就不能形成强大的竞争力,也就很难在竞争中求得生存和发展。组织文化不仅明确了组织的最高目标或长远目标,而且能把组织成员的个人目标引导到组织目标上来。一方面,组织所树立的远大目标,能够让组织成员感受到工作的价值和人生的意义,激发出事业心和成功欲;另一方面,组织目标往往包含着一定的个人目标,组织目标的实现也就意味着在一定程度上实现个人的某些目标,实现某些个人目标也能激发出组织成员的工作热情和主动性、创造性。传统的管理方法都是靠各种各样的策略来引导员工去实现企业的预定目标,而一个良好的企业文化会使员工在潜移默化中接受共同的价值观和目标,不仅过程自然,而且由此形成的竞争力也更加持久。因此,建设企业文化的实质就是建立企业内部的动力机制,使广大员工自觉地把个人目标融入企业的宏大目标中来,可以使其勇于为实现企业目标而做出个人牺牲。

二、约束作用

约束作用是指文化力对企业每个成员的思想和行为具有的约束和规范作用。文化力的约束功能,与传统的管理理论单纯强调制度的硬约束不同,它虽也有成文的硬制度约束,但更强调的是不成文的软约束。作为一个组织,规章制度对企业来说是必要的;但是即使有了千万条规章制度,也很难规范每个员工的每个行为。企业文化能使信念在员工的心理深层形成一种定式,构造出一种响应机制,只要外部诱导信号发生,即可得到积极的响应,并迅速转化为预期的行为。这种约束机制可以减弱硬约束对员工心理的冲撞,缓解自治心理与被治现实形成的冲突,削弱由其引起的心理抵抗力,从而产生更强大、深刻、持久的约束效果。这种约束作用还更直观地表现在企业风气和企业道德对员工的规范作用上。这些"软规范"往往比制度等"硬规范"更有效、更持久。

三、凝聚作用

一个企业的凝聚力是怎样形成的?可以说是由三条纽带共同捆绑的结果:第一条纽带是物质纽带;第二条纽带是感情纽带;第三条纽带是思想纽带。第一条纽带指薪酬和福利,它离不开分配理念的指导;而后两条纽带都直接属于文化的范畴。当一种企业文化的价值观被该企业成员认同之后,它就会成为一种黏合剂,从各方面把其成员团结起来,形成巨大的向心力和凝聚力,这就是文化力的凝聚功能,通过这种凝聚作用,职工就把个人的思想感情和命运与企业的兴衰紧密联系起来,产生对企业强烈的"归属感",跟企业同呼吸、共命运。

四、激励作用

文化力的激励功能,指的是文化力能使企业成员从内心产生一种情绪高昂、奋发进取的效应。倡导企业文化的过程是帮助员工寻求工作意义,建立行为的社会动机的过程。通过这一过程,可以在员工中形成共同的价值观,在企业中形成人人受重视、受尊重的文化氛围。这种氛围足以胜过任何行政命令,每个成员做出了贡献都会及时得到领导和同伴的赞赏与鼓励,获得极大的心理和精神满足,并因而自觉树立对企业强烈的如主人翁一样的责任感。员工的主人翁责任感对于一个企业来说是弥足珍贵的。有了这种责任感,员工就会为企业发展而勇于献身、奋勇拼搏;有了这种责任感,员工就能迸发出无穷的创造力,为企业发展披荆斩棘、开拓创新。

人是物质和精神的统一体。作为自然人,每个人都有力气、有基本的思维能力;作为社会人,每个人又都有精神需要,蕴含着巨大的精神力量。当没有获得文化激励时,人发挥出来的只是物质力量;获得文化激励之后,人的精神力量就得到了开发,激励越大,所开发出来的精神力量就越大。企业文化的作用正是通过精神激励来满足人的高层次需要,使人产生归属感、自尊感和成就感,从而调动人的精神力量。由于它迎合了人的需要、人的本质,所以比其他任何形式都有效得多。

五、辐射作用

文化力的辐射功能与其渗透性是一致的,就是说,文化力不只在企业内起作用,它也通过各种渠道对社会产生影响。人们通过企业的标志、广告、建筑、产品、服务以及企业领导人和员工的行为,可以了解企业与众不同的特色和背后深层次的价值观,从而认识、了解和选择企业。文化力向社会辐射的渠道有很多,主要包括传播媒体、公共关系活动等。在企业越来越重视广告、重视形象和声誉的当代社会,企业文化对社会的辐射作用越来越大,电视、广播、网站里的广告越来越多,许多广告语成了人们的口头语、深入人们的生活。企业的慈善活动、社会公益活动,也越来越成为媒体跟踪的内容。作为一种亚文化,企业文化在社会文化中扮演的角色越来越重要,这正是辐射功能所导致的。

六、陶冶作用

优秀企业通过高尚而先进的理念培养人、教育人,这样的企业文化无疑可以陶冶员工的情操。美国惠普(HP)公司树立了7个目标:利润、客户、感兴趣的领域、增长、育人、管理、好公民。对员工的教育和培养成为企业的一个主要目标,自然也就形成了尊重人、培养人、关爱人的惠普文化。再如具有300多年历史的北京同仁堂,堂训"同修仁德,亲和敬业;共献仁术,济世养生"的理念不仅影响员工行为,更重要的是陶冶了员工的情操,提升了员工素质,发扬光大了中华民族的优良传统。

七、创新作用

企业文化可以激发员工的创新精神,鼓舞员工开拓进取。优秀的企业文化给员工提供了催人奋进、鼓励歧见、宽容失败的软环境,可以激发员工的活力和创新精神。最典型的例子就是Google,它对创新的鼓励和创新氛围的营造可以说是做到了极致,创新精神已经成为Google的生存指南,更让Google成为创新的代名词。3M公司提出"3M就是创新"的理念,鼓励员工大胆尝试,成为以创新产品闻名的公司,保持了企业的活力和竞争力。日本卡西欧公司提出"开发就是经营"的企业哲学,对激发员工的创新精神起到了积极作用。可见,优秀的企业文化不是保守的,而是创新的,在变幻莫测的信息时代,只有不断创新,企业才能生存。这种思想在优秀企业的文化中多有表现。

第四节 文化是重要资本

一、文化也是资本

企业的文化力也可以称为文化资本,以文化资本为主构成了企业的品牌、资信、美誉、心理契约等无形资产。优秀的企业文化是企业不断增值的无形资本。杰克·韦尔奇就曾指出,文化是通用电气最不可替代的一个资本。

二、文化资本的概念和内涵

(一)文化资本的概念

文化资本是指持续地投资于组织文化建设而形成的一种能够给组织带来潜在收益的资本形式。文化资本的概念,最早是由法国社会学家皮埃尔·布尔迪厄提出的。他认为文化资本是以教育资格的形式被制度化的,表现为具体的、客观的和体制的三种状态。继社会学范畴之后,国内外很多学者又从经济学范畴对文化资本进行了研究。只有文化成为资本,才能真正使企业得以持续发展。许多不同领域的学者都曾给出过文化资本的定义。

1. **社会学领域的文化资本**

最早提出文化资本概念的是法国著名社会学大师——布尔迪厄,文化资本理论是其社会学

思想的重要内容。他的文化资本是以教育资格的形式被制度化的,可以有三种存在形式:

(1) 具体的状态,以精神和身体的持久"性情"的形式;

(2) 客观的状态,以文化商品的形式(图片、书籍、词典、工具、机器等),这些商品是理论留下的痕迹或理论的具体显现,或是对这些理论、问题的批判,等等;

(3) 体制的状态,以一种客观化的形式,这一形式必须被区别对待,因为这种形式赋予文化资本一种完全是原始性的资产,而文化资本正是受到了这笔财产的庇护。

保罗·迪麦哲(Paul DiMaggio,1982年)将文化资本和社会资本联系了起来,解释文化资本对地位取得的作用机制,提出文化资本之所以有助于获得较高的教育成就和职业地位,原因在于文化资本有助于社会资本的累积。他强调的文化资本是一种阶层文化,其意义在于能起到阶级识别的作用。北美学者埃里克森(Erickson,1991年)则从文化资本的有效性来定义文化资本。埃里克森认为,文化资本的有效性在于文化资本的多元化程度,即文化多样性。她认为文化多样性是文化资本的一个组成部分:文化资本不仅仅包括对社会上层文化的运用自如,还包括另外一种她称之为"文化多样性"的表现形式。贝克尔和福尔克则在1992年从体系化角度思考自然资本和物质资本的关系时,认为"文化资本"指的是人类利用和改造自然环境的适应性能力。

可以说,上述几位学者关于文化资本的定义都或多或少受到布尔迪厄关于文化资本理论的影响,并没有跳出社会学的框架。布尔迪厄是用隐喻的方式来定义文化资本,许多经济学家则在经济学领域赋予了"文化资本"更加丰富的内涵。

2. 经济学领域的文化资本

戴维·思罗斯比(David Throsby,2004年)将文化资本定义为,是以财富的形式具体表现出来的文化价值的积累,它是和物质资本、自然资本、人力资本并列的第四种资本。他指出了文化资本的四种内涵:

(1) 文化资本是一种经济现象;

(2) 推测文化资本在经济产出和经济增长中的作用;

(3) 文化资本有助于对可持续性的理解;

(4) 将文化资本应用到投资分析技术。

高波和张志鹏则从经济增长理论的角度深入地分析了文化资本的内涵和特性。他们认为文化"意识形态"和难以"操作化"的特性导致其不能被经济学主流所接受,所以在整个20世纪都有人试图用文化来解释各种问题,但它总是一种比较不受欢迎的解释范畴之一(对种族因素论者而言)。因此,在清楚文化和资本的内涵后,高波和张志鹏给出了文化资本的定义:文化资本是能为人们带来持续收益的特定价值观体系,它是决定经济增长的一种关键性生产要素和最终解释变量。

3. 管理学领域的文化资本

无论是社会学角度的"文化资本",还是经济学角度的"文化资本",都存在着被认为与"人力资本"概念相似的问题。例如,科斯坦萨和戴利就将人力资本看作是人类本身所具有的教育、技能、文化知识以及经验的积累。某些经济学家在对各种不同的现象寻求经验解释的过程中,也将人力资本的概念明确扩展到包括文化因素在内。例如,在解释劳动力市场中本土工人和外来移民工资差异的时候,西斯维克(Chiswick,1983年)就将一般的人力资本概念解释后仍然存在的收入差距问题归因于文化因素。

可见,关于文化资本的定义至今都没有一个确切的答案。将文化资本运用到管理学,尤其是企业层面的研究,至今都很有限。本文所指的文化资本就是要从管理学角度来定义文化资本。它不仅是企业家个人的文化资本,也不仅是人力资本和文化简单的结合,还是企业作为一个整体所显现出的隐性能力,正如布尔迪厄提到的"文化能力"一样,是当今激烈的市场竞争中企业所需的"物以稀为贵"的资本,是能够为企业带来不断增值的资本。张德认为,文化资本是企业不可替代的关键因素。

企业文化资本是指持续地投资于培植企业所特有的价值观念和行为规范而形成的一种能够给企业带来潜在收益的资本形式。

本文提炼出了文化资本的四个维度(见图2-2)。

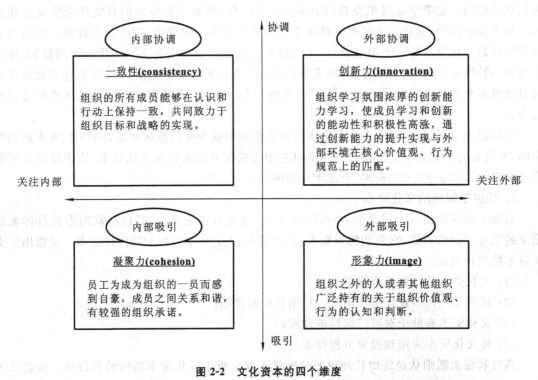

图2-2 文化资本的四个维度

(1) 文化资本的一致性,也可称为导向力,是指组织的所有成员能够在认识和行动上保持一致,共同致力于组织目标和战略的实现。这里所说的一致性包括两个方面:一是企业各层管理人员对经营理念、管理理念和企业文化的认识和理解上的一致性;二是从操作层面上来看,即要求企业的决策层、执行层以及操作层保持高度一致。

(2) 文化资本的凝聚力维度。一致性和凝聚力存在一定的共同点,但并不能将两者混同。第一,两者的含意不同。一致性通常指的是从企业最高层到最底层的人员在企业战略、经营理念、管理理念或企业文化上的同向性、一致性。而凝聚力指的是企业全体员工以企业为中心,凝聚在企业的周围,形成向心力。第二,两者的作用不同。高度的凝聚力能够使企业所有成员都紧密地团结起来,形成命运与共的坚强整体;而高度的一致性则能使高度团结的队伍在共同的战略、共同的经营理念和管理理念驱使下,心往一处想,劲往一处使,使这种凝聚力转化为竞争力,并取得优秀的业绩,最后达成企业的最终目标。

（3）文化资本的创新力维度。"学习"是当今知识经济下的流行词，"学习型组织""学习型社会"，甚至还有"学习型家庭"。可见，"学习"成为每个个体、团队、组织和国家的重要任务。任何一个企业要发展，保持自身的竞争力，就要创新，而学习能力则是增强企业创新的根本途径。在有意识培养文化资本的企业里，往往鼓励个人、团队或组织的学习，更容易接受新事物、新知识和新变化，这样的企业能够保持整体活力和进取精神，尤其是应对市场上突变的情况时，往往要比竞争对手更易做出正确而快速的反应。除了学习，创新力维度还包括另一要素——变革。可以说，变革是学习的必然结果。企业通过不断学习，包括在成功和失败中学习，企业可以对变化的环境和自身状况有一个正确的认识和了解，也容易发现其中的不足，这样企业就可以通过自己的所学，对企业进行改革，推动企业不断地超越自己，更好地发展。优秀的企业文化可以造就学习型组织，使企业进入一个"学习—创新—变革—发展—再学习"的一个良性循环。可见，创新力资本是企业竞争力不竭的源泉。

（4）文化资本的形象力维度。现在提得比较多的是品牌资产，这与我们所说的形象力有点类似，但不完全相同。形象力是从资本的角度来定义的，而品牌资产是从顾客的角度而言，而且前者涵盖的内容比后者要广，包括企业家形象、产品形象、服务形象、符号形象、员工形象等。

（二）文化资本的内涵

（1）动力性资本。组织文化为企业组织及组织成员树立共同的奋斗目标，提供强大的精神动力，从而提升组织效率。

（2）思维性资本。组织要在市场竞争中做出更加高明的决策，就需要强大的、合适的思想方法和思维方式，而组织哲学正是为组织提供先进的思维模式。一个高明的重大决策，是组织的无价之宝。

（3）凝聚性资本。先进的组织文化能够在组织和组织成员之间建立一个良好的心理契约，使企业目标、核心价值观得到成员的认同，并进一步转化为个体的自觉行为，形成上下同欲的强大内聚力，并使之转化为巨大的执行力。

（4）一致性资本。一个组织要高效有序地运作，组织成员必须围绕组织目标达成高度的内部一致性。先进的组织文化能够从理念、目标和愿景、制度、行为规范四个方面规范组织成员的思想和行为，形成高度的行为一致性，从而有效地降低管理成本。

（5）整合性资本。人力、物力、财力、知识是组织的四大资源，只有组织文化能够将这些资源整合成完整的体系，使它们朝着同一个方向，实现资源体系综合价值的最大化。

（6）形象性资本。通过组织形象、产品和服务形象、组织成员群体和个体形象等方面的提升，扩大知名度和美誉度，带来组织经济价值和社会价值的双重增加。形象力资本一般通过组织文化的辐射和渗透发挥作用，即通过文化向组织外部（例如企业的客户、供应商、经销商和社会公众、大众媒体、政府等）的辐射，以及向服务、产品、品牌上的渗透，改善组织形象，提升组织的价值。

（三）文化资本的形成条件

组织文化虽然可以成为组织的资本，但并不是所有的组织文化都会成为文化资本。组织文化若要成为组织的一种资本需要具备以下几个方面的条件。

1. 内部适应性

组织文化能否成为资本取决于对内部环境的适应能力。组织文化只有通过特定的理念和文化氛围进行有效的整合内部的人力、物力、财力资源，形成统一的合力，并带来价值的增值，才能成为一种资本形式。

2. 外部适应性

组织文化能否成为资本还取决于对外部环境的适应能力。组织文化在整合内部资源形成一致性的基础上，通过品牌形象等文化因素有效地整合和凝聚组织的外部资源，形成差别化的竞争优势，才能成为一种资本。

3. 有效性

有效的组织文化才能称为资本。所谓有效的组织文化必须是立足于组织历史和传统，贴近组织实际，同时对组织长远发展具有指导意义的思想体系和文化氛围。有效的组织文化不是空洞的口号，不是墙上的标语，而是真正为员工所认同和接受的，并对其工作具有积极指导意义的价值观念。只有优秀的组织文化才能转化为有效的文化资本。

（四）文化资本的构成

文化资本从构成上来看有以下四个方面的内容。

1. 凝聚力资本

组织凝聚力是组织竞争力的内部依托，凝聚力资本可以把组织的人员都团结在组织目标的旗帜下，使员工对组织目标产生深刻的认同感，从而将个人命运与组织的命运联系在一起，更加努力地工作，实现组织目标和自我价值。凝聚力资本又包括黏结力和向心力两个方面。

（1）黏结力：是追求一种内部人员的和谐，员工志同道合，以较高的协作水平（团队效应）完成工作，以内部的和谐发展提高工作效率和组织效益。

（2）向心力：强调组织目标与个人目标的紧密结合，通过公平的竞争制度、有效的激励氛围，提高员工的自激水平，使其向着组织所希望的目标努力。

在组织中，仅仅用金钱去凝聚员工是远远不够的，凝聚力的来源可以归结为三条纽带——物质纽带、感情纽带和思想纽带，而感情纽带和思想纽带则属于文化范畴。用组织的文化和价值观念去引导人、管理人、凝聚人，因此提高组织的凝聚力资本必须同时发挥三条纽带的作用，缺一不可。组织凝聚力的来源如图2-3所示。

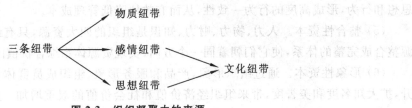

图2-3 组织凝聚力的来源

在对"财富"500强评选的总结中得出过这样的结论：公司出类拔萃的关键在于文化，最能预测公司各个方面是否最优秀的因素是公司吸引、激励和留住人才的能力。公司文化是它们加强这种关键能力的最重要的工具。

2. 一致性资本

在组织内部，无论是领导干部之间、管理层之间，还是上级和普通员工之间都需要具有一种共同的价值观和理想信念。一致性资本体现在以下三个方面。

（1）经营班子的一致性：是指公司的高层领导者要具有共同的战略思路、共同的价值取向和共同的经营理念,用共同的力量处理公司的经营和管理问题。

(2) 管理人员的一致性:是指公司的管理人员之间要具有共同的价值取向、共同的愿景、共同的管理理念、共同的行为方式和行为习惯,公司不同的管理部门在处理问题时能够站在公司共同的立场上,发出同一种声音。

(3) 员工内部的一致性:是指员工之间、员工与管理层之间认同共同的公司价值观和达到公司内部行为方式、行为习惯上的一致。这样可以降低内耗,有效地降低管理成本,提高组织的收益水平。

哈佛大学的一位学者曾经提出:组织的成功越来越依托于组织文化的建设,对组织文化的投资不但能营造组织发展所需的动力和氛围,还能够减少巨额的管理成本。管理的最高境界就是用文化管理组织。

3. 创造力资本

创造力是组织获得持续竞争力不竭的动力源泉。创造力资本是通过文化氛围和精神激励提高员工的创新能力,从而为组织创造价值的。创造力资本包括以下内容。

(1) 学习氛围:组织的学习能力。组织通过培育良好的学习风气和学习氛围,树立一种学习的意识,鼓励员工自觉学习,为创造价值提供必要的基础和准备。

(2) 创新精神:组织的创新能力。组织需要建设一种创新的文化,鼓励员工大胆创造,提出新的想法和建议,不断推陈出新,这样才能在竞争激励的市场上立于不败之地。

(3) 进取精神:组织的自我超越能力。任何组织的发展都不能仅限于对现状的满足,组织要发展就需要不断地超越自我。欲胜人者必先自胜,只有不断进取,才能取得更大的成就。

(4) 变革精神:组织的变革能力。组织发展到一定阶段就需要顺应环境的变化进行变革。变革精神强调无论是组织还是员工都需要不断地自我修正、自我完善,破旧立新。

4. 形象性资本

形象性资本是指组织通过公司形象、产品形象、员工形象、领导者形象等方面的提升,扩大知名度和美誉度,带来公司经济价值和社会价值双重增加的资本形式。形象性资本需要通过文化的辐射和渗透发挥作用。

(1) 组织文化的辐射作用:组织文化的理念和思想可以影响到组织外部的顾客和公众,即通过文化的影响作用,增强组织的社会知名度、美誉度,提升企业家形象、产品形象、服务形象、符号形象和员工形象。

(2) 组织文化的渗透作用:文化对外部的渗透作用主要体现在品牌上,通过组织品牌传递组织理念,通过增强品牌的扩张能力和品牌的忠诚度,提升组织的价值。

因此,组织文化是能够给组织带来潜在收益价值的一种资本形式。持续地投资建设和培育良好的组织文化可以使组织提高经营和管理水平,提升市场竞争力。

(五) 文化资本的投入

文化资本是持续投资组织文化建设而形成的,因此组织文化建设的投入过程就是组织的文化资本逐渐积累的过程。文化资本的投入要素主要有以下几个方面。

1. 领导者价值观和行为

企业的创始人或者后来的新领导者都拥有自己的信仰、价值观和文化理念,他们通过某种机制将自己的基本假设和理念传递给企业的各级组织和广大组织成员,从而塑造和传播组织文化。同时,领导者通过身体力行,主动履行和实践自己的价值观,促使企业文化资本的形成和增值。

2. 员工的参与和人际影响

企业文化的形成,不但需要领导者的作用,更有赖于组织成员的参与和配合。作为个体,新成员在进入组织之前,往往带有自己的一套价值观,以及对将要从事的工作和服务的组织拥有一种态度和期望,这与领导者倡导和支持的价值观、理念和各种假设往往会存在不一致,从而导致抵触和矛盾。在组织中,领导者和团队、个体相互之间经过不断地碰撞、磨合等相互作用,才逐步形成组织特有的文化资本。这也叫"人际影响",既有上级对下级的影响,也有下级对上级以及同级之间的影响。这种影响可以是有形的,而更多是无形的、潜移默化的,正所谓"随风潜入夜,润物细无声"。

3. 典礼和仪式

典礼和仪式被《企业文化》的作者阿伦·肯尼迪和特雷斯·迪尔称为行为方面的文化。在他们看来,没有富于表情的活动,任何文化都会消亡。通过典礼和仪式,能够将组织或领导者所倡导的价值观、思维方式和行为模式等形象地表达出来,并传递给每一位员工。典礼和仪式是新员工学习和了解企业内各种人际关系、各项事务运作方式及其背后的价值取向的最好途径。反复进行典礼和仪式,强化了企业文化,增加了企业的文化资本。

4. 传播网络

作为组织内部和外部的主要沟通手段,传播网络往往包括企业网站、报刊、宣传栏、电视广播、非正式团体以及企业外部的新闻媒体等。除了企业正式发布的信息、广告外,组织中通用的俚语、流行的歌曲、口号、谚语以及玩笑、故事等,都是传播的内容。在一种强烈的文化中,传播网络具有很大的力量,因为它能强化组织的基本信念,通过流传英雄人物的事迹和成就的故事增加它们的象征意义,同时也使每个人都成为很好的传播者。

5. 组织制度

组织制度是价值观等理念的载体,它是企业活动具有可预见性的特征,从而降低随意性、模糊性并减少焦虑。制度体现了组织关注的事和最感兴趣的事,如组织的宗旨、章程、纲领明确地表述了创始人或领导者的价值观和假设。管理者制定清晰的奖惩标准,表现出其对组织文化变革的兴趣和承诺。招募、选拔、提升员工的标准,也是组织文化交流和巩固的一种方式。

(六)文化资本的产出

文化资本的产出主要有以下十三个方面。

(1)持久的动力系统。包括有效的物质动力系统和强有力的精神动力系统。这是企业的共同愿景、核心价值观及其指导下的组织制度,这为组织提供持久的动力。

(2)高明的决策支持系统。包括核心价值观、企业哲学和共同的思维方式。

(3)巧妙的育人机制。先进的组织文化有利于把人培养好,积累人力资本,进而形成学习的文化、学习的价值观、学习的风气和学习的制度。

(4)有效的约束机制。组织的文化氛围对员工是一种无形的约束,强势地告诉员工哪些行为是组织提倡、支持的,哪些是反对的,并根据组织需求自觉调整自己的行为。

(5)强大的凝聚力。凝聚力来源包括物质纽带、感情纽带和思想纽带。仅靠物质纽带,用金钱去凝聚员工是远远不够的,还需要感情纽带和思想纽带,而感情纽带和思想纽带都是组织文化才能带来的。

(6) 高度的一致性。组织的群体价值观能够指导员工的思想和行为,保证企业在处理事情时达成高度的一致,使员工共同致力于组织目标和战略的实现。这种一致性具体体现在核心价值观的一致、决策与执行的一致、部门之间的一致、员工行为的一致等。

(7) 组织与员工的双赢。组织为员工成长和发挥才干提供舞台,促进员工不断发展;员工目标与组织目标一致,明白组织对自己的期望,乐意为组织发展贡献力量。

(8) 良好的组织形象。企业文化通过传播渠道辐射到社会,树立企业及品牌的形象。形象的背后,就是组织的文化。

(9) 低廉的管理成本。优秀的企业文化,使员工产生自我要求和自我激励,降低监督管理的成本。特别是思想和行为的一致,大大减少了内耗,降低了内部交易成本。

(10) 资源的整合和优化。精神资源的整合和优化,使企业产生强大的前进牵引力;物质资源的整合和优化,使资源的利用率、优良资产比例均不断提高。

(11) 有利的外部环境。优秀的文化能够提高政府、客户、公众对企业的信任,优化组织的政策环境、客户环境以及外部的社会环境有利于文化资本的产出。

(12) 人才市场的优势。组织文化和组织形象好的企业,可以用较低的薪酬就能够把人才吸引到、留得住、用得好。

(13) 产品和服务中的文化附加值。花旗银行的座右铭是"机会建立在信仰之上"。与众不同的信念和价值观,造就了与众不同的企业、产品和服务,有利于征服客户、赢得市场,从而获得优厚的文化附加值。

第五节　什么是企业竞争力

竞争是市场经济的基本法则,如何在激烈的市场竞争中求生存、求发展是展现在全世界所有企业面前的严峻课题。在当今世界,一个国家在国际上的地位、行为方式,很大程度上依赖于它的竞争能力。竞争力的研究主要包括企业竞争力、产业竞争力和国家竞争力。一国企业的竞争力决定着该国产业的竞争力,而产业竞争力又决定着国家的竞争力。美国学者查尔斯、汉普登·特纳等关于国家竞争力来源的研究,在总结美国、英国、法国、日本、瑞典、德国和荷兰等众多国家经验的基础上,提出了财富的创造主要来自企业的基本增值能力这一著名论断。可见,企业竞争力是国家竞争力的根本来源,培植国家竞争力必须首先培植企业竞争力。

一、竞争

竞争是市场经济下企业生存发展的根本压力和动力。随着科学技术的不断发展和经济全球化,企业面临的外部竞争日趋激烈和广泛。科技的进步,特别是IT技术的发展,既使得企业的外部环境变化更快,企业面临的外部不确定性更甚,又导致产业进入壁垒进一步降低,尤其是那些原本属于自然垄断的产业,例如电信、民航等,进入壁垒降低,极大地促进了新的进入者,因此环境变化加速和新进入者的大量增加,使企业面临的竞争加剧。经济全球化的深入,使得国家间的经济壁垒日趋降低,国外企业可以更容易地进入一国市场,一国的要素禀赋不再为本国企业所独享,例如在推行"一带一路"后,国际企业更为便利地来我国投资,劳动力的低成本不再是我国企业独有的优势,因此本国企业面临的国际竞争是全方位的,不仅是产品市场上商品、服务的竞争,而且是在要素市场上对关键、稀缺资源的争夺。

综上所述,在21世纪企业面临的竞争是普遍的、全方位的,并且日趋激烈,企业要想在激烈的市场竞争中胜出,必须内外兼修,不断提高自身的竞争力,并在此基础上打造企业的核心竞争力。

二、企业竞争力的概念

竞争力概念源于分工,经济学上的分工概念最早出现在亚当·斯密1664年出版的《国富论》中。他指出:劳动生产力上最大的增进,以及运用劳动时所表现的更大的熟练、技巧和判断力,似乎都是分工的结果。换言之,分工意味某些企业专门从事某一行业、某一产品的生产或销售等,因而在此方面形成的能力比别人更强。其后,大卫·李嘉图于1817年在其《政治经济学及赋税原理》一书中提到某些组织可拥有不同的资产、技巧和能力,而另一些组织获得这些资产、技巧和能力的能力则很有限,并指出组织特定的资产、技巧和能力对分工效率影响很大。这大概是竞争力概念的雏形。

传统经济学家认为一个国家、地区在基本要素中有相对的优势即为竞争力,其中基本要素包括劳动力、土地和资本;增长经济学家不仅把人力资源纳入了基本要素当中,还把其他优势也作为竞争力;另外,从微观角度来看企业在产业内的竞争力,则指企业对自然资源拥有管理能力及配套基础。

我们在综合前人对企业竞争力解释的基础上,认为企业竞争力指的是企业为了在竞争市场上进行竞争,保持市场占有率,从而对竞争压力进行反作用的能力。具体地说,企业竞争力是以下五种能力的组合:企业生产能力,技术开发能力,经营管理能力,市场营销能力,人力资源能力。对企业竞争力的这一定义,包括了以下几个方面。

(1) 企业竞争力是一种合力。企业竞争力不是指企业某一方面或是某一项经营活动的能力,而是多项能力的有效组合体。

(2) 企业竞争力是企业活力的核心。企业竞争力是提高企业经济效益的重要前提,企业竞争力不强,企业就没有活力,必然业绩下降。

(3) 企业竞争力是一个相对的概念。其高低是通过与竞争对手对比来展示的。

(4) 企业竞争力具有稀缺性。企业拥有的竞争力是别的企业所没有的或比自己弱的,短期内是不能赶上自己的,否则不能成为竞争力。

三、企业核心竞争力

(一) 企业核心竞争力

"核心竞争力"首先是由普拉哈德和哈默在《哈佛商业评论》上发表的《公司核心竞争能力》一文中提出的,他把核心竞争力(core competence)定义为:组织中的积累性学识,特别是关心如何协调不同的生产技能和有机结合多种技术流派的学识。麦肯锡咨询公司认为,核心竞争力或称核心能力,是指某一组织内部一系列互补的技能和知识的结合,它具有使一项或多项业务达到竞争领域一流水平、具有明显优势的能力。

国内外成功企业发展的历史和现实已经充分证明:企业发展与其核心竞争力密切相关。当今,企业之间的竞争已进入全球化的时代,企业经营环境的复杂性和不稳定性达到前所未有的程度,激烈的竞争要求企业具有比竞争对手更加卓有成效地从事生产经营活动和解决各种困难的能力,企业必须建立核心竞争力,使其各种发展战略无不以追求核心竞争力为依托。

如何使核心竞争力自始至终延伸到企业的每一个领域,这主要是一个管理问题,它包括对核心竞争力的识别、形成、应用和巩固等方面。

(1) 识别:企业有效"管理"核心竞争能力的前提是企业经理首先要对现有核心竞争能力有清晰的认识。首先要明确,企业是否存在核心竞争能力,进而决定下一步努力的方向。其实,对于竞争优势已经获得的企业,识别核心竞争力的过程实际上就是全面深入理解企业获得当前成功的技巧的过程,是拨开当前服务市场的迷雾发现新业务的过程。核心竞争力的成功识别,为主动管理企业共同拥有的这种最有价值的资源奠定了基础。从识别标准上来看,核心竞争力至少要满足三个方面的测试。①它是否是竞争差异化的有效来源?它是否使企业具有独特的竞争性质,并难以被竞争对手模仿?②是否存在顾客可感知的价值,如索尼公司的微型化或苹果公司的用户友好设计。核心竞争力应能使顾客感受到末端产品对其利益的买点或卖点。以上两者是对竞争能力的判断根据。③它是否实现了范围经济?表现在是否覆盖了多个部门或产品?是否提供了潜在的进入市场的多种方法?核心与否,这是最关键的。

(2) 形成:核心竞争力如何形成,如何造就?对于企业而言,应包括:①开发或获得构成的技巧和技术,以组成特定的竞争能力——物质基础;②整合这些技巧和技术以形成竞争能力——发挥主观能动性。前者通过物质和精神的投入一般可以获得,后者是发挥主观能动性的问题,是关键所在。企业竞争力的根本体现就是如何协调整合所有这些多种多样的技术和技巧,而这往往是一个漫长而需要始终如一地努力的过程。

(3) 应用:企业有很多核心竞争力,意味着许多开发新产品或开发新市场潜力的存在,如果只是在某个部门应用,则意味着范围经济未曾实现,造成资源的极大浪费。为使核心竞争力的作用发挥,就需要在公司内部乃至外部不断地运用核心竞争力,从一个部门到另一个部门或者是从一个区域到另一个区域。这是核心竞争力作用得以充分发挥和体现的时候,也是实现最佳范围经济的时候。

核心竞争力具体应用的最大问题其实也是资源的配置问题,不过这种资源的载体往往体现为人力资源。核心竞争力的配置很大程度上是人力资源的配置问题。哈默和普拉哈拉德总结日本公司的经验,认为其中最关键的是要设置机制,保证把最优秀的人才配置到最具潜力的竞争能力上。另外,竞争能力的载体——雇员经常的思想和经验的交流也有利于竞争能力的转移,可定期或不定期地举行正式、非正式的研讨班或讨论会等。

(4) 巩固:企业经过长期努力所形成的核心竞争力也会丧失,这需要公司高层管理者对其保护和始终给予高度警惕。这种需要源于两个方面的原因。一是客观上随着时间的推移,竞争能力往往会演化成一般的能力。如苹果公司"用户界面友好"在 20 世纪 80 年代堪称一绝而获得了巨大的竞争优势,但随着软件产业和技术的发展,如今"用户界面友好"已经成为所有软件竞争的基本前提条件,参与竞争的软件厂商都必须具有"用户界面友好"的能力。二是由于公司主观方面的原因,如没有专门的经理全面负责竞争能力的管理、部门之间的沟通或交流障碍、进一步资助的缺乏等。

客观上竞争能力的演变过程是必然的。面对这种不可逆转的过程,企业为保持企业核心竞争力的领先从而获得竞争优势,就必须从其主观方面进行努力。企业主观的努力是获得核心竞争力的必要条件,主观上的不努力则是企业丧失核心竞争力的充分条件。主观上的努力首先要求高级经理关注核心竞争力的健康发展,至少应有专门的经理全面负责;其次,部门经理也应被赋予负责跨部门的特定竞争能力的角色,以有利于部门之间信息的沟通等;最后,就是资助的提供等措施的同步。这其中,定期的"竞争能力评价会"很关键,其中心议题应集中于投资、构成技巧和技术的加强、内部应用的模式、对外联盟的作用等。

核心竞争力和实物资产的管理不同,这种无形资产的管理只能是"软"方式的管理,这意味着如何使此概念渗透于每个经理和雇员的内心深处,意味着上述四个环节的融会贯通。首先,要建立识别核心竞争力的深层次参与过程;其次,要确定公司增长新业务,开发明确目标进而培育和形成核心竞争力;再次,要设定明确的核心竞争力资源的分配机制;最后,要在设置与竞争对手核心竞争力比较标准的基础上,定期评价现存和新出现的核心竞争力的状态等,以构成一个不断反馈的动态循环系统。

(二)企业核心竞争力的特征

从不同的角度出发,对企业核心竞争力的内涵就可能产生不同的理解。虽然对核心竞争力概念的理解各异,但对核心竞争力特征的理解却大同小异。企业核心竞争力的特征实质上是企业竞争力理论的一般逻辑推理,它表明核心竞争力是企业持续竞争优势的源泉。核心竞争力至少具有三个方面的特征:核心竞争力有助于实现顾客所看重的价值;核心竞争力是竞争对手难以模仿和替代的,故而能取得竞争优势;核心竞争力具有持久性,它一方面维持企业竞争优势的持续性,另一方面也使核心竞争力具有一定的刚性。

因此,我们可以演绎出核心竞争力的三大核心特征。

1)价值特征

创造独特价值核心竞争力的价值特征表现在三个方面。

(1)核心竞争力在企业创造价值和降低成本方面具有核心地位,核心竞争力应当能显著提高企业的运营效率。

(2)核心竞争力能实现顾客所特别注重的价值,一项能力之所以是核心的,它给消费者带来的好处应是关键的。

(3)核心竞争力是企业异于竞争对手的原因,也是企业比竞争对手做得更好的原因。因此,核心竞争力对企业、顾客具有独特的价值,对企业赢得和保持竞争优势具有特殊的贡献。

2)资产专用性特征

专用性资产对企业核心竞争力的投资是不可还原性投资,因此核心竞争力可以看作是企业的一种专门资产,具有"资产专用性"的特征。核心竞争力的专用性还体现在积累的自然属性,因为核心竞争力具有历史依存性,是企业积累性学习的结果,也是企业的"管理遗产",它使仿制者处于时间劣势,即使仿制者知道核心竞争力,也由于资源的积累需要一段时间而无法参与竞争。核心竞争力的资产专用性特征对外面的潜在进入者构成一种进入壁垒,以保护垄断利润的获得,同时又对企业本身构成了一种退出壁垒,这种退出壁垒对企业产生一种推动作用,激励企业成员为共同的目标而努力。

3)知识特征

知识特征可以分为两大类:显性知识和隐性知识。具有信息特征的显性知识很容易被仿制,而具有方法论特征的知识则相对来说较难仿制。如果核心竞争力必须是异质的,必须是完全不能仿制和替代的,那么核心竞争力必须是以隐性知识为主,正因为隐性知识不公开、内容模糊、无法传授、使用中难以觉察而易自成体系的缘故,所以核心竞争力才具有"普遍模糊"的特点。因此,核心竞争力可以被认为是关于如何协调企业各种资源用途的知识形式。

(三) 企业核心竞争力的种类

基于不同角度分析企业核心竞争力,可以将其分为基于整合和协调观的核心竞争力、基于文化观的核心竞争力、基于资源观的核心竞争力、基于技术观的核心竞争力和基于系统观的核心竞争力等。

1. **基于整合和协调观的核心竞争力**

核心竞争力是组织对企业拥有的资源、技能、知识的整合能力,是一种积累性学识,这种积累过程涉及企业不同生产技巧的协调,不同技术的组合和价值观念的传递。通过核心竞争力的积累,组织可以很快发现产品和市场的机会,获得更多的超额利润。

整合观、网络观、组合观等都属此类。

2. **基于文化观的核心竞争力**

企业中难以完全仿效的有价值的组织文化是最为重要的核心竞争力。核心竞争力蕴含在企业文化中,表现于企业的诸多方面,包括技巧和知识。核心竞争力是某一组织内部一系列互补的技术和知识的组合和它具有使一项或多项关键业务达到业界一流水平的能力,这强调了核心竞争力是以知识的形式存在于企业各个方面的能力中。

知识观、文化观等属于此类。

3. **基于资源观的核心竞争力**

获得那些潜在租金价值的资源是企业成功的基础,这些资源是保证企业持续获得超额利润的最基本的条件。不同企业之间在获取战略性资源时,决策和过程上的差异构成了企业的核心竞争力。企业只有获得战略性资源,才能在同行业中拥有独特地位,这种地位来自其在资源识别、积累、储存和激活过程中的独特能力。

4. **基于技术观的核心竞争力**

企业的创新能力和技术水平的差异是企业异质性存在的根本原因。核心竞争力是企业在研究开发、生产制造和市场营销等方面的能力,并且,这种能力的强与弱直接影响企业绩效的好坏。

5. **基于系统观的核心竞争力**

核心竞争力是提供企业在特定经营中的竞争能力和竞争优势基础的多方面技能、互补性资产和运行机制的有机结合,它构筑于企业战略和结构之上,是以具备特殊技能的人为载体,涉及众多层次的人员和组织的全部职能。因而,必须有沟通、参与和跨越组织边界的共同视野和认同。企业的真正核心竞争力是企业的技术核心竞争力,是组织核心竞争力和文化核心竞争力的有机结合。

第六节 企业文化与企业竞争力的关系

每个外出旅行过的人都会体会到不同文化的强大影响力。人们遇到了自己不懂的语言,奇特的习俗,陌生的风光,声音和气味,以及令人难以捉摸的行为,这一切使人们的旅游难以轻松自在、无拘无束,甚至会感到紧张、焦虑和不安。一种新的文化使人们的感觉和感情立刻变得迷惑不解,这就是文化的可见性和易感觉性。用"顾客"的眼光细心观察商店、银行、公共交通、航空公司或饭店时,人们也会有不同的感受。各个企业的形象以及给人的印象有很大差别,因为不同的服务态度会使人有不同的感受,如愉快、满足、厌恶或失望。不同企业文化的存在,同样会使人们产生不同的感受,如激奋、热情和快感,但往往也会给人们带来不少困惑、烦恼和障碍,因为人们在某些文化氛围中难以知道怎样才能应付自如。

当人们进入新的文化环境时,需要做出反应:正确的言行、适应环境、消除不确定性的紧张状态、处理人际关系使自己被别人接受、建立信息联系,等等。同时也要确定别人对自己寄予了什么样的期望。如果人们感到无规可循的压力,或者感到保持与群体的一致性格格不入,就会产生焦虑并可能转变成愤怒。这就是说,体验一种新的文化环境不可能是一帆风顺的。如果人们理解了特定的文化并成功地适应了这种文化环境,则会感到非常兴奋,激情高昂;但如果人们没有能理解新的文化,至少会产生一种警觉或危险的感觉,因为对文化的无视或误解可能会冒犯别人,并使自己陷入困境。

这里,企业文化的影响就在于:一是对其内部成员的吸引力,二是企业内部成员之间的人际吸引力,而这两方面是相互联系与相互依存的。一方面,个人对文化环境的感受会影响到个人的士气和行为;另一方面,文化的凝聚作用、引导作用和整合作用又会影响群体的士气和行为。这两方面的影响要在企业的内部生产行为和外部市场行为上得到综合反映,最终在企业的竞争地位和态势的变化上体现出来。

毫无疑问,现代企业之所以要引导、整合其内部成员,其目的在于与社会资源配置和谐的前提下更为有效地向社会提供它的产品或服务。企业总是希望用最少的资源投入获取最佳的收益;而社会则总是将有限的资源在纷纭众多的利益集团或群体之间进行分配。在生产的可能性边界上,这种分配是均衡的。众多企业通过市场将资源转化为利益,又凭利益去追求更多的资源,用以扩大生存的空间,延展生命的过程。这就产生了竞争,有限的社会资源则在这种竞争中得到了最有效率的运用。这样,企业就必须密切地关注市场,与市场的兴旺、衰败和复苏同气相求;同时,企业行为还必须与政府的决策方向、调控步调相应。先机而发,适时而至,形成企业行为与市场的脉动和政府的调控同步共振。如此企业才能真正在竞争中取得优势,获得最佳的长远的利益。现代企业在这样的时空环境和时空运动中,依据系统和谐的理念,继承新的理念建立起自身的运行机制,以期既能顺应外部时空,又能协调内部因素,求得与社会和市场的和谐生长,这正是现代企业文化关注的焦点。

本章小结

美国著名企业文化专家沙因在其《企业文化生存指南》一书中提出,大量案例证明,在企业发展的不同阶段,企业文化再造是推动企业前进的原动力,企业文化是核心竞争力。企业文化就是一种资本,一种竞争力、一种品牌,企业文化更是企业出奇制胜的法宝。任何事物一旦赋予了文化的内涵就有了较高的知名度和影响力,这就意味文化是一种不尽的财富,在当前和未来,只有那些建立起以企业文化为依托的战略性成功要素的企业才会取得长期竞争优势。

核心竞争力的价值性、独特性和延展性源于企业文化,企业文化是企业核心竞争力的基础。核心竞争力是由企业创新能力、学习能力、文化力有机结合构成的。其中,文化力是学习能力和创新能力的精神动力源,因而企业文化构筑了企业的核心竞争力。

复习思考题

(1) 文化力的作用有哪些?
(2) 企业竞争力的概念是什么?
(3) 企业文化与企业竞争力的关系是怎样的?

思考题解析

第三章 企业文化建设概述

教学内容和教学目标

◆ 内容简介
1. 企业文化建设的含义
2. 企业文化的盘点、设计与实施
3. 企业文化建设的心理机制
4. 企业文化建设的辩证思考
5. 企业文化建设的宏观架构
6. 企业文化的发展历程
7. 企业文化的影响因素
8. 企业文化的功能

◆ 学习目标
1. 企业文化建设的含义
2. 熟悉企业文化盘点、设计与实施
3. 理解企业文化建设的心理机制
4. 了解企业文化建设的宏观架构
5. 掌握企业文化的影响因素

引入案例

第一节 企业文化建设的内涵

一、企业文化建设的含义

从 1984 年至今,中国企业文化建设大体上经历了三个阶段。

1984 年左右,美国的企业文化理论传到中国,并很快得到了中国企业界和管理学界的认同和响应,并掀起了第一次"企业文化热"。这在改革开放前是无法想象的,一个社会主义的中国,怎么能按美国人创造的理论去指导企业?"解放思想,实事求是"八个大字破除了人们思想上的禁锢,以博采众长、洋为中用的精神吸取了西方企业文化理论的精华,而与中国企业的思想工作相结合,形成第一批有中国特色的企业文化,其中较著名的有:二汽文化、嘉丰文化、达仁文化、四通文化等。当时,有没有优良的企业精神,已被列入企业达标升级的正式条件,极大地推动了我国国有企业文化的建设。

1992年,十四大的召开,为"解放思想,实事求是"注入了新的动力。中央决定在中国全面实行社会主义市场经济,为企业文化的理论和实践,带来了新的发展机遇。第二次"企业文化热"的蓬勃兴起,"建设优良的企业文化"相继进入了十四大文件和中央领导同志的讲话之中。一些在市场竞争中脱颖而出的企业,在建立现代企业制度的同时,也培育了催人向上的企业文化,取得了骄人的业绩,其中的佼佼者有青岛海尔、四川长虹、深圳三九、江苏春兰、北京蓝岛、深圳康佳等。回顾中国企业文化的发展历程,的确是解放思想,实事求是的过程。目前,在企业界和理论界,对企业文化大体上形成了以下六点共识。

(1) 企业文化是客观存在的,它对企业的生存和发展发挥着举足轻重的作用,企业文化建设已经成为企业经营管理的重要组成部分。

(2) 中国企业的企业文化建设,应该吸取发达国家的有益经验和系统理论,但不能移植照搬,而应深深扎根于中国传统文化与社会主义市场经济的土壤之中。

(3) 中国国有企业具有思想政治工作的优良传统和工作优势,应该将这种优势与企业文化建设相结合,创造具有中国特色的企业文化建设格局。

(4) 企业形象是企业文化的外显,企业文化是企业形象的本源。建设优秀的企业文化,对内可凝聚强大的精神力量,对外可塑造完美的企业形象,从而增强企业的竞争力。

(5) 如果说现代企业管理经历了经验管理、科学管理、文化管理三个阶段的话,那么中国绝大多数企业正经历由经验管理向科学管理阶段的过渡,在这个过渡中,不仅应健全制度,实行"法治",而且应"软硬兼施",建设好相应的企业文化,这是科学管理中国化的重要内涵。

(6) 文化管理是21世纪的管理,在文化管理下,企业文化建设成为企业经营管理的"牛鼻子"。长虹、海尔、春兰、三九等优秀企业已率先向文化管理过渡,它们为众多中国企业指明了前进的方向。虽然许多中国企业在企业文化建设上尚处在启蒙期或进入期,但重要的是,大家已经认识到体制转轨中观念更新的迫切性,认识到转轨变型必须伴随着企业文化的变革,现代企业制度必须与现代企业文化相配套。相信,中国的企业文化建设必将迎来新的更加波澜壮阔的热潮。

"等闲识得东风面,万紫千红总是春"。让企业文化的东风,推动更多的中国企业去搏击市场,赢得优势,编织万紫千红的中华经济之春。

二、企业文化建设的心理机制

企业文化作为微观的文化氛围,构成了企业内部的心理环境,有力地影响和制约着企业干部职工的理想、追求、道德、感情和行为,发挥着凝聚、规范、激励和导向作用。一部分企业中存在企业文化建设流于表面化、形式化的问题,往往是由于企业负责人不了解企业文化建设的心理机制。以下介绍的六种心理机制是塑造企业文化时必须注意遵循的。

1. 运用心理定势

人的心理活动具有定势规律——前面一个比较强烈的心理活动,对随后进行的心理活动的反应内容及反应趋势有影响。

企业文化建设的重要手段是干部和职工的培训。在对新职工、新干部的培训上,心理定势的作用十分突出。怎样做一名新干部、新职工？应该具备什么样的思想、感情和作风？在他们头脑中还是一片空白。通过培训，不仅可以提高他们的业务能力，更主要的是可以把企业的经营哲学、战略目标、价值观念、行为准则、道德规范，以及企业的优良传统，系统而详细地介绍给他们，并通过讨论、总结、实习，加深理解，形成先入为主的心理定势，入脑入心。这样，从他们成为新职工、新干部的第一天起，就开始形成与企业文化相协调的心理定势，对其今后的行为发挥指导和制约作用。

在对老企业的转型改造过程中，相应地要更新和改造原有的企业文化，首先要打破传统的心理定势，建立新的心理定势。随着企业从单纯生产型向生产经营型转变，从计划型向市场导向型转变，企业的经营哲学、战略目标、价值观念和行为规范也必须相应地加以改变。事实证明，观念的转变绝非易事。企业的主要负责人应率先转变观念，然后通过参观、学习、培训等多种方式，组织各级干部和全体职工，理解和掌握新的企业文化，形成新的心理定势。许多企业的实践表明，这种学习和培训是完全必要和富有成效的。

2. 重视心理强化

强化，是使某种心理品质变得更加牢固的手段。所谓强化是指通过对一种行为的肯定或否定（奖励或惩罚），从而使行为得到重复或制止的过程。使人的行为重复发生的称为正强化，制止人的行为重复发生的称为负强化。

这种心理机制运用到企业文化建设上，就是及时表扬或奖励与企业文化相一致的思想和行为，及时批评或惩罚与企业文化相悖的思想和行为，使物质奖励或惩罚尽量成为企业价值观的载体，使企业价值体系变成可见的、可感的现实因素。许多企业制定的厂规厂纪、人力资源政策与制度，以及开展的诸如立功、五好评比，双文明标兵等活动，都发挥了良好的心理强化作用。

3. 利用从众心理

从众，是在群体影响下放弃个人意见而与大家保持行为一致的心理行为。从众的前提是实际存在或想象存在的群体压力，它不同于行政压力，不具有直接的强制性或威胁性。一般来讲，重视社会评价、社会舆论的人，情绪敏感、顾虑重重的人，文化水平较低的人，性格随和的人，以及独立性差的人，从众心理较强。

在企业文化建设中，企业领导者应该动员一切舆论工具，大力宣传本厂的企业文化，主动利用从众心理，促成大多数职工行动上的一致，一旦这种行动一致局面初步形成，对个别后进职工就构成一种群体压力，促使他们改变初衷，与大多数职工一致起来，进而实现企业文化建设所需要的舆论与行动的良性循环。

许多企业通过厂报厂刊、厂内广播、厂内闭路电视等宣传手段，表扬好人好事，讲解厂纪厂规，宣传企业精神等，形成有利于企业文化建设的积极舆论和群体压力，促成职工从众，这些都收到了较好的效果。对企业中局部存在的不正之风、不良风气、不正确的舆论，则应该采取措施坚决制止，防止消极从众行为的发生。

4. 培养认同心理

认同，是指个体将自己和另一个对象视为等同，引为同类，从而产生彼此密不可分的整体性的感觉。初步的认同处于认知层次上，较深入的认同进入情绪认同的层次，完全的认同则含有行动的成分。个体对他人、群体、组织的认同，使个体与这些对象融为一体，休戚与共。

为了建设优良的企业文化，企业主要负责人取得全体职工的认同，是一项首要的任务。这就要求企业主要负责人高屋建瓴、深谋远虑、办事公正、作风正派、以身作则、真诚坦率、待人热情、关心职工、善于沟通、具有民主精神。只要这样做了，全厂职工自然会把他视为良师益友，靠得住、信得过的"自家人"。职工对企业主要负责人的认同感一旦产生，就会心甘情愿地把他所倡导的价值观念、行为规范，当作自己的价值观念、行为规范，从而形成企业负责人所期望的企业文化。

除此之外，还应着重培养职工对企业的认同感。为此，企业负责人应充分尊重职工的主人翁地位；真诚地倾听群众呼声，让职工参与企业决策和其他管理活动，同时，应尽量使企业目标与个人目标协调一致，使企业利益与职工的个人利益密切挂钩，并使职工正确地、深刻地认识到这种利益上的一致性。久而久之，全体职工就会对企业产生强烈的认同，这是企业文化的真正基础。当然，另一个重要的措施是把企业的名牌产品、企业在社会上的良好形象、社会各界对企业产品和服务质量的良好评价，及时地反馈给全体职工，激发全体职工的集体荣誉感和自豪感。对企业充满光荣感和自豪感的职工，必定对企业满怀着热爱之情，总是站在企业发展的角度思考和行事，自觉地维护企业的好传统、好作风，使优秀的企业文化不断发展和完善，这是主人翁责任感的升华。

5. 激发模仿心理

模仿，指个人受到社会刺激后而引起的一种按照别人行为的相似方式行动的倾向，它是社会生活中的一种常见的人际互动现象，模仿是形成良好企业文化的一个重要的心理机制，榜样是模仿的前提和根据。企业中的模范人物、英雄人物，是企业文化的人格化代表。全体职工对他们由钦佩、爱戴到模仿，也就是对企业文化的认同和实现过程。

企业的主要负责人，首先应该成为企业成员的心中偶像、自愿模仿的对象。身教胜于言教，作为企业文化的倡导者，他的一言一行都起着暗示和榜样作用。"耳听为虚，眼见为实"，实际事件的意义对个体观点的改变是极其重要的。

美国达美航空公司的高级经理人员在圣诞节期间下去帮助行李搬运员干活，已成为公司的传统，并且每年至少与全体职工聚会一次，直接交换意见，以实践"增进公司的大家庭感情"的经营哲学。日本三菱电机公司的总经理为了倡导"技术和销售两个车轮奔驰"的新经营理念，改变过去重技术轻销售的状况，亲自到公司零售店站柜台，宣传自家商品，听取顾客意见。这些领导者，不仅提出了整套的经营哲学，而且他们本人就是实践这些哲学的楷模。

企业领导者通过大力表彰劳动模范、先进工作者、技术革新能手、模范人物等，使他们的先进事迹及其体现的企业文化深入人心，就可以在企业成员中激发起模仿心理，这也是企业文化建设的有效途径。当然，树标兵应实事求是，力戒拔高作假，否则将适得其反。

6. 化解挫折心理

在企业的生产经营活动中，上级与下级之间、同事之间总会发生一些矛盾和冲突，干部和职工总会在工作和生活中遇到各种困难和挫折。这时，他们就会产生挫折心理。这种消极的心理状态，不利于个人积极性的提高，不利于职工的团结，不利于工作中的协同努力，不利于优良企业文化的形成。如何化解职工出现的挫折心理，也是企业文化建设中应该予以注意的问题。

日本松下电器公司下属的各个企业，都有被称为"出气室"的精神健康室。当一个牢骚满腹的人走进"出气室"后，首先看到的是一排哈哈镜，逗人哈哈大笑一番后，接着出现的是几个象征老板、总经理、负责各方面工作的副总经理的塑像端坐在那里，旁边放着数根木棍。如果来者对企业的某方面工作有意见，怨气仍然未消，可操起木棍，把相应的企业负责人痛打一顿。最后是恳谈室，室内职员以极其热情的态度询问来者有什么不满或问题、意见和建议。企业倒不必照抄松下的做法，但应该借鉴其重视职工心理保健的管理思想。我们的企业领导者，可以通过家访、谈心、职代会会议等环节，征求职工对各级领导的批评和建议；通过开展深入细致的思想工作，解决矛盾，化解挫折心理，为企业文化建设创造和谐舒畅的心理环境。

只要根据本企业实际情况，综合运用上述各种心理机制，我国企业文化建设就可以日益深入地开展起来，发挥出应有的作用。

三、企业文化建设的辨证思考

企业文化热与其他"热"一样具有两重性：一方面说明我国企业界、管理界和企业管理部门对企业文化高度重视，另一方面也有赶浪头，不扎实之处。再加上我国企业界对企业文化的内涵、外延的理解，对中国民族文化的认识，对外围企业文化的借鉴等许多问题上存在着不同看法，不少企业在企业文化建设上遇到了难以深入的问题。因此，企业管理者应对企业文化建设进行辩证思考。

(一) 多与少

任何事物发展，不平衡是绝对的，而平衡是相对的。我国企业文化建设也呈现出明显的不平衡性，主要表现在三多三少。

(1) 大中型企业重视的多，小企业和乡镇企业重视的少。在大中型企业中，多数企业已经把企业文化建设列入议事日程，至少都提炼出明确的"企业精神"。但在小企业和乡镇企业中，仅仅是极少数先进企业有了自己的企业精神，它们的企业文化建设还未能从自在的状态进入自觉的状态。

(2) 成功的企业重视的多，落后的企业重视的少。许多优秀企业往往都抓了企业文化建设，其中一部分企业在企业文化建设上发挥了带头作用和示范作用。然而，一些落后的、亏损的，或是效益不高的企业都陷入困境，其原因很多，但管理水平低，凝聚力差，思想政治工作薄弱，几乎是它们的通病。按理说，狠抓企业文化建设，改造本企业落后的甚至是劣性的文化，塑造振奋人心、具有号召力和凝聚力的崭新群体价值观，应该是企业走出困境的必要途径。但奇怪的是，许多落后企业仍忙于解决资金、原材料、能源、销售等具体生产经营问题，而无暇思考整个企业的总体战略和根本管理思想。企业文化建设的落后既是其处于落后状态的表现，也是其尚未摆脱落后状态的原因。

(3) 知识密集型企业重视的多，劳动密集型企业重视的少。高技术企业虽然许多是新建企业，但从企业的筹建阶段开始，企业负责人即把设计和规定企业文化当作一件战略工作。高技术企业的企业文化起点比其他企业的企业文化起点高的真正原因是对企业文化高度重视。电子工业、家电行业、机器制造行业等知识和技术相对密集的企业，由于其技术人员比例高，技术创新压力大，职工文化水平高于生产社会化程度，企业在企业文化建设上的内在需求强烈，外界压力巨大，所以也对企业文化建设抓住不放。

至于一些劳动密集型企业，如建筑工地（特别是农村建筑施工队）、缝纫厂、商店、饭馆、农产品加工厂等，职工文化水平低，企业领导管理水平也不高，甚至根本没有企业文化的概念，也感受不到内在需求和外界的压力，因此他们的企业文化仍然处在"自在"阶段。

产生"三多三少"具有一定的必然性，影响因素有很多，但根本性的因素是企业素质，特别是企业负责人的素质。一般而言，小企业、乡镇企业、落后企业、劳动密集型企业人员素质低于大中企业、股份制企业、先进企业、知识密集型企业，特别是企业负责人的思想素质、心理素质、文化素质、能力素质差距很大。若想使这些企业的管理更上一个台阶，使其企业文化建设从"自在"状态进入"自觉"状态，首先就要通过培训、选聘等环节，提高企业领导人的素质，除此之外无捷径可走。

（二）党与政

在党与政二者中间，企业文化应该由谁来抓？大家存在着不同的理解。组织领导上的倾斜性，在不同企业差别很大。企业文化建设进展缓慢的原因，是行政领导重视不够，把企业文化建设工作仅仅看作是党委的事。行政领导也不否认企业文化建设的必要性，但却仅仅把它当作开展企业思想政治工作的一种方式，由党委系统、政工部门负责，而行政系统特别是各级经理对此不闻不问，这是一种误解。

诚然，优秀的企业文化、企业风气是陶冶职工思想情操的大熔炉，因而是新时期思想政治工作的有力工具，但是它的意义远不止于此。企业文化首先是一种管理思想、管理模式，即把培养人、提高人的素质看作是治理企业的根本，把提高职工积极性，提高企业凝聚力，建设蓬勃向上的企业群体意识，看作是增强企业活力的关键。

企业文化是企业两个文明建设的交汇点，是经济意义与文化意义的融合。它的观念层可以统一全企业的经营思想、追求目标和价值取向，丰富和升华职工的业余文化生活；它制定的行为层可以规范全体职工的行为作风，形成科学、民主、勤奋、团结、严谨、求实、创新的风气；它的符号层可以提高公司的技术工艺水平，形成产品独具特色的风格，塑造企业的美好形象，从而增加企业的竞争能力。以上多方面的综合效果，已远远超出了思想政治工作的范畴。企业文化贯穿于企业的全部活动，影响企业的全部工作，决定企业全体成员的精神风貌和整个企业的素质，它应该成为企业振兴的一把钥匙。

因此，企业文化建设应该由党政齐抓共管，企业的董事长、总经理应该亲自挂帅，把它当作企业经营管理的"牛鼻子"。

（三）个性与共性

目前普遍存在的另一个问题是企业文化缺乏个性。企业文化的个性主要体现在其观念层，特别是企业精神。而许多企业在概括企业精神时往往是全面有余而个性不足，经常在团结、拼搏、求实、开拓、创新、严谨、勤奋、奋进等几个元素间排列组合。下面是四个工厂的企业精神：①团结、求实、奉献、开拓，②团结、振奋、开拓、奉献，③团结、务实、开拓、奋进，④团结、奉献、开拓、奋进。你能想到它们是四个不同行业、不同地区的企业精神吗？这种没有个性的企业精神，对职工也将缺乏吸引力和凝聚力，不能给职工以亲切感和认同感。

"大一统"思想和"官本位"观念束缚了企业家对独立个性的追求，造成了企业文化个性的模糊和缺乏。然而，企业文化若没有个性，就没有吸引力，就没有生命力。为纠正企业文化"千厂一面"的弊病，企业家应该从"官本位""一刀切"的传统观念中解放出来，变"求同"思维为"求异"思维，不求全，但求新。大胆地追求自己的个性，使企业文化独具特色。

在企业文化的概括方法上，也不是越抽象越好，因为一般来讲，越抽象越易失去个性。当然，如果抓住特点进行恰当的抽象，也不一定就表示不出个性。概括和抽象的方法可以千变万化，只要企业家执着地追求本企业的个性，总可以如愿以偿的。

（四）上墙与入心

目前我国企业文化建设中另一个最为普遍的问题是流于表面化。笔者曾去过一些工厂，虽然墙上书写着醒目的企业精神，但当你向车间职工询问"你厂的企业精神是什么"时，他可能摇摇头说："不知道"。至于企业愿景、企业哲学、发展战略等，则更难普及了。产生这种现象的原因很复杂。有些企业的负责人之所以发展企业文化，是出于从众心理，觉得先进企业在搞，自己这里不发展不好。但实际上他们并没有真正理解企业文化的真谛。因此，只满足于口号上墙，并没有下苦功夫，使之深入人心。这些企业，首先应转变企业负责人的思想，企业负责人从心底里产生改变管理观念的内在需求——坚决从过去那种经验管理转变到现代科学管理或文化管理的轨道上，坚决从过去那种"以生产为中心"或"以钱为中心"的管理转变到"以人为中心"的管理上来。

另一些企业的负责人并不满足于口号上墙，他们也想把自己倡导的企业文化尽快转变成全体职工认可的群体意识，进一步化为职工的自觉行动，但苦于找不到适当的方法。若想使企业家的追求变成全体职工的共同追求，使企业家的价值观念变成全体职工共同信奉的价值观念，使企业家提倡的行为准则变成全体职工自觉接受的行为准则，关键在于企业家应遵循心理学的规律，采取相应措施，一步一个脚印地在企业内部创造适宜的心理环境，使全厂职工在感染熏陶中形成共识。

（五）继承与创新

对一些有悠久历史的老企业而言，如何处理继承与创新的关系，往往成为企业文化建设的拦路虎。

企业文化建设是一个文化积淀的过程，不能割断历史，反而应该尊重历史。正确的做法是：对企业过去的传统，要一分为二，取其精华，去其糟粕。其中的优良传统，应该成为未来文化的起点和基础。

但是，更重要的是创新。随着企业内外环境的变化，企业应该站在战略高度，展望未来，提出前瞻性的新价值观，引导企业在经营管理上开拓全新的局面。这样，企业文化才会与时俱进，永远充满活力。

同仁堂、茅台酒厂在这方面为我们做出了榜样。美国的 IBM、GE、HP 等企业，更是值得借鉴和学习。

（六）以我为主与借鉴他人

企业文化与世界上一切事物一样，是共性和个性的统一。正因为有共性，所以，企业之间可以互相借鉴。正因为有个性，所以，企业之间不能互相照搬。

常言道，"人挪活，树挪死"，树木一旦离开了自己的土壤，就很难存活，企业文化亦然。在我们向国内外优秀企业学习时，特别是向世界著名公司学习时，切不可盲目照搬。而应该像"嫁接"一样，把他人经验之枝，嫁接到本企业之干上。

海尔公司就是这样做的。他们把日本松下和美国通用电器公司的成功经验，一一借鉴过来，但是绝不照搬，而是保留了中国文化的底蕴，也保留了海尔自身的优良传统。因此，海尔文化是中国的，具有中国特性和中国气派的，就像海尔主楼那样。同时，海尔文化又是世界的，具有全球化、信息化、知识化的特点，为全世界的企业所称赞。

（七）求同与存异

在一些大型企业,特别是一些大型企业集团,有许多二级单位、三级单位,这些单位甚至于分散在全国、全球。在长期的发展过程中,它们各自形成了自己的文化。在企业文化建设中,他们面临一个共同的问题:求同与存异如何掌握?

这实际上是一致性与灵活性、主旋律与变奏曲的关系问题。

毫无疑问,大型企业和大型企业集团,应该建设共同的文化,树立共同的形象。因此,保持内部文化的一致性是完全必要的,这就是坚持原则。但是,又要尊重各个下属单位文化的差异性,这就是实事求是。具体做法:要求各个单位的企业愿景、企业核心价值观、企业哲学、企业标志和基本制度保持一致。这样,企业才能维持统一的形象,统一的价值观主旋律,统一的制度框架。在这个前提下,各个单位可以保留独特的观念、习惯和规范。在主旋律下的变奏曲,可以使音乐更富感染力;在一致性基础上的百花齐放,更显得春色满园,充满活力。这就是求大同下面的求小异。

四、企业文化建设的指导思想

以马克思主义为指导,以培养有理想、有道德、有文化、有纪律的公民为目标,发展面向现代化、面向世界、面向未来的,民族的、科学的、大众的社会主义文化。这就要坚持用邓小平理论武装全党,教育人民;努力提高全民族的思想道德素质和教育科学文化水平;坚持为人民服务、为社会主义服务的方向和百花齐放、百家争鸣的方针,重在建设,繁荣学术和文艺。建设立足于中国现实、继承历史文化的优秀传统,汲取外国文化有益成果的社会主义精神文明。这就是企业文化建设的总的指导思想。

在企业文化建设具体操作中,遵循上述总的指导思想,注意解决以下几个问题。

1. 坚持人力资源是第一资源,实施以人为中心的企业管理

坚持以"人"为主线,把尊重人、关心人、理解人、爱护人作为企业运行的一切方面,一切领域的指针。既重物更重人,以人为主;既重人力(包括智力与体力),更重人心,以人心为主;既重人力资源开发,更注重人的价值实现,以人的价值实现为主;既重视素质的开发,更注重人的积极性和潜能的发挥。

2. 坚持企业文化战略发展与企业经营战略发展紧密结合

建设企业文化必须与企业的经济工作相结合,必须以生产经营为中心。实际上,企业文化本身就是企业生产经营的另一方面——企业生产经营中的心理、道德、社会等要素的总和。使企业文化的战略发展与企业经营战略发展挂钩,如战略目标对接,发展阶段同步,发展重点一致等。

3. 坚持以企业文化的核心为主轴,构建企业文化体系,指导企业运行,规范企业行为

企业文化的核心主要是指企业精神,企业价值观和部分意义上的企业哲学。它被规定为指导思想,有时以企业精神的面目出现,作为指导思想来规划各方面的工作;有时以企业哲学的面目出现,作为企业运行,企业行为的根本指导思想;有时又以企业价值追求形式出现。无论是以哪种形式出现,都应以企业文化的核心为指导思想。

4. 坚持扬长避短,发挥优势,以不断彰显本企业的个性和特色

企业文化建设应特别注意本企业的实际,从本企业实际出发,在不断扬长避短中形成自己生产、经营和管理上的优势和特色,为企业文化的生成与发展提供条件与基础。

第二节　企业文化建设的目标

一、企业文化建设的目标

企业文化建设是一项系统工程,是现代企业发展必不可少的竞争法宝。一个没有企业文化的企业是没有前途的企业,一个没有信念的企业是没有希望的企业。从这个意义上说,企业文化建设既是企业在市场经济条件下生存发展的内在需要,又是实现现代化管理的重要方面。

概括来说,良好的企业文化建设要实现以下几个目标。

(一)确立理念

1. 确立全体员工的价值观

企业价值观是企业文化的核心,决定企业的命脉,关系企业的兴衰。现代企业不仅要实现物质价值,还要实现建设独特的企业文化的价值。要使全体员工充分认识企业竞争不仅是经济竞争,更是人的竞争、文化的竞争、智慧的竞争。同时让全体员工明白企业的最终目标是服务社会,实现社会价值最大化。

2. 确立企业精神

企业精神是企业广大员工在长期的生产经营活动中逐步形成。由企业的传统、经历、文化和企业领导人的管理哲学共同孕育,并经过有意识的概括、总结、提炼而得到确立的思想成果和精神力量。培育有个性的企业精神是加强企业文化建设的核心,培育具有鲜明个性和丰富内涵的企业精神。最大限度地激发员工的内在潜力,是企业文化的首要任务和主要内容。企业精神应集中体现一个企业独特、具有鲜明的经营思路和个性风格,反映企业的信念和追求,并由企业倡导的一种精神。培养企业精神,要遵循时代性、先进性、激励性、效益性等原则,不仅要反映企业本质特征,而且要反映出行业的特点和本公司特色,体现出企业的经营理念。

3. 确立符合实际的企业宗旨

确立符合实际的企业宗旨是企业生存发展的主要目的和根本追求,它是以企业发展的目标、目的和方向来反映企业价值观。企业道德是在企业生产经营实践的基础上,基于对社会和对人生的理解做出评判事物的伦理准则。企业作风是企业全体成员在思想上、工作上和生活上表现出来的态度和行为,体现了企业整体素质和对外形象。

(二)树立精干高效的队伍形象,打造精神文化

企业文化实质是"人的文化",人是生产力中最活跃的因素,是企业的立足之本,企业成员是企业的主体,建设企业文化就必须以提高人的素质为根本,把着眼点放在人上,分别达到凝聚人心、树立共同理想、规范行动、塑造形象的目的。为此要建立学习型组织,抓好科学文化知识和专业技能培训,培育卓越的经营管理者,带动企业文化建设。

(三)塑造品质超群的产品形象,打造物质文化

企业文化建设应与塑造企业形象相统一。实现技术创新,做到合理化,使之具备独特的技术特色和产品特色。创品牌,教育员工要像爱护自己的眼睛一样爱护企业的品牌声誉,使企业的产品、质量在社会上叫得响、打得赢、占先机。要做到在经营过程中的经营理念和经营战略的

统一；做到在实际经营过程中所有职工行为及企业活动的规范化、协调化；做到视觉信息传递的各种形式相统一，为促进企业可持续发展奠定坚实基础。

（四）塑造严明和谐的管理形象，打造制度文化

企业管理和文化之间的联系是企业发展的生命线，战略、结构、制度是硬性管理；技能、人员、作风、目标是软性管理。强化管理，要坚持把人放在企业中心地位，在管理中尊重人、理解人、关心人、爱护人，确立职工主人翁地位，使之积极参与企业管理，尽其责任和义务。强化管理要实现与现代企业制度、管理创新、市场开拓、优质服务等的有机结合。还要修订并完善职业道德准则，强化纪律约束机制，使企业各项规章制度成为干部职工的自觉行为。提倡团队精神，成员之间保持良好的人际关系，增强团队凝聚力，有效发挥团队作用。

（五）塑造优美整洁的环境形象，打造行为文化

人改造环境，环境也改造人。因此，要认真分析企业文化发育的环境因素。使有形的和无形的各种有利因素成为企业文化建设的动力源泉。采取强化措施，做到绿化、净化、美化并举，划分区域，责任明确，做到治理整顿并长期保持卫生环境。要开展各种游艺文体活动，做到大型活动制度化，如体育活动、企业文化艺术节等；小型活动经常化，如利用厂庆、文体活动等形式丰富职工文化生活，赋予各种活动以生命感，强化视觉效应。

二、企业文化建设的基本原则

（一）"以人为本"原则

这一原则在第二章精神文化中已经简单地提过，这里再详细地阐述一下。所谓"以人为本"，是指把人作为企业管理的根本出发点，把调动人的积极性作为企业文化建设的重要任务。具体地说，就是尊重人，相信人，激励人，使人能动地发挥其无限的创造力。

坚持"以人为本"的企业文化建设主旨，其主要实践途径是要解决好以下相关联的四个问题。

1. 充分地重视人，把企业管理的重心转移到如何做好人的工作上来

长期以来，企业中存在着重经营、轻管理的现象。有些管理者，虽然对管理工作有所重视，但往往将管理的侧重点放在建制度、定指标、搞奖惩上，忽视了做人的工作。实践证明：在管理中，只见物不见人，只重视运用行政手段和经济手段来进行外部强制，不注重发挥人的主观能动性，只把人作为外在文化约束的对象，不尊重员工的文化创造，最终都会背叛管理的预期目的，也不可能增强企业的生机和活力。所以，管理者必须把管理的重点转移到调动员工的积极性、增强员工的主动性和创造性上来。

2. 正确地看待人，切实处理好管理者与员工之间的关系

围绕员工是什么人的问题，西方管理学者进行了大量的探索，得出了以下几个假设："经济人""社会人""组织人"，这些都是从管理主体怎样去控制、利用管理客体角度来看待员工的，这使员工的积极性、主动性和创造性难以充分发挥。因此，管理者要将员工看成是企业的主人、是企业管理和企业文化的主体，要明白企业文化建设必须高度重视其主体，重视企业员工素质的培养与提高，使企业文化的主体成为有高度素养的文化人，成为关注自身与社会双重价值的现代企业成员。

3. 有效地激励人,使人的积极性和聪明才智得到最大限度的发挥

确保员工在企业管理中的主体地位,充分调动员工的工作积极性,将蕴藏在员工中的聪明才智充分地挖掘出来。因此,第一,必须进一步完善民主管理制度,保障员工的民主权益,使员工能够广泛地参与企业的各种管理活动。第二,改变压制型的管理方式。变高度集权式的管理为集权与分权相结合的管理,变善于使用行政手段进行管理为多为下级提供帮助和服务的管理,变自上而下的层层监督为员工的自我监督和自我控制。第三,为员工创造良好的工作和发挥个人才能、实现个人抱负的条件,完善人才选拔、晋升、培养制度和激励机制,帮助员工进行个人职业生涯的设计,满足员工物质和精神方面的各种需求。

4. 全面地发展人,努力把员工培养成为自由发展的人

在我国,企业应努力把员工培养成有理想、有道德、有文化、有纪律的社会主义新人;努力使员工与员工、员工与管理者、管理者与管理者、企业与社会公众等关系达到最佳和谐与亲密的状态。

企业全面关心人,可以从三个方面来考察:一是全面满足员工的经济、安全、社交、心理和成就事业等多方面的需要,二是全面关心企业内部各种不同的人员,三是全面关心全社会各种各样的人,如顾客、社区居民、原材料供应者等。比如,日本企业能够比较全面地关心企业员工,这表现在三个方面。一是日本高级管理人员一般认为,照顾一个人的整个生活乃是企业的职责,而不能推卸给其他机构(如政府、家庭或宗教机构),且认为只有当个人的需要在公司内部得到满足时,个人才能有精力从事生产工作。二是日本企业内部不太强调权力意识,极力淡化等级意识,职员一律坐大办公室,也没有专门为高级经理设置的停车场和食堂。日本高级管理人员认为,职工既是供使用的客体,又是应该给予尊重的主体。企业一般不轻易解雇职工,特别是,日本的大企业一直执行终生雇佣制。所以,日本企业一般能够一视同仁地关心内部各种不同的人。三是日本企业比较重视正确的经营观、社会观和人生观的建立,重视企业精神的灌输,能够坚持企业目标的全面性原则、手段的合理性原则和人际关系的和谐性原则。

(二)目标原则

由上可见,企业文化建设的目标是提高企业成员素质,全面地发展人,努力把员工培养成为自由发展的人。

在市场竞争日益激烈的今天,企业成员的素质越来越成为企业能否生存和发展、企业竞争力强弱的主要标志,也是企业能否成功地进行企业文化创新与变革的决定因素。美国经济学家莱斯特·瑟罗指出,企业提高竞争能力就在于提高基层员工的能力,也就是要造就名牌员工。比尔·盖茨说过,微软公司的宝贵资产在于高智慧和头脑灵活的名牌员工。只有高智慧、灵活的头脑,才能不会落后于人,永处高峰。名牌员工是事业心、忠诚心、责任感、高超的技术、守纪律、创造性等的统一。企业成员只有具备这些素质和能力,才能适应现代企业的需要,才能真正成为企业文化发展和创新的主体。因此,企业文化建设必须围绕人的素质来进行。

要培养一支高素质的企业员工队伍,就要抓好员工的培训。员工培训是企业促使员工在道德、品行、知识、技术等方面有所改进或提高,保证按照预期的标准或水平使员工能够完成其承担或将要承担的工作与任务。据有关资料统计显示,一个人一生中获得的知识10%来自学校,90%来自社会,即参加工作之后。在知识爆炸的时代,除了进行相应的岗位培训外,不断地对员工进行智力投资,是保持企业永远具有活力的关键。有的国家将企业培训部门称为投资部门,就是说通过培训可以用最小的投入来获得将来较大的利润。企业培训包括企业自我培养和委托社会培养、脱产培养和岗位培养等。

在员工培训方面，德、日、美等国的做法和经验是值得我们借鉴的。

德国有着完善的职业培训制度。它采取"双轨制"的培训办法，除了政府投资外，主要的是企业投资。培养一名合格工人需要6万～7万马克。企业一般要拿出销售额的1%～2%，或投资额的5%～10%用于人员培训。正是科学的培训机制和巨额的投入，才造就了德国企业中高素质、技能全面的优秀员工队伍，这为德国在第二次世界大战后经济起飞和高质量的产品迅速占领世界市场创造了最好的条件。与奔驰公司的知名度不分伯仲的西门子公司，非常重视员工培训。整个公司在国内外拥有60多个培训中心、700多名专业教师和近3000名兼职教师，开设了50余种专业。在全公司37万员工中，每年参加各种培训的多达15万之众。公司每年用于员工培训的投入达6亿～7亿马克。同时，还有上千名熟练工人被送到科技大学和有关工程学院学习，有上万名青年工人在各种技术学校、训练班等机构接受技术技能的训练。正是西门子公司在"培训出质量、培训出竞争力、培训出成就"等理念指导下，大力抓培训，使得公司有一半以上的员工具有大学或大专文凭，50%以上的工人成为专业技术工人。从而，在德国乃至世界同行业中，保持着强大的人才优势和技术优势，产品质量一直保持着领先的地位。

在日本，员工教育以企业为主体，企业内教育十分发达。20世纪80年代以来，日本的企业内教育由单纯的学校教育所偏重的知识传授和技能训练，向全面塑造"现代企业人"的方向转化。其教育包括三个部分。一是系统教育，包括就业前教育、新职员教育、新职员集体住宿研修、普通职员研修、骨干职员研修以及指导层的新任职员、普通职员和高级职员的研修等。二是现场教育，即可通过以老带新的指导员制度、自我申报制度（一种旨在让工作适应人，充分发挥人的潜能的制度）、职务轮换制度等培养员工的实际能力。三是自我开发资助，即鼓励员工参加函授教育和外部研修班。这种培训体系适应了当代日本经济发展的特点，取得了很好的效果。松下公司以自称是"造就人才的公司"著称于世。该公司设置的教育训练中心下属8个研修所和一个高等职业学校，专门负责本公司各级员工的培养。同时还通过自我申报、社内招聘、社内留学、海外留学等制度造就人才。从而，松下在出好产品的同时，也不断地造就着一批又一批优秀的人才，当然，优秀的人才又不断地创造着更好的产品。奔驰公司之所以发展飞速，产品卓越，是因为它重视员工、培养企业员工。它认为，高品质与人员的高素质成正比。公司为培养员工不遗余力，在国内有502个培训中心。在这些培训中心，受基本职业训练的年轻人经常保持在6 000人左右，平均每年有2万～3万人接受培训。同时，公司还鼓励管理人员和技术人员到高等学校去学习、深造，不仅工资照发，而且公司支付学费，报销路费，甚至在住宿方面还给予补贴。

在美国，虽然员工在就业之前已经有很高的专业技术素质，但也没有一个公司能保证职员终身雇用，并且，美国十分重视培训。特别是，近年来，美国公司的教育支出以每年5%的速度增长，用于教育培训的支出每年已达到500亿美元以上。美国教育委员会已经确认7 000家公司能够自己颁发学位。有的公司与社会上大学建立了密切的合作关系，让其代公司进行培训。美国通用电气公司把培训职员作为公司的重要使命。其总公司的培训中心每年耗资1500万美元，每年培训人员可达5000人，且每年还组织5000人到国外接受各种培训。对每年新录用的2000名大学毕业生，公司规定必须经过2～3个月的工作和学习，才能转为正式雇员；对其他公司跳槽而来的每年3000名左右的员工也是如此。对高级主管人员的培训，最长可达4个月。

这是通用电气公司保持长盛不衰的重要原因。

与此相联系的是绩效原则。在企业文化中，坚持绩效原则不仅仅在于要善于根据员工的工作业绩进行奖励，更重要的是鼓励员工以更好的心理状态、更大的努力投入下一轮工作之中，且把着眼点从"过程"转向"结果"，避免形式主义、教条主义。

传统的管理与其说重视目标，不如说更重视完成目标的过程。其主要精力放在过程的标准化和规范上，不仅告诉员工"做什么"，而且告诉员工"怎么做"，把工作程序和方法看得比什么都重要。这样，员工在工作中必须严格执行既定的规程、方法，接受自上而下的严密监督与控制，员工的工作个性和创新精神会受到压抑。所以，确立绩效原则的最终目的是要改变员工在管理中的被动性，增强员工的主动性及创造精神。具体地说，在管理实践中，坚持以个人为主、自上而下协商制定目标的办法；在执行目标过程中以自我控制为主；评价目标也以自我检查、自我评价为主。这就是说，转变管理方式，减少发号施令和监督，多为下级完成目标创造条件、提供服务，帮助员工学会自主管理、自我管理、自我激励。

（三）共识原则

所谓"共识"，是指共同的价值判断，这是企业文化建设的核心所在。

其原因主要有两点。①企业文化的核心是精神文化，尤其是价值观。每一个员工都有其价值观，如果达不成共识，企业就可能成为一盘散沙，也就不能形成整体合力；如果达成共识，企业就会产生凝聚力。②当今的企业所面临的内外环境异常复杂且瞬息万变，其内外因素又非常复杂，必须强调共识、全员参与、集思广益，使决策与管理都建立在全员智慧与经验的基础上，才能实现最合理的决策与管理。

如何贯彻共识原则呢？这主要有两点。①充分发挥文化网络的作用。特雷斯·迪尔和阿伦·肯尼迪在《企业文化——现代企业的精神支柱》中认为，"文化网络"是企业文化的组成要素之一，是公司价值和英雄式神话的"载体"，是企业内部主要的、非正式的沟通手段。通过它传递着企业所倡导的价值观以及反映这种价值观的各种趣闻、故事、习俗、习惯等，达到信息共享，以利于全员达成共识。②逐渐摒弃权力主义的管理文化，建立参与型的管理文化。权力主义的管理文化过分强调行政权威的作用，动辄用命令、计划、制度等手段对人们的行为实行硬性约束，这不利于共识文化的生长。所以，只有打破权力至上的观念，实行必要的分权体制和授权机制，才能充分体现群体意识，促进共识文化的形成。

（四）兼容原则

在企业文化建设中，要吸收各种各样的企业文化以及国内外传统文化等合理性。这里，特别强调的是中国企业文化的建设要吸收中国传统文化的合理性。

中国传统文化虽然与中国现代化存在着某些矛盾（如轻自然、重技艺的观念与科学思想的冲突；人治传统与法治建设的冲突；家族本位与个性自由的冲突等），但是，也有其精华之所在，这是我国企业文化建设和发展的根基。

虽然在近、现代西方文化的剧烈冲击下，中国人的生活、文化等确实已经发生了巨大的变化，以至于西方的某些生活方式、风俗习惯等已被越来越多的中国人所认同和接受，但是，中国人世代相传的传统心理、思维方式、伦理道德等依然存在，甚至有的并未发生根本的变化，这就是说中国传统文化并没有离人们而去，中国人待人处世、对事接物依然是"传统的"。简要地说，中国传统文化的合理性有四点。第一，自强不息的进取精神。第二，道德修养和人际协调，在道德规范下形成和谐的人际关系。第三,集体本位和天下为公,以集体为本位,尤其当个体与集体发生冲突时主张牺牲前者,这就是天下为公。第四,"天人合一"的意识,强调人与自然界和谐统一。所以,我国要建立的应该是体现中国传统文化合理性的管理学,构建的是体现中国传统文化合理性的企业文化;反之,我国的管理学或企业文化如果与中国传统文化合理性相违背,最终就不会建立和完善。事实也表明了这一点。例如,在企业管理中,我国不少的企业引进西方的管理方法,实行严格的规章制度和定额定量的生产管理,但因有悖于中国大众传统的价值观而引起工人与管理人员之间的矛盾对立。据报道,1992年5月中旬至6月中旬,仅重庆市轻工系统的186家企业的不完全统计,就有65位正副厂长(或经理)配备了高压电棒或高压水枪。广州等地一些工厂照搬西方的管理方法、严格规章制度和纪律等,结果虽然生产有所提高,但文化冲突却无法避免。这也表明了我国现阶段尚未建立起体现中国传统文化合理性的管理学或企业文化。

日本企业管理给我们一个重要启示,管理学或企业文化必须具有本民族文化的特色。日本企业管理就体现了其民族文化特色。日本企业管理的特征是以终身雇佣制、年功序列、工会为支柱,三者是不可分割的。它们共同支撑着体现和谐精神的日本经济大厦。它们又像三种互补的黏合剂,使企业的股东、经营者、雇员紧紧地凝聚在一起。企业把员工当成自己的家庭成员,不但关注每个员工的工作,而且过问员工个人生活问题,对每个职工家庭的婚丧嫁娶也要关照,员工也把企业当作自己的家,对企业有很强的归属感,就是在企业遇到如石油危机那样的危机,员工也能自愿减低工资以帮助企业渡过难关。

建立在这种团队精神基础上的日本企业,其经营方针同欧美国家的企业也大相径庭,欧美企业注重的是股东的利益,日本企业较重视雇员的利益;欧美企业注重收益目标,而日本企业重视市场占有率;欧美企业投资着眼于短期成绩,日本企业则从长期观点来决定投资等。

日本民族文化精神也是企业全面质量管理成功的根基。全面质量管理要求从设计、采购、生产、检测、保管到出厂,每一个环节的每个成员都必须参与其中。日本企业的终身雇佣制、年功序列等所产生的集体负责原则和集体主义的经营方针满足了全面质量管理要求的条件。这就是日本企业全面质量管理比欧美企业更成功的原因之一。

(五)创新原则

1. 企业文化的冲突

企业文化的冲突包括组织文化与个人文化、新文化与旧文化、企业主文化与亚文化之间的冲突,还有每一个企业文化自身的问题等。

(1)任何企业文化自身都存在着问题。

①企业文化自身有着相互对立的理念、规范等。比如,严密的组织等级体系、严格的规章制度造成了对人的控制和限制,制约了人们之间的信息传递和情感交流。所以,任何一个企业文化都不能只持一端,完全无视相反的见解,而应当寻求互补。就企业目标来说,有利润最大化目标、社会效益目标、企业就业目标、企业稳定成长目标和职工福利待遇目标等,企业文化只能在目标追求中力求协调、寻找平衡。

企业精神无论多么完美、有效,都具有两面性:都会既服务于企业成员,又控制着企业成员;既激励着企业行为主体,又抑制着企业行为主体。

②企业文化自身在发展过程中存在着异化问题。比如,过于细化的劳动分工使工种作业枯

燥、单调,缺乏新奇、刺激和创造性。职工受制于机器,成了机器的附属物。繁杂的管理限制了人们原始的但最有效的交往等。

企业文化的创新成果一经积淀为文化传统,既具有权威性、统御力,又会逐渐丧失其固有的精神魅力。企业文化传统所造成的惯性是由创造者和追随者的选择偏好造成的。对于有着良好的文化传统和良好经营业绩的企业来说,文化惯性是一把双刃剑:在稳定的环境中保持传统,企业会有较好的表现,而当环境条件急剧变化时,企业的文化惯性有可能显得保守、落后,甚至成为企业发展的桎梏。此时,公司领导者精心培育的企业文化,如果在公司内外情况发生了根本性的变化时,就一定要进行企业文化的重塑。

③在企业内部,企业存在着主流的、正统的文化与非主流的、"异端"的文化。这也出现企业文化的冲突,如企业正式组织文化与非正式组织文化之间的冲突。

(2) 在企业的文化环境中,存在着个体文化、群体文化、企业文化、社会文化。这往往会发生冲突。比如,当外来的个体尚未进入企业文化氛围、尚未被组织认同时,个体会出现心理和行为的不适;当企业中的个体无视他人利益和社会整体利益时,就会产生与企业群体文化的冲突;有时企业群体文化滞后于社会文化,有时企业群体文化不能满足个体对先进文化的需要,都会出现企业文化的冲突。

(3) 传统文化与外来文化在企业中发生冲突,引起了跨文化问题的出现。

2. 企业文化的变迁

影响企业文化变迁的原因是多种多样的,其中,企业外部的经济、政治、文化等方面是外因;企业内部的生产、经营和管理,企业管理人员的变化,企业员工的素质等是内因。

美国学者麦克尔·茨威尔认为,企业文化通过以下几个方面来影响员工的能力。①聘用和选任人员是有关组织目标、价值观、信念、奖励机制、决策机制等方面的重要的文化过程。一个以能力评估为标准来聘用人员的公司,要好于单凭经验、喜好来进行聘用人员的公司。②奖励机制往往能够反映组织对能力的重视程度。如果团队精神差的员工与团队精神强的员工都得到了同样的报酬和重视,员工就不太可能注重相互的合作及帮助他人。③企业决策的实践影响着员工的积极性、主动性、创造性等。如果所有的决定都是管理者决定,员工只需听从命令,那么员工就往往不愿承担责任,且缺乏积极性、主动性等。④企业精神文化与员工的能力紧密相关。⑤工作惯例和管理程序使员工认识到其应该具备哪些能力。⑥重视对员工的培训和培养,使员工认识到发展自我能力的重要性。⑦培养领导者的组织程序直接影响着领导者的能力,也传达了有关领导者应如何行事、如何进行管理、如何对待员工等。

3. 企业文化的整合

企业文化的整合主要表现在以下几个方面。

(1) 对某一种内生的(主要指企业文化共同体内部新产生的)或外部输入的(包括企业文化的国际示范传递造成的)企业文化特质的同化、吸收。比如,日本企业从美国等西方国家引进了质量管理基本文化特质,且通过日本国情的创造性的文化整合,形成并发展了具有日本特色的全面质量管理文化——"无缺点计划"的管理文化。日本企业还从中国引进了"两参一改三结合"的《鞍钢宪法》,并加以整合,形成了具有本国企业特点的、富有创造性和充满活力的企业民主管理文化。

(2) 企业文化整合是对自身内部创造的或外部引进的一组企业文化特质进行重组、改造,从而形成局部新型或新质的企业文化。比如,日本在解散大财阀、分割大企业、反垄断和引进西方市场竞争文化时,就对其进行了适于自身要求和特点的改造。

(3)伴随着企业观念革命、管理革命的出现,企业文化整合从局部到整体重建、重塑企业文化,即对自己进行了彻底的吐故纳新的整治。比如,在第二次世界大战后,在美国,由于铁路公司在不懂技术的老板管理下造成了列车对撞事件,从而引发了企业所有权与经营权相分离的观念革命,确立了经理体制的企业管理革命,开始了企业组织文化、决策文化、动力文化、管理文化等一系列新的文化整合。

(4)随着剧烈的企业文化冲突和企业文化危机的发生,使得企业文化改革出现了更加彻底的文化整合。这往往发生在濒临倒闭、经过剧烈震荡完成了一个大转折的公司或企业。

(5)企业文化的一体化。这不仅表现在追求各层次的、局部的综合化和一体化,还表现在追求总体文化的和谐与一致。这就是说,企业文化各个组成部分相互渗透、相互支持,紧密地结合成为一种基本的文化。

(6)一种企业文化风格趋于成熟、即将完善后,就会开始超越社会、制度、民族、文化背景进行传播和扩散。比如,上面所说的企业质量管理文化源于美国,后迅速扩散到欧洲和日本,经日本企业的文化整合达到某种境界后,又开始流行与传播。这是企业文化整合的一种模式。

4. 企业文化的创新

(1)企业文化创新的四个阶段。

第一阶段:公司高级管理人员和企业文化顾问共同制定并努力实施一种新创意、新经营思想或经营策略。

第二阶段:企业员工运用新创意、新经营思想或经营策略指导行为,形成制度,然后贯彻到行动中。

第三阶段:企业通过采用新的措施取得经营的成功,并持续相当一段时间。

第四阶段:企业出现了新的企业文化,包含了企业各方面的创新成果、创意、新经营思想或经营策略,也反映了人们实施这些策略的经验和体会。

(2)实施企业文化创新的步骤。

第一步:公司高级管理人员和企业文化顾问重新构造企业文化体系,以适应新形势,确定企业目标和经营方针,且身体力行,做好表率,倡导、支持企业员工改革。

第二步:经营方式、企业行为及规章制度发生相适应的变化。

第三步:企业经营在取得成功,并持续相当一段时期以后,及时总结、梳理、升华。

第四步:企业经营行为规范逐渐改变,企业共同价值观等更趋于新型远景目标和新型经营策略。

二、企业文化建设的步骤

1. 企业文化盘点

建设企业文化关键在于量体裁衣,建设适合本企业的文化体系,达到这一目标的大前提就是对企业文化全面准确地了解。所谓企业文化的盘点,就是对企业现有文化的一次调查和诊断。

常用的一些调研方法主要包括访谈法、问卷法、资料分析法、实地考察法等工作方法。一般采用自上而下,分层进行,具体的诊断方案,这些取决于企业的规模和生产特点。企业文化的调研,需要全体职工的认真参与,因此,最好是在开展工作之前,由公司主要领导组织召开一次动员大会,调动员工的积极性,增强参与意识。在调研期间,可以采取一些辅助措施,例如,建立员工访谈室、开设员工建议专用信箱等。

企业文化的调研要有针对性,个别访谈的提纲和问卷调查的问卷,都应精心设计。内容主要围绕企业的发展思路、经营管理现状与发展前景、员工的价值取向、员工满意度和忠诚度、员工对企业理念的认同度几个方面。一些企业内部的资料往往能够反映出企业的文化,可以对企业历史资料、各种规章制度、重要文件、内部报刊、公司人员的基本情况、先进个人材料、员工奖惩条例、相关媒体报道等进行分析,获得有用信息。为了方便工作,最好列一个清单,将资料收集完整,以便日后查阅。

在企业文化的调研当中,匿名问卷形式比较常用,它可以很好地反映企业文化的现状和员工对企业文化的认同度。我们可以根据需要设计问卷内容,设计原则是调查目标明确、区分度高、便于统计。但有些价值观类型的调查,不能让被调查者识破调查的目的。比如,在分析员工需求层次的时候,可以提问:"如果再次选择职业,您主要考虑以下哪些方面",然后列出工资、住房、个人发展等许多要素,规定最多选三个,经过结果统计,我们就不难发现员工需求层次的分布了。

一系列的企业文化调研之后,需要进行深入分析,得出初步诊断结论。分析主要集中在以下几个方面:①分析企业内外部环境和经营特点,搞清企业在行业中的地位和企业生产经营情况;②分析企业管理水平和特色,研究企业内部的运行机制,重点分析企业管理思路、管理理念和管理中的主要弊端;③分析企业文化的建设情况,领导层和员工对企业文化的重视程度,以及他们的价值取向;④逐项分析企业文化各个方面,包括企业核心价值观、企业风俗、人际关系、工作态度、员工行为规范等具体内容。

根据对以上四方面内容的综合分析,我们可以诊断出企业文化的现状,了解员工的基本素质,把握企业战略对企业文化的要求,分析企业亟须解决的问题和未来发展的障碍,为下一步企业文化的设计做好了准备。

2. 企业文化设计

企业文化是一个有机的整体,它包括理念层、制度/行为层和器物(符号)层,它包含了CI体系的全部内容,既有理念系统、又有行为系统和视觉识别系统。企业文化的设计中最重要的是企业理念体系的设计,它决定了企业文化的整体效果,也是设计的难点所在。理念体系一般来讲包括以下方面:企业愿景(或称企业理想)、企业使命(或称企业宗旨)、核心价值观(或称企业信念)、企业哲学、经营理念、管理模式、企业精神、企业道德、企业作风(或称企业风气)。

理念层的设计要本着以下原则:历史性原则、社会性原则、个异性原则、群体性原则、前瞻性原则和可操作性原则。企业理念是企业的灵魂,是企业永续发展的指南针。企业理念中的各个部分有着内部的逻辑性,设计时需要保持内部的一致性、系统性。企业愿景描述了企业的奋斗目标,回答了企业存在的理由;企业哲学是对企业内部动力和外部环境的哲学思考;核心价值观解释了企业的价值判断标准,是企业的一种集体信念;企业经营理念回答了企业持续经营的指导思想;企业精神体现了全体员工的精神风貌;企业作风和企业道德是对每一位员工的无形约束。所有内容相辅相成,构成一个完整的理念体系。

企业制度/行为层的设计主要包括企业制度设计、企业风俗设计、员工行为规范设计,这些设计都要充分传达企业的理念。企业制度指工作制度、责任制度、特殊制度,这些制度既是企业有序运行的基础,也是塑造企业形象的关键。所谓特殊制度是指企业不同于其他企业的独特制度,它是企业管理风格的体现,比如,"五必访"制度,在员工结婚、生子、生病、退休、死亡时访问员工。企业风俗的设计也是不同于其他企业的标志之一,它是企业长期沿袭、约定俗成的典礼、仪式、习惯行为、节日、活动等,一些国外企业甚至把企业风俗宗教化,比如"松下教""本田教"。许多企业具有优秀的企业风俗,比如,平安保险公司每天清晨要唱《平安颂》;某公司每年举办一次"月亮节",与员工家属联谊。员工行为规范主要包括:仪表仪容、待人接物、岗位纪律、工作程序、素质修养等方面。好的行为规范应该具备简洁、易记、可操作、有针对性等特点。

企业符号层的设计主要是指企业标志、名称及其应用。企业的名称和标志如同人的名字一样,是企业的代码,设计时要格外慎重。清华同方的名称来源于《诗经》的"有志者同方",简明易记。企业的标志则是企业理念、企业精神的载体,企业可以通过企业标志来传播企业理念,公众也可以通过标志来加深对企业的印象。同时,企业标志出现的次数和频度,直接影响社会公众对该企业的认知和接受程度,一个熟悉的标志可以刺激消费欲望。如果把企业理念看成企业的"神",那么企业标志就是企业的"形",它是直接面对客户的企业缩影,因此,在设计和使用上要特别关注。

3. 企业文化实施

企业文化的实施阶段,实际上往往是企业的一次变革,通过这种变革,把企业优良的传统发扬光大,同时,纠正一些企业存在的问题。最早提出有关组织变革过程理论的是勒温(Kurt Lewin),该模型提出组织变革三部曲:解冻、变革再冻结,可以说这一模型也反映了企业文化变革的基本规律。一般来讲,企业文化的变革与实施需要有导入阶段、变革阶段、制度化阶段、评估总结阶段。

导入阶段就是勒温模型的解冻期,这一阶段的主要任务是从思想上、组织上、氛围上做好企业文化变革的充分准备。在此阶段内,要建立强有力的领导体制、高效的执行机制、全方位的传播机制等几方面的工作,让企业内部所有成员认识到企业文化变革的到来。为了更好地完成这一阶段的工作,可以建立领导小组来落实,设立企业文化建设专项基金来开展工作,在人力、物力上给予支持。

变革阶段是企业文化建设工作的关键,在这个阶段内,要全面开展企业文化理念层、制度/行为层、符号层的建设,即进行由上而下的观念更新,建立、健全企业的一般制度和特殊制度,形成企业风俗,做好企业符号层的设计与应用。这一阶段可谓是一个完整的企业形象塑造工程,中心任务是价值观的形成和行为规范的落实,至少要一年的时间。

制度化阶段是企业文化变革的巩固阶段,该阶段的主要工作是总结企业文化建设过程中的经验和教训,将成熟的做法通过制度加以固化,建立起完整的企业文化体系。在这一阶段,企业文化变革将逐渐从突击性工作转变成企业的日常工作,领导小组的工作也将从宣传推动转变成组织监控。这一阶段的主要任务是建立完善的企业文化制度,其中应包括企业文化考核制度、企业文化先进单位和个人表彰制度、企业文化传播制度、企业文化建设预算制度等。这一阶段常见的问题是新文化立足未稳、旧习惯卷土重来,尤其对于过去有过辉煌时期的企业,往往会自觉不自觉地坚持旧习惯,这一点要求管理者做好足够的思想准备。

评估总结阶段是企业文化建设阶段性的总结,在企业基本完成企业文化建设的主要工作之后,总结评估以前的工作,这对今后的企业文化建设具有十分重要的作用。评估工作主要围绕我们事先制定的企业文化变革方案,检查我们的变革是否达到预期的效果,是否有助于企业绩效的改善和提高。总结工作还包括对企业文化建设的反思,主要针对内外环境的变化,检查原有假设体系是否成立,具体的工作方法主要是现场考察、研讨会、座谈会、总结表彰会等方式。

四、企业文化建设应避免的误区

首先,不要只注重企业文化的形式而忽略了企业文化的内涵。在中国企业文化的建设过程中最突出的问题就是盲目追求企业文化的形式,而忽略了企业文化的内涵。企业文化活动和企业CI形象设计都是企业文化表层的表现方式。企业文化是将企业在创业和发展过程中的基本价值观灌输给全体成员,通过教育、整合而形成的一套独特的价值体系,是影响企业适应市场的策略和处理企业内部矛盾冲突的一系列准则和行为方式,这其中渗透着创业者个人在文化建设过程中形成的对人性的基本假设、价值观和世界观,也凝结了在创业过程中创业者集体形成的经营理念。将这些理念和价值观通过各种活动和形式表现出来,才是一个比较完整的企业文化,如果只有表层的形式而未表现出内在价值与理念,这样的企业文化是没有意义的,难以持续的,所以不能形成企业文化的推动力,对企业的发展产生不了深远的影响。

其次,不要将企业文化等同于企业精神而脱离企业管理实践。有些企业家认为,企业文化就是要塑造企业精神或企业的圣经,而与企业管理没有多大关系,这种理解是很片面的。企业文化是以文化为手段,以管理为目的,因为企业组织和事业性组织都属于实体性组织,它们不同于教会的信念共同体,它们是要依据生产经营状况和一定的业绩来进行评价的。精神因素对企业内部的凝聚力、企业生产效率及企业发展固然有着重要的作用,但这种影响不是单独发挥作用的,它是渗透于企业管理的体制、激励机制、经营策略之中,并协同起作用的。企业的经营理念和企业的价值观是贯穿在企业经营活动和企业管理的每一个环节中的,并与企业环境变化相适应,因此企业不能脱离企业管理实践。

最后,不要忽视企业文化的创新和个性化。企业文化是某一特定文化背景下该企业独具特色的管理模式,是企业的个性化表现,不是标准统一的模式,更不是迎合时尚的标语。纵观许多企业的企业文化,方方面面都大体相似,缺乏各自鲜明的个性特色和独特的风格。其实,每一个企业的发展历程不同,企业的构成成分不同,面对的竞争压力也不同,所以其对环境做出反应的策略和处理内部冲突的方式也都会有自己的特色,不可能完全雷同。企业文化是在某一文化背景下,将企业自身发展阶段、发展目标、经营策略、企业内外环境等多种因素综合考虑而确定的独特的文化管理模式,因此,企业文化的形式可以是标准化的。但因其侧重点、价值内涵和基本假设各不相同,并且企业文化的类型和强度也都不同,所以才构成了企业文化的个性化特色。

五、企业文化建设的基本方法

企业文化建设是一项系统工程,其方法多种多样,因企业而异,所以企业要善于根据自身的特点,具体的问题去具体分析,再结合实际,综合运用各种方法,有效地建设本企业的文化。以下是常用的几种基本方法。

1. 宣传教育法

这是建设企业文化的基本方法。企业只有通过完整系统、长期、多形式、多层次、多渠道的宣传教育,形成浓郁的企业文化氛围,才能把企业文化转化为员工的自觉意识,成为企业和员工的行为指南。企业采用宣传教育法的具体途径如下。

(1)搞好文化意识培训。

对于企业成人教育来说,最见成效的文化意识培训方法首推"在职培训法"(也叫"实干学习法")。企业结合员工的岗位、性质、特点和需要,进行文化意识教育,可以使员工在文化素质和专业技能得到提高的同时,对企业的历史、沿革、传统、信条、宗旨和价值观念、行为规则等有一定的了解和掌握,为企业文化建设与发展奠定基础。

(2) 开展多种形式的舆论宣传和教育工作。

进行企业文化的宣传教育,是企业文化实践工作的第一步,目的在于在企业中形成一个浓烈的舆论气氛,让员工在潜移默化中接受企业倡导的价值观,并指导自己的行为。宣传的方式和手段有五种。①厂史教育。即向新员工介绍企业的优良传统、道德风尚和价值准则,了解企业的发展历史,增强员工对企业的荣誉感、自豪感和责任感。②编辑出版企业文化简讯、刊物、纪念册等,将企业文化的内容体系向员工灌输,向社会传播。③厂办学校传播企业文化。大型企业可以办企业员工大学或员工学校,大张旗鼓地宣传企业的特点、风格和企业精神,激发员工的工作热情。④通过各种会议对员工宣传企业文化,如举办读书会、演讲会、茶话会、对话等,沟通企业内部经营管理信息,增进员工了解,使员工理解企业的政策与行为,参与企业事务。⑤开展各项活动,如在企业内部召开多层次的企业文化研讨会,开展丰富多彩的文娱体育活动、企业精神训练活动等,寓企业文化教育于丰富多彩、生动活泼的业余文化体育活动之中,使员工在参与这些活动的过程中陶冶情操,提高文化修养。

2. **典型示范法**

典型示范法是通过树立典型、宣传典型人物来塑造企业文化。所谓典型人物,是指企业成员中最有成效地实践企业文化的优秀分子。企业所树立的典型人物,既可以是企业的领导人,也可以是企业的普通员工,而且普通员工的典型往往更具影响力,典型人物就是企业价值观的化身,树立他们的正面形象,就是给广大员工提供学习的榜样。看一个企业推崇什么、赞赏什么,从它所树立的典型人物的行为中即可判断出来。典型人物在其事迹中表现出来的精神、意识,正是企业文化倡导的内容。

企业运用典型示范法塑造企业文化的关键在于典型人物的造就。一般来说,企业典型人物是在企业经营管理实践中逐步成长起来的,但最后作为楷模出现,是需要企业组织认定、总结、倡导和宣传。典型人物是本身具有良好的素质、优异的业绩与企业"天时、地利、人和"的客观环境形成的催化力共同作用的结果。因此,企业在造就典型人物时,一要善于发现典型人物,即善于发现那些价值取向和信仰主流是进步的、与企业倡导的价值观相一致的、具备楷模特征的优秀员工。二要注意培养典型人物。即对发现的典型人物进行培养、教育和思想意识的理论升华,并放到实践中锻炼成长。三要肯定。宣传典型人物,即对在实践中锻炼成长起来的有优异业绩、有广泛群众基础的典型人物以一定的形式加以肯定,总结其先进事迹,并积极开展宣传活动,进行广泛的宣传,提高其知名度和感染力,最终为企业绝大多数员工所认同,发挥其应有的楷模作用。四要保护典型人物,即制定鼓励先进、保护典型人物的规章制度,伸张正义,消除企业内部对先进人物嫉妒、讽刺、挖苦、打击等不良倾向。需要指出的是,对企业典型人物进行宣传必须实事求是,不要人为地进行拔高,给先进人物罩上一层神秘的光环,使一些先进人物变得不可信。在宣传和发挥典型人物的作用时,应给予典型人物必要的关心和爱护,为他们的健康成长创造良好的环境和条件。

3. **环境优化法**

环境与人是密切相连的,人能造就环境,环境也能改造人。按照行为科学和心理学的特点,优化企业的向心环境、顺心环境、荣誉感环境,是企业文化建设的重要方法。现代心理学认为,共同的生活群体能产生一种共同的心理追求,这种心理追求会上升为理论并被群体成员所公认,就会产生为之奋斗的精神。这种精神就是人们赖以生存与发展的动力。一个企业也是这样,也需要有一个蓬勃向上的指导企业整体行为的精神,从而把员工的生活理想、职业理想、道德理想都纳入到企业,乃至社会的共同理想的轨道上来,这种能使企业员工产生使命感、并为之奋斗的精神状态,称为"向心环境"。理想的价值观念也只有在这种向心环境中升华,才能使企业产生向心力和凝聚力。

(1) 建设向心环境。

建设向心环境需要在共同理想的目标原则下,根据本企业的发展历史、经营特色、优良传统、精神风貌,去概括、提炼和确定企业的精神目标,再把精神目标具体融化在企业管理之中,使企业经营管理与思想政治工作融为一体,变成可操作性的东西,使员工产生认同感,唤起使命感。例如,一些人认为,发展市场经济和为人民服务是对立的,根本无法结合,但许多经营成功的企业都从实践上回答了这个问题,即市场经济与为人民服务可以融为一体。例如,商贸企业能给顾客以真情实意,处处为顾客着想,这种思想和行为就是市场经济条件下为人民服务的生动体现。任何一个企业,越能为顾客着想,越关心和尊重顾客,越满腔热情地为顾客服务,就越能得到顾客的信赖,从而企业的经济效益也就越高,员工的物质利益也越能得到保障,企业的向心力和凝聚力就越强。因此,造就团结奋斗的向心环境,就能使员工的理想得以升华,成为力量的源泉、精神的支柱。

(2) 创造顺心环境,开发动力资源。

人的才智和创造力是一种无形的、内在的动力资源,在环境不适合的条件下,一般常以潜在的形态存在,只有在心、体处于最佳状态时,才能焕发出充沛的精神活力,所以企业文化建设成效,往往来自于一个团结、和谐、亲切的环境。企业环境的建设中重要的环节是企业在管理工作过程中,要善于"动之以情、晓之以理、导之以行"。不仅要关心员工对衣、食、住、行等基本层次的需求,更重要的是注意引导员工对高层次精神方面的需要;经常从生活上关心员工,体察员工的疾苦,解决员工的困难,营造企业大家庭的文化氛围,增强企业大家庭的温暖等。只要企业领导者和管理者身体力行,员工当家做主、团结宽松的顺心环境一旦形成,员工的工作就会充满意义,生活充满乐趣,就会为振兴企业释放出内在的光和热。

(3) 营造荣誉感环境,激励高效行为。

行为科学认为,人的行为分为低效行为和高效行为。荣誉感环境是消除低效行为、激励高效行为的重要因素。精明的企业领导者总是在创造一个以多做工作为荣、以奉献为荣、以整体得奖为荣的心理环境,以降低和消除人们的低效思想行为,保持群体蓬勃向上的精神活力。

企业要创造良好的荣誉感环境,首先要有荣誉感意识,通过各种途径培养员工对企业的归属感和荣誉感。首先,要树立"司兴我荣,司衰我耻"的荣誉感和为企业争光的主人翁责任感。其次,要注意宣传企业的优秀传统、取得的成就和对社会的贡献,不断提高企业的知名度和美誉度,塑造企业良好的社会形象。再次,要尊重员工的劳动,及时充分地肯定和赞扬企业成员的工作成绩,并给予相应的荣誉和奖励,使员工感到企业能理解、关心他们。最后,要勇于打破企业内部存在的消极平衡的心理状态,使员工学有榜样,赶有目标,不断强化他们的集体意识和进取意识,形成开拓进取、奋发向上的良好局面。

4. 激励法

所谓激励,就是通过科学的方法激发人的内在潜力,开发人的能力,充分发挥人的积极性和创造性,使每个人都切实感到力有所用、才有所展、劳有所得、功有所奖,最后自觉地努力工作。激励法既是有效管理企业的基本方法之一,也是企业文化建设的有效方法。建设企业文化的激励方法很多,视情况而定。最常用的激励方法有以下几种。

(1) 强化激励。

所谓强化激励,就是对人们的某种行为给予肯定和奖励,使这个行为巩固,或者对某种行为给予否定和惩罚,使它减弱、消退。这种工作过程称为强化,前者称为正强化,后者称为负强化。正强化的方法主要是表扬和奖励。表扬就是表彰好人好事、好思想、好经验。奖励可分为物质奖励和精神奖励,两者必须配合得当,有机结合。负强化的主要方法是批评和惩罚,批评的方法有直接批评、间接批评、暗示批评、对比批评、强制批评、商讨批评、分阶段批评、迂回批评等;惩罚的主要方法有行政处分、经济制裁、法律惩办等。

(2) 支持激励。

支持下级的工作,是对下级做好工作的一个激励。支持激励包括:尊重下级,尊重下级的人格、尊严、首创精神、进取心、独到见解、积极性和创造性;信任下级,放手让下级工作,为下级创造一定的条件,使其胜任其工作,支持下级克服困难,为其排忧解难,增加下级的安全感和信任感,主动为下级承担领导责任等。

(3) 关心激励。

企业的领导者和管理者通过对员工生活上和政治上的关怀,使其感到企业大家庭的温暖,以增强主人翁的责任感。

(4) 情感激励。

有情方能吸引人、打动人、教育人,也就是说,只有激发人的同情心、敬仰心、爱慕心,才能产生巨大的精神力量,并影响人们的行为。实践证明,许多效果显著的讲话、谈心,都离不开流露于言语中的激励,同时还要注意有情与有趣的结合,员工除了紧张工作外,还有更广泛的兴趣。因此,企业应采取多种措施,开展丰富多彩的活动,培养和满足员工的乐趣和爱好,从而激发其工作热情。

(5) 榜样激励。

榜样的力量是无穷的,它是一面旗帜,具有生动性和鲜明性,容易使人在感情上产生共鸣。有了榜样,可使企业成员学有方向,干有目标。所以,树立榜样也是一种有效的激励方法。

(6) 集体荣誉激励。

先进集体的成员会有一种荣誉感、自豪感、光荣感和信任感。每个成员都要为维护集体的名誉负责,在维护集体名誉中焕发出极大的工作热情和干劲。

(7) 数据激励。

用数据表示成绩和贡献最有可比性和说服力,也最能激励人们的进取心。例如,球赛时公布的比分能激励队员去取胜,各种统计报表的数据能激励人们比、学、赶、帮、超。运用数据激励的主要方法有:逐月公布企业内部各部门、各班组甚至是员工的各项生产经营指标;公布员工政治、技术、文化考核的成绩,激励员工努力学习科学技术和掌握业务技能;设立立功本、光荣册,公布各种劳动竞赛成绩,激励员工争当先进。

(8) 领导行为激励。

优秀的领导行为能激励群众的信心和力量,因此企业领导应通过自己的模范行为和良好的素养去激励员工的积极性。

总之，应根据企业发展阶段和自身特点合理选择企业文化的激励方法，并综合运用，这样才能取得较好的效果。

第三节　企业文化建设的宏观架构

企业文化建设的宏观架构（见图3-1）主要有三个方面：观念层、制度/行为层、符号层。

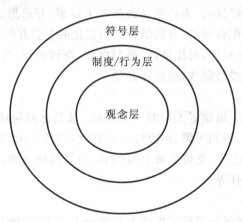

图3-1　企业文化建设的宏观架构图

一、观念层

观念层就好比一个人的世界观，即你对事物的认识、看法以及评价标准。对于企业，就是指企业的领导和员工共同信守的基本信念、价值标准、职业道德及精神风貌。观念层是企业文化的核心和灵魂，是形成符号层和制度/行为层的基础和原因。企业文化中有无观念层是衡量一个企业是否形成了自己的企业文化的标志和标准。企业文化观念层包括以下7个方面。

（一）企业最高目标

企业最高目标是企业特定文化的集中反映，也是企业运动的"中枢神经"。在企业管理中是万万忽视不得的部分。

（二）企业哲学

企业哲学是企业进行各种活动、处理各种关系所遵循的总体观点和综合方法，是企业一切行为的根本指导思想。它反映企业对发展经济的历史使命和责任的认识与态度，研究企业管理主体与客体的辩证关系，阐明企业活动与外部环境的关系，揭示企业运行的一般规律与管理的内在规律。企业哲学的根本问题是"企业与社会的关系""企业与人（员工、顾客）的关系"，以及"企业中的人与物、人与经济规律的关系"问题。

（三）企业核心价值观

企业核心价值观就是指企业在经营过程中始终坚持并努力使全体员工都信奉的信条。企业核心价值观是企业哲学的重要组成部分，它是解决企业在发展中如何处理内外矛盾的一系列准则，它是企业表明自己如何生存的主张。企业核心价值观是"一个企业本质的和持久的一整套"原则，它既不能被混淆于特定的企业文化或经营实务，也不可以向企业的财务收益和短期目标妥协。它深深根植于企业内部,是没有时限地引领企业进行一切经营活动的指导性原则,在某种程度上,它的重要性甚至要超越企业的战略目标。

(四)企业精神

企业精神对延长企业生命的作用是同向的,能对员工的责任心、荣誉感、诚信以及个人行为产生感召力和导向作用;能对企业的人、财、物的管理组织运作产生重要影响;企业的生产条件、生产成果、厂容厂貌、规章制度、技术活动、宣传报栏、标语口号、员工教育、卫生文化设施以及活动展开情况可以成为企业精神的表现形式或工具。

(五)企业风气

企业风气有两层含义。第一指一般企业都具有的传统和习惯。职工按照这些惯例和行为方式来规范自己的行为,这是企业中带有普遍性的、重复出现和相对稳定的行为心理状态。第二是指一个企业区别于其他企业的独特风貌,它形成了该企业的特色。这种风貌具体体现在企业活动的各个方面,成为企业全体职工共有的活动方式,构成了该企业的个性特点。

(六)企业道德

企业道德是指在企业这一特定的社会经济组织中,依靠社会舆论、传统习惯和内心信念来维持的,以善恶评价为标准的道德原则、道德规范和道德活动的综合。

(七)企业宗旨

企业宗旨是企业存在、发展的根本意义和终极目的,体现了企业的根本追求,是企业价值观在企业总体目标和发展方向上的反应,是关于企业存在的目的或对社会发展的某一方面做出的贡献的陈述,有时也称为企业使命。

二、制度/行为层

制度/行为层规定了企业成员在共同的生产经营活动中应当遵守的行为准则,它主要包括以下四个方面。

(一)一般制度

一般制度是指企业中存在的一些带普遍意义的工作制度和管理制度,以及各种责任制度。

(二)特殊制度

特殊制度主要是指企业的非程序化制度,如员工评议干部制度、总结表彰会制度、干部员工平等对话制度、干部"五必访"制度(员工生日、结婚、生病、退休、死亡时,干部要访问员工家庭)、企业成立周年庆典制度等。

(三)企业风俗

大家可能听过或看到过企业的一些活动,比如体育比赛、歌咏比赛、周年庆典等,这些活动经过长期延续,就成了企业内约定俗成的典礼仪式、行为习惯等,这就是企业风俗。

(四)行为规范

行为规范是指企业成员在企业生产经营活动中所应遵循的标准或原则,是企业文化重要的组成部分,是企业理念特别是企业核心价值观的具体体现和延伸。企业行为规范是为倡导和强化企业核心价值观念,发扬团队精神,塑造特色企业文化,提升核心竞争力,促进企业经营管理更加有序、高效地运行,造就一支忠于企业、敬业爱岗、纪律严明、作风过硬的高素质员工队伍,造就一支恪尽职守、作风正派、通力协作、执行高效的管理人员队伍,打造一个具有崇高理想、与企业同命运共发展、远见卓识、决策科学、廉洁奉公、关心员工的领导团队,实现共同愿景而制定的。行为规范是企业文化最重要的载体,是企业文化核心理念的外化和显现。

在一个企业内,往往有的行为是允许并且受到鼓励的,而有些行为则是企业三声五令禁止的,这就是企业的行为规范。企业为了使管理、生产、运作等各方面更加有序、有效,必定都要制定行为规范,达到约束员工行为的目的。

三、符号层

这是企业文化的表层部分,它是企业创造的物质文化,是形成企业文化观念层和制度/行为层的条件。从符号层中往往能折射出企业的经营思想、管理哲学、工作作风和审美意识。它主要包括下述几个方面。

1. **企业名称、标志、标准字、标准色**

这是企业物质文化最集中的外在体现。

2. **企业外貌**

自然环境、建筑风格、办公室和车间的设计和布置方式、绿化美化情况、污染的治理等是人们对企业的第一印象,这些无一不是企业的文化反映。

3. **产品的特色、式样、外观和包装**

产品的这些要素是企业文化的具体反映。

4. **技术工艺设备特性**

此处不详述。

5. **厂徽、厂旗、厂歌、厂服、厂花**

这些因素中包含了很强烈的企业物质文化内容,是企业文化的一个较为形象化的反映。

6. **企业的文化体育生活设施**

此处不详述。

7. **企业造型和纪念性建筑**

包括厂区雕塑、纪念碑、纪念墙、纪念林、英模塑像等等。

8. **企业纪念品**

此处不详述。

9. **企业的文化传播网络**

包括企业自办的报纸、刊物、有限广播、闭路电视、计算机网络、宣传栏(宣传册)、广告牌、招贴画等等。

综上所述,企业文化的三个层次是紧密联系的,符号层是企业文化的外在表现和载体,是制定行为层和观念层的物质基础,制定行为层则约束和规范着符号层及观念层的建设,没有严格的规章制度,企业文化建设无从谈起,观念层是形成符号层和制定行为层的思想基础,也是企业文化的核心和灵魂。

本章小结

企业文化作为一种企业内部的个性意识,被企业成员所共享和认同,它是在长期的企业生产经营中凝聚而成的,同时能通过企业组织行为体现出来的。虽然现实生活中的企业类型各式各样,无论从规模、性质、实力、利润哪方面看都大相径庭,但是企业经营成长过程中需要解决的问题大体相似。这些问题的解决方法随着企业本身条件的不同而转变,为我们对各个问题的分类总结创造了基础。企业文化,作为全体员工的主流意识,是企业的最高目标、价值体系、基本信念和组织行为规范。企业文化通过影响企业成员在现实工作中的态度和效率,从而间接的影响企业自身的行业地位和竞争力。因此,在竞争激烈的现代社会,越来越多的企业开始使用企业文化来感染和影响员工们的工作行为,意图取得更大的经济效益。而由于不同企业的条件各异,区别各种企业的企业文化以适应其发展就具有了重大的现实意义。通过学习企业文化的理论知识,了解其运行机制和推动企业发展的原理,结合现实中成功企业的经验操作,可以总结出不同类型企业适合的企业文化模式,从而对今后的企业文化的建立和发展起到了重要的指导作用。

复习思考题

(1) 企业文化建设的含义是什么?
(2) 企业文化建设的心理机制是什么?
(3) 企业文化建设的宏观架构包含哪些?

思考题解析

第四章 企业文化的诊断

◆ 内容简介
1. 企业文化诊断的意义与步骤
2. 企业文化测量的理论基础
3. 东方国家企业常用的测量维度
4. 企业文化测量量表的设计

◆ 学习目标
1. 理解和掌握企业文化诊断的意义与步骤
2. 熟悉企业文化测量的理论基础
3. 了解东方国家企业常用的测量维度
4. 掌握企业文化测量量表的设计

【引入案例】

第一节 企业文化诊断的意义与特点

文化在企业管理中的作用随着企业文化研究的深入日益受到人们的重视，与此同时，在管理实践领域也提出了这样一个问题：能否像其他学科一样，企业文化也能够确立一套公认的评价体系，以便于对现有的企业文化状况进行诊断和测量，进而对后续的企业文化策划、实施和变革提供依据。

一、企业文化诊断

企业文化诊断是为了充分了解企业和企业文化的现状，使企业领导者和企业文化管理者明确企业经营管理的基本特征和问题，为企业文化提升奠定共识的基础，有目的地收集企业相关信息、借以发现问题或形成结论的研究活动。

（一）企业文化诊断是盘点

大部分企业在自主全面地进行企业文化塑造之前，往往对自己企业文化的家底状况模糊不清，心中无数，对自己企业文化状况的了解往往不成系统。因此，企业文化诊断的首要任务就是对企业文化资源进行全面的盘点,查清查实。

（二）企业文化诊断是归纳整理

企业文化涵盖企业经营的方方面面,体系较为复杂。企业文化诊断就是以科学的企业文化体系和基本原理为依据,对企业文化资源进行分门别类,归纳整理,通过对大量现象的观察、研究,概括出具有指导意义的结论。

（三）企业文化诊断是分析判断

企业文化诊断的目的就是通过科学的方法和手段,分析、研究、判断,透过现象看本质,把握住企业文化的优劣势,明确自身企业文化与先进企业的企业文化之间的差距和存在的问题等,为企业文化建设提供可靠的决策依据和指明努力的方向。

企业文化诊断从企业文化的普遍原理和理论出发,通过逻辑推理来解释具体的企业文化现象,得出企业文化的基本判定。企业文化诊断就是要根据企业和企业文化现状,分析企业文化形成的前因后果,分析企业文化的特点,结合先进企业的企业文化发展方向和企业经营的实际情况,有针对性地提出企业文化建设的策划方案。

二、文化诊断的内容

企业文化诊断的内容主要是根据影响因素来确定,可以通过表来基本识别企业文化的识别标志和要点(见表 4-1)。

表 4-1 企业文化的识别标志和要点

识别标志	计划标志		组织标志		激励标志		作风标志	
识别要点	企业目标	社会效益	责任	明确、含混	标准	绩效	待人	谦和、热情
		企业发展		个人、集体		年资		傲慢、冷淡
		当前收入	权利	集中	重点	创新	做事	认真、高效
	企业方针	质量取胜		分散		达标		马虎、拖拉
		价格取胜	沟通	正式	对象	集体	开支	铺张浪费
	公共关系	欺诈		非正式		个人		勤俭节约
		公平	人际关系	等级森严	手段	物质	语言	文明、真实
	资源	物		和谐		精神		粗野、虚夸
		技术	制度	严、细	时间	随时	衣着	整洁
		人		粗、松		定时		随便
	预算及标准	高、低	用人	人情	方向	合作	决策	民主
		硬、软		效率		竞争		专断

三、文化诊断的原则

坚持正确的企业文化诊断原则,是确保企业文化诊断结果真实、客观、科学的前提。

（一）信息客观真实原则

企业文化诊断是为了发现问题、分析问题形成的原因和对企业经营的影响,最终的目的是为了提出解决问题的基本思路。所以,在信息的收集中必须坚持客观真实的原则,只有出发点是客观和实事求是的,推论出的结果才有可能是正确的,才能保证整个企业文化建设拥有坚实的基础。

(二) 科学原则

为了确保企业文化诊断信息的客观性和真实性,在企业文化诊断中,要坚持科学原则,采取科学的手段和方法,比如"主体隐含提问""心理投射分析"等。

(三) 保密原则

企业文化诊断内容很多方面会涉及企业内部领导和员工的人际关系,涉及不同的利益群体。如果控制得不好,可能会带来员工、部门、上下级之间的误会和矛盾。因此在诊断过程中,对访谈的内容必须执行严格的保密制度。

(四) 节约成本的原则

成本意识是每一个企业健康发展的必备意识之一。作为专家项目组,一旦入驻企业,就必须有充分的成本意识。在进行一切诊断活动的时候,应该从设计阶段开始就充分考虑运作成本,坚持既要确保诊断效果,又要保证活动费用最低,力争取得两者的完美平衡。

四、文化诊断的方法

(一) 问卷诊断法

所谓问卷诊断法,就是把要诊断的内容设计成问答卷,发放给调查对象作答,然后收回问卷,进行统计分析,从而得出结论的调查方法。

1. 问卷诊断法的优点

这种方法的优点有三点。第一,适用范围广。诊断的许多内容都可以采用这种方式。第二,省时省力。这种方法可直接发放问卷给调查对象,不会过多地占用他人和花费自己的时间。第三,便于统计分析。问卷都有统一的答案供选择,因此统计分析较容易。

2. 问卷诊断法的不足

问卷诊断法也有自己的不足:一是缺少与调查对象的亲密接触和指导,答卷内容有限,还可能填写不全,不利于收集详细资料等;第二是答卷质量受调查对象的心理、意愿、水平等的影响比较大,有可能会影响统计分析。

3. 问卷的组成部分

一份问卷应包括问卷题目、问卷导语和说明、结束语或调查情况记录几个基本部分。

(1) 问卷题目。这部分就是诊断主题。在问卷上标明主题可以让调查对象明确调查者的意图,如果觉得题目会影响答卷,也可省去,然后在指导语里对问卷目的做出说明。

(2) 问卷导语和说明。这部分用语要亲切简明。包括两部分内容,导语部分是向调查对象说明调查的目的、意义、内容、保密措施等,以便获得调查对象的支持与合作;说明部分主要是向调查对象介绍问卷如何填写。

(3) 调查问卷题目。这部分可以分为两个方面,一是关于调查对象的年龄、性别、地域等情况;二是问卷调查的回答题,是为想要获得的材料而设计,这是问卷的核心。

(4) 结束语或调查情况记录。结束语主要是对调查对象的致谢语,有时也可省略。有的问卷调查者还要在卷后设置调查情况记录,把有关情况记录在内,以供统计分析时参考。

(二)访谈调查法

访谈调查法是调查者对调查对象通过访问谈话的形式获得调查资料的一种方法,包括中高层访谈和员工骨干座谈会。访谈是企业文化诊断中常用的方法之一。由于企业文化诊断的内容有很大一部分属隐性的价值观问题,而访谈可以充分发挥专家的经验和直觉,充分发掘访谈中有意义的部分内涵。

访谈调查法与问卷诊断法相比简便易行、灵活性大。访谈者如果能有效调换情境,就能够获得更多的信息。缺点是所花时间较多,受调查对象影响和制约较大,所收集的资料会带有被访者个人的主观因素。此外,访谈者个人的气质、学识、技巧也会影响访谈效果。

访谈的基本步骤包括拟订访谈方案、约见访谈对象、实施访谈计划、结束访谈。

1. 拟订访谈方案

要做好调查研究工作,无论采取哪种方式,都要事先拟订方案。内容包括访谈目的、访谈对象、访谈顺序、访谈提纲。

2. 约见访谈对象

为了使访谈能顺利进行,事先要对所确定的访谈对象进行联系,有心理准备,在时间上也好做出安排,以避免被拒绝的尴尬。

3. 实施访谈计划

万事开头难,访谈者应从被访者关心和爱听的话题入手,进入正题后要耐心听取被访者的谈话,即使离题也不要贸然打断,而应在恰当的时候引导回正题。

访谈者要检点自己的言辞,要站在公众允许的立场,不随便肯定或否定谈话中的问题。访谈者要做好记录,无关的内容可以不记录,有疑问的地方要请被访者指正。

4. 结束访谈

访谈结束后,应该对被访者表示谢意,要给被访者留下良好印象。访谈有时一次不能完成,或者在整理访谈内容时发现有所欠缺,需要补充,告别时可向被访者做出说明,以期下次访谈的真诚配合。

(三)文献调查法

调查研究也常常从现有文字材料中寻找有价值的资料,这就是文献调查法。文献调查法是一种间接调查的方法,包括调查公司各项规章制度、企业年度报告、各种文件、报纸杂志、企业史等。文献调查不是为获取第一手的资料,而是从现有资料中去选择、提炼、整理、分析,从而获得有价值的材料。

文献调查法可以分为两种。一种是预先有目的、有计划地收集文献资料,用来验证已有的理论或假设,称为验证性文献。另一种是从大量文献本身出发,通过提炼、分析,从而形成一定的理论观点,称为发展性文献。在实际研究中,常常把两种方法结合起来。

文献调查法较之其他方法,省时省力,也节省经费。文献研究可以不影响与调查有关的人员。特别是发展性研究,观点的形成受主观因素的影响较小,资料的客观性较强,有较高的可信度。文献调查法的不足是文献本身受原先作者主观因素影响较大,这为区分其客观性增加了难度。其次,文献在保存过程中会遗失,往往不能保留资料的全貌。

文献调查法的一般步骤如下。

1. 通读有关文献,对需要的材料进行摘录

这是文献调查法最费时、费力的一步,要求调查者要认真阅读,要有敏锐的洞察力。选取材料时可以先标记下来,然后再进行分类抄写或制成卡片。

2. 整理归纳文献资料,形成初步的诊断框架

对已摘录的文献资料要进行整理分析,找出与主题之间的联系,归纳出一定的概念体系,形成初步的诊断框架。

(四) 现场考察法

现场考察是一个良好的企业文化诊断工具。通过深入企业各个层面,现场感受企业氛围,加深对企业产品、员工和生产、生活环境的直观认识,建立感性直觉认识;通过对企业当地人文景观的参观了解,体会当地的地域文化,为企业文化建设提供有力支撑。现场考察法与别的方法相比较,最大的特点就是直观,望、闻、问、听,手触身感,往往能获得意想不到的第一手资料。缺点是表象化,易肤浅,不容易深入事物内部、把握事物内在本质。

一般应在对企业有一定的了解、基本摸清企业状况后,为了加深对企业的印象时采用现场考察法。具体实施中要注意与企业相关人员沟通好,在考察中应有专人陪同介绍,仔细观察,做好记录,需要的话应配合照相和摄像手段,以便于进一步研究。

五、企业文化诊断的意义

企业文化作为企业组织的一种特性,它的内涵及影响企业的方式在一定的时期内是可控的。我们知道,企业的每一次变革都会对现有文化产生影响,而现有文化也扮演着阻碍或推动变革的角色。因此,企业文化现状的诊断与测量,是了解、控制、管理甚至改变企业文化的基础工作,也是企业文化建设的一个关键环节。

1. 为了解企业文化现状提供基础

企业文化的核心是企业价值观。企业价值观是企业在生产、管理、经营活动中所体现的判别标准和价值取向,它是一种主观性的状态。基于此点,一些学者认为,对某个企业进行文化诊断的最佳方法是实地考察,采用观察、访谈甚至参与企业活动等方式来了解分析该企业的文化内涵和文化状态。不过,这种"质"的诊断方法也存在着周期长、调查面窄(尤其对大企业而言)、不便于比较分析等。进入20世纪90年代,"量"的诊断方法,即采用企业文化量表进行大规模施测的诊断方法逐渐兴起,它与"质"的诊断方法结合,既能保证文化诊断的全面性和深刻性,又能反映出特定企业环境下的文化各异性,因此受到人们的普遍认可。通过定性和定量方法相结合,对企业的文化进行"望、闻、问、切"的诊断后,我们可以清楚地知道企业目前文化的大量信息,如从过去历史中积淀下来的企业传统,企业文化的类型,现存文化中有哪些优势和不足,哪些可以发扬和废除等,唯有彻底了解企业文化的现状,才有利于企业站在战略的高度上对文化进行分析和展望,进行更进一步的工作——文化建设或文化改革。

2. 为企业文化变革指出前进的方向

文化变革可分为两部分。首先,分析现有企业文化,弄清需要改变的方面,然后制定并实施文化变革策略。也就是说,我首先要找出主要的企业所存在的问题,特别是那些隐蔽的观念、信念、价值观和行为规则以及其所造成那些限制企业的行为。然后,了解其之所以存在的理由,分析改变现状的成本或期望收益,最后进行企业文化变革。

其次,企业文化的变革是一个漫长而艰苦的过程,其间会遇到公司传统文化及某些利益团体的抵制。企业文化变革成功的关键是企业领导人及中高层管理人员自身观念的转变,能自觉接受新的企业文化,同时能够有意识地通过自己的行为将企业的核心价值观及原则渗透到企业中去。

要实现这种自觉性,新的企业文化必须既能对原有文化中的优秀因子继承发扬,又能够针对企业面临的新环境突破创新,方能被人们接受。所以,对企业现有文化进行测量,全面调查企业成员的价值观和行为,为企业文化变革提供事实依据,是进行企业文化变革不可或缺的环节。

3. 为企业文化实证研究提供科学基础

企业文化测量的研究一直在试图解决一个问题:"企业文化到底是什么?"二十多年的研究过程中围绕这一问题的争论从来没有停止过。例如,当我们在讨论企业文化时,往往指的是企业内人们所共享的价值观,在西方心理学传统中,过去都习惯于使用"风气"的概念来描述团体或组织成员所共享的信念,并且形成了相应的测量工具。当20世纪80年代企业文化风行之时,很多研究者也把组织风气与企业文化的概念混合使用。尽管这两个概念从问题的提出以及内涵方面都不相同,但是由于企业文化测量研究的基础不够完善,使得很多人至今认为企业风气的测量即可替代企业文化的测量。所以,从学术角度来看,企业文化测量的研究实质上是在为"企业文化"这一属于心理学范畴的概念寻找科学的管理学范畴的解释。

六、企业文化诊断的步骤

企业文化诊断不仅意义重大,而且过程也比较关键,因为它直接影响到诊断的科学性,更重要的是会导致"满盘皆输"的局面,即在诊断基础上进行的后续工作就失去了意义。企业文化诊断包括了三个步骤(见图4-1)。

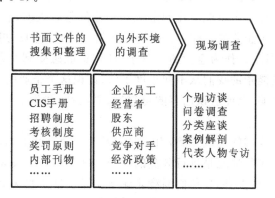

图 4-1 企业文化诊断的三个步骤

1. 书面文件的搜集和整理

从企业文化的内涵与结构一节中,我们已经了解了文化的三个构成层次——观念层、制度/行为层和符号层。观念层作为企业文化最深层次的内容,很难轻易觉察到,但是它却可以通过制度/行为、符号等表现出来。所以,我们首先要做的就是搜集一切能反映企业文化的书面资料,包括企业员工行为规范、员工手册、内部期刊、报纸等,还有各方面的制度,尤其是人力资源制度,如招聘、考核、薪酬、培训、奖罚等。除了从企业可以获得的资料,我们也可以通过网络或在各种期刊上获得对企业的相关评论或文章。

我们搜集到的书面资料,往往会有很多,这时我们就要从中整理出与企业文化相关的内容,这样可以精简大量的资料,为今后的文化建设提供依据。

2. 内外环境的调查

企业文化受到内部、外部环境的影响,它会随着环境的变化而变化。可见,企业是环境的产物,内外环境和条件是企业赖以生存和发展的土壤。只有对所处的内外环境和条件做出全面正确的分析和判断,企业才能找准自己的定位,确定出切实可行、鼓舞人心的奋斗目标。有不少企业由于没有对环境做出正确分析和评估,不能准确定位,结果不但所提出的目标难以实现,而且导致整个企业的发展走上弯路,甚至葬送了企业的前程。

企业环境和条件分析一般包括下述内容:

(1) 企业所处的经济环境、政治环境、文化环境等整个社会环境的分析;

(2) 产业和行业发展状况分析;

(3) 竞争者、合作者、销售商及其他关系利益者分析;

(4) 企业内部因素分析。

企业内外环境和条件分析与评价的结果一般应形成书面报告,提交给企业的主要经营管理者或者最高决策层,作为确立企业目标以及进一步制订企业战略的重要依据。

3. 现场调查

和上面步骤不同,现场调查更多需要我们对企业里的人进行互动,包括以下几个方面。

(1) 访谈

"访谈"就是研究者"寻访""访问"被研究者并且与其进行"交谈"和"询问"的一种活动。"访谈"是一种研究性交谈,是研究者通过口头谈话的方式从被研究者那里收集第一手资料的一种研究方法。根据文化诊断的需要,我们推荐介绍两种访谈方式。

第一,个别访谈。往往一个企业文化的形成与企业的创始人或领导者的价值观、文化理念息息相关,所以要了解一个企业的文化,首先,要从了解领导班子的思想入手。其次,就是员工,包括中基层干部和基层员工。作为企业的一分子,他们最能感受到文化的存在和影响,而他们对企业文化的感知、感受能帮助我们从不同角度了解、认识这个企业的文化。为了避免他人(尤其是企业权威人士)的影响,保证访谈内容的可靠性、真实性,我们需要对上述各种人物进行多对一或一对一的个别访谈。

第二,分类座谈根据我们的实践经验,由于时间及各种原因的限制,企业除了极个别人物能够保证进行个别访谈,大多数情况是进行分类的座谈。这时候可以采取一对多、多对多的形式,尽可能地让参加座谈的人员多讲,让他们围绕企业文化谈谈自己的认识和理解。作为文化诊断的一种方式,分类座谈能够提供不少关于企业文化的信息。但需要注意的是,因为人多(往往会有3个以上),会因为从众压力或利益相关,说出与他们内心真实想法不一致的话。这时候,就需要我们对访谈的资料进行分析和辨别。

(2) 问卷调查

问卷调查是采用测量工具对企业文化进行定量研究的一种方法,也是目前较常用的、重要的方法之一。关于问卷的介绍和设计等内容,我们将在下面的章节中详细讲述。这里我们需要强调的是,目前企业文化问卷有很多,我们需要选择一个适合中国企业的问卷,才能说明问题。另外,对于问卷的发放和回收,最好在比较正式的场合,由我们的研究人员进行,对于不清楚的地方,可以进行现场解释,同时可以解除答卷人员的顾虑,保证问卷的质量。

（3）案例剖析

案例剖析是文化诊断的另一种方式,通常是对企业历史上发生的重大事情或关键事件进行深入的分析,有助于我们能更好地理解企业现存的文化形成,尤其是企业的某些特殊观念、行为产生的缘由。例如,海尔有名的"砸冰箱"事件,说的就是CEO张瑞敏带领全体员工把不合格的冰箱砸碎,也不愿意有瑕疵的冰箱存在的事情。该事件向全体员工传递了这样一个信息:海尔要求质量第一。这也是为什么海尔的价值观包括了很多类似的描述,如零缺陷等。

七、企业文化诊断的工具

上述提到问卷调查的方法就是文化诊断时,使用测量工具的唯一方法。目前,测量的工具有很多种,常见有：
（1）员工的需要层次调查问卷;
（2）员工工作的价值观调查问卷;
（3）企业人际关系调查问卷;
（4）企业领导风格调查问卷;
（5）企业工作作风调查问卷;
（6）企业经营特色调查问卷;
（7）企业文化氛围调查问卷;
（8）企业文化类型调查问卷。

上述这么多工具,可以根据研究的需要,采用一种或几种问卷。

八、企业文化诊断的

（一）诊断前的准备

企业文化诊断不仅涉及企业经营的各个层面,还涉及企业文化现状和员工价值观,所以诊断的实施必须保证足够宽的范围,问卷调查、访谈等的样本量要足够大。同时,为了确保诊断全面顺利地进行,相关人员应在诊断之前,提供详尽的诊断计划,明确诊断目的、诊断需求,评估工作难点;安排所需人员,并进行必要的培训指导,避免因准备工作不足,而造成后续统计分析失真的潜在风险。

（二）诊断的实施

诊断的实施是企业文化诊断的最关键的环节,其实施质量如何直接影响到样本分析的可信度。通常这一部分由企业文化塑造工程专家项目组人员组织实施,企业抽调部分骨干进行配合。在具体实施前,要加大企业文化诊断意义的宣传,详细解释诊断实施的方法和关键点;关注实施中容易出问题的环节,在统一实施过程中,加大监督力度,注意时效,争取高准确率的同时,保证高回收率,以保证诊断的权威性和代表性。在统计阶段,要注意采取先进的科学方法,严肃认真,劳逸结合,确保统计环节不出问题。

（三）诊断的评估

诊断的目的是要发现"病因",开出有针对性的"处方"。诊断的评估阶段就是实现这一目的的最后关键。这一环节主要包括以下几个方面：
（1）对诊断记录进行分类整理,统计要点,归类总结;

(2) 对调查表进行统计分析,对各项目的重要性、内容、观点、缺憾与希望进行整理、评估;
(3) 研究识别样本,找出问题,探讨对策;
(4) 完成总体调研报告书,形成企业优劣势分析。

九、企业文化测量的内容

企业文化测量研究大致可以分为两类:一类是关于不同企业文化差异的比较研究,重点在于寻找并分析企业文化在哪些方面会出现显著的差异,从而做出经验性的结论;另一类则是关注企业文化的本质特征,从企业文化对企业行为的影响机制入手来设计企业文化的测量模型。

企业文化测量理论框架的代表人物一个是美国麻省理工学院沙因(Schien)教授,他主张通过现场观察、现场访谈以及对企业文化评估等方式对企业文化进行测量,测量应围绕企业的内部管理整合和外部环境适应来进行。另一个代表人物是美国密西根大学工商管理学院的奎恩(Quinn)教授,他主张通过企业竞争性文化价值模型对企业文化进行测量,竞争价值模型从文化的角度考虑事关企业效率的关键问题,即从企业的外部导向和内部导向两个维度来衡量企业文化的差异对企业效率的影响,目前该模型在企业文化测量诊断方面的影响日渐增加。

十、企业文化测量的特点

企业文化和体重、身高、重量等一样,可以通过一定的工具进行衡量。知道一个人的体重和身高,可以判断这个人的胖瘦情况,然后通过饮食或锻炼进行控制,达到预期的身高或体重。作为文化诊断的一部分,企业文化的测量无论是对企业文化相关的研究,还是对企业自身的发展都具有十分重大的意义。企业文化测量具有以下几个特征。

1. 客观性

测量的目的在于发现并精确的描述出客观存在的"真实"的企业文化。很多企业有明确的企业文化提法,例如通用电气公司的文化理念"更精简、更迅捷、更自信"反映了杰克·韦尔奇对现代企业的诠释,但这一理念是否真正融入每个员工的行为取向中,是否客观地存在于企业,则可以通过企业文化测量来得到验证。总之,企业文化测量是从员工认同实践的程度来衡量企业文化的特征,而不只是简单的描述某种文化理念的内容。

2. 相对性

任何测量都应具备两个要素,即参照点和单位。参照点是计算的起点,参照点不统一,所代表的意义就不同,测量的结果就无法比较。理想的参照点是绝对零点。单位是测量的基本要求,理想的单位应有确定的意义和相等的价值。但测量企业文化时并不具备这样理想的两个条件,测量时所得到的只是企业成员对企业文化特征的一个描述性序列。企业文化测量就是分析这种描述性序列的特征,然后把它与其他企业文化的平均水平作比较,这种比较一般以类别或等级来表示。

3. 间接性

企业文化是一种内化的企业特性,它可以通过企业生产活动中的各种行为表现出来,所以,企业文化测量是通过测量企业成员的行为特点来间接地得到企业的内在价值观。

4. 个异性

企业文化是一种亚文化,每个企业都有自己特定的历史与外部环境,因此,企业文化具有个异性。测量中对文化个异性的反映深度取决于量表的设计,一个量表的测量维度划分的越细致,越能够反映出企业与众不同的文化细节。

十一、企业文化测量的范畴

企业文化本身的复杂性给它的测量带来了很大的困难,相对于测身高、量体重要复杂,它不仅需要开发特定的工具,而且要使用不同的方法。它的这些测量特征对测量工具的设计提出了具体要求,即企业文化到底测什么?如何测?前一个问题要求给出一个可操作的"企业文化"概念,而后者则要求量表给出一个测量的维度框架,即解决从哪几个维度来测量评价企业文化的问题。

一般认为,企业文化的内涵从外到里可以分为三个层次:

(1) 器物层,指企业的物质文化,包括企业名称、标志、标准色、外部形象及文化传播网络等;

(2) 制度/行为层,指员工与企业的行为准则,包括一般管理制度、特殊制度和企业风俗;

(3) 观念层,包括企业共同价值观以及基本信念。从测量的角度来看,这种定义不容易进行操作,因此,还需要针对企业文化的测量来界定一个操作性的企业文化概念,目前应用中比较常见的定义为沙因在1985年提出的:"企业文化应该被视为一个独立而稳定的社会单位的一种特质。如果能够证明人们在解决企业内外部问题的过程中共享许多重要的经验,则可以假设:长久以来,这类共同经验已经使企业成员对周围的世界以及对他们所处的地位有了共同的看法。大量的共同经验将导致一个共同的价值观,而这个共同价值观必须经过足够的时间,才能被视为理所当然而不知不觉"。

这个概念的本质就是企业的共同价值观与基本假设,也就是把企业文化的测量界定在企业的观念层。目前大多数的测量量表都是以企业价值观与基本假设作为测量对象,在十套国际上常用的企业文化测量工具中,有三套测量企业员工行为特征(如 FCA 量表);其余七套则测量企业价值观与基本假设(如 DOCS 量表),其中有两套量表测量内容包括价值观和企业管理特征(如 VSM 量表)。

十二、提高企业文化诊断效率的方法

(一) 事先沟通

企业文化诊断调研的计划应当事先与参与者以及其他相关者进行沟通,这样可使被调查者的抵触情绪降低到最小限度。通过沟通,向他们详细解释调研面临的情况,说明调研并不是企业文化建设中可有可无的,表明调研对企业文化建设的重要意义,以便取得参与者的理解和支持。

(二) 说明谁会看到诊断调研资料

进行企业文化诊断时要让被调查者知道究竟谁会去看这个调研的结果,这一点十分重要,是打消参与者心中顾虑的重要一环。如果是保密调研,要让被调研者清楚地知道将会采取哪些措施以确保保密性;如果高层领导要看综合调研结果,被调查者应该知道这一点。

(三) 让被调查者知道自己是样本的一部分

对于企业文化诊断,通常有一个样本选取的过程。被调查者应该知道自己是这个精心选择的样本集合中的一员,自己提供的信息将会被用来制定决策,这样被调查者会体会到一种责任

感,从而在调查过程中能够提供有用、准确的信息。

(四)展示专业水准

对于大多数咨询公司来说,这一点应当不会成为问题,但现实中也常常出现比如调查问卷、访谈提纲的设计不合理、不专业等问题。要使被调查者尊重咨询机构开展的调研活动,在调研的过程中,调查者的外表和行为举止、材料的外观以及准确性方面,必须表现出专业化的形象。糟糕的形象可能导致要么收集到一堆糟糕的回答,要么得不到任何回答的后果。

(五)准确估计完成调研的时间

被调查者通常比较关心完成调研需要花费的时间,冗长的调研可能很快使被调研者厌烦,因此,要说明调研预计耗费的时间,这有助于得到被调查者的配合。但是需要提醒的是,对于时间的估计必须切合实际,故意低估所需花费的时间必将得不偿失。

(六)匿名收集信息

在匿名的条件下,被调查者更愿意坦率、直爽地提供意见和信息。所以在调研中,应尽力保证信息的匿名性,并且说明应如何分析材料信息,尽量减少对被调查者身份因素方面的调查,避免在分析中辨别出被调查者的身份。

案例4-1

某工司企业文化塑造工程员调查问卷

(一)个人基本情况

(1)您的性别?

| A.男 | B.女 |

(2)您的职务?

| A.普通员工 | B.普通管理人员 | C.中层干部 | D.班、组织 |
| E.专职技术人员 | F.其他 | | |

(3)您的文化程度?

| A.初中 | B.中专 | C.初中 | D.高中 |
| E.大专 | F.本科 | G.硕士 | H.其他 |

(二)公司现状

(4)您认为目前××公司的最大优势是什么?(可多选,但不要超过五项)

A.拥有较强的品牌优势	B.员工向心力强,士气高
C.领导团队经验丰富,具有较强的全局驾驭能力	D.核心业务突出
E.总体技术水平高	F.拥有良好的企业文化建设基础
G.具有特色的企业精神	H.有较为成熟的产业管理经验
I.拥有优秀人才和良好的用人机制	J.其他

(5)您认为影响和制约××公司发展的主要因素有哪些?(可多选,但不超过五项)

A. 经济总量偏小,摊子偏大	B. 管理效率有待进一步提高
C. 员工年龄结构不合理,后继乏人	D. 资本结构不合理,抗风险能力弱
E. 缺乏自我超越竞争和创新意识	F. 高素质的管理人才和技术人才短缺
G. 国有企业固有的机制弊端比较突出	H. 资源分散,核心竞争力不强
I. 其他	

（三）基本信念

（6）您认为××公司发展的长远目标如何定位?

A. 国际化一流现代化大型企业集团	B. 提供优质产品,创造强势品牌
C. 追求社会效益最大	D. 企业可持续发展与人的全面发展
E. 实施文化管理,全面提升竞争力	F. 其他

（7）您认为××公司未来5～10年内应该成为一个什么样的企业?

A. 实施一体化集中成长战略,最终发展为主业优强、多元化发展的综合性企业	B. 通过资本运作,成为一家金融控股公司
C. 综合实力进入100强	D. 发展为行业旗舰
E. 结构合理、制度先进、管理科学、具有较强核心竞争力的大型企业集团	F. 其他

（8）您认为××公司应确定什么样的企业价值观?（可多选,但不超过三项）

A. 把公司做强做大,实现员工人生价值	B. 新思维、新方法、新技术,兴国、兴邦、兴家
C. 强企、发展、报国	D. 追求利润最大化
E. 创造价值,服务社会	F. 至优品质,持续发展
G. 科学、发展、创新	H. 其他

（9）您认为××公司应具备什么样的管理理念?（可多选,但不要超过三项）

A. 以人为本,精细高效	B. 市场为源,客户至上	C. 优质服务,精益求精
D. 从细节做起	E. 高效率创造高效益	F. 依法治企,协调发展
G. 全员、过程、全方位	H. 观念决定质量	I. 其他

（四）方向策略

（10）对于××公司未来3～5年的发展,您最关注哪些方面的内容? （可多选,但不超过三项）

A. 公司向何处发展	B. 人才的评定培养和选拔
C. 公司形象	D. 公司如何做强、做大
E. 公司企业文化建设	F. 公司的改革方略与公司相关政策
G. 个人收入	H. 其他

（11）近年来××公司积极进行结构调整、机制改革,您认为它的意义在于哪里?（可多选,但不超过三项）

A. 实施产业调整，做精做优主业，提高核心竞争力	B. 抓住机遇，扩大资产经营和管理规模，发展开放型经营
C. 增强活力，加快发展	D. 集中资源，有效支持优势产业的发展
E. 以外部扩张为契机，实现重点产业经营水平的升级	F. 解放思想，更新观念，完善管理机制，增强企业发展后劲
G. 解决了资金不足的瓶颈	H. 其他

（五）组织管理

（12）您在工作中是否受人尊重？

A. 非常受尊重	B. 比较受尊重	C. 不知道，没想过
D. 受尊重	E. 不受尊重	

（13）您认为职代会是否能代表职工的利益？

A. 能代表	B. 部分代表	C. 不能代表
D. 基本能代表	E. 基本不代表	

（14）您所在的部门对员工的评定是否有一套客观标准？

A. 有，而且不错	B. 没有
C. 有，但不科学，不利于人才的评定和选拔	D. 不知道

（15）您认为目前××公司的组织管理属于哪几类？（可多选，但不超过三项）

A. 现代的、科学的	B. 扁平化
C. 高效运转	D. 决策与执行脱节
E. 制度化程序化	F. 落后的、低效的
G. 以人为本，尊重员工客户及合作者	H. 随意的

（16）员工的合理化建议是否受到重视？

A. 很受重视	B. 受重视	C. 一定程度重视	D. 不受重视

（六）员工素质

（17）在工作中您是否树立了安全第一的意识？

A. 牢固树立	B. 基本树立	C. 有时能树立	D. 没有树立

（18）您认为目前员工的整体素质是否能适应未来××公司发展战略需要？

A. 能适应	B. 不能适应	C. 不知道	D. 不太适应

（19）目前员工素质您认为哪些方面还需要提升？（可多选，但不要超过三项）

A. 凝聚力、向心力	B. 学习和技能	C. 创新精神

D. 相互沟通	E. 追求与进取精神	F. 团队合作精神
G. 工作效率和灵活性	H. 思想观念的改变	I. 执行力和责任心

（20）作为××公司的员工，您是否有强烈的自豪感？

A. 有	B. 有时有	C. 没有	D. 不知道

（21）您所在企业的先进模范人物是否有奉献和创新精神？

A. 很强	B. 比较强	C. 一般化	D. 没有

（22）根据公司的生产管理、后勤服务工作以及业余文化活动，满足员工实现自我、自尊、认知、安全和爱与归属等需要的程度，综合判断自己对××公司的满意度。

A. 很满意	B. 满意	C. 不太满意
D. 比较满意	E. 一般	F. 不满意

（七）沟通与士气

（23）您是否清楚××公司每月发生的大事？

A. 清楚	B. 知道一点	C. 不清楚

（24）平时您了解××公司各类信息最主要的渠道是什么？（可多选不限）

A.《××公司报》	B. 会议传达	C. 公司局域网
D. 文件通告	E. 同事转达	F. 宣传栏
G. 小道消息	H. 其他	

（25）您认为现有的本公司内外部文化活动（包括员工教育培训和业余生活等）足够吗？

A. 足够	B. 不太够	C. 不够	D. 不清楚

（26）如果不够的话，您认为还需增加哪类活动？（可多选不限）

A. 教育培训	B. 交流沟通	C. 外出参观考察	D. 专题讲座
E. 文体活动	F. 技术研讨	G. 主题教育	H. 其他

（27）公司领导在做出有关员工切身利益的决策时，是否事先征求员工意见？

A. 征求	B. 经常征求	C. 有时征求	D. 不征求

（28）对重大问题的决策，是否遵循有关规定的程序或章程？

A. 遵循	B. 有时遵循	C. 不遵循
D. 基本遵循	E. 不规则遵循	

（29）您认为××公司主要领导者最起码应具备以下哪些条件？（可多选不限）

A. 创业精神	B. 以身作则	C. 社会责任感

D.民主作风	E.关爱员工	F.企业价值观信念
G.预见能力	H.决策能力	I.驾驭全局的能力
J.工作效率	K.坚持原则	L.谋略
M.组织管理能力	N.事业心强	O.其他

(30) 您为什么在××公司工作?（可多选,但不要超过三项）

A.生存赚钱	B.工作轻松
C.为××公司的魅力所吸引	D.福利待遇好
E.良好的工作环境	F.学习新知识、新技术
G.为了实现自我价值理想,这里有我值得奋斗的事业	H.兴趣

(31) 您认为目前××公司员工的士气如何?

| A.很高 | B.较高 | C.一般 | D.不太理想 |

(32) 您认为如何能更进一步提高员工的士气?（可多选不限）

A.薪酬合理	B.增强负激励
C.目标激励	D.加强沟通
E.文化凝聚	F.增加教育培训投入,创建学习型组织
G.创造合理的人才评定、培养晋升途径	H.不知道

（八）文化传承

(33) 您认为××公司应该继承中国传统文化中的哪些内容?（选取最重要的三项）

| A.富国强民 | B.经世致用 | C.厚德载物 | D.创新求变、与时俱进 |
| E.以人为本 | F.甘于奉献 | G.自强不息 | H.其他 |

(34) 您认为影响××公司文化形成的主要因素是?（选最主要的两项）

A.××公司的发展历史	B.市场经济的发展	C.西方文化的传入
D.军工传统文化	E.地域文化	F.员工素质
G.中国传统文化	H.政治思想教育	I.领导思想

(35) 您认为××公司现有的企业文化对公司发展有多大的促进作用?

| A.有很大作用 | B.有一定作用 | C.没有 | D.说不清 |

(36) 您认为中国传统文化对××公司文化的影响是哪些?（选出最重要的三项）

| A.以爱互助,同心同德 | B.忠心为国,自强不息 | C.唯官,等级森严 |
| D.以诚待人,相互尊重 | E.唯上,盲目服从 | F.知足常乐,随遇而安 |

| G. 讲究诚信,取信于人 | H. 因循守旧 | I. 做事稳健 |

(37) 您认为塑造企业文化对××公司本身的意义是什么?(可多选不限)

A. 明确公司的总体发展目标	B. 完善管理制度
C. 形成现代个性特色的企业文化,增强核心竞争力	D. 增强人文环境,开发人力资源,吸引人才,促进学习型组织的形成
E. 增强员工凝聚力和创造力	F. 加强各方面的沟通协调
G. 形成现代企业特色的品牌形象	H. 其他

(九) 您对企业名誉的态度

(38) 您所在的单位若被评选为先进集体,您的态度怎样?

| A. 很高兴 | B. 高兴 | C. 比较高兴 | D. 有点高兴 | E. 无所谓 |

(39) 假如您有烦恼是否愿意告诉您的同事?

| A. 愿意 | B. 有时愿意 | C. 无所谓 | D. 不愿意 |

(40) 当您听到有人把您的企业说得一无是处的时候,您会(   )。

| A. 反驳 | B. 可能反驳 | C. 不管 |
| D. 一定程度上反驳 | E. 基本上不反驳 | |

(十) 您对传统价值观的态度

(41) 请根据下列传统价值观对您的工作影响的重要程度,在每题之后圈选一个数字,以代表您的选择。(1—不重要;2—有点重要;3—重要;4—很重要)

选 项	重要程度	选 项	重要程度
A. 吃苦耐劳	1 2 3 4	B. 逆来顺受	1 2 3 4
C. 学习新知	1 2 3 4	D. 谨慎小心	1 2 3 4
E. 做事有恒	1 2 3 4	F. 尊重传统	1 2 3 4
G. 一技之长	1 2 3 4	H. 保护面子	1 2 3 4
I. 负责尽职	1 2 3 4	J. 与人和谐	1 2 3 4
K. 有正义感	1 2 3 4	L. 团结精神	1 2 3 4
M. 工作勤奋	1 2 3 4	N. 与人无争	1 2 3 4
O. 遵守纪律	1 2 3 4	P. 人情关系	1 2 3 4
Q. 为人谦虚	1 2 3 4	R. 诚实守信	1 2 3 4
S. 服从上级	1 2 3 4	T. 遵守规范	1 2 3 4
U. 追求财富	1 2 3 4	V. 稳扎稳打	1 2 3 4
W. 量入为出	1 2 3 4	X. 牺牲小我,成全大我	1 2 3 4
Y. 服从权威	1 2 3 4	Z. 己所不欲,勿施他人	1 2 3 4

(十一) 您对企业文化知识的了解

(42) 先进的企业文化是企业持续发展的( )。

| A.精神支柱和动力源泉 | B.物质支柱和动力源泉 | C.政治支柱和力量源泉 |

(43) 企业文化建设的主要内容,一般包括( )。

| A.总结、提炼和培育企业的核心价值观、企业精神和经营管理理念 |
| B.建立并完善文化理念于其中的管理制度和员工行为规范 |
| C.培育"四有"员工队伍,建立标识体系与构建协调有力的领导和运行机制 |

(44) 企业文化建设要以人为本,全员参与( )。

| A.用美好的愿景鼓舞人,用宏伟的事业凝聚人 |
| B.用科学的机制激励人,用优美的环境熏陶人 |
| C.用优厚的报酬吸引人,用严格的奖惩管理人 |

(45) 企业文化建设重在突出特色。要( )。

| A.理好集团文化与下属企业文化的关系,保持集团内部文化的统一性,树立集团整体 |
| B.允许下属企业在统一性指导下培育和创造特色文化,为下属企业留有展示个性的空间 |
| C.要始终把统一性、共性和整体性置于次要矛盾方面,才能突出企业文化的特色与个性 |

(46) 企业文化建设是( )。

| A.一项阶段性的重要任务 |
| B.一项暂时性的紧迫任务 |
| C.一项长期的战略任务 |

注:如无特别标注,题目是单选。

第二节　企业文化诊断的理论基础

企业文化测量的研究大致可以分为两类。一类是关于不同企业的文化差异的比较研究。如霍夫斯泰德教授(1991年)对丹麦、荷兰的20个不同企业做出的比较研究,这类研究重点在于寻找并分析企业文化在哪些方面会出现显著的差异,从而做出具有经验性的结论。另一类研究则是关注企业文化的本质特征。从企业文化对企业行为的影响机制入手来设计企业文化的度量模型。这需要一个理论框架(framework)来支持。目前来看.这些研究的理论框架更多地从人类学或社会学的角度来考虑,如沙因(Schien)等。下面介绍一些典型的企业文化测量理论。

一、Schien 的组织文化理论框架

沙因(Schien)是美国麻省理工学院斯隆商学院教授,在企业文化领域中,他率先提出了关于文化本质的概念,对于文化的构成因素进行了分析,并对文化的形成、文化的演化过程提出了

企业文化三层次和假设(见图 4-2)。Schien 综合前人对文化比较的研究成果,认为企业文化是企业深层的特质,根植于企业一切活动的基础。他把企业文化的本质分成以下五个方面。

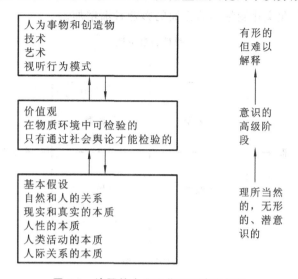

图 4-2　沙因的企业文化三层次和假设

资料来源:《企业文化与领导》,沙因(Schien),1985 年。

(1) 自然和人的关系:指组织中人们如何看待企业和环境之间的关系,包括可支配关系、从属关系,或者协调关系等。这些不同的假定毫无疑问会影响到企业的战略方向,而且企业的健全性要求企业对于当初的企业环境有适当的假定以及是否具有随着环境的变化进行调整的能力。

(2) 现实和真实的本质:企业中对于什么是真实的,什么是现实的,判断它们的标准是什么,如何论证真实和现实,以及真实是否可以被发现等一系列的假定,同时包括企业行动上的特点、时间和空间上的基本概念。他指出,现实层面上包括客观的现实、社会的现实和个人的现实。在判断真实时可以采用道德主义或现实主义的尺度。

(3) 人性的本质:指哪些行为是属于人性的、哪些行为是非人性等关于人的本质假定,以及个人与组织之间的关系应该是怎样的等假定。

(4) 人类活动的本质:包含着哪些人类行为是正确的,人的行为是主动或被动的,人是由自由意志所支配的还是被命运所支配的,什么是工作,什么是娱乐等一系列假定。

(5) 人际关系的本质:包含着什么是权威的基础,权力的正确分配方法是什么,人与人之间关系的应有态势(例如,是竞争的或互助的关系)等假定。

沙因(Schien)认为,理解以上五大本质有助于解决企业的两大问题:内部管理整合和外部环境适应。所谓内部管理整合,是指为保证企业长期生存和发展,员工、组织、制度之间的协调与管理特征。所谓外部环境适应,是指为求得在外部环境中的生存和发展所表现出的对外部环境的适应特征。他指出企业文化的诊断与变革都要紧紧围绕着两个方面来展开。

二、Quinn 和 Cameron 的竞争性文化价值模型

竞争价值模型从文化的角度考虑影响企业效率的关键问题。例如,企业中哪些因素影响着效率? 企业的效率由哪些因素来体现? 人们在判断效率高低时心里有没有明确的判定标准?

对此，Quinn 和 Cameron 在前人的研究基础上提出竞争性文化价值模型（见图 4-3），认为组织弹性-稳定性、外部导向-内部导向这两个维度能够有效地衡量出企业文化的差异对企业效率的影响。目前该模型在企业文化测量诊断方面的影响日渐增加。

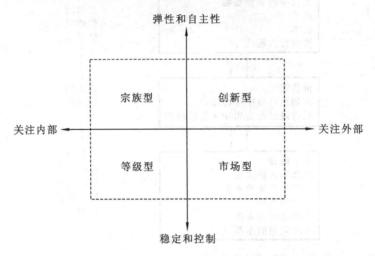

图 4-3　Quinn 和 Cameron 的竞争性文化价值模型

资料来源：Diagnosing and Changing Organizational Culture：The Competing Values Framework，Kim S. Cameron & Robert E. Quinn，1998

竞争性文化价值模型提出：在"组织弹性-稳定性""外部导向-内部导向"两个维度的基础上可以派生出四个象限：等级型文化、市场型文化、宗族型文化和创新型文化。四类文化的特征如下。

（1）等级型文化：具有规范的、结构化的工作场所以及程序式的工作方式。企业领导在其中扮演协调者、控制者的角色，重视企业的和谐运作。人们更关心企业长远的稳定，尽量避免未来的不确定性，习惯于遵守企业中的各种制度和规范。这类企业著名的有麦当劳、福特汽车等。

（2）市场型文化：所谓市场型，并非以企业与市场的衔接紧密来判定，而是指企业的运作方式和市场一致。这类企业的核心价值观在于强调竞争力和生产率，更关注外部环境的变化，例如供应商、顾客、合作人、授权人、政策制定者、商业联合会等等。在该文化环境下，人们时刻以警惕的眼光看待外部环境，认为市场中充满敌意，顾客百般挑剔。企业要在市场中生存，只有不断提升自己的竞争优势。因此，市场型文化中往往有一个明确的发展目标和主动进攻的战略姿态。通用电气、飞利浦等企业即属于这类文化。

（3）宗族型文化：有着共同的目标和价值观，讲究和谐、参与和个性自由，这类企业更像是家庭组织的延伸。宗族型文化的一个基本观点是外部环境能够通过团队的力量来控制，而顾客则是最好的工作伙伴。日本很多企业属于这一类型，他们认为企业存在的重要目的在于提供一个人文的工作环境，而管理的主要内容则只是如何来激发员工的热情，如何为员工提供民主参与的机会。一般而言，这类企业员工的忠诚度较高。

（4）创新型文化：创新型文化是知识经济时代的产物，它在具有高度不确定性、快节奏的外部环境中应运而生。创新型文化的基本观点认为，创新与尝试引领成功。为了明天的竞争优势企业要不断地创造出新思维、新方法和新产品，而管理的主要内容就是推动创新。在这类企业中,项目团队是主要的工作方式,组织结构时刻随着项目的变化而改变。创新型文化主要存在于软件开发、咨询、航空、影视等行业中。

三、企业文化测量量表的设计

经过企业文化测量维度设计之后,即可编制测量表。量表是一种简单快捷的获取信息的方法。测量人员把标准化量表发给员工,员工通过填写问卷来描述其工作环境中的价值观、基本假设、行为方式、组织承诺等方面的信息。

一般来讲,企业文化量表包括两种形式的问题,一种是采用标准化里克量表形式,针对各个维度设计价值观及管理行为特点方面的条目,让测试对象按企业实际情况的符合程度进行打分评价。另一种是提一些简单的开放性的问题让员工进行回答,例如:"请描述你所在团队的最提倡/反对的行为"之类的问题。这两种不同的提问方式所获取的信息重点不尽相同,它们有各自的优点和缺点。在实际运用中,有效量表都是由这两类问题有机组合而成。

量表的设计首先要根据企业的特点,建立相应的测量维度,再针对各个测量维度编制测量题目。在编制题目的过程中,需要注意几点:

(1) 编制题目时既要参考管理专家现有的资料,又要听取企业相关工作者的建议,以便编写出最能反映企业文化本质特征的题目;

(2) 每个维度的测量题目在6~8个左右,数量太少难以反映该维度的特征,而数量太多则容易发生内涵重叠的情况,难以通过统计检验;

(3) 题目的表达务求准确、直白,避免使用容易引起思考混乱和理解歧义的词语和句型,也应该尽量避免使用生僻的专业词汇;当调查对象的文化水平不高时,应该力求使用最简单的表达方式;

(4) 开放式问题不宜太多,要选取最具代表性的问题。

例如下面一份企业文化量表样本。

蓝天电子设备公司企业文化量表

＊＊年＊＊月

一、基本情况(请在您认为合适的选项前画"√")

1. 性别:A.男　B.女
2. 年龄:A.20~25　B.25~30　C.30~35　D.35-45　E.45以上
3. 文化程度:A.高中以下　B.高中和中专　C.大专　D.本科　E.研究生
4. 工作类别:A.营销人员　B.研发人员　C.一般管理人员
　　　　　　D.财务人员　E.后勤服务人员　F.生产人员
5. 在公司的时间:A.1~2年　B.3~5年　C.6~10年　D.10~15年　E.15年以上
6. 专业技术职称:A.高级　B.中级　C.初级　D.其他

二、请回答下列各项问题。(每个问题都反映出你所在组织的某种状况的真实程度)

序号	问题	极不同意	不同意	有点同意	同意	非常同意
1	公司鼓励员工创新发明,并给予适当的支持与奖励。	1	2	3	4	5
2	在公司里,团队合作的意识强,人们相互之间能够理解支持。	1	2	3	4	5
3	在公司里,人们对自己的工作都高度负责。	1	2	3	4	5
4	在公司里,个人或团队有权根据需要修改他们的目标。	1	2	3	4	5
5	在公司里,不同部门之间的交流充分,彼此协作。	1	2	3	4	5
6	在公司里,员工素质的开发被视为企业竞争力的重要内容。	1	2	3	4	5
7	在公司里,员工一视同仁,相互平等,相互尊重。	1	2	3	4	5
8	在公司里,收入差距能够很好地反映出业绩水平的高低。	1	2	3	4	5
9	在公司里,鼓励员工把顾客的意见融入工作决策中。	1	2	3	4	5
10	在公司里,人们重视权威,遵从权威人物的领导。	1	2	3	4	5
11	在公司里,人们重视人情关系,甚至不惜破坏制度。	1	2	3	4	5
12	在公司里,人们重视对历史传统的维护。	1	2	3	4	5
13	在公司里,具有冒险精神的员工能够得到上司的赏识。	1	2	3	4	5
14	在公司里,强调客观标准,习惯用数据和事实说话。	1	2	3	4	5
15	在公司里,赏罚公正公平,很少有幕后操作现象。	1	2	3	4	5
16	在公司里,制度规范建设完善,人们习惯按照制度办事。	1	2	3	4	5
17	在公司里,以市场需求为导向的观念深入人心。	1	2	3	4	5
18	在公司里,人们认为长远的成功比短期行为更重要。	1	2	3	4	5
19	在公司里,人们相信"行胜于言",反对浮夸和表面文章。	1	2	3	4	5
20	在公司里,上级能充分考虑下属的观点和建议。	1	2	3	4	5
21	在公司里,人们重视和谐的人际关系建设,抵制小帮派。	1	2	3	4	5
22	在公司里,人们认为顾客满意是产品和服务的最终评价标准。	1	2	3	4	5
23	在公司里,与个人品德相比,工作能力是人们最看重的因素。	1	2	3	4	5
24	在公司里,无视企业共同价值观的行为将会受到指责。	1	2	3	4	5
25	在公司里,发生工作冲突时人们会去寻找双赢的解决方案。	1	2	3	4	5
26	在公司里,鼓励员工从自身及他人的经验教训中学习。	1	2	3	4	5
27	在公司里,企业精神和宗旨深入人心,并变成员工的行动。	1	2	3	4	5
28	在公司里,人们清楚企业未来的发展前景,充满信心。	1	2	3	4	5
29	在公司里,领导者能够率先示范,积极倡导企业精神和宗旨。	1	2	3	4	5
30	在追求利润的同时,公司重视自己的社会责任和企业形象。	1	2	3	4	5
31	在公司里,人们把学习作为日常工作的一项重要内容。	1	2	3	4	5
32	在公司里,鼓励员工从全局和整体的角度考虑问题。	1	2	3	4	5

三、请简要回答下面三个问题。

(1) 您认为在公司里,人们最提倡的观念和行为有哪些?

(2) 您认为在公司里,人们最反感的观念和行为有哪些?

(3) 您认为公司在管理中存在哪些弊病?请谈谈您的改进建议。

第三节 东西方国家常用的企业文化测量维度

一、企业文化的测量维度

影响企业文化特征的因素很多,例如民族文化传统因素以及企业所在的地域,甚至企业的类型、规模、生命周期都将产生重要影响。在设计企业文化量表时需要选择能够反映不同企业之间文化差异的关键因素,也就是如何来设计具有自身企业文化特点的测量维度。

测量维度的设计是企业文化量表的精髓所在,我们需要分析从哪些方面来测量、描述和评价企业文化特征。维度的选择一般有三个要求:①能够反映企业文化特征,这是最基本的要求;②能够度量出不同企业之间的文化差别,具有代表性;③维度相互独立,满足统计检验的要求。

从企业文化测量维度的研究过程来看,西方国家的起步较早,而国内及东亚地区的研究近十年来处于刚起步的阶段。由于东西方在民族、地域文化上存在着巨大的差异(见表4-2),这种差异也必然会在各自的企业文化中得到体现。下面分别介绍东西方企业常用的企业文化测量维度。

表 4-2 东西方企业文化差异比较

	东方企业文化特征	西方企业文化特征
人性假设	人性本善	人是罪恶的
利益观念	重义轻利,看重声誉和面子	金钱是衡量一切的标准
沟通方式	内在含蓄	外在直露
人际交往	被动地接近	主动地接近
教育培训	集中控制	分散活动
信仰	无神论(多神论)	一神论(上帝)
思维方式	综合性(中庸之道)	强调技术和分析手段
目标	群体的协调	个人的发展

二、东方国家企业常用的测量维度

20世纪80年代初,企业文化理论与文化管理理论被引入中国。到了90年代,国内关于企业文化的研究进入了高速发展期,针对企业管理实践的需要,研究者逐渐形成了具有自己特色的文化管理研究体系。然而在企业文化度量的规范性上,现有的研究与西方相比还很落后,国内对于企业文化维度模型尚缺乏充分的创新性研究,尤其是实证方面的创新。因此,对企业文化内涵的深入研究,提供适合中国企业特点的理论框架和测量维度模型显得尤为急切。

中国文化与西方文化存在着基本假设与基本信念上的差别,这直接影响着中国企业文化的特质。西方学者在解释东亚经济发展的特性时,大多是以儒家伦理为基础,他们认为儒家思想中包含了一套可引发人们努力工作的价值观系统,形成一种良好的工作理论,进而提升生产力,促进整个社会经济的快速发展。Kahn的后儒家学说指出儒家文化有以下四种特质:

(1) 家庭中的社会化方式促成个体的沉着节制、努力学习,并重视工作、家庭与责任;
(2) 具有团体协作的倾向;
(3) 阶层意识,认为等级的存在理所当然;
(4) 人际关系具有互补性。

所以,目前可以看到的具有东方文化特征的企业文化测量维度都是儒家思想与现代企业管理思想的结晶。常用的维度包括以下几种。

1. 领导风格

领导风格指的是企业中上级指挥、监督、协调、管理下属的方式。在儒家文化中,领导代表着权威,命令、控制与协调是领导的主要特征,其内涵与西方的领导理论有着很大的差异。是"领导者"还是"管理者"?这一基本假设将对企业文化产生重要影响。

2. 能力绩效导向

能力绩效导向就是能者得其职,通过职位竞争,使得有能力的人走向关键职位和核心职位。当然,有能力的人并不意味着他的潜在的工作能力就会自动转化为工作业绩。工作业绩导向,即薪酬制度的设计、激励制度的构建,要和个人的工作业绩考核挂钩。只有建立一个基于能力和工作绩效为导向的激励制度,才可能真正形成强大的工作动力,推动组织整体发展战略目标的实现。

3. 人际和谐

讲究和谐的人际关系是东方国家企业文化的一个重要特征。"家和万事兴"道出人际关系在人们工作中的重要作用。个人与个人、个人与群体、群体与群体都需要传递和交流情感、思想、信息,和谐的人际关系是成功的关键。但现实生活中人与人之间的沟通往往有障碍,而一旦逾越这条鸿沟,人们的工作效率和竞争力都会大大提高。

4. 科学求真

讲求科学求真的精神指不做表面文章,实事求是。在工作中尽量相信统计数据,运用科学方法,强调数据与量化分析,通过系统实证的方式来达到一种客观的标准,而不仅仅依靠直觉来进行判断。一般来讲,在工程师文化的企业中,往往会凸显出这种科学求真的价值观。

5. 凝聚力

企业的凝聚力是衡量企业成员为实现企业目标而相互合作的程度,它是企业成员对企业表现出来的向心力。企业凝聚力的大小反映了企业成员相互作用力的大小。凝聚力越强,企业成员之间的关系越融洽,企业的整体目标和成员的个体目标越容易实现。加强企业成员的沟通、树立共同的理想及恰当的激励机制对增强企业凝聚力来讲至关重要。企业凝聚力是企业文化建设成功与否的一个重要标志。

6. 正直诚信

正直诚信是企业中的一项重要的品质。企业不应该徇私舞弊,靠关系走后门,要任人唯贤,重视培养正直诚信的风气。在这种企业文化中,强调服务与奉献,人们相互尊重,信守诺言,法必信,言必行。在这种价值观影响下,企业会有诚实纳税、不拿回扣、不送礼、不搞小团体等行为特点,也会有严密的组织检查机构。

7. 顾客导向

顾客导向是重要的营销理念,但它贯穿整个企业的生产、运营、管理等各个方面。这种企业非常强调顾客的兴趣和观点,企业的环境分析、市场研究、经营决策、战略战术、生产制造、销售和服务都是以顾客作为出发点,从而建立起围绕顾客的业务体系。

8. 卓越创新

追求卓越、开拓创新的精神日益得到社会的倡导。在企业中具有首创精神的员工也越来越受到任用。在这种价值观影响下,员工有强烈的自我超越意识和求胜意识,在工作中积极负责,自我要求严格,以期望达到一流的业绩标准。而企业则扮演着为员工提供相互竞争、不断成长的舞台角色,坚持优胜劣汰、不断改善、精益求精的理念,从而使得产品技术不断创新,始终领先。这种价值观在高科技企业中尤为常见。

9. 组织学习

组织学习是一个持续的过程,是组织通过各种途径和方式,不断地获取知识、在组织内传递知识并创造出新知识,以增强组织自身能力,带来行为或绩效的改善的过程。学习能力的强弱决定了企业在经营活动中所增值的知识的大小。创建学习型企业是一项系统工程,它至少由四部分构成:观念、组织学习机制、组织学习促进与保障机制以及行动。学习型文化对于保持企业活力和可持续发展来讲是必不可少的。

10. 使命与战略

企业使命,或者说是企业宗旨,指企业现在与将来从事哪些事业活动,以及应该成为什么性质和类型的企业。而战略指对如何实现企业愿景所进行的战略规划,包括明确的企业战略以及每个成员为实现目标所需付出的努力。企业使命奠定了企业文化的基调,而企业战略目标的制定则必须充分考虑企业文化的支持性。

11. 团队精神

一个好的企业,首先应是一个团队。一个团队要有鲜明的团队精神,企业的发展以及个人的自我价值实现,都有赖于人们之间的相互协作。一群人同心协力,集合团队的智力,共同创造一项事业,其产生的群体智慧将远远高于个人智慧,如果没有人们在企业运行过程中的相互协作,没有团队精神,企业就不可能高效益的发展,从而也就不会有企业中每个人自我价值的实现,所以协作与团队精神是企业文化的重要基本点。

12. 发展意识

发展意识指人们对企业未来发展前景的认识和态度。员工的发展意识是企业前进的原动力,与发展意识紧密相连的是危机感。在市场竞争中,必须让员工清楚企业所面临的机遇和挑战,企业自身的优势和不足,从而激发员工的危机感和紧迫感,使人们自觉地思考企业未来的发展问题。

13. 社会责任

企业的社会责任，是指企业在谋求自身利益的同时，必须采取保护和增加社会利益的行为。企业作为社会物质生产的主要部门和物质文化的创造者，担负着为社会公众提供物质产品和服务的责任，它通过营利来繁荣社会的物质生活，这是企业不可推卸的责任。企业对社会责任的负责与否，直接影响到企业的声誉和形象。为了利润最大化而放弃自己的社会责任或损害社会利益的行为都只能导致企业失去公众的信任和支持。履行企业的社会责任，协调企业的社会责任与经济责任之间的关系，是企业文化的一条重要内容。

14. 文化认同

文化认同指企业文化所提倡的价值观、行为规范、标识在员工中得到认同的程度。员工一旦认同了企业文化，将自觉地通过自己的行为来维系这种文化，从而使管理由一种强制性的制度约束变成非强制性的文化导向。所以，企业文化建设强调的是"认同"，只有形成了企业所有员工的共同价值观才能形成企业文化。从这一意义上讲，企业文化的核心就在于"认同"。

在东西方学者研究的基础上，我们结合中国企业的特点，开发出了中国企业文化测量的问卷，包括以下十二个维度：

(1) 长期-短期维度；

(2) 关系-工作维度；

(3) 开放性-封闭性维度；

(4) 员工成长-员工工具维度；

(5) 革新-保守维度；

(6) 结果-过程维度；

(7) 竞争-合作维度；

(8) 制度权威-个人权威维度；

(9) 团队-个人维度；

(10) 客户-自我维度；

(11) 诚信-唯利维度；

(12) 公平-效率维度。

三、西方国家企业常用的测量维度

1. Hofstede 的组织文化测量维度

荷兰人 Hofstede 是最早进行企业文化测量维度研究的学者。他在对北欧多家企业的实证研究基础上认为，组织文化的测量维度可以分为三个层次：价值观层、管理行为层和制度/行为层。

(1) 价值观层三维度：

①职业安全意识；

②对工作的关注；

③对权利的需求。

(2) 管理行为层六维度：

①过程-结果导向；

②员工-工作导向;

③社区化-专业化;

④开放系统-封闭系统;

⑤控制松散-控制严密;

⑥注重实效-注重标准与规范。

(3)制度/行为层-维度

①发展晋升-解雇机制。

Hofstede 关于组织文化的测量维度理论源于他早期提出的国家文化理论。在国家文化理论中,他把不同国家之间的文化用"权力的距离""对不确定性的规避""个人主义-集体主义""男性化-女性化""长远-短期思考"五个维度来衡量,这些国家文化维度在他的组织文化测量维度中都有所反映。例如"职业安全意识"维度,是指企业成员对工作稳定性的需求状况,即反映了"对不确定的规避""对权利的需求"维度,指企业员工对权威的认同方式,即反映了企业内部"权力的距离"。

在 Hofstede 的组织文化测量维度理论基础上发展出来的 VSM 量表在西方企业界已经得到广泛的应用和认同。

2. Denison 的组织文化测量维度

Denison 的组织文化维度是对竞争性文化价值模型的进一步拓展。他认为,从"组织弹性-稳定性""外部导向-内部导向"这两个维度出发可以把企业文化的内涵进一步划分为四个模块:人的特性模块、基本价值观模块、环境适应性模块和企业使命模块。具体维度如下。

1) 人的特性模块

(1) 授权:企业成员进行自主工作的授权状况,它是责任感的源泉。

(2) 团队导向:依靠团队的力量来实现共同目标的意识。

(3) 能力开发:企业用于员工技能成长、素质开发上投入状况。

2) 基本价值观模块

(1) 核心价值观:企业成员共享的、特有的价值观和信念体系。

(2) 一致性:企业成员达成一致观念的难易程度,尤其指在遇到冲突的时候。

(3) 和谐:企业不同部门之间为共同目标而相互协作的状况。

3) 环境适应模块

(1) 应变能力:企业对环境变化能够迅速采取变革措施并顺利实现。

(2) 关注顾客:对顾客兴趣的把握以及对顾客需求的迅速反馈。

(3) 组织学习:企业从内外部环境中接收、内化、传播知识与经验,并迅速进行创新,创造新知识的能力。

4) 企业使命模块

(1) 企业愿景:企业所有成员共享的对企业未来发展的看法。它是核心价值观的外化,是企业凝聚人心的重要因素。

(2) 战略导向/意图:对如何实现企业愿景所进行的战略规划,包括明确的企业战略以及每个成员为实现目标所需付出的努力。

(3) 企业目标:为实现企业愿景、战略而设定的一系列阶段性目标。

3. O. Reilly 和 Chatman 的组织文化测量维度

O. Reilly 和 Chatman 认为,组织文化测量维度既要能反映组织文化的特性,又要能反映出组织成员对组织文化的偏好程度。通过采用 Q-Sorted 的研究方法,他们提出衡量组织文化的八个维度:

(1) 创新维度;
(2) 稳定性维度;
(3) 相互尊重维度;
(4) 结果导向维度;
(5) 注重细节维度;
(6) 团队导向维度;
(7) 进取性维度;
(8) 决策性维度。

这里简单介绍一下 Q-Sorted 分类法。O. Reilly 和 Chatman 先设计出 54 条组织文化价值观的陈述,再把这 54 条陈述语句从最符合组织文化特点到最不符合组织文化特点进行不同程度的分类,具体的分类方法是:

$$2—4—6—9—12—9—6—4—2(共54条)$$

最符合<─────────────────>最不符合

这样,通过对组织成员的大规模施测,就能了解人们对组织文化的偏好程度。

本章小结

企业文化建设是一项艰巨而复杂的系统工程,尤其对实力不是很雄厚的企业来说更是一项巨大的工程。它远不像制定企业工作制度、签署一项命令那样简单,它是一个需要大家齐心协力,不断坚持,共同奋斗的过程,短期的努力不会起到任何作用。而且企业文化建设并不是能一步到位的,企业在不同的发展阶段需要不同的企业文化,对当前企业在进行企业文化建设的过程中面临的问题进行精准的诊断,根据诊断的结果帮助企业逐渐完善和创新,把新的元素、新的思想融合进去。因此,企业文化建设要结合自身实际,根据企业文化的诊断结果,按照科学的步骤和方法进行。

复习思考题

(1) 企业文化诊断的意义是什么?步骤有哪些?
(2) 东方国家企业常用的测量维度是什么?

思考题解析

第五章 企业文化的设计

教学内容和教学目标

◆ 内容简介
1. 企业文化设计的原则
2. 企业文化设计的三个关键环节和技术
3. 企业文化三个层次的设计

◆ 学习目标
1. 掌握企业文化设计的原则
2. 把握企业文化设计的三个关键环节和技术
3. 了解企业文化三个层次的设计

第一节 企业文化设计的原则

一、历史性原则

企业文化不能割断历史,因为文化需要沉淀,没有沉淀就没有厚度。企业文化离不开宏观的文化传统,也无法与企业的历史相割裂。企业文化的设计、完善过程就是不断地对企业的历史进行回顾的过程,从企业的历史中寻找员工和企业的优秀传统,并在新的环境下予以继承和发扬,形成企业特有的文化底蕴。

每个企业都有其特定的发展经历。会形成企业自身的许多优良传统,这些无形的理念已经在员工的心目中沉淀下来,影响着平时的各项工作。我们可以看到一些优秀的文化传统对企业现在和未来的发展都具有积极的作用。因此,我们提炼企业文化时必须尊重企业历史、尊重企业传统。

二、社会性原则

企业生存在社会环境之中,企业与社会的关系是"鱼水关系",坚持企业文化的社会性原则,对企业生存和发展都是有利的。但这不等于说,企业放弃了"以我为主"的思想,去迎合公众。

企业的经营活动应确立"顾客第一"的思想,同时体现服务社会的理念,树立良好公众形象,顺应历史大潮,才能永续发展。

企业存在的社会价值,就在于它能够为社会提供产品和服务,满足人们对物质生活和精神生活的需要。松下幸之助提出"自来水哲学",要生产像自来水一样物美价廉的产品,充分体现出企业家对社会责任的认识。韩国三星的掌门人李秉哲说:"从一开始就只把赚钱作为目标是不能成就事业的,于世有益的必要事业,必然会繁荣兴旺,事业繁荣兴旺起来,钱自然就会赚到手。"

企业文化从根本意义上是一种经营管理文化,优秀的企业文化是可以具有导向性的,是可以指导员工的行为的。把社会性原则放入企业文化设计的原则之中,就会促使企业自觉地完成自己的社会使命,从而获得社会的认同和回报。

三、个异性原则

企业文化的活力在于鲜明的个性。企业文化设计的大忌是雷同,即与其他企业相比似曾相识的感觉。众所周知,企业文化具有路径依赖性。每个企业的组织形式、行为习惯、精神风貌、价值取向等许多方面,都会不同于其他企业。在企业文化的设计过程中,既要借鉴、吸收其他企业文化的成功经验,又要坚持企业自身的独特性,才不至于落入俗套。

企业文化建设要突出本企业的特色,要能体现企业的行业特点、地域特点、历史特点、人员特点等方面。要让员工感到本企业的文化具有独特魅力,既与众不同又倍感亲切。这就要求企业文化设计绝对不能照搬照抄,提炼出的语言也要切忌平淡而缺乏个性。

四、一致性原则

企业文化是一个庞大、完整的体系,企业文化的理念层、制度/行为层、符号层要体现一致的价值追求和经营管理理念,三个层次要共同为企业的发展战略服务。企业文化的理念层包含着企业的最高目标和核心价值观,而制度/行为层是使最高目标、核心价值观得到贯彻实施的有力保证。不符合最高目标和核心价值观的制度和行为将阻碍企业文化的发展。

企业文化的一致性表现在企业目标、思想、观念的统一上,只有在一致的企业文化的指导下,才能产生强大的凝聚力。文化的统一是企业灵魂的统一,是企业成为一个整体的根本。其中最为核心的问题是企业文化与企业战略要保持一致,企业理念与制度/行为保持一致。当然,企业的符号层应能体现出企业独有的理念与制度的需要,使企业的外在形象与内在追求相统一。

五、前瞻性原则

企业文化不是一成不变的东西,它是随时代而发展的,所以对企业文化的真正重视,就必须要求企业能够顺应时代的要求,不断调整、更新企业文化。企业文化不但需要建设,还需要不断完善,想方设法破除旧的、跟不上时代的文化,建设新型的企业文化。企业的竞争是综合实力持续而激烈的竞争,企业必须站得高、看得远,企业文化的设计要有更深邃的目光,更长远的考虑,而且不能仅仅盯着眼前的利益,只有这样企业才能在激烈的竞争中脱颖而出。

企业要不断发展,必须面向未来、面向新的挑战,而企业文化又是指导企业发展的重要因素,因此,注重企业文化设计的前瞻性,无疑会对企业有益。企业文化设计要着眼于未来,提出先进的、适应时代潮流的文化建设方向,才能对企业的发展起到指引作用,对员工队伍的建设起到牵引作用。

六、可操作性原则

企业文化不是给外人看的,而是重在解决企业存在的问题。建设企业文化的过程,就是企业发现自身问题、解决自身问题的过程。企业文化建设形成的成果要起到提升企业经营效率、凝聚员工的作用,从而引导员工的前进方向、约束员工的工作行为,实现企业的战略目标。因此,企业文化的设计必须充分考虑可操作性,不可操作的企业文化顶多是一个空中楼阁,对企业经营管理毫无促进作用。

企业文化建设必须渗透到企业的生产、经营的各个领域,为企业提升核心竞争力服务。因为在提炼企业文化时,要确保从现实出发,又要略高于现实,所以必须强调文化的实用性和可操作性,使企业文化通俗易记,实际可行,能对各种业务工作有实际的指导和促进作用。并且要使企业文化建设成为日常管理工作的基础工作,而不能搞花架子和空洞口号,成为无法实施的条文。

第二节 企业文化设计的主要方法

企业文化的层次结构虽然相对固定,但具体内容却千差万别,反映出不同企业的鲜明个性,这正是企业文化的魅力所在。在设计企业文化时,要尽量采用以下主要方法,注意把握各层次、各要素的内在逻辑关系,有所侧重,有所取舍,避免交叉重复。

1. 个性化语言的反复提炼

企业文化是不同企业之间的本质区别,因此设计企业文化最忌讳照抄照搬。海尔首创的"斜坡球体论",联想提出的"茅台酒作二锅头卖"的经营理念,都很有创意。企业文化的反复提炼,关键是突出企业的基本矛盾,用个性化的语言表达企业理念。

有些企业在表述企业文化时,不是"团结""开拓""进取",就是"认真""务实""创新",完全看不出自身特色。而另一些企业则不同,例如平安保险提出"以心感人,人心归"的理念,大唐集团的"同心文化",都具有显著的企业个性,也给人留下深刻的印象。如何提炼个性化语言呢?

一是挖掘和运用企业历史传统,并赋予新的时代内涵。九芝堂公司挖掘300多年前老九芝堂药铺的传统,秉持"药者当付全力,医者当问良心"的祖训,恪守"九州同济,芝兰同芳"的企业理念和"九分情,一分利"的经营宗旨,肯定是独一无二的。

二是对于相同或相近的企业文化内容,采用与其他企业不同的表述。例如,很多企业都倡导细致、实干、高标准、严要求等作风,其文字大多是"细、实、严、高"之类,但鄂尔多斯集团则表述为"往细了想,往实了做,往严了要求",这就与众不同。

三是对文字表述提出不同方案,充分讨论,反复修改。例如,某塑料企业的愿景一开始有5个不同的备选方案,基本上都有"中国最大""全国一流""国际知名""世界一流"等描述,几经讨论最终定为"国内一流基地,世界知名品牌",既准确又不重复。

2. 价值观念的准确概括

以企业文化建设为管理中心工作的文化管理模式,不是依赖严格的制度去约束员工,而是注重用价值观潜移默化地教育和引导员工。为此,国外学者把文化管理又叫"基于价值观的管理"。由于核心价值观是企业最重要的价值观念,在企业价值观念体系中居于支配地位,因此确立核心价值观就是企业文化设计的重中之重。

那么,如何确立核心价值观,并以之为主导形成企业价值观体系呢?一般可以通过关键事件访谈或问卷作初步调查,再根据企业发展要求进行选择。企业价值观可以是一两条,也可以是一系列观点。企业可根据重要性,选择出最具自身特色的价值观念作为核心价值观。例如,某企业曾经提倡过许多观念,包括学习、实干、安全第一、精益求精、服从大局、追求完美等。由于企业领导者都是从基层提拔上来的,十分务实,同时企业内部有崇尚先进的传统,经常搞一些评比活动,大家相互学习、争创一流的风气很盛。为了进一步引导员工向更高目标迈进,企业领导班子决定把学习、务实、进取作为核心价值观。但是由于这样表述过于普通、平淡,很难引起员工关注,企业最终选用《礼记·大学》中的"强学力行,止于至善"一句作为核心价值观,意思一样,但是耳目一新。

3. 群众智慧的思想升华

人的正确思想是从哪里来的?是从天上掉下来的吗?不是,只能从实践中来。企业文化是企业发展实践的产物,是广大员工劳动的结晶。广大员工是物质财富的创造者,也是企业文化的创造者。因此,设计企业文化固然离不开企业主要领导者和咨询专家的深入思考和系统研究,但是从根本上说只能是来自员工群体的创造性劳动。把广大员工的好思想、好观念、好做法加以总结、提炼和升华,是企业文化设计的一个重要方法。

哈尔滨轴承集团是一个具有50多年历史的国有大企业。公司从2003年开始加强企业文化建设,依靠全员参与来提炼企业文化理念。公司下发了《关于开展企业理念、公司司歌征集活动的通知》,得到广大员工和离退休人员的积极响应,共征集到企业理念700余条、公司司歌30多首。公司经反复修改、推敲、提炼、研讨,最后确定的企业理念包括企业宗旨、企业精神、价值观、经营理念、管理理念、质量理念,公司司歌为《哈轴人之歌》。公司还在广泛征求各方面意见的基础上,制定了"员工基本行为规范"和"员工岗位行为规范"。由于这些企业文化要素都来自广大员工,具有很好的群众基础,所以得到了用户的普遍认同。

4. 行为规范的典型总结

企业文化不仅是广大员工的思想观念,更是员工群体的行动指南。共同行为习惯将使内部沟通和协调变得容易,对增强企业凝聚力、提高运行效率有很大帮助。于是,很多企业把制定和实施"员工行为规范"作为企业文化设计的基本内容。

制定什么样的行为规范,应考虑企业管理的实际需要。比如,出于鼓励奉献精神而提出的"无私奉献""爱国爱厂";出于塑造合作精神而提出的"和谐相处""坦言相告""真诚公正";出于维护企业形象而提出的"我是企业,企业是我";出于产品质量要求提出的"精益求精""追求完美";出于鼓励技术创新而提出的"博采众长""兼收并蓄""不断学习"。这些内容既有对优秀员工行为的总结,又有对其他企业成功经验的借鉴,都可以概括为典型总结。

典型总结要立足现在、放眼未来,需从三方面入手:一是总结企业内部的优秀传统;二是总结成功企业的典型行为;三是总结传统文化的精髓。同仁堂从典型事例中,总结出生产员工的行为规范——严守"三真"信条,即下真料、行真功、讲真情,很好地体现了"修合无人见,存心有天知"的古训。平安保险公司从儒家文化中提炼出"仁、义、礼、智、信、廉"6字作为员工行为规范,用"仁"倡导和睦相处;用"义"宣传忠于职守;用"礼"规范举止言行;用"智"引导革故鼎新;用"廉"提倡克己奉公。运用典型总结的方法,可以帮助企业找到适合本身实际的行为规范。

第三节 企业文化设计的关键程序

一、对传统文化的扬弃

企业文化是一种亚文化,它生长在宏观文化的土壤里。因为各个国家和民族的传统文化是宏观文化的重要组成部分,所以设计企业文化,就应该深刻地认识其所在地传统文化的性质和特点。

中国的传统文化,具有五千年的悠久历史和丰富多彩的内涵。作为东方文明的重要发端,中华文明不仅哺育了中华民族、大和民族、高丽民族等占世界人口 1/4 的黄种人,而且对整个人类文明产生了深远的影响,成为人类文明宝库的重要组成部分。正确地对其进行剖析、评价,对建设有中国特色的优秀企业文化不仅有益,而且是必要的。

中国民族文化的内涵极其丰富,其中,我们认为对我国企业文化建设有积极意义的主要是以下几种传统观念。

1. **入世精神**

所谓入世精神,就是积极地关心社会现实的人生态度。中国的传统文化是积极入世,作为中国主导文化的儒家思想,不论是先秦的孔孟之道,还是两汉以后的儒学,乃至程朱理学,其主旨都是经世致用、教民化俗、兴邦治国。其主要信条,如"内圣外王","修身、齐家、治国、平天下","正德、利用、厚生","要言妙道不离人伦日物"等所宣扬的都是这种思想。儒家思想的基本精神要求将内在的修养外化为积极的事功;道家文化,看似玄虚奥妙、消极遁世,而其实质却是注重积聚自身的力量,最终实现"以柔克刚""以弱胜强""以少胜多""以后争先"的目的,以"不争"作为"争"的手段,"无为"的背后是"无不为";至于法家文化,奖励耕战,富国强兵,厉行法治,德刑并用,强调积极地治理社会,大胆地追求功利,具有更明显的现实精神。总之,以儒、道、法三家为主体的中国"黄色文明"的传统,其精髓是积极的入世精神,正是这种积极的人生态度,几千年来激励着中华民族在艰苦的环境中,创造灿烂的古代文化,锤炼出自尊自强的民族精神。

这种入世精神极大地影响着我国的企业文化,从 20 世纪 50 年代的"孟泰精神",20 世纪 60 年代的"铁人精神",20 世纪 80 年代的"二汽精神"(艰苦创业的拼搏精神,坚持改革的创新精神,永攀高峰的竞争精神,顾全大局的主人翁精神),到 20 世纪 90 年代的"海尔精神"(敬业报国,追求卓越)等,都贯穿着一条主线——不怨天,不尤人,发愤图强,艰苦创业,勇攀高峰,无所畏惧。它构成了我国企业文化拼搏向上的基调。

2. **伦理中心**

中国的古代社会,在意识形态上是一个以伦理为中心的社会。从春秋战国时代开始,孔子便提出了以"仁"为核心的思想体系。他说,"克己复礼为仁。"这里的"礼",便是君、臣、父、子的等级秩序。"礼"作为宗法等级制度,具有外加的强制性;而"仁"的学说,则是要把"礼"的约束建立在道德教育的基础之上。到了后来,则演变成"三纲五常",即君为臣纲、父为子纲、夫为妻纲,以及仁、义、礼、智、信五德。"忠"和"孝"是维护"礼"的最重要的道德标准,而其特点则是服从。这种为封建等级制度服务的伦理道德,严重地束缚、压制个人的主动性,泯灭了人们的平等意识,其消极影响至今犹在。在企业中,这种封建伦理道德的表现是,各级管理干部与职工之间,随着在管理组织系统"金字塔"上位置的不同而产生的等级观念及其副产品——上级对下级的专横傲慢,下级对上级的盲从讨好。这成为我国企业文化建设的消极因素。

然而,这种伦理中心主义的传统,又有其合理的方面,即重视维系人际关系的伦理纽带,有利于社会关系的稳定与和谐。它要求人们把自己看作家庭、社会的一员,并且时刻意识到自己在其中的责任;它把个人、家庭和国家的命运较为紧密地联系起来,使爱国主义和民族的整体感有了坚实的基础,有助于中华民族凝聚力的加强,成为树立社会责任感、提高民族凝聚力、发扬民族精神、促进社会稳定、建设优良企业文化的有力思想武器。鞍山钢铁公司的企业传统和企业品格是这样表述的:"对祖国的无限热爱,对社会主义事业的坚定信念;爱厂如家,忠于职守,把个人命运同企业兴衰连在一起的主人翁思想;为国争光,拼争第一,开拓创新,勇攀高峰的进取精神;识大体、顾大局、同心同德、团结协作的高尚风格……"长城钢厂的企业道德要求为:"为人民服务,尽社会责任,做'四有'职工,当'五爱'公民"。这是中华民族重视伦理的道德传统在社会主义企业中的突出表现,也是我国企业文化中的优势文化。

3. 重义轻利

重义轻利的义利观,是中国几千年的传统观念之一。孔子说:"君子喻于义,小人喻于利",孟子进一步主张"仁义而已矣,何必曰利",董仲舒则提出"夫仁人者,正其谊不谋其利,明其道不计其功"。这种耻于讲利的"义"有一定的虚伪性,是为维持封建统治服务的,而且也成为阻碍中国资本主义萌芽的思想束缚。

重义轻利的义利观,也有其积极的一面。它提倡在物质利益面前要"克己""寡欲""见利思义,义而后取";它鄙弃"嗟来之食",不取"不义之财"。这种"先义后利"的主张,有其积极的社会意义。特别是在今天,若将义的内涵更新为社会主义的道德规范,便值得大力提倡。当前,有些企业利欲熏心,卖假酒、假药,制作假商标、假广告,兜售黄色书刊、淫秽录像带,倒买倒卖,走私贩私,行贿舞弊,干出一系列违法乱纪、损害群众利益的事。为了消除这种见利忘义的腐败现象,除了严肃法纪外,在全社会,特别是在工业企业、商业企业、旅游企业中,要大力提倡"先义后利"的义利观,"以义取利"的经营思想,引导干部和职工,树立比金钱更高尚的追求。同仁堂的"同修仁德,济世养生",四通公司的"高效率、高效益、高境界",就是很好的例子。

4. 中庸之道

中庸是中国民族文化中一个十分重要、独具特色的观念。孔子说:"中庸之为德也,其至矣乎! 民鲜久矣"(《论语·雍也》)可见,儒家把中庸看作是最高的道德。什么叫中庸? 孔子并没给中庸一词下过精确的定义。汉朝郑玄这样注释《中庸》的题义:"中庸者,以其记中和之为用也。"朱熹说:"中者,不偏不倚,无过不及之名。庸,平常也。"现代有学者研究认为:孔子的中庸,是对矛盾两极均为"非"的事物的三分法,即此类矛盾发展有三种可能——过、中、不及,在这三种可能中,人们应该取"中"。所谓中庸,就是要经常地坚持常理、常规、理想状态。

我们认为,中庸之道有两重性:一方面,它反对过与不及,不走极端,重视和谐,有辩证法的因素;另一方面,它忽视对立面的斗争,主张维持现状,否定变革,所以又是反辩证法的。对中庸之道,我们不能做简单的否定或肯定。在管理矛盾中,有的矛盾,其对立双方中的一方为"是",另一方为"非",对此,我们应该是非鲜明、坚持真理的;而有的矛盾,则对立双方均为"非"或不完全"是",对此,就不能简单地肯定一方而否定另一方了,必须把双方协调起来,这就用到了"中庸之道"。后一类矛盾在现代管理中是十分常见的,如学习外国经验与坚持中国传统、物质激励与精神激励、赏与罚、严格管理与宽松管理等。因而,把握中庸之道的思想实质,对于体现管理的艺术性、建设优秀的企业文化是必不可少的一步。

中庸之道的积极一面还体现在群体观、社会观上,这就是与其相通的"和"的观念。但是,由于反对变革和更新,中庸之道在人们的思想上、在现实中也造成了极大的消极影响,这突出表现在维护旧制、反对变革上。作为一股巨大的历史惰力,它几乎成为世代相传的心理定式。"祖宗之法不可变""先王之制不可变""三年无改于父之道"等,被视为亘古不变的真理。这种守旧思想,仍然是目前改革所遇到的最大的心理障碍。任何改革措施的出台,总会遇到强大的抵抗。"没有先例""风险太大",常常成为拒绝改革的借口;"宁稳勿乱""不为人先",常常成为徘徊观望的理由。视传统为当然,视变革为歧途,这种心态一天不改变,中国的改革便一天难推进。

5. 重视名节

重视名节是与重义轻利密切相关的另一个中国民族文化的特点。孟子有一段名言:"生,亦我所欲也,义,亦我所欲也,二者不可得兼,舍身而取义者也。生亦我所欲,所欲有甚于生者,故不为苟得也;死亦我所恶,所恶有甚于死者,故患有所不避也。"在中华民族的传统文化中,民族、国家的尊严和荣辱、个人的人格、信念和操守,被看得重于一切。这种思想,凝铸成中华民族的浩然正气。"人生自古谁无死,留取丹心照汗青",文天祥的《正气歌》和他为国捐躯、视死如归的伟大精神,正是我们民族精神的写照。

这种民族精神,在日常生活中表现为珍惜荣誉、崇尚气节、讲究廉耻、高度自尊、时穷节乃见等。"富贵不能淫,贫贱不能移,威武不能屈""士可杀不可辱",表现出为了捍卫自己的信念、节操和名誉,为了维护民族和国家的尊严,敢于蔑视强暴,甘愿忍受贫苦,甚至不惜牺牲自己生命的精神。今天,我们只要去掉其中封建思想的糟粕,把自尊、自爱、自强、重视名节的精神,建立在社会主义意识形态的基础之上,就会形成有利的心理环境。东方通信公司的企业精神为"超越自我,兴业报国",就有力地激发出员工的爱国之情。

重视名节向坏的方向发展,就是追求虚荣、大讲排场、死要面子等。这种贪图虚名、奢侈浪费的不良习气,在当今仍存在。有些企业,文过饰非,报喜不报忧,甚至花钱买荣誉,而不在实干上下功夫;有些企业,亏损严重,但在与上级主管部门或"关系户"打交道时,为了争本企业的面子,或者为了给对方面子,照样大摆宴席,花公款如流水。这种恶性的企业风气,势必腐蚀企业的肌体,甚至把企业推向破产倒闭的边缘。

6. 勤俭传统

勤劳节俭是中华民族的传统美德。自古以来,我们民族就以勤俭为大德、奢侈为大恶,主张"克勤于邦,克俭于家"(《尚书》)。唐代诗人李商隐在《咏史》诗中写道:"历览前贤国与家,成由勤俭败由奢。"这种克勤克俭的传统,在社会主义时代,得到了最充分的弘扬,发展为艰苦创业的民族精神。勤劳节俭、艰苦奋斗的精神,在鞍钢、大庆、一汽、二汽、首钢、攀钢等大型骨干企业的企业文化中,一直占有十分重要的地位。

近几年,一些企业丢掉了艰苦奋斗的传统,在生产经营上不千方百计地顽强拼搏,却热衷于倒买倒卖、发不义之财,并且大吃大喝、公费旅游、住高级宾馆、坐豪华轿车等,这种奢侈之风成为企业和社会的一种公害。在这种情况下,迫切需要恢复和发掘勤劳节俭、艰苦奋斗的企业文化传统。近年来,许多企业正式认定"勤奋""俭朴""艰苦奋斗""艰苦创业"为企业文化的主要内容,大兴艰苦奋斗、艰苦创业之风。

7. 廉洁意识

在中国悠久的历史中,人们总是把官吏划分为清官与贪官,颂扬廉洁公正的清官,贬斥腐败昏庸的贪官。这种廉洁意识融进了民族的传统文化之中,具有十分深刻的内涵。古人云:"公生明,廉生威""公则民不敢慢,廉则吏不敢欺"。只要清除掉此话中以官治民的消极一面,我们便不难发现其中廉洁公正意识的历史价值。这种廉洁意识,在社会主义时代,与为人民服务思想相结合,升华为一种高尚的公仆意识,注入企业文化的传统之中。比如有些企业提出"四不争"的企业文化,即"不争名、不争利、不争功、不争权",集中体现出廉洁奉公的公仆意识。针对当前社会上请客送礼、行贿受贿、以权谋私等腐败之风,迫切需要大张旗鼓地宣传和提倡廉洁意识。衡电电机兼并企业的主要经验,是派得力干部去整顿被兼并企业的管理,更新其文化,一个重要方面是"两正"——正派、正规。所谓正派,就是领导者出以公心、作风正派、廉洁自律;所谓正规,就是冲破关系网、堵塞"老鼠洞",实行科学管理。

8. 家庭观念

"黄色文明"发端于农耕社会,社会的基本细胞是家庭,这与"蓝色文明"的源头西方工业社会不同,在那里,社会的基本细胞是个人。因此,与西方国家意识形态上的个人主义传统相反,我国意识形态的传统是家庭观念。子从父、妻从夫,兄弟友爱、姐妹互助,这种家庭观念既包含有整体感、骨肉情,又包含有家长意识和服从意识。在中国几千年的历史中,家庭伦理是社会伦理的基础,家庭观念推而广之,渗透到社会关系的各个领域。皇帝叫"万岁爷",官吏叫"父母官",徒弟侍奉师傅严守"师徒如父子"的古训,百姓称呼众人常用"父老兄弟"的惯语。在企业里,职工的主人翁意识,往往借助于家庭观念的中介,以"爱厂如家"的形式表现出来。从鞍钢20世纪50年代的"孟泰精神",到广州白云山药厂20世纪80年代的"白云山精神";从广州第一橡胶厂"志在改革齐进取,爱厂如家当主人"的企业精神,到衡水电机的"和谐管理",可以看出"爱厂如家"是企业凝聚力的源泉。它一方面意味着工厂像家庭一样温暖,领导像父母一样可亲可信,同事像兄弟姐妹一样团结友爱;另一方面意味着职工对工厂像对家庭一样关心爱护,与之融为一体,休戚与共,心甘情愿地为振兴企业而出谋划策和忘我劳动。应该说,这是我国企业文化内容中又一个独具特色的优势文化。

当然,家庭观念也有消极的一面,那就是企业领导者的家长意识和职工的盲目服从意识。它不利于企业内部民主管理制度的完善和落实,也不利于企业主要负责人与职工之间的平等沟通,往往造成命令主义的倾向,导致独断专行的恶果。在某些企业中,企业负责人的家长制作风,已经成为挫伤职工积极性的主要问题,这乃是根深蒂固的家庭观念消极一面恶性膨胀使然,应该引起企业家们足够的重视。

9. 任人唯贤

由于伦理中心主义的影响以及长期文官统治的历史,我国自古十分重视人事。"知人善任"历来被认为是"治国平天下"的必备才能。中国古代的人事思想十分丰富,这成为我国管理文化的重要历史遗产,其中一个核心的内容就是"任人唯贤"。

我国历史上一直存在着两种用人路线"任人唯亲"和"任人唯贤"。从总体上看,大凡有成就的英明君主及其谋士,总是倡导"任人唯贤"路线的。《韩非子》中提出"宰相必起于州郡,猛将必发于卒伍",主张任用有实践经验和成绩突出的人才,并指出:"术者,因任而授官,循名而责实,操生杀之柄,课群臣之能者,此人主之所执也。","诚有功,则虽疏贱必赏;诚有过,则虽近爱必诛。"用这种赏罚分明、循名责实的办法,造成任人唯贤的开明局面。三国时著名政治家诸葛亮指出:"治国之道,务在举贤","为官设人者治,为人设官者乱","赏赐不避怨仇,诛罚不避亲贵"。在改革开放潮流的推动下,企业在各级主要干部的选拔任用上,普遍试行"招聘制",公开竞争,择优任用,海尔变"相马"方式为"赛马"方式,这是"任人唯贤"的表现。

10. 辩证思维

"黄色文明"是龙的子孙们在几千年与天斗、与地斗、与人斗的过程中形成的。在复杂的斗争中,成功和失败两方面的深刻启示,使中华民族逐渐形成了朴素的辩证思维方法,这在《老子》《易经》《孙子兵法》等典籍中有集中的表现。我国朴素的辩证思维方法,首先表现在思维整体观方面。中国人与西方人在思维上的重大差别是:中国人习惯于从整体到个体,从整体中把握个体;而西方人则习惯于从个体到整体,从个体角度审视和对待整体。比如在信封上写地址,中国人的顺序是国家、城市、区、街道、门牌号码,而大多数西方人的书写顺序则恰恰相反。中国画以"写意"为主,即注重整体意味的把握,并不注重细节的真实,而西洋画则以"写实"为主(当然,印象画派等现代画另当别论)。再如,西医以人体解剖为基础,强调对症治疗;而中医则从人体的总体上进行分析,强调辩证治疗。这种不同的思维方法在企业文化中也鲜明地表现出来。华人的企业习惯于从国家和企业的总体上去考虑问题,包括个人的进退升降。

我国朴素的辩证思维方法,还表现在转化观上。"物极必反""相反相成"的思想,在 2000 年前就已经形成和普遍运用于战争、政治斗争和经商活动中。《老子》中"以顺待逆,以逸待劳,以卑待骄,以静待躁"的后发制人思想;"以弱胜强,以柔克刚,以退为进"的斗争策略;"将欲弱之,必固强之,将欲废之,必固兴之,将欲夺之,必固与之"的欲擒故纵的方法;《孙子兵法》中"知彼知己,百战不殆""得道多助,失道寡助""不战而胜,方为上策"的战略思想;"避实而击虚""因敌变化而取胜者"的应变策略;"令之以文,齐之以武","令民与上同意也"的带兵原则;以及三十六计的具体谋略。这些充满着对立面转化辩证思想的文化遗产,如今不仅成为治国、治军的锐利武器,也成为企业在激烈的市场竞争中制胜的法宝,成为制定企业发展战略、竞争策略、经营哲学、激励方法、干部标准、厂风厂纪的思想宝库。一些企业家,把这些优秀的文化遗产同唯物辩证法相结合,运用在企业的生产经营活动中,取得了出色的成绩。衡电电机领导者"不奖就是罚"的内部激励思想,也是辩证思维的一个范例。事实证明,"黄色文明"中丰富的辩证思想,是形成我国企业的企业哲学、发展战略和竞争策略的宝贵历史遗产。

二、对企业现实文化的升华

对企业文化进行升华,首先要对现有企业文化有一个较为清醒的认识。过去对企业文化的评价,多是从文化体系的具体内容出发,将文化分为先进文化和落后文化,或者是优秀文化和不良文化。许多国外学者通过大量调查,总结出许多优秀企业的文化特点,比如美国学者托马斯·彼得斯认为,优秀企业文化应该具有这样的特征:贵在行动、紧靠顾客、鼓励革新、容忍失败、以人促产、深入现场、以价值观为动力、不离本行、精兵简政和辩证处理矛盾这 10 个特点。我们认为,既然企业文化是一套管理体系,就不该单纯从内容上评价先进还是落后,只有把企业文化与实际情况结合起来,才能判断它是否对企业发展有促进作用。

那么,如何对本企业的企业文化进行评价呢?评判企业文化最好的办法是从企业运行和经营结果来判断,没有一般意义上好与坏的评判。我们可以从三个方面来分析企业文化的建设情况,即企业文化本身是否健全,企业文化对绩效是否有促进作用,企业文化对社会进步是否有积极影响。我们对企业文化本身的分析,主要集中在体系的完整性、结构层次的清晰性、内容的一致性、文字表达的艺术性等方面,通常的方法主要有访谈法和资料分析法。企业文化对绩效的促进作用,主要分析企业文化对企业绩效的影响、对个人业绩的影响、对企业核心竞争力的影响、对企业氛围的影响、对客户满意度的影响、对员工满意度的影响等方面,主要的方法是财务分析、用户满意度调查、绩效考核档案、专项绩效调查、组织氛围调查、员工满意度调查等方法。企业文化对社会进步的影响分析,主要是从人类文明和社会角度来考察企业文化的社会进步性,主要通过内外部调查、企业美誉度调查等方面来分析。

在对企业现状进行分析的时候,要全面、深刻、准确地分析,既要有战略的高度,又要深入分析,挖掘问题的根源。在这个过程中,企业家可以借助外脑协助分析,避免出现当局者迷的情况,并且要善于运用群众的智慧。一般的思考过程包括:分析企业的经营环境和特点,分析管理水平和特点,分析企业文化的建设情况和特点,逐项分析企业文化的内容并得出总体结论。在得出企业文化的分析结果后,要根据现有水平和未来需要,着手企业文化的设计和变革,在原有基础上提升企业文化水准。

以一些传统国有企业为例,许多企业缺乏市场意识和竞争意识,普遍认同的是"一切以生产为中心",重要性排序是"产、供、销",全力为生产一线服务的思想比较盛行。在这种理念指引下,管理模式必然是典型的生产企业管理模式,围绕生产任务开展各项工作,责权比较清楚,但针对市场的快速反应并没有到位,大家的危机感和应变能力明显不足,人浮于事、大锅饭、关系网导致效率低下。在这种情况下,应该加强"以市场为导向""以改革为动力"的理念变革,使大家对"市场是中心,效益是核心,竞争出活力"有所认识,以利于企业的长远发展。

三、对企业未来文化的把握

后文详细叙述。

第四节 企业文化设计的基本技术

一、企业文化设计技术

企业文化是一个有层次的体系,其内部结构相对固定,但所含内容却千差万别,体现出不同企业的鲜明个性,这正是企业文化的魅力所在。在企业文化的设计中,要有所侧重,有所取舍。在整个过程当中,要注意一些核心工作和难点:第一是理念各部分要有内在的逻辑关系,而不是一盘散沙;第二是理念各部分又要相互独立,不能相互交叉、相互重复。

1. 反复提炼个性化语言

企业文化要防止照搬其他企业的理念,世界上没有完全相同的两片叶子,更不可能有完全相同的两套企业文化。我们见到一些企业在表述企业文化时,除了"团结""求实""进取",就是"认真""勤奋""提高",完全看不出自己的看法和个性化的语言。而另一些企业则不同,中国平安保险公司提出的"以心感人,人心归"的平安精英文化,方太厨具公司提出"方为品质,太为境界"的方太文化,都很有企业的个性,既起到了对内统一理念的作用,也起到了对外扩大宣传的功效。

我们不妨举个例子,分析一下某塑料生产企业的企业愿景提炼过程(见表5-1)。最初的备选方案有五个,基本上都是将长远目标定位在国内一流塑料生产基地,以生产为主导,放眼未来。同时,还列出了一些目标,有远景目标,也有近期目标;有总体目标,也有分目标;既考虑前瞻性,又考虑现实性,形成了一套目标体系。理念体系的提法必须简洁、凝练。我们看到,在第一轮修改中,注重了这些方面。比如对"中国最大"和"中国一流"的推敲。为什么要强调一流呢？因为一些企业往往是大而不强，在石化行业，这种大企业病还比较严重。今后公司的发展目标是强调质量和效益，而不是一味地追求规模和人数，或者在经营范围方面求大求全，"最大"并不是企业的长远目标。通过几次修改和提炼，最终形成企业愿景的核心内容——"国内一流基地，世界知名品牌"。

表 5-1　某公司企业愿景的提炼过程

阶　　段	方案内容	说　　明
备选提法	安全化工、绿色化工、高效化工。建设中国最大的一流塑料基地，成为世界知名的塑料产品供应商，造福社会，回报国家	前面是对化工效果的描述，后面提出了具体的目标，要成为什么样的企业
	建一流基地，育一流人才。创世界知名品牌，做世界最有竞争力的企业	对企业、对员工发展都提出了要求，但后面目标过高
	建全国一流的塑料基地，创国际一流石化企业	两个"一流"，用词重复
	"六力"企业：班子有团结力，职工有向心力，技术有开发力，市场有应变力，产品有竞争力，资产有增值力	从六个具体目标提要求，概括性不强
	建设出色的管理队伍，培养杰出的企业员工，提供完美的产品服务，创造最大的经济效益，使塑料厂成为国内一流，国际先进的塑料基地	既有分目标，又有总体目标。但没有反映社会目标
第一轮	建设中国最大的一流塑料生产基地，成为世界知名的塑料产品供应商，造福社会，回报国家，以我们的不断努力，为人类创造美好的明天	集中到"国内一流、世界知名"上来，强调为人类造福
第二轮	立志成为中国一流的塑料生产基地，成为世界知名的塑料产品供应商，依靠我们不断的努力，回报国家，造福社会，为人类创造美好生活	加了一些语言修饰
第三轮	建设一流塑料生产基地，打造世界知名塑料品牌，通过我们的不懈努力，回报国家，造福社会，为人类创造美好生活	精简了语言

2. 准确概括价值观念

文化管理不是用制度去约束职工，而是用价值观引导和教育职工。由于价值观是职工的一种共识，所以职工对于企业的管理也就有一种认同感。职工会自觉地遵循这种价值准则进行活动，而不会感到是一种约束。因而能够在企业内部管理有序的基础上，激发职工工作的积极性。

美国著名的广告业奥美环球董事长兼 CEO 谢利·拉扎勒斯（Shelly Lazarus）认为，营销的诀窍仅仅在于找到世界承认的核心理念，你找到了这一普遍性的理念，然后就把它作为你所做一切的核心。凯尔蒂-戈德史密斯国际咨询公司董事、加利福尼亚大学和剑桥欧洲管理学院的客座教授安东尼·F·史密斯（Anthony F. Smith）、美国国家地理电视台总裁蒂姆·凯利（Tim Kelly）研究后认为：麦肯锡公司、沃尔特-迪斯尼电影公司、微软公司、戈德曼-萨基公司等以"保留优秀人才"作为核心价值观，并在核心价值观上建立了自己的公司文化，因而避免了之后公司的危机。赫尔曼米勒公司总裁兼CEO迈克·沃尔克玛也说："优秀的领导者必须拥有一套不妥协的核心价值观，这些价值观使他们在最困难的时候能够做出正确的决策。"

由于核心价值观念是企业最重要的价值观念，在企业价值观念体系中居于支配地位，因此确立核心价值观就成为实行基于价值观的管理的第一步。那么，如何确立核心价值观，并以之为主导形成企业价值观体系呢？通常可以通过关键小组访谈或问卷方式进行初步调查，再根据企业发展的要求进行选择。价值观可以是一两条，也可以是一系列观点。我们可以根据重要性，选择最具企业特色的价值观作为企业核心价值观。

我们不妨举例分析一下。某企业原本提倡过许多观念，比如，学习的观念、实干的观点、安全第一的观点、精益求精的观点、服从大局的观点、追求完美的观念。经过调查了解，企业的管理者都是基层提拔起来的，十分务实。企业内部形成了崇尚先进的传统，经常搞一些评比活动，大家相互学习、争创一流的风气很盛。为了进一步引导员工向更高的目标迈进，企业领导决定把学习、务实、进取作为核心价值观。但是，只用"好学、务实、追求完美"等方式来表达核心价值观，有些过于通俗。虽然可以产生亲切感，但缺乏震撼力和视觉冲击力，对广大员工来没有什么新鲜感。于是，选择了《礼记·大学》中的一句话："强学力行，止于至善。"来表达，效果很好。另外还要注意，核心价值观以及以它为主导形成的企业价值观体系，不仅要根据环境、企业使命等，还需要不断进行调整和变革，如通用电气公司的价值观内容和表述就经过了若干次的修订，从1985年的五条变成了1999年以来的九条。

3. 典型总结行为规范

所谓行为规范就是通过企业理念、企业制度和风俗长期作用形成的一种员工的自觉行为。这种共同行为将使内部沟通和协调变得很容易，对于增强企业凝聚力，提高企业运行效率都有很大帮助。一些企业看到了共性行为习惯的重要性，有意识地提出了员工在工作中的行为标准，即员工行为规范。它的强制性不如管理制度，但比制度更加具有导向性，容易在员工群体中形成共识，促使员工的言行举止和工作习惯向企业期望的方向转化。

提出员工行为规范主要是出于企业发展的需要。比如，出于鼓励奉献精神而提出的"无私奉献""爱国爱厂"；出于塑造合作精神而提出的"和谐相处""坦言相告""真诚公正"；出于维护企业形象而提出的"每个人都代表公司"；出于产品质量要求而提出的"精益求精""追求完美"；出于鼓励创新思想而提出的"博采众长""兼收并蓄""不断学习"。这些既有对现有优秀员工行为的总结，又有对其他企业成功经验的借鉴，我们可以称它为"典型总结"。

典型总结的原则是着眼现在、放眼未来。具体工作可以从三方面入手：一是总结企业内部的优秀传统，二是总结成功企业的典型行为，三是总结传统文化的精髓。比如，同仁堂从生产人员的典型事例中，总结出生产员工的行为规范——严守"三真"信条，即下真料、行真功、讲真情，很好地体现了同仁堂"修合无人见，存心有天知"的古训。运用这种典型总结的方法，可以帮助企业找到适合本身实际的行为规范。

4. 整合领导与员工间的观念

美国最大的证券公司——美林（Merrill Lynch）公司名誉董事长丹·塔利说："首席执行官应当做什么？在以往成功的基础上努力进取。在这一过程中，你要保持和发扬公司已有的核心价值（观）。"实行基于价值观的管理，关键在于塑造共同价值观，难点在于把企业价值观变为全体员工的共同价值观。

研究发现，不同的民族在对待权威、集体、规范、事业、长远利益等方面的态度存在差别，而一个人的价值观在他10岁左右时就已被潜移默化地大体上形成了。当他加入企业后,如果其价值观与该企业原有成员之间差别不大,则他会较快地接受该企业的文化,否则就容易产生文化冲突,造成管理上的困难。由于企业成员原有价值观的改造需要较长期的努力,故管理者一方面要善于协调不同成员间在价值观上的差异,尽可能"求同存异",另一方面则要善于用企业的价值观来统率各个职工的价值观,引导他们识大体、顾大局,为实现企业的战略目标而共同奋斗。

企业价值观变为员工群体的共同价值观,最主要的方法就是进行教育和培训,从通用电气、海尔等中外企业的实践中,都证明了这一步骤的重要性。如惠普公司总裁路·普莱特所说:"我花了大量的时间宣传价值观念,而不是制订公司发展战略,谈论价值观与单纯管理的效果是完全不同的。企业文化管理才是公司管理中至关重要的一步。明确了这一点,其他事情就迎刃而解了。"

建立相应的企业文化,形成共同价值观的支持系统。这也是不可缺少的工作。企业制度对共同价值观的作用影响很大,存在决定意识,且不同的制度强化不同的价值观。企业内部的管理制度,对员工来讲是外加的行为规范,它与内在群体价值观是否一致,可以说明企业家是否真正确立了文化管理观念。宝洁公司原董事长兼CEO约翰·佩珀说:"我们的原则和价值观就是我们的生活标准,但是在我们的事业中,还需要一种更快、更强、乐于冒险的精神。我们近几年的重组就是要构建这样一种文化。"

独特的美雪集团企业文化

北京美雪民宝实业集团是民营股份制企业。经过12年的艰苦奋斗,企业迅速发展成为集餐饮、旅游产业、农业开发、房地产开发和商工贸并举的大型企业集团。拥有资产4.2亿元人民币,下属21家企业,职工3 000余人,分布在北京、河北、海南、宁夏、上海、陕西等地。

创业之初,公司既无雄厚的资金,也无强大的靠山,也不靠非法经营、图谋暴利,却在短短的时间内获得骄人的成绩,其原因在于企业重视经济文化一体化发展,一手抓经营管理,一手抓企业文化建设。在艰苦创业的过程中,不断总结经验教训,继承和弘扬我国传统的优秀文化,紧密结合自己的实际,逐步形成全体员工共识的"勤忍诚和"的企业精神。

"勤忍诚和"四个字是美雪集团的企业精神和企业文化的核心,它凝聚着集团公司全体员工在创业实践中辛勤的汗水和智慧。四字互相联系,是辩证的统一。以勤为本,以诚为魂,以忍求和,团结共事,共创大业,这是全体员工共同遵守的行为准则和规范要求。

勤,简单地说,就是勤劳、勤勉、勤奋、勤恳。人生在勤,人类社会之所以能够生存和发展,就是由于人类是勤劳的。集团管理者常说,餐饮业就是勤劳行业,成功的事业是干出来的。他常用"业精于勤,勤能补拙""一勤天下无难事"等古训来教育大家,这些已成为各部门经理和全体员工的座右铭。要求别人做的,自己总是率先垂范、身体力行。要求经理们比别人起得早,计划安排好当天的工作,睡得要比别人晚,总结好当天的工作,以勤为首,努力管理好企业。员工在企业中要善于观察和把握顾客的需求,乃至顾客细微的心理变化,要做到脑勤、眼勤、口勤、手勤、腿勤,以"五勤"为顾客提供恰到好处的服务。例如,有一次一位顾客就餐时不慎将筷子掉在地上。刚要弯腰去捡,服务员已将一双新筷子送到眼前。有一次,一位顾客坐的椅子出了问题,就在椅子倾斜、顾客将要摔倒的一刹那,工作人员眼疾手快,一手抱住顾客,一手将另一把椅子拖来放好,让顾客安全落座。这些眼勤、手勤、腿勤的小小举动,赢得的是顾客的喝彩与赞许,带来的是有口皆碑的企业声誉。

忍,就是容忍、宽容、忍耐。孔夫子说"小不忍则乱大谋",毛泽东同志曾指出:在非原则问题上要"求大同,存小异"。要干事业,就需要团结更多的人一起奋斗。容忍是中华民族的美德,有人认为忍耐是怯懦的表现,这种认识是片面的。在日常小事上要求同存异,互谅互让,古人云"忍一时风平浪静,退一步海阔天空"。搞事业需要有奋斗精神,也需要忍耐的精神,"忍"是搞好内部团结和外部关系的一种好的方法和必要的手段。时时、事事、处处都会有矛盾,没有矛盾就没有世界。特别在改革开放不断深化的今天,由于认识能力等原因,不同的人对各种问题的看法和处理手段各异,如果不忍让宽容,搞好团结就是不可能的。对顾客来说,常常会因口味或其他各种原因提出换花样,公司要求服务人员遇到这样的情况,要立刻为顾客换菜,一次不满意,就两次,乃至三次,直到顾客满意为止。这样虽给企业带来一时的损失,但却能使顾客体会到公司在真心实意地为他们服务,使顾客与企业的关系更加和谐与融洽。如果不忍一时之愤,与顾客争吵,一时失言、失态,即有损企业形象,并影响和顾客的关系。集团管理者把"百忍堂中有太和"写成条幅挂在墙上,作为内外共事的格言,并经常以此教育员工。可见忍让的精神如同一种胶合剂,可以及时弥补、融合内部和外部人际关系中出现的裂痕,使大家互相理解、互相支持、团结奋进、共创大业。忍让不仅是一种崇高的美德和高尚的品质,还是意志的升华,同时也体现了一个人的涵养和胸怀。

诚,就是真诚实在,就是对企业、对国家、对人民都要忠诚。它体现在人与人之间的互相尊重上,体现在企业员工对顾客的尊重上,诚心诚意地为顾客服务,就是全心全意地为人民服务。

诚在企业精神中充分地体现了诚信兴商的道德观念。精诚所至,金石为开,以诚待客,以信待人,是对"无商不奸"的旧观念的摒弃。诚实是一个人的立身之本,也是企业的立业之本。人生活在互相信任、以诚相待的环境中,就会产生一种向心力,使其更加忠于职守。集团管理者历来强调与人为善,诚恳待人。只有真诚才能赢得八方来客,只有以"公平交易,童叟无欺"为原则,以顾客满意为标准,才能长久地获得良好的经济效益和社会效益,求得企业的大发展。所谓"宾至如归",不仅要让顾客品尝到美味可口的饭菜,还应让顾客得到高品位的精神享受。

把这些古今的优秀思想、传统道德运用在对企业的经营管理方面,真诚地爱护每个员工,把他们作为公司的亲兄弟姐妹,公司尽量帮助大家解决困难和问题。把员工的冷暖挂在心上,急其所急,想其所想,只要有人找公司帮忙,公司都尽力而为。公司领导还经常注意发现员工的困难,并主动帮其解决。

和,就是和谐、团结,就是同心同德、齐心协力。团结人是一种领导才能和领导艺术,公司总经理在1986年提出的口号是:"全体员工要把顾客视为上帝,管理人员要把员工视为上帝。"处理好这两个"上帝"的关系,就是处理好了企业内部和外部的两种关系。要求干部不仅要关心员工的疾苦,而且要尊重员工的人格,赢得员工的心,形成和谐的上下关系和内外关系。

人和万事兴。天时不如地利,地利不如人和。天时地利是外因,可遇不可求;人和是内因,自己可以创造,是力量的源泉。

怎样创造人和呢?首先是领导要真诚地对待员工,努力创造温暖和谐的大家庭。人们之间的互相信任与尊重是求得人和的基点。集团管理者经常给大家讲,人到一起是缘分,大家要和睦相处,真诚相待。这样才能说话讲真话,干活出实力,才会使员工队伍充满活力,使每个人的创造精神和聪明才智都得到充分的发挥,让每个人的积极性都得到充分的调动。每个员工才会自觉用自己的言行维护企业的利益,展示企业的形象。

创业需要人和,守业需要人和,发展事业更需要人和。在顺境中需要人和,在逆境中更需要人和。美雪集团每前进一步,每取得一个成就都离不开人和。在团结工作中,公司注意做好以下四点工作。一是严格管理与思想教育相结合。"和"绝不是无原则的捏合,搞企业一味"和气"是不能成功的。尤其是在管理工作中,该严则必严,既要进行耐心的思想教育,也要进行严格的行政管理,才能达到团结的目的。二是处理问题要调查研究,实事求是,力求公正、客观。古人云"人平不语,水平不流",员工心平气和,才能团结协调,努力工作。三是预防为主,及时发现和解决问题。要见微知著,抓好苗头,及时正确地处理矛盾,不要等矛盾激化。四是不断学习、总结、提高团结人的本领。团结的工作做好了,就会产生神奇的"磁石效应",就会增强凝聚力、向心力,这是事业成功不可缺少的要素之一。公司在创业的经营管理实践中,总结出管理人员搞好团结工作的八条经验:①以与人为善为待人原则,以图谋大业团结更多的人共同奋斗;②"容人之短,用人之长",豁达大度,该忍耐时则忍耐,求同存异,团结共事;③谦虚谨慎,戒骄戒躁;④正职主管要有民主意识,副职助手要有当好配角的意识,以全局利益为重,相互配合,协同工作;⑤反对山头主义和小团体意识,要广泛的团结;⑥反对自由主义,正确开展批评与自我批评;⑦加强协作,特别是在意见不同的情况下,在认识上虽有分歧,但工作上要协作,这就是从全局出发求同存异;⑧待人诚实,设身处地,推心置腹,才能赢得朋友的信任和企业的信誉。团结工作搞好了,事业的成功就有了可靠的保证。

二、对企业未来文化的把握

对企业未来文化的把握,主要是指企业文化要与企业战略发展相一致,与社会发展相一致。公司战略的目标定位、战略选择都会对企业文化产生一定的影响。比如,某一种生产导向的经营理念,无法迎接日益激烈的市场竞争;另一种纯技术路线,也很难在市场上立足。企业文化还需要企业家结合自身的战略目标和对未来竞争态势的判断,进行相应的企业文化建设。

企业文化的理念层是全体员工的基本信念、核心价值观、道德标准以及企业应该提倡的精神风貌,它集中表明企业对未来的判断和战略选择,从这个意义上讲,理念层设计是企业文化的灵魂。从未来着眼是理念层设计的关键,企业家要注意以下几个重大理念设计。

(1) 企业愿景设计

企业愿景设计也称企业理想或共同目标,它表明企业全体员工的共同追求,它既是一切活动的目标,也是凝聚人心的根本,所谓"志同"才能"道合"。在企业愿景表达方面,立意要高,谋虑要远,仅仅表达出企业在经济方面的奋斗目标是不够的,还要有对企业社会价值的认识和未来企业的定位。比如,"建国内一流企业,工业报国","打造世界知名品牌,为人类创造美好生活"等。

(2) 企业宗旨设计

企业宗旨又称使命设计或企业责任,它表明企业存在的价值和对企业各方面的责任义务。一般来说,企业利益的相关方外乎国家、民族、股东、上级单位、社会、顾客、供应商、竞争者等几方面,企业的责任表达不能完全局限于"为用户服务""让顾客满意",还要承担起"国家强盛、民族振兴"的重任,这样,企业宗旨才会有巨大的感召作用。

(3) 企业核心价值观设计

企业核心价值观又称共同信念或信仰，它是大家都认同的对人、对事、对物的价值判断标准。企业价值观可以是一条，也可以是一个谱系，有些企业把价值观表达成"××观"，如"义利观""学习观"等。学习型组织是未来组织的发展方向，企业只有不断创新，才能在市场竞争中处于不败地位，在企业价值观设计中，需要表达在未来竞争中的这种素质要求，因此，许多企业把"强学力行"作为企业的核心价值观。

(4) 企业精神设计

企业精神是企业为实现共同愿景，必须具有的群体精神风貌，这种精神常用"某某精神"或英雄人物来表达。企业精神的设计要体现企业未来的定位，更好地塑造企业未来的公众形象。比如，北京公交"一心为乘客，服务最光荣"的精神，就是服务标兵李素丽的形象概括，它对所有员工的行为具有潜移默化的影响。

(5) 企业哲学设计

企业哲学是对企业发展动力的哲学思考，表明企业靠什么安身立命，一般表达成"××哲学"，然后进行解释。企业哲学的设计过程，反映的是对企业动力的思考过程。对企业而言，要充分考虑未来企业缺乏什么，要能较好地反映出企业未来发展的要求。比如，人本哲学、日新哲学、玻璃哲学、流水哲学，等等。

(6) 企业经营理念设计

企业经营理念设计是企业对经营活动的基本思考，通常表现为"××第一""以××为××"等形式。企业经营理念的设计，实际上是一系列选择的排序问题，比如生产型企业要强调成本意识、安全意识、效率意识、质量意识等方面。经营理念的设计，必须从企业战略出发来，是生产导向、技术导向、还是市场导向，直接影响着企业的进一步发展。需要注意的是，通过企业家对企业未来的判断，经营理念要突出重点，有所侧重才能有所提高，什么都强调的结果是什么都很难提高。

三、企业文化三个层次的设计

企业文化是一个有层次的体系，它的内部结构相对固定，但所含内容却千差万别，体现出不同企业的鲜明个性，这也是企业文化的魅力所在。在企业文化的设计中，要有所侧重，有所取舍，确保企业文化的理念层、制度/行为层和符号层三个层次的内在逻辑关系。

(一) 观念层的设计

进行企业文化观念层设计，就是按照有关的程序总结提炼或确定观念层次的各个要素并表达出来，使之构成一个完整的理念体系。由于观念层次是企业文化的核心和灵魂，是制度层、符号层的统帅，因此，企业文化观念层的设计既是企业目标文化设计的首要任务，又是设计的重点和关键。

观念层包含了丰富的内容，如最高目标、核心价值观、企业哲学、经营理念、管理模式等，下面我们将一一介绍。

1. **企业目标与愿景设计**

企业目标是指在一定时期以内，企业生产经营管理活动预期要达到的成效或结果。

没有目标的企业是没有希望的企业。韩国现代财团创办人郑周永曾指出："没有目标信念的人是经不起风浪的。由许多人组成的企业更是如此。以谋生为目的而结成的团体或企业是没有前途的。"因此,设定和确立企业目标,是企业文化理念层设计的重中之重。企业目标与愿景的设计要遵循以下步骤和方法。

1) 企业内外环境和条件分析

正如孙子所说的"天时、地利、人和",在设定企业目标之前必须首先弄清楚企业所处的外部政治环境、经济环境和文化环境等社会环境状况,竞争者、合作者等关系利益者的情况,以及企业自身的现状和未来可能达到的状况。只有对这些决定企业生存发展的内外环境条件有一个全面准确地把握,才能实事求是地确定出可能实现的企业目标,做到"知己知彼,百战不殆"。

企业环境和条件分析一般包括下述内容。

①企业所处的经济环境、政治环境、文化环境等整个社会环境的分析。

②产业和行业发展状况分析。

③对竞争者、合作者、销售商及其他关系利益者的分析。

④企业内部因素的分析。

2) 设定企业的最高目标与愿景

企业最高目标(即愿景)是全体员工的共同追求,是全体员工共同价值观的集中体现。只有确立了最高目标,才能够确定整个目标体系,确定企业的其他理念层要素。企业的奋斗目标,往往是企业最高决策层根据企业内外环境条件而提出的,是主要领导者和整个决策层的战略决心的集中反映。决策层提出的企业奋斗目标,还必须通过反复的宣传才能被全体员工所认同。

企业到底如何确定自己的最高目标呢?国内外的许多企业给我们一些有益的启示。

日本松下电器公司的创办人松下幸之助指出,"如果公司没有把促进社会繁荣当作目标,而只是为了利润而经营,那就没有意义了"。为此,他把"工业报国"作为社训,提出"认清我们作为工业家所应尽职责是,鼓励进步,增进社会福利,并致力于促进世界文化的进一步发展"。

中国自改革开放以来,很多企业也树立了企业的最高目标。例如,长虹集团把"产业报国,民族昌盛"作为自己的最高目标,四通公司以"中国的IBM,世界的四通"作为企业目标,衡水电机股份有限公司(以下简称"衡水电机")把"阔步世界,兴业报国"树立为最高目标,海尔集团则把"创造中国的世界名牌"定为企业目标。

企业愿景在内容上与企业最高目标是相同的,只是它更强调员工对目标的认同。企业愿景的定义是:企业全体员工所接受和认同的最高目标。由于这个认同过程很漫长,所以经常经历多次修改。

以微软公司和英特尔公司为例,它们初期的愿景并不明晰,等到公司达到一定规模时,愿景已经改了两三次。

企业愿景的设计与建立,往往包括以下要点。

①把个人愿景作为共同愿景的基础。

②按照自下而上的顺序来进行整合。

③反复酝酿,不断提炼和充实。加拿大的创新顾问公司总裁史密斯(Bryan J. Smith)提出,建立共同愿景需要经历五个阶段——告知、推销、测试、咨商和共同创造。其强调的是:无论企业愿景是谁提出的,都应使之成为一个企业上下反复酝酿、不断提炼的分享过程。

④注意说服和沟通。当共同愿景和个人愿景确实出现不协调时,如果经过反复说服、沟通均无效时,也可请个别人重新考虑企业中的前途,或请其"另谋高就"。这样做是为了使少数不

认同者避免被看作是对共同愿景的背叛。

当然,企业愿景的设计与建立并没有统一的路径和步骤,应根据不同企业的自身特点和内外环境(例如所在行业、员工状况、企业规模等因素)来量身设计。

3)设计企业的多目标体系

企业只有最高目标,显然是远远不够的,还必须在最高目标下面制定更详细具体的目标组合,形成完整的、可以逐步实现的目标系统。在企业最高目标下面,一般分为若干与企业战略密切相关的目标组合。

①方向组合:企业是社会组织,任何企业的奋斗目标都不是单一的目标,而是在多个目标方向上的目标所组成的目标体系。

②层次组合:即按层次划分为战略目标、管理目标和作业目标。

③结构组合:即按企业组织结构划分为企业目标、部门目标和员工个人目标。

④时间组合:即按时间划分为长期目标、中期目标和近期(短期)目标等。

目前,世界上一切先进的、现代的企业,毫无例外地摒弃了"经济利益最大化"这种单一目标模式,而是树立一种将企业的经济动机与社会责任相结合的多目标模式,企业目标实现了从单一目标向多目标体系的转变(见图 5-1)。美国惠普公司提出的"利润、客户、感兴趣的领域、增长、人(育人)、管理、好公民(社会责任)"7个目标体系便是对多目标模式的最佳阐释。

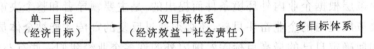

图 5-1 企业目标的变化过程

在构建企业的多目标模式、实现方向组合以后,还应该在企业最高目标的统率下,结合企业发展战略,尽快设计完成不同层次、不同部门、不同阶段的子目标系统,形成企业目标在层次、结构、时间等方面的有机组合。使企业最高目标以及长远目标、全局目标一步步成为现实。这7个目标体现了企业作为一个经济单位、科研单位、社会组织的多方面责任和追求。兼顾多个目标,并使其融为一体,正是一切成功企业的标志。

2. 企业核心价值观的设计

简单地说,价值观是一个人或组织判断是非的标准、态度。对于企业而言,企业价值观是企业目标定位的坐标原点,也是引导生产经营以及企业一切行为的无形的地图,因此它是构成企业文化观念层次的一个最重要元素,对观念层次的其他要素都有十分重要的影响。设计和形成企业价值观,也就成为企业文化设计和建设的基石。

尚无明确价值观表述的企业,或者新开办的企业,在进行企业文化建设时,都面临设计企业核心价值观的问题。所谓企业核心价值观,指在企业的价值观体系中处于核心位置的价值观,它决定了企业价值观的整体走向。

1)设计原则

①与企业最高目标(企业愿景)相协调。企业最高目标与企业核心价值观都是企业文化观念层次的核心内容,二者之间必须保持相互协调的关系。

②与社会主导价值观相适应。如果不能与社会主导价值观相适应,则在企业价值观导向下的企业行为难免与周围的环境产生这样那样的冲突,影响企业的发展。

③充分反映企业家价值观。因为企业家价值观是企业(群体)价值观的主要来源和影响因

素,所以如果不能充分反映企业家的价值观,势必导致企业经营管理活动的混乱。

④与员工的个人价值观相结合。企业价值观不能脱离多数员工的个人价值观,否则难以实现群体化,也就不能成为员工的行动指南。

2)设计步骤

核心价值观的设计步骤有四点。(见图5-2)

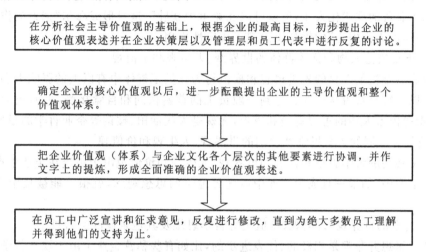

图5-2 核心价值观的设计步骤

3)企业核心价值观的实例

IBM公司有三条核心价值观:第一,尊重个人;第二,顾客至上;第三,追求卓越。几十年来,企业外部环境发生了巨大的变化,但这三条价值观在IBM却始终不变,不但激励着员工创造出质量最好的产品,而且创造出使用户满意的最佳服务。

惠普公司的核心价值观是:我们信任和尊重个人,我们追求卓越的成就与贡献,我们在经营活动中坚持诚实与正直,我们靠团队精神达到我们的共同目标,我们鼓励灵活性和创造性。

河北衡水电机的"劳动最光荣"的核心价值观,就是在人与自然界和人类社会的价值判断上坚持"劳动创造世界"的结果。

企业核心价值观与企业理念层次的其他要素相比,虽然是最为稳定的部分,但它并不是一成不变的,而是需要及时进行更新的。企业核心价值观的更新实际上就是在原有价值观的基础上,进行重新设计。

3. 企业哲学的设计

哲学是关于世界观的学说,是自然知识和社会知识的概括和总结。企业哲学是从企业实践中抽象出来的、关于企业的一切活动本质和基本规律的学说,是企业经营管理经验和理论的高度总结和概括,是企业家对企业经营管理的哲学思考。

企业哲学到底要回答什么基本问题?企业运行的基本的、深层次的、带普遍性的规律和原则有哪些?简言之,到底要把哪些东西作为企业哲学的内容?我们认为,企业哲学必须要回答的基本问题是"企业如何赢得竞争优势""企业基本的思维方式"等问题。

同企业理念层次的其他要素一样,企业哲学最根本的来源毫无疑问是企业领导和广大员工的工作和生活实践。但由于企业哲学的特殊性,其具体的、现实的、直接的来源主要是下述四方面。

1) 企业家自身的哲学思维,特别是其世界观、人生观、价值观

由于企业家自觉和不自觉地用自身的世界观、人生观、价值观来指导自身的行为(包括企业管理工作和工作之外的日常生活),因而容易在企业范围内形成共识而被确定为企业哲学。海尔集团总裁张瑞敏对人与企业的关系有很深入的哲学思考,曾撰文指出"现代化首先是人的现代化,现代化的主体是人,现代化的目的也是为了人,因此人的意识和价值就有着特殊的地位,谁拥有了德才兼备的现代化人才,谁就可以在竞争中获胜",这对形成海尔"把人当作主体,把人当作目的,一切以人为中心"的哲学思想起了决定性作用。

2) 企业英雄模范人物和优秀群体的世界观、人生观和价值观

由于企业英雄模范人物的先进思想和模范行为在员工群体中有巨大的影响力和感召力,通过挖掘提炼以后容易获得从企业领导到一般员工的普遍认同和自觉接受,进而成为企业哲学。王进喜、孟泰等模范人物的思想觉悟和境界,无疑是大庆油田、鞍钢等企业哲学的重要来源。

3) 多数员工共同的哲学思维和他们的世界观、人生观和价值观

多数员工共同的哲学思维和他们的世界观、人生观和价值观由于渗透在企业生产、经营、管理等各方面工作中,如果一旦成为企业中占优势地位的思想观念,就很可能被集中浓缩为企业哲学。

4) 社会公众的世界观、人生观、价值观等哲学思维及其他企业的经营哲学

社会潮流思想并非都是积极的、代表进步的,比如有些私营企业主由于缺乏哲学思维、无法揭示企业经营管理的科学规律,经常拜财神,以为赚钱都是靠财运,这样的"财神哲学"在本质上是反科学的封建思想。

中国古代哲学思想、马克思主义哲学、西方现代哲学思想是企业哲学的重要来源,但这些哲学思想必须首先被企业家和员工掌握以后,才能应用到企业。

分析企业哲学的直接来源,其实就是指出了提炼企业哲学的基本方法,剩下的就是如何用具有"哲学味道"或"理论色彩"的精彩语言将其表达出来的问题了。

下面是几家国内外企业的企业哲学示范:

①顺应天时,借助地利,营造人和(衡水电机);
②在制造产品之前必须制造人才(北京·松下彩色显像管有限公司);
③企业兴盛,队伍为本(山西阳泉矿务局);
④开拓则生,守旧则死(深圳光明华侨电子公司);
⑤不断改变现状,视今天为落后(二汽集团);
⑥为明天而工作(上海电站辅机厂);
⑦仁心待人,严格待事(瑞士劳力士手表公司);
⑧创新经营,全球观点(日本本田技研公司);
⑨开发就是经营(日本卡西欧公司);
⑩以科学技术为经、合理管理为纬(日本丰田公司);
⑪第一主义;服务是人生的最高道德;人的管理是所有管理中最重要的一环(韩国三星集团)。

4. 企业经营理念的设计

"经营理念"一词最早来自日本企业。其内涵可归纳为四个方面:第一,经营理念是对企业使命、宗旨的价值规范,它规范了企业作为特殊社会组织的责任;第二,经营理念是企业发展目

标的指南,它指明企业前进的道路和发展方向;第三,经营理念是企业经营决策的指导思想和思维方法;第四,经营理念是企业文化的重要组成部分,是企业经营的价值取向,是凝聚和统率企业员工行为的经营价值观。

中国国内对于"企业经营理念"的阐释众多,主要可以概括为广义和狭义两类。广义的泛指企业文化的理念层次,包括企业目标、价值观、企业精神、企业道德、企业作风、企业管理模式等。狭义的则一般是指在企业哲学和企业价值观的导向下,企业为实现最高目标而确定的经营宗旨、经营发展原则、经营思路等。本节所指的企业经营理念应该限于狭义的内涵。企业经营理念的设计遵循如下步骤。

1) 确定经营理念的表达范围和重点

企业经营理念的覆盖范围很广,而任何一个企业都难以面面俱到地把所有内容都加以阐述,因此设计经营理念时必须先明确表达重点,即必须确定经营理念的表达范围——是强调经营方针、经营思路,还是经营的政策?还是都包括在内?

一般来说,表达的内容越多、越全面,文字也就越长,重点就越不突出。江苏春兰集团(以下简称"春兰")的经营理念"三个在于,一个必须"——春兰生存的空间在于整个世界;春兰的生命力在于适应市场;春兰的管理精髓在于不断挖掘潜力;春兰必须竭诚地为社会提供优良服务,促使资产增值,造福于人类社会。该表述阐明了企业的发展观、发展思路和经营方针,应该说是一个覆盖面较大,但重点还是比较明确的经营理念。

2) 确定经营理念的表达结构

经营理念通常还存在一个表达结构的问题。所谓经营理念的表达结构,按照日本企业家的理解,分为外在和内在两个方面。外在的经营理念表达方式主要是指企业的经营价值形象,日本企业家称之为"经营姿势"——就是企业对外界的宣言,目的是让外界了解企业或企业经营者真正的价值观。由于企业存在的意义是抽象的,因而作为"经营姿势"的企业理念则应有较具体的表达形式,它显示企业实际运作的倾向性,以及企业的存在感和魅力。

内在的经营理念表达方式主要指企业的经营行为规范,它是对企业经营理念的行为表达。应当指出的是,经营行为规范在经营理念表达结构中处于基础性地位。通俗地讲,如果企业员工没有一个经营理念去统帅行为规范,而且不能在功能、成本和价值上体现出竞争力,那么,再好的"经营姿势"也只是姿势而已。

可见,经营理念结构的外在部分是企业文化理念层的内容,而其内在部分则是制度/行为层的设计内容。

3) 确定经营理念的表达内容

如何表达企业经营理念,让社会和内部员工能够清楚地了解企业的经营思路、方针、政策等,是设计的关键。尽管经营理念因具体企业不同而千差万别,但是它仍有许多共同点,下面列举若干企业的经营理念,供参考。

日本优秀企业的经营理念的共性内容:①面向公众意识;②人本主义思想;③不断创新精神;④珍惜信誉思想;⑤明确使命思想;⑥服务导向思想。

通用电气公司(GE)杰克·韦尔奇的六条经营理念分别是:①掌握自己的命运,否则将受人掌握;②面对现实,不要生活在过去或幻想之中;③坦诚待人;④不要只是管理,要学会领导;⑤在被迫改革之前就进行改革;⑥若无竞争优势,切勿与之竞争。

事实上,每一个企业都有自己独特的经营理念。如日本松下集团的"给顾客们最想要的",

顾客至上的思想,就是松下集团的经营理念。被人们称之为"日本经营之神"的松下幸之助,经常问他的员工,"若你是松下的客户,请问你会要求松下给你怎样的服务?"就要求员工按照自己的回答,去满足这些意见和想法,从而取得了松下集团的成功。丰田汽车公司(以下简称"丰田")的经营原则——以科学技术为经,以合理管理为纬;丰田的生产方式——无库存,即时生产的方式;其基本指导思想是:杜绝任何浪费,最大限度地降低生产成本,提高劳动生产率;丰田的座右铭——从干毛巾中也要拧出水来。

其实,美国的企业也有自己的经营理念,如国际商业机器公司(以下简称"IBM")的"IBM就是服务";通用电气(GE)的"进步是我们最重要的产品";杜邦公司的"以优良的化学产品提升生活素质";惠普公司的"惠普之道"和"休一帕作风"所推崇的"宁愿不当第一,但质量超过第一"等,都是这些企业的经营理念。

我国的企业也有自己的经营理念,如海尔经营理念——企业现代化,市场全球化,经营规模化;北京蓝岛大厦经营理念——商品以质取胜,经营以特取胜,服务以情取胜,购物以便取胜,环境以雅取胜,功能以全取胜;东风汽车经营理念——关怀每一个人,关爱每一部车;张裕集团经营方针为"三高三大"——高素质、高质量、高品位、大品牌、大市场、大营销。

5. 企业管理理念的设计

企业文化是管理文化。最能体现企业文化的管理属性的,就是企业的管理模式。管理模式是对企业管理思路的高度概括,是企业管理特色的集中反映。选择什么样的管理模式,是企业观念层次设计的重要内容。对管理模式的设计,我们采取以下步骤。

1) 管理模式的影响因素分析

不同的企业,之所以形成或者选择了不同的管理模式,主要在于它们管理所涉及的许多方面存在的差别。这些影响企业管理模式的因素主要有以下几点。

①企业核心价值观。企业核心价值观是管理模式的灵魂,而管理模式则是企业核心价值观的外化。此外,工作价值观对管理模式的影响最为突出。当企业工作价值观更新时,必然导致企业管理模式的变革。

②工作形式和劳动结构。企业的增殖活动都是员工劳动的结果,因此工作形式(作业方式、不同工作之间的依赖程度以及不同作业方式的比重)和劳动结构(如脑力劳动和体力劳动的比重、创造性劳动在整个劳动构成中的比重等),将直接导致管理模式的不同。

③员工的群体结构和差异性。员工群体的知识水平、能力素质、工作经历和经验等方面的整体情况,以及员工个体之间在这些方面的差异度,都会对管理模式有较大的影响。其中,企业主要领导者的素质、能力、经验、作风等的影响尤为明显。

④企业的组织形式和一体化程度。组织形式具体涉及组织规模、组织结构类型和层次、组织的内部联系等。

⑤管理职能中控制职能的比重和方式。

⑥分配方式和报酬标准。

⑦冲突的宽容度。

⑧风险承受度。

⑨系统的开放度,等等。

2) 企业管理模式的设计原则

以核心价值观和工作价值观为导向,从企业实际出发,是设计企业管理模式的基本原则。

下面列举工作价值观的主要内容和两组极端的类型(见表5-2),企业必须在其中每一个方面都要做出选择。每个方面选择的结果可能是某一种极端类型,也可以介乎两者之间。

表5-2 工作价值观的主要内容

管理导向	工作价值观的两组极端类型	
	工作导向	关系导向
管理目的	效率第一	关系第一
领导作风	专制	民主
控制特点	严	宽
激励特点	物质激励为主	精神激励为主
权力倾向	崇尚职位权力	崇尚个人权力

3) 企业管理模式的确定

对工作价值观所做的选择结果,就构成了企业管理模式的基本内容。然而要最终确定一个企业的管理模式,还应做下述工作:

①与企业文化观念层次的其他要素进行协调;
②建立与之相适应的企业制度体系;
③接受企业管理实践的检验,并在实践中不断完善。

成功的案例有很多,如 GE 的管理模式如下。

①大公司的形象,小公司的管理——克服恐龙症,组织扁平化;像小公司那样和谐、亲切、坦诚的人际关系;让每个人都有参与机会;简单明快的沟通;鼓励不同意见的争论;像小公司那样直接面对顾客,全力为其服务。

②无边界管理——鼓励打破部门界限,广泛采用矩阵式组织和项目小组制,培养团队精神。

③对事业部高度授权,但资金高度集权——事业部自主经营,但不是独立法人,销售收入归入公司统一账户,不能有"利润留存",也不能与公司"利润分成"。

6. 企业精神设计

人活着,就要有一点精神。企业成员也应该有一种精神——企业精神。企业精神是随着企业的发展而逐步形成并固化下来的,是对企业现有观念意识、传统习惯、行为方式中积极因素的总结、提炼和倡导,是企业文化发展到一定阶段的必然产物。因此,设计企业精神,首先要尊重广大员工在实践中迸发出来的积极的精神状态,要恪守企业共同价值观和最高目标、不背离企业哲学的主要原则,要体现时代精神、体现现代化大生产对员工精神面貌的总体要求。以此为指导思想设计出来的企业精神,方能"既来源于生活又高于生活",成为鼓舞全体员工,为实现企业最高目标而奋斗的强大精神动力。

明确了总的设计思路,企业精神的设计就比较容易了。但是从方法的角度来讲,并无固定程式,因此下面介绍的一些具体做法仅供参考。

1) 员工调查法

把可以作为企业精神的若干候选要素罗列出来,在管理人员和普通员工中进行广泛的调查,大家根据自身的体会和感受发表赞同或不赞同的意见并最好讲明理由,再根据员工群体的意见决定取舍而定。这种办法一般在更新企业文化时采用,缺点是需要花费较长的时间和较大

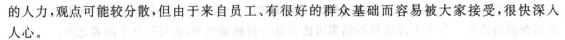

的人力,观点可能较分散,但由于来自员工、有很好的群众基础而容易被大家接受,很快深入人心。

2) 典型分析法

每一个企业都有自己的企业英雄(或先进工作者之类),这些英雄人物的身上往往能够凝聚和体现企业最需要的精神因素,因此对这些英雄人物的思想和行为进行全面深入的分析和研究,不难确定企业精神。这种办法工作量较前一种办法小、也容易被员工接受,但在企业英雄不是非常突出时,选取对象比较困难、不易把握。

3) 领导决定法

企业领导者由于站在企业发展全局的高度思考问题,加之他们对企业历史、现状的了解比较深入,因此由企业领导者(或领导层)来决定企业精神也不失为一种办法。此法最为高效快捷,但却受领导者个人素质的影响较大,在推行的时候宣讲工作量较大。

4) 专家咨询法

将企业的历史现状、存在的问题及经营战略等资料提供给对企业文化有深入研究的管理学家或管理顾问公司,由他们在企业中进行独立的调查,获得员工精神风貌的第一手资料,再根据所掌握的规律原则和建设企业文化的经验,设计出符合企业发展需要的企业精神。这种办法确定的企业精神站得高、看得远,能够反映企业管理最先进的水平,但局限于专家对企业的了解程度,有时不一定能够很快被员工接受,因而宣讲落实的过程稍长。

这些方法各有优缺点,因此,在实际进行企业理念层设计时常以一种办法为主、辅以其他一两种办法,以弥补其不足。比如,在使用专家咨询法时,可以把专家请到企业来进行一些实地考察和调研,设计出来的企业精神就比较完善了。

许多企业的企业精神具有时代特点,如中国建行精神——团队精神、敬业精神、创新精神、奉献精神;招商银行精神风貌——勇于开拓,不断进取,朝气蓬勃,生机无限;具有三百多年历史的全聚德的企业精神——全而无缺,聚而不散,仁德至上;金蝶软件公司的金蝶精神——创新精神、职业精神、团队精神、服务精神。

7. 企业道德设计

企业道德是社会道德理念在企业中的具体反映。企业道德所调节的关系的复杂性决定这种道德理念不是单一的观念和要求,而是具有多方面、多层次的特点,是由一组道德观念因素组成的道德规范体系。由此,企业道德的设计要符合中华民族的优秀传统道德,要符合社会公德及家庭美德,更要突出本行业的职业道德特点。

企业道德体系的设计,一般可按下述方法和步骤进行。

第一步,确认企业的行业性质、事业范围,了解本行业组织或其他企业制定的有关职业道德要求,这是设计符合企业特点的道德体系的必要前提。

第二步,考察企业的每一类具体工作岗位,分析其工作性质及职责要求,在此基础上分别提出各类岗位最主要的道德规范要求。

第三步,汇总这些岗位的道德规范,选择出现频度最高的几条作为初步方案。

第四步,根据已经制定的企业目标、企业哲学、企业宗旨、企业精神,检查初步方案与已有理念是否符合、有无重复,不符合的要改正,重复则可去掉。

第五步,在管理层和员工代表中征求意见,看看是否最能反映企业事业发展对员工道德的要求,并反复推敲后确定。

一般来说，中国企业的企业道德体系不外乎由下述 10 方面内容构成，这些都是企业制定道德规范体系时应该参考和借鉴的。

1）忠诚

这是企业干部、员工首要的道德规范，它包括忠于国家、忠于企业、忠于职守。忠于国家指处理企业与国家的关系时，以国家、社会为重；忠于企业指处理员工与企业的关系时，以企业为重、以集体为重；忠于职守指员工对岗位工作的态度，要热爱本职工作，认真敬业。不忠于国家的人很难忠于企业，不忠于企业的人很难忠于职守。忠诚这种高尚的道德对社会上现存的那些为局部的眼前利益而损害国家、企业长远利益的不道德行为，是无情的鞭挞。

2）无私

无私指事事出以公心，在个人利益与集体、国家利益发生矛盾时，自觉以个人利益服从集体、国家的利益为准则。无私是做人做事最基本的道德规范，许多企业的企业道德、企业精神中所包含的"为公""献身""奉献"，都是对无私道德的倡导。

3）勤劳

劳动是人类生存和发展的基础，勤劳是人类共同推崇的基本道德。勤劳不仅是指体力的投入，还包括脑力和感情的投入。但由于长期计划经济体制下"铁饭碗""大锅饭"的影响，造成某些企业成员丧失了勤劳的美德，整天无所事事、聊天看报混日子。

4）节俭

人、财、物是一切企业的主要生产因素，节俭就是节约人力、物力、财力，绝不为讲排场、摆阔气而任意浪费。节俭、简朴是中华民族的又一个美德，不管企业是否需要增强实力，都不能抛弃前人留给我们的节俭这一宝贵财富。邯郸钢铁集团能够振兴，与其管理思想中"节俭、节约"的道德标准有很大关系。

5）团结

"和"是中华文化的一贯传统，团结就是注重人际关系的和谐，集体的同心同德。团结在企业中的具体体现就是强调"团结""协作""齐心""和谐"。团结就是力量，如果一个企业内部拉帮结派，搞"窝里斗"，那么无论多么先进的设备、多么高明的管理方法都无济于事。

6）廉洁

廉洁是企业成员的共同职业道德，实质是在本职工作中划清公、私的界限，绝不假公济私、徇私舞弊。

7）自强

自强是企业和全体成员对待困难和挑战积极的态度，是顽强拼搏、开拓进取精神在道德上的投影。现在我国一些企业正处在改革的阶段，需要这种自强的道德规范作激励，顽强地挑战市场。要使自强成为企业道德意识，必须逐步形成"为旗是夺，无功即过""自强则生，平庸则忘""进取光荣，退缩可耻"的荣辱观。

8）礼貌

礼貌是人际关系的行为准则和道德规范。对于现代化的企业而言，无论是对内的人际交往、还是对外的公共关系都日益频繁，实现有礼貌地交往，不仅是内求团结的需要，也是对外竞争的需要，更是搞好公共关系，树立良好企业形象的需要。中华民族自古乃礼仪之邦，中国的企业也应该成为礼仪之厂、礼仪之店，为社会主义精神文明建设做出积极贡献。

9) 遵纪

纪律是胜利的保证。厂规厂纪反映了社会化大生产的客观要求,是企业对员工外加的强制性的行为规范,遵守纪律是企业道德的重要组成部分。要使遵纪成为整个企业的道德规范,关键在于企业规章制度的健全,实行依法治厂、治企。

10) 守信

在中国古人倡导的"仁、义、礼、智、信"五德中,守信是一个基本的道德规范。市场经济是法治经济,不是"骗子经济"。现代化的企业越来越实行开放式经营,甚至于实行跨国界的全球化经营战略。企业与外界建立了许多合同关系,自然使得守信成为企业重要的道德标准。在许多企业理念中都有"信誉第一"的内容,关键是怎么落实。

世界上许多优秀企业都有严格的道德标准和道德理念,如 IBM 的商业道德——不批评竞争对手的产品,不破坏竞争对手签订的订单,不许贿赂。

8. **企业风气(作风)设计**

企业风气是通过员工的言行反映出来,成为影响企业文化理念层的一个重要因素。是否具有良好的企业风气,是衡量企业文化是否健康完善的重要标志。企业风气的核心成分是它在员工行为特征上的反映,即企业作风。因此,设计良好的企业作风,是形成健康企业风气、塑造良好企业形象的根本。企业风气(作风)设计的"三部曲"如下。

1) 对企业风气现状做全面深入的考察

对企业风气的考察重点是要认识企业现有的主要风气是什么样的。可以使用调查问卷、座谈访谈等进行普遍性的信息收集,也可以设计和安排一些试验,用来观察员工在对待工作和处理问题时的表现。深圳华为公司有一年端午节早餐每人发两个粽子,公司有关部门就通过这个机会进行暗访,结果仅其中一个员工餐厅就出现 20 起多拿事件,从而发现了企业风气中存在的问题。

2) 对企业现实风气进行认真区分

对企业现实风气的区分要注意区分其中哪些现象是个别现象、哪些现象是有可能形成风气、哪些现象已经形成了风气,其中哪些风气是企业要提倡的优良风气、哪些是企业反对的不良风气,并分析这些现象出现、风气形成的原因。对于其中的不良风气,企业应相对地提倡相关的良好风气来加以克制,这是设计企业风气的关键。

3) 结合企业内外环境,确定独具特色的企业作风

考察社会风气和其他企业的作风,挖掘本企业应该具有却尚未形成的良好风尚和作风,并结合前面两步,制定出本企业的企业作风表述。企业作风的表述应力求具有本企业的个性特色,避免千篇一律、千厂一面。部分企业的企业作风示例如下。

①认真负责,紧张严肃,尊干爱群,活泼乐观,刻苦学习(首都钢铁公司)。

②秩序纪律,文明礼貌,团结和谐,竞争效率(首钢长治钢铁有限公司)。

③快速反应,立即行动(海尔集团)。

④严、细、实、快(吉林化学工业股份有限公司)。

⑤高、严、细、实(兰州石化公司)。

⑥严谨,朴实(北京大华无线电仪器厂)。

⑦务实,求严,创新,文明(山东新华制药股份有限公司)。

⑧团结,勤奋,民主,文明(四川长虹)。

⑨严谨求实,艰苦奋斗,团结实干,拼搏创新(内蒙古第一机械集团公司)。

从上述可以看出,艰苦奋斗之风、团结之风、文明之风、严谨勤奋之风、深入细致之风、求实务实之风等是企业共有的优良作风。

9. 企业文化观念层设计的实例

1) 惠普公司(HP,以下简称"惠普")的企业文化——惠普之道

惠普的目标——利润,客户,业务领域,增长,员工,管理,公民。

惠普的价值观——我们信任和尊重个人;我们追求卓越的成就与贡献;我们在经营活动中坚持诚实与正直;我们靠团队精神达到我们的共同目标;我们鼓励灵活性和创造性。

惠普的经营策略和管理方式——走动式管理;目标管理;开放式管理;公开交流。

车库法则——相信自己能够改变世界;高效工作,工具箱永不上锁,随时为我所用,懂得何时独立工作,何时相互协作;不仅分享工具、还要分享思想;信任自己的伙伴,拒绝空谈、拒绝官僚;工作的优劣,让用户来判断;新奇的想法并非就是坏想法,勇于尝试一种新的工作方式;每天都须做出贡献,否则,车库将永远是车库;相信事在人为,只要同心协力不断地创造。

2) 国际商用机器公司(IBM 以下简称"IBM")的企业文化

IBM 的基本价值观——尊重个人;顾客至上;追求卓越。

IBM 的商业道德——不批评竞争对手的产品;不破坏竞争对手已签订的订单;不许贿赂。

IBM 的座右铭——诚实。

IBM 的公司口号——思考;和平;IBM 就是服务。

IBM 的制度——开门政策;丧失客户联合调查制度。

3) 海尔的企业文化

海尔文化的核心——创新的价值观。

海尔的文化观——有生于无。

海尔的目标——创中国的世界名牌,为民族争光。

海尔的精神——创造资源,美誉全球。

海尔的作风——人单合一,速决速胜。

海尔的管理模式——OEC 管理法,即每天对每人每件事进行全方位的控制和清理。

海尔的战略观——先谋势,后谋利。

海尔的市场链——市场无处不在,人人都有市场。

海尔的人才观——人人是人才,赛马不相马。

海尔的品牌营销理念——品牌是帆,用户为师。

海尔的服务观——企业生存的土壤是用户。

海尔的国际化理念——走出去、走进去、走上去。

海尔的管理之道——管理的本质不在于"知"而在于"行"。

海尔的形象——真诚到永远。

4) 华润(集团)有限公司的企业文化

华润的使命——通过坚定不移的改革与发展,把华润建设成为在主营行业有竞争力和领导地位的优秀国有控股企业,并实现股东价值和员工价值最大化。

华润的定位——华润是与大众生活息息相关的多元化企业。

华润的企业精神——诚信;团队;务实;积极;专业;创新。

华润的企业承诺——开放进取,以人为本,携手共创美好生活。

华润的企业标语——与您携手改变生活。

华润的核心价值观——诚信。

华润的价值观——业绩导向;人文精神;团队建设;创新求变。

华润的经营理念——集团多元化,利润中心专业化;独具华润特色的6S管理体系;致力于建立学习型组织;海纳百川,人才制胜。

(二)制度/行为层的设计

企业要有先进的企业文化观念层,更重要的是将这些企业文化观念要素在实践中加以贯彻和实施——这就必须依赖企业文化制度层的保证作用。系统地设计企业文化的制度层,形成科学合理的企业制度体系,是企业文化设计的一项重要任务。

企业文化制度层的设计也包括很多内容,主要是制度体系、企业风俗和员工行为规范。其中,企业制度体系又由工作制度、责任制度和特殊制度三部分组成。

1. 企业一般制度的设计

企业的一般制度包括:企业的工作制度和企业的责任制度。

1)工作制度设计

工作制度是指企业对各项工作运行程序的管理规定,是保证企业各项工作正常有序地开展的必要保证。工作制度具体有法人治理制度、生产管理制度、设备管理制度、财务管理制度、生活福利工作管理制度、奖励惩罚制度,等等。

工作制度对于企业的正常运行具有十分重要的作用,但由于其涉及的具体制度种类繁多,不可能一一作详述。

设计工作制度时,应遵循以下的原则。

(1)现代化原则——工作制度应该与现代企业制度相适应,体现科学管理的特征。对于股份制公司,要建立规范的法人治理制度和规范的财务管理制度、人力资源管理制度、技术管理制度、生产管理制度等。

(2)个性化原则——企业的工作制度还应有鲜明的个性。国有企业应坚持党委会制度、职工代表大会制度。工作制度应该体现行业特点、地区特点、企业特点,这样的工作制度才具有活力。

(3)合理化原则——企业的工作制度应该切合企业的实际,对企业现在的发展阶段而言,具有可行性、合理性。

(4)一致性原则——企业的工作制度应该相互配套,形成一个完整的制度体系。这些制度还应与企业核心价值观、管理模式、企业哲学相一致。

2)责任制度设计

大庆油田是新中国企业中比较早地建立岗位责任制的大型企业,他们的做法引起了许多企业的重视。后来,舞钢市大河钢铁继承和发展了大庆岗位责任制的经验,创建了内部经济责任制,从岗位经济责任制、专业经济责任制,进而发展到纵横连锁的企业内部经济责任制网格体系,较好地解决了企业和员工的关系。目前,各种形式的责任制度逐渐成为我国企业加强内部管理的重要制度,是构成企业制度体系不可缺少的一个方面。是否具备完善合理的责任制度,已经成为衡量企业管理水平高低的一个重要标准。

责任制度的基本做法是：按照责权利相结合的原则，将企业的目标体系以及保证企业目标得以实现的各项任务、措施、指标，层层分解，落实到单位和个人，全部纳入"包—保—核"的体系。这实际上是国际上通用的目标管理制度在中国的应用。

①包——就是采取纵向层层包的办法，把各项经济指标和工作要求，依次落实到每个单位、每个部门、每个岗位、每名员工身上。"包"的指导思想是化整为零，其实质是把企业大目标分解为看得见、做得到的每名员工个人的责任指标，通过每个员工的努力，在实现责任指标的过程中实现企业目标。

②保——就是纵向和横向实行互相保证，纵向指标分解后从下到上层层保证，横向把内部单位之间、岗位之间的具体协作要求，一件件落实到位。例如，河北衡水电机股份有限公司实行工序分解，一台电机的生产由几十道工序组成，由十几个车间负责。为防止工序脱节，该厂引入日本企业的"看板管理"，既保证各道工序有明确的生产目标，又有效地保证了不同工序之间的有机联系，使企业内部的生产责任制度成为一个和谐的责任体系。

③核——就是对企业内部每个单位、每个岗位的每项"包""保"责任都要进行严格考核，并与其经济利益和奖惩挂钩。"核"是责任制度的动力机制，保证"包"和"保"落到实处。如果只有"包"和"保"，而无"核"的环节，包和保都会毫无意义，整个责任制度也就沦为一纸空文。

企业责任制度的设计应遵循如下原则：

（1）责任分解要科学合理、公正公平；
（2）注意发挥员工的主观能动性；
（3）正确处理"包—保—核"的关系；
（4）正确处理责、权、利三者的关系。

2. 企业特殊制度的设计

特殊制度是企业文化建设发展到一定程度的反映，是企业文化个性特色的体现。与工作制度、责任制度相比，特殊制度更能体现企业文化的精神层。不同企业在实践中形成了不同的特殊制度，要简单地概括特殊制度设计的一般原则和方法是非常困难的，因此这里只能选取一些有代表性的特殊制度加以介绍。

1) 员工民主评议干部制度的设计

这一制度不但在国外一些先进企业里有，而且是我国许多国有企业或国有控股公司共有的一些特殊制度。其具体做法是定期由员工对干部、下级对上级进行评议，评议的结果作为衡量干部业绩、进行奖惩以及今后升降任免的重要依据之一。

民主评议的内容主要包括工作态度、工作能力、工作作风、工作成效等几个方面。根据不同企业和干部岗位分工的实际，评议内容可以提出更明确具体的项目。民主评议一般采取访谈、座谈、问卷调查等形式，其中无记名的问卷形式较能准确客观地反映员工的真实看法。对于民主评议的结果，尤其是普遍反映不佳的干部，应该进行认真的处理，包括进行末位淘汰。但是，也应考虑到一些特殊情况，例如：有些干部坚持原则、敢讲真话、敢于要求，往往因此得罪人而不能得到很好的评议结果。

干部接触最多的是下级干部和普通员工，对干部进行民主评议的结果往往能比较全面地反映一名干部的真实能力和表现。员工民主评议干部，是群众路线在企业管理工作中的集中体现。

2) 干部"五必访"制度的设计

"五必访"制度在一些企业里也叫"四必访""六必访",指企业领导和各级管理人员在员工生日、结婚、生子、生病、退休、死亡时要访问员工家庭。

被誉为"国有企业优秀带头人"的吉林化纤集团有限责任公司总经理傅万才,三次前往医院探望得了尿毒症的员工刘桂芝。病榻上的刘桂芝哽咽地说:"您多次来看我,太关心我了,想再看您一眼。"她接着颤抖着说:"我快要走了,扔下两个孩子放心不下,希望您能够把他们安排好。"傅万才说:"你放心吧,我一定安排好。"

全国五一劳动奖章获得者、河北衡水电机股份有限公司厂长吕吉泽在每一名员工过生日的那天,都亲自把定做的蛋糕送到员工手中,他还和企业的其他领导同志在员工生病住院、婚丧嫁娶时登门慰问或道贺。

"五必访"制度体现了以人为本的管理思想,是感情激励的一个重要组成部分,是员工之间真诚关心、团结友爱的表现,对增强企业凝聚力有着十分巨大的作用。

3) 员工与干部对话制度的设计

干部与员工之间通过对话制度,相互加强理解、沟通感情、反映问题、交换意见、增进信任,是企业领导和各级干部与员工之间平等相待的体现,也是直接了解基层情况、改善管理的有效措施。这在西方企业,叫作"有效沟通"。像 IBM、GE、HP 等跨国公司,都设计了行之有效的沟通制度,如:"开门政策""走动管理""市政议会"等。

在中国企业中,对话制度有不同的具体形式,常见的有:①企业领导干部定期与员工举行座谈会的制度;②厂长(经理)接待日制度;③厂长(经理)热线电话制度;

4) 干部对员工进行家庭访问制度

很多企业都在这方面采取了一定的措施,建立了必要的制度。如有的企业老总在每年年底都要亲自和每一位员工单独谈话一次,时间短则半小时、长则一两个小时,分别听取员工一年的工作体会和对企业工作的意见建议,并充分肯定每个人的优点,指出其不足和努力的方向。这样的交谈,缩短了员工和总经理的距离,大大增强了员工对企业的归宿感,激发了员工更加努力上进、做好工作的内在动力。

3. 企业风俗的设计

企业风俗是企业长期相沿、约定俗成的典礼、仪式、习惯行为、节日、活动等。由于企业风俗随企业的不同而有所不同、甚至有很大差异,因而成为区别不同企业的显著标志之一。尽管一些企业风俗并没有在企业形成明文规定,但在企业制度体系中占有很重要的地位,对员工和员工群体有很大的行为约束和引导作用,往往被称为"不成文的制度"。

1) 风俗的类型、特点及作用

由于分类标准的不同,可以将企业风俗划分为下列不同类型。

按照载体和表现形式可以划分为风俗习惯和风俗活动。企业风俗习惯是指企业长期坚持的、带有风俗性质的布置、器物或约定俗成的做法。例如,有一些企业每逢年节都要在工厂门口挂上灯笼(彩灯)、贴上标语或对联、摆放花坛。风俗活动则指带有风俗色彩的群众性活动,如一年一度的团拜会、歌咏比赛、运动会、春游等。

按照企业是否特有,可分为一般风俗和特殊风俗。一些企业由于行业、地域等关系而具有相同或相近的企业风俗,这些相同或相近的企业风俗就是一般风俗,如厂庆、歌咏比赛就是许多企业共有的。特殊风俗是指企业独有的风俗,如 20 世纪 80 年代郑州亚细亚商场每天早晨在商场门前小广场举行的升旗仪式及各种表演,引起了不小的轰动。

按照风俗对企业的影响,可以分为良好风俗、不良习俗和不相关风俗。良好风俗指有助于企业生产经营以及员工素质提高、人际关系和谐的企业风俗,我们前面提到的多数企业风俗都是良好风俗。不良习俗是指对企业或员工带来不好影响的企业风俗,如个别企业赌博盛行。不相关风俗对企业的生产经营和员工没有明显的好或不好的影响。正确区分以上三种类型,对于设计企业风俗是很重要的。

企业风俗具有非强制性、习惯性、可塑性、包容性和程式性等特点。良好的企业风俗,有助于企业的发展,有助于企业文化的建设和企业形象塑造。其具体作用体现如下。

①引导作用——良好的企业风俗是企业理念的重要载体。在风俗习惯造成的氛围中或参加丰富多彩的风俗活动,员工可以加深对企业理念的理解和认同,并自觉地按照企业的预期做出努力。

②凝聚作用——企业风俗能够长期形成,必然受到多数员工的认同,是员工群体意识的反映,这种共性的观念意识无疑是企业凝聚力的来源之一。设计和建设企业风俗,对增强员工的企业归宿感、企业向心力和凝聚力有着很积极的作用。

③约束作用——企业风俗鼓励和强化与其相适应的行为习惯,排斥和抵制与之不相适应的行为习惯,因此对员工的意识、言行等起着无形的约束作用。在企业风俗的外在形式背后,深层次的内在力量是员工的群体意识和共同价值观,它们更是对员工的思想、意识、观念具有超越企业风俗外在形式的巨大影响。

④辐射作用——企业风俗虽然只是企业内部的行为识别活动,但却常常通过各种传播媒介(特别是员工个体的社交活动等)传播出去,其外在形式与作为支撑的内在观念意识必然会给其他企业和社会组织带来或多或少的影响。这种影响就是企业风俗辐射作用的直接反映。

认识企业风俗的性质与作用,对正确地进行企业风俗的设计提供了范本。

2)分析企业风俗的影响因素

企业风俗在萌芽和形成的过程中,受到来自企业内外的复杂因素影响。这些因素对不同企业风俗的影响角度不一样,但都在不同程度地发挥着各自特有的作用。

①民俗因素。

民俗是指企业所在地民间的风俗、习惯、传统等,它们在当地群众中具有广泛而深刻的影响。许多企业风俗都是来自民俗(常常要经过必要的改造),或是受到民俗的启发而形成。比如,一些北方企业有在新年到来时给办公室、车间贴窗花的风俗,这显然就是来自北方老百姓剪窗花的民俗。民俗有时还能够改变企业风俗,如企业从一个地方搬迁到另一个地方,就可能改变一些企业风俗以适应新地方的民俗。

②组织因素。

企业风俗一般限在一家企业范围内,参与者又几乎以本企业成员为主,因此企业或企业上级组织对企业风俗有决定性的影响。组织因素可以促使一个新的企业风俗的形成,也可以促使改变,甚至促使其消亡。中华人民共和国成立以来,许多企业风俗都是在组织因素的作用下长期坚持而逐渐巩固,并最终形成的。组织因素对企业风俗的影响,主要是企业理念的主导作用,有时也辅以行政力量的调控作用。例如,政府部门组织下属企业进行的劳动技能比武,后来就成为不少国有企业的一项风俗。

③个人因素。

企业领导者、英雄模范人物、员工非正式团体的"领袖"等人由于在企业生活中具有特殊的地位,他们的个人意识、习惯、爱好、情趣、态度常常对企业风俗有着较大的影响。个人因素中企业领导者的影响尤为显著,领导者的提倡、支持或积极参与可以促进企业风俗的形成和发展,领导者的反对或阻止可能导致企业风俗的消失,领导者的干预则可以使得企业风俗改变。因此,企业领导不应忽视企业风俗,而要在企业中倡导良好风俗、改造不良习俗,并努力把企业理念渗透到其中。

3) 企业风俗的设计与培育

企业风俗的设计和培育包括两方面内容,一是设计和培育新的企业风俗,二是对现有风俗的改造。在一般企业里,要么还未形成比较成熟的企业风俗,要么企业风俗并无明显的优劣高低之分。在这样的情况下,企业主动地设计和培育优良风俗就显得特别重要,但也要遵循循序渐进、方向性、间接引导和适度原则。无论何种表现形式,优良的企业风俗都应该具有一些共同的特点。

(1) 体现企业文化的理念层内涵。

企业文化理念层是制度/行为层的灵魂,符合企业最高目标、企业精神、企业宗旨、企业作风、企业道德的企业风俗往往是由比较积极的思想观念意识作为软支撑,这有助于培养员工积极向上的追求和健康高雅的情趣。例如,江苏一家以制造文化用品为主的乡镇企业,把培养高文化品位作为企业目标,于是该企业大力倡导和积极鼓励员工开展各种读书、书法、绘画、诗歌欣赏等活动,后来逐渐形成了一年一度的"中秋文化之夜"的企业风俗,企业成员及家属子女都踊跃参加。这一企业风俗就很好地反映了企业理念。

(2) 与企业文化制度/行为层要素和谐一致。

企业风俗是联系企业理念和员工意识观念行为习惯的桥梁,它和企业各种成文的制度一样,对员工起着一定的约束、规范、引导作用。这就要求企业风俗和企业的各项责任制度、工作制度、特殊制度保持和谐一致,互为补充、互相强化,以更大的合力为塑造良好企业形象发挥作用。

(3) 与企业文化符号层相适应。

无论企业风俗形式还是风俗活动,都必须建立在一定的物质基础之上。而企业文化符号层无疑是企业风俗最基本的物质基础,这对企业风俗的形成和发展具有很大的影响。

为便于掌握,下面举例一些优良的企业风俗供参考。

①月亮节——元旦时老总与职工、家属聚会联欢(河北某公司)。
②生日晚会——每月最后一个周末,当月过生日的职工与公司领导聚会(广东某公司)。
③奥林匹克运动会——年一度的发奖大会,借用体育场举办(美国某公司)。
④朝会——每天早晨全体员工集会,升旗,公司领导讲话,员工背诵文化信条等(日本、韩国的一些企业)。

4) 对现有企业风俗的改造

一般而言,当企业领导者和管理部门感受到企业风俗的存在、认识到它的作用时,企业风俗肯定已经在企业中基本形成、甚至完全形成了。企业对已存在的企业风俗往往有优劣高低之分,同一企业风俗中也有积极面和消极面之分;同时,由于企业风俗是企业在长期发展过程中自发形成的,其中每一种风俗都必有其萌芽和发展形成的主客观条件,当企业内外环境不断变化时,企业风俗也会随之出现从内容与形式的部分甚至全部不适应。因此,有必要主动进行企业风俗的改造,促进企业文化的建设。

改造企业风俗,前提是对企业风俗进行科学全面的分析。缺乏分析的改造,是盲目外加的主观意志,不但难以促使不良风俗向优良风俗转变、企业风俗的消极因素向积极因素转化,而且可能适得其反。对现有企业风俗的分析,应坚持三个结合:结合企业风俗形成的历史,正确地把握企业风俗的发展趋势和未来走向;结合企业发展需要,不仅考虑企业的现实需要,而且要结合企业的长远需要;结合社会环境,从社会的宏观高度来考察和认识企业风俗的社会价值和积极的社会意义。

改造企业风俗,关键在于保持和强化优良企业风俗及其积极因素,改造不良风俗及其消极因素。根据企业风俗中积极因素和消极因素构成的不同,主要有以下四种不同的改造方法。

(1)扬长避短法,指采取积极的态度影响和引导企业风俗扬长避短、不断完善。这种办法一般用于巩固和发展内外在统一、基本属于优良范围的企业风俗。

(2)立竿见影法,指运用企业正式组织力量对企业风俗进行强制性的干预,使之在短期内按照企业所预期的目标转化。这种办法一般用于对内在观念积极,但外在形式有缺乏或不足的企业风俗。

(3)潜移默化法,指在企业正式组织的倡导和舆论的影响下,通过非正式组织的渠道对企业风俗进行渗透式的作用,经过一段较长的时间逐步达到企业预期的目标。这种办法一般用于外在形式完善、内在观念意识不够积极但尚不致对企业发展产生明显阻碍或不良作用的企业风俗。

(4)脱胎换骨法,指运用企业的正式组织和非正式组织共同的力量,对企业风俗从外在形式到内在观念都进行彻底的改变或使之消除。这是对待给企业发展造成明显阻碍的、封建落后的不良习俗所必须采取的办法。

4. 员工行为规范的设计

一些重视管理的企业看到了共性行为习惯的重要性,有意识地提出了员工在共同工作中行为和习惯的标准——员工行为规范。这种行为规范的强制性虽然不如企业制度,但带有明显的导向性和约束性,通过在企业中的倡导和推行,容易在员工群体中形成共识和自觉意识,从而起到促使员工的言行举止和工作习惯向企业期望的方向和标准转化的目的。目前,员工行为规范的作用逐渐被越来越多的企业所认识,先后制定出台。并且,员工行为规范已经成为很多企业的制度体系中不可缺少的一项内容。

1)员工行为规范的主要内容

根据企业运行的基本规律并参考很多企业的实际,我们认为无论是什么类型的企业,从仪表仪容、岗位纪律、工作程序、待人接物、环卫与安全、素质与修养等几个方面来对员工提出要求,都是必不可少的。

①仪表仪容。

这是指对员工个人和群体外在形象方面的要求,它可再具体分为服装、发型、化妆、配饰等几方面。从实际情况来看,新员工在企业的成长变化是一个从"形似"(符合外在要求)到"神似"(具备内在品质)的过程。而要把一名员工培养成为企业群体的一员,最基础、最易达到的要求就是仪容仪表方面的规范。因此,从企业形象的角度看,对仪容仪表方面的规定往往被企业作为员工行为规范内容的第一部分。

②岗位纪律。

这里所讲的岗位纪律一般是员工个体在工作中必须遵守的一些共性的要求,其目的是保证每个工作岗位的正常运转。纪律是胜利的保证,严格合理的工作纪律是企业在严酷的市场竞争中不断取胜、发展壮大的根本保证。岗位纪律一般包括作息制度、请销假制度、保密制度、工作状态要求和特殊纪律五方面。

③工作程序。

这是对员工与他人协调工作的程序性的行为规定,包括与上级、同事和下属的协同和配合的具体要求。工作程序是把一个个独立的工作岗位进行关系整合、使企业成为和谐团结的统一体,以保证企业内部高效有序地运转。

④待人接物。

由于现代企业越来越多地受外部环境的影响,企业对外交往活动的频率、形式和内容都因此有较大增加,对员工待人接物方面的规范性要求不仅是塑造企业形象的需要,而且也是培养高素质员工的必要途径之一。待人接物规范涉及的内容比较复杂,主要包括礼貌用语、基本礼节、电话礼仪、接待客人、登门拜访等方面。

⑤环卫与安全。

第一:环卫方面。企业在环境保护方面对员工提出一定的要求,不仅有利于营造和维护企业的良好生产、生活环境,而且对于塑造良好的企业视觉形象有直接帮助。保护环境规范主要有办公室、车间、商店、企业公共场所方面的清洁卫生以及保护水源、大气、绿化等要求,需要根据企业实际需要而定。

第二:安全方面。根据马斯洛的需要层次理论,安全需要是员工基本的需要之一,维护企业生产安全和员工生命安全是一项重要的工作内容。因此,在这方面对员工行为提出要求,帮助大家树立安全意识也是员工行为规范应该包含的部分。针对不同企业的情况,安全规范有很大的差别。例如,交通、运输、旅游等行业一般提出安全行车要求,而化工企业则对有害化学物品的管理和有关操作程序有严格规定,电力行业则对电工操作、电气安全有相应规范。

2) 员工行为规范的设计原则

要成功地设计员工行为规范,应该充分考虑下列原则。

①一致性原则。

一致性是指员工行为规范必须与企业理念要素保持高度一致并充分反映企业理念,成为企业理念的有机载体;行为规范要与企业已有的各项规章制度充分保持一致,对员工行为的具体要求不得与企业制度相抵触;行为规范自身的各项要求应该和谐一致,不可出现自相矛盾之处。坚持一致性原则,是员工行为规范存在价值的根本体现。

②针对性原则。

这是指员工行为规范的各项内容及其要求的程度,必须从企业实际、特别是员工的行为实际出发,从而对良好的行为习惯产生激励和正强化作用,对不良的行为习惯产生约束作用和进行负强化,使得实施员工行为规范的结果能够达到企业预期的改变员工行为习惯的目的。

针对性的另一层含义是对不同的职务类型,制定不同的行为规范,如"领导干部行为规范""中层经理行为规范""生产人员行为规范""销售人员行为规范""研发人员行为规范""办公室文员行为规范"等。

③合理性原则。

这一原则指出,员工行为规范的每一条条款都必须符合国家法律、社会公德,即其存在要合情合理。通过研究一些企业的员工行为规范,常常可以看到个别条款或要求显得非常牵强,很难想象企业为什么会对员工提出这样不合理的要求,也就更加难以想象员工们是如何用这样的条款来约束自己的。坚持合理性原则,就是要对规范的内容进行认真审度,尽量避免那些看起来很重要但不合常理的要求。

④可操作性原则。

行为规范要便于全体员工遵守和对照执行,其规定应力求详细具体,这就是所谓的可操作性原则。如果不注意坚持这一原则,规范要求中含有不少空洞的、泛泛的提倡或原则甚至口号,不仅无法遵照执行或者在执行过程中走样,而且也会影响整个规范的严肃性,最终导致整个规范成为一纸空文。

⑤简洁性原则。

尽管对员工行为习惯的要求有很多,可以列入规范的内容也有很多,但每一个企业在制定员工行为规范时都不应该面面俱到,而要选择最主要的、最有针对性的内容,做到整个规范特点鲜明、文字简洁,便于员工学习、理解和对照执行。如果一味追求"大而全",连篇累牍,洋洋洒洒,反而不具使用价值。同时,在拟定文字时,也要用尽可能简短的语言来表达。

(三)符号层的设计

在企业文化的三个层次中,符号层是最外在的层次,也叫作表层。人们认识一个企业的企业文化,往往首先感受和了解到的是它的符号层内容。企业文化符号层的内容非常丰富,如企业标志、企业环境、企业旗帜(服装、歌曲)、企业文化传播网络等几个方面,我们就重要的部分做一些概括性的介绍。

1. 企业标识的设计

企业标识通常指企业名称、企业标志、企业标准字、企业标准色四个基本要素以及各种辅助标识。

我们经常有这样的经历:有的企业名称只要听过一次,就能铭记在心;而有的名字则很难记住。很大原因就是在设计上。例如,三九集团,我们可能不会记得它的全名,但因为它三个九的图案形象地表示了企业的名称,使我们在听到"三九"时就能联想起来,简单易记。

通过上面的例子,我们可以看出,无论是企业名称、企业标志还是色彩的设计,都要遵循以下的原则。

(1)突出企业的个性。企业的标识应该与企业所从事的行业、生产的产品、价值观等相结合,体现企业自身的特色。否则名实不副,将会导致哗众取宠的结果。

(2)持久性。企业标识一般应具有长期使用的价值,因此不应单纯追逐时髦或流行,而要有那种超越时代的品质,这种"一百年不动摇"的要求实际上也反映了企业超越平凡、追求卓越的必胜信念。企业标识在各种场合被反复使用,经常出现在企业的各类广告、产品及包装以及其他大众传媒中,如果经常变动,不利于形成稳定的企业形象,影响企业的经营业绩。试想,谁愿意与一个变来变去、显得很不可靠的人交朋友呢?

(3)艺术性。企业标识是视觉识别的重要内容,它要靠人用眼睛去感受,因此首要的原则就是要有艺术性,要有美感。讲究艺术性,应注意标志构图的均衡、轻重、动感,注意点、线、面的相互关系,以及色彩的选择和搭配,而且要特别注意细节的处理。好的标志,一般都是美观耐看的,能够使人从中获得美的享受,激发起对美的追求,从而能够建立起高品位的企业形象。如果一个企业标识算不上美观,又怎么可能给人留下好的企业形象呢?

2. 企业环境的设计

良好的企业物质环境,不但能够给置身其中的员工以美的享受,使他们心情舒畅地投入工作,而且能够充分反映企业的文化品位。因此,对企业物质环境的设计和改造,是企业文化符号层设计中不可忽视的内容。物质环境设计包括:企业所处的自然环境,建筑布局和建筑风格,厂房(车间、办公楼、商店)的装修和布置,建筑雕塑,等等。

1) 企业自然环境与建筑布局设计

企业的自然环境与建筑的布局总是紧密地联系在一起的。人虽然不能违背自然规律,但却可以选择、利用自然环境,通过认识自然规律来改造和优化自然环境。企业建筑布局既是对自然环境的适应和利用,又是对企业自然环境的影响和改造,更是大自然与人类社会活动的一个结合点。因此,该设计应该在不破坏生态环境的前提下,尽可能地起到安全、美化的目的。因此企业环境设计应力求符合下列原则。

①功能分区原则。把厂区按功能划分为若干不同区域,将用途和功能相同或相近的建筑集中在同一个区域内。如厂区与生活区,厂区中的办公区、工区,办公楼内的办公室、接待室、会议室等。在厂区与生活区的规划时,要注意平面布局的方位,在化工炼油、冶金等企业中一定要把生活区放在上风口,以减少厂区烟尘对生活区的污染。

②经济高效原则。建筑布局设计时要尽量考虑工作环节的科学性和系统性,以提高生产效率、减少不必要的中间费用。例如,上下道工序的两个车间应该尽量靠近,这样可以有效低降低中间产品在两个车间之间的搬运费用。

③整体协调原则。一方面要考虑不同建筑之间、建筑与企业自然环境之间的协调;另一方面也要考虑企业的整个建筑与企业外部环境的协调。

④风格传播原则。建筑布局应力求体现企业的自身特点和风格,要努力避免照搬照抄其他企业或与其他企业雷同。这种特点和风格,反映了独具特色的企业文化。

2) 厂房环境设计

厂房是指工业企业的生产车间及其辅助用房。这里的厂房设计,主要不是从建筑工程和结构工程的角度,而是从文化的角度来进行分析和介绍。生产力的主体是人,只有从文化的角度来进行厂房设计,才能促使人的内在主体与外在客体在心理上的和谐统一,促使管理学与美学的有机结合,充分调动员工的劳动热情、激发其内在的创造能力。

①厂房的布局设计。

企业厂房在整个企业中的布局要符合前面已经讲过的目标和原则,以下重点介绍厂房的内部布局设计要求。一要符合技术和工艺特点。大到整个车间的布局,小到机器设备的安置,零部件、原材料的堆放,都必须有利于生产要素的结合,即符合科学技术和工艺过程的要求。二要符合员工的生理要求。在企业生产的人—机(器)系统中,人自始至终都处在核心的地位,这个系统应是以人为出发点的,通过改变劳动者与生产资料的相对位置来改善工作条件。三要符合员工的心理特征。必须重视厂房空间布局与员工心理需要的协调。总之,劳动对于员工而言不只是谋生的手段,更是自我实现的手段。符合科学规律和人的生理、心理需要的厂房布局,可以体现一种和谐的理性美,还有利于工艺流程、提高生产效率。

②厂房的色彩设计。

不同色彩对人具有不同的生理和心理上的暗示,色彩协调的厂房空间会给员工带来美的享受,有助于激发他们的内在积极性、主动性和创造性。

第一,工作空间色彩。首先要考虑光源,由于自然光最柔和,对人的视觉刺激最小,又有利于人体健康,因此厂房应尽可能双侧面(甚至多个立面)开窗及顶部开窗,以太阳光作为厂房的主要光源。其次要考虑色彩的反射性,一般来说厂房内部环境应采用反射性好、不易引起视觉疲劳的白色、绿色、黄绿色、蓝绿色等,而不宜选用红色、紫色、橙色等颜色。当然,根据工作性质、工厂地理位置、空间大小等不同,色彩的选择也会有一些不同要求。例如,东北地区的厂房、宽敞的车间应以暖色调为主,而南方的厂房、冶炼车间、狭小的空间则宜采用冷色调。

第二,机器设备的色彩:与厂房内环境一样,机器设备是员工在工作中接触最多的,因而在色彩上首先要考虑人体生理和心理因素,许多工厂机器设备的主体颜色都是绿色、蓝绿色或蓝色等冷色调,以减轻员工的视觉疲劳和稳定其心理状态。当然。一些庞大的机器设备,可以适当提高色彩明度,以减轻压抑感和粗笨感。其次,机器设备的色彩要与整个空间环境的色彩相协调,如果车间四壁的颜色是浅绿色,机器外壳则宜为蓝绿色或深蓝色,这样既与工作环境相和谐,又给员工以沉稳感。再次,要突出机器设备上关键部位的颜色,开关、按钮、把手、操纵杆等宜采用与机器主体颜色有一定对比度的色彩,安全警示标志则要采用醒目的黄色、红色、橙色等与环境色彩对比度高的颜色。最后,机器设备工作面的色彩要求低明度、低反射率,色彩对比上要有利于提高对细微零件的分辨率,避免错觉带来的误操作。

③厂房的声学设计。

声音是空气振动通过听觉器官作用于人的结果。声音通常分为噪音和乐音两类,乐音对人的生理、心理产生积极的影响,而噪音则会给人带来烦恼,甚至危害人的身心健康。因此,厂房的声学设计主要是控制和减少噪音污染,利用和发挥乐音的调节功能。

第一,噪音控制。厂房里马达轰鸣、机床上金属切削和铣磨发出的尖锐声音等,都是人们不希望听到的噪音,长期在这样的噪音环境中工作会引起听力下降、失聪等生理问题和焦虑不安等心理反应,因此控制和消除噪音是厂房声学设计的首要任务。根据声学原理,一般从控制声源和声音传播途径两个环节想办法。例如,改进机器设备本身以减少噪音的产生或强度,或在机器周围的墙上安装吸音材料以吸收噪音、减少噪音反射。

第二,音乐调节。在有些厂房内,适当播放音乐可以使员工精神振奋、情绪昂扬、心情愉悦,这样,既享受到劳动的快乐,又有助于提高工作效率。有实验证明,播放悦耳的音乐可以使白班、夜班的工作人员的工作效率可分别提高6%和18%。当然,不是所有的厂房都适合于播放音乐,而且即使播放,在乐曲的选择和音量的掌握上都必须经过认真的研究。同是餐厅,麦当劳等快餐馆的音乐节奏较快,而仿膳等的音乐则比较舒缓。

④厂房的空气设计。

厂房空气设计主要是从通风、温度和湿度三方面来考虑。保持良好的通风和适宜的温度、湿度,不但是为了保证产品质量等生产性要求,也是保护员工身心健康的需要。在化工厂、冶炼厂、炼油厂、纺织厂等企业,要减少和避免空气中有害物质对员工身体健康的威胁,保持厂房的良好通风是非常重要的;而在一些精密仪器、生物化学、制药等企业则对厂房内的空气温度、湿度有一些特殊的要求。

3) 办公室环境设计

对于企业管理人员、行政人员、技术人员而言,办公室是主要的工作场所。办公室的环境如何、布置得怎样,对置身其中的工作人员从生理到心理都有一定的影响,并会某种程度上直接影响企业决策、管理的效果和工作效率。办公室设计主要包括办公用房的规划、装修、室内色彩灯光音响的设计、办公用品及装饰品的配备和摆设等内容。无论哪方面内容,都要确保经济适用、美观大方和独具品位的目标。根据目标组合,无论是哪类人员的办公室,在设计上不仅要符合企业实际与行业特点,还要符合使用要求与工作性质。

在任何企业里,办公室的布置都应该因其使用人员的岗位职责、工作性质、使用要求等不同而有所区别。由于企业决策层的董事长、执行董事,或正副厂长(总经理)、党委书记等主要领导的工作对企业的生存发展有着重大作用,因此,他们的办公室在设计时要做到相对封闭、相对宽敞、特色鲜明且方便工作。通过这样良好的日常办公环境可以确保决策效果、管理水平质量,也能反映企业形象。对于一般管理人员和行政人员,许多现代化的企业常采用大办公室、集中办公的方式,其目的是增加沟通、节省空间、便于监督、提高效率。

会议室、接待室(会客室)、资料室等作为办公的配套用房,也会因其不同的设计而对企业效率、员工心理带来不同的影响,企业也应酌情考虑其设计。

除了上述几个方面,符号层还有企业旗帜、服装、歌曲、文化传播网络的设计等,这些内容虽然没有介绍,但作为符号层的组成部分,也是对企业文化的形象表现,企业管理者也不能忽视。

案例5-2

中兴通讯独特的企业文化

中兴通讯是中国拥有自主知识产权的通信设备制造业的开拓者,国家重点高科技企业。拥有移动、数据、光通信以及交换、接入、视讯等全系列通信产品,具备通信网建设、改造与优化一揽子方案解决能力。

自1985年中兴通讯成立以来,公司即面临着客户需求日益增长、市场变化多端的状况,中兴人不断利用先进技术、优质产品和系统解决方案以满足并努力超出客户的要求。经过17年的发展,中兴通讯这个靠300万元起家的小公司,已经在国内重点城市及美国、韩国设有12个全资科研机构,承担中国第三代移动通信(C3G)等多个国家863项目,并分别与美国德州仪器、摩托罗拉、清华大学、北京邮电大学、电子科技大学等成立联合实验室,在全球40多个国家建有分支机构,中兴通讯从最初南下的5个人创业到今天拥有13 000名员工,其中85%具有大学本科以上学历,研究生有3 000多人。2001年,公司实现销售合同额139.9亿元,今年上半年,国内外各大通信制造企业业绩全面下滑,中兴通讯则一枝独秀,成为行业中唯一的亮点,继续保持稳健持续增长。

17年的创业奋斗,中兴通讯大胆改革,创造出"国有控股,授权民营经营"为核心内容的混合所有制模式,被深圳市委市政府赞誉为"深圳国有企业改革的一面旗帜"。中兴通讯1997年上市以来,始终以诚信回报投资者,一直树立起诚信和绩优的高科技龙头上市公司形象,深受证券监督管理机构赞誉和广大投资者的厚爱。2001年,中兴通讯入选中央电视台等单位发起评选的"中国最令人尊敬的上市公司"和教育部组织调查评选的"中国大学生首选就业企业"。展望未来之路,中兴通讯将引领中国通讯业驰骋世界,全面进军国际市场,中长期目标是销售规模在2004年达到500亿元,2008年达到1 000亿元,实现"中兴通讯中国兴旺"的企业理念。

中兴通讯的核心价值观:互相尊重,忠于中兴事业;精诚服务,凝聚顾客身上;拼搏创新,集成中兴名牌;科学管理,提高企业效益。

高压线是中兴通讯的企业文化和价值观不能容忍的行为底线,是与中兴通讯的企业文化和价值观完全背道而驰的行为,一旦触及,一律开除。主要表现在如下几点。

(1) 故意虚假报账。
(2) 收受回扣。
(3) 泄露公司商业机密。
(4) 从事与公司有商业竞争的行为。
(5) 包庇违法乱纪行为。

中兴通讯强调"互相尊重,忠于中兴事业",不是一种对企业目标的盲从,中兴通讯的事业首要的是强调"振兴民族通讯产业是中兴人为之共同奋斗的事业",企业在自我发展、自我积累的同时,要为国家和所在社区做出应有贡献。仅2001年,中兴通讯向国家和深圳市上缴税收就达13亿元,这是企业做出的直接贡献,间接的贡献则更多,比如中兴员工强大的住房购买力直接拉动各个区域的地产经济,消费实力直接刺激当地的消费指数强劲增长,在南京地区,企业不在当地上缴税收,但中兴通讯几千名研发人员形成了一个特殊消费群体,当地做过一个统计,发现大宗购物以中兴员工为主体。文化最初是一个理念,然后通过种种机制,正式变为每一个员工的行为。比如为实现"精诚服务,凝聚顾客身上"的理念,中兴通讯每个月都要进行内部和外部顾客满意度调查、打分,结果直接关系到各个部门的考核和员工的薪水,长期下来理念就慢慢形成了文化。对于一个具有13 000名员工的公司,沟通与形成默契就靠一套制度将每个人联系起来。

中兴通讯的企业文化主要可以概括为以下几方面。

(1) 诚信文化:诚信是中兴通讯的立身之本,中兴人行动的第一准则是诚信的第一个概念:企业的诚信。众所周知,近期美国各大企业纷纷爆出财务丑闻,在国内也同样存在财务报表的虚假利润,上市公司造假圈钱令广大股民深恶痛绝,诚信危机在拷问企业出路何在? 综观通信业也是如此,国外电信业巨头纷纷出现巨额亏损,他们要技术有技术,要专利有专利,为什么业绩还如此下滑? 答案是两个字:私利。在私利的驱动下,导致企业经营者不择手段,做出大量的不惜牺牲企业信誉的短期行为,目的是个人利益的套现。国内企业"造假圈钱"粉饰企业业绩,除使个人获利,另一目的是体现个人的任期业绩;国外企业不存在任期业绩,但虚假利润可以带来高额期权套现。这在中兴通讯行不通,中兴通讯的企业文化手册中明确规定,对外交往、宣传以及发布公司业绩要坚持诚信务实的原则。简单的例子,中兴通讯上市至今,从不参与股票炒作,给予投资者的是长期的回报,靠业绩增长赢得股民信任,基金大量持有中兴股票,看中的也是企业稳健经营,业绩保持持续增长带来的收益。

诚信的第二个概念:企业成员之间的尊重和信任。企业文化应该是企业中每个员工都认同的一种观念、一种制度。好的企业文化能调动员工最大的能量、担起更大的责任。比如在管理上,中兴所创造的文化是"充分授权",授权团队走向成功。信任每一名员工,是将工作的主动权交给员工,给员工便利去创造企业的利益,各级管理者是教练的身份,指导和帮助员工实现工作目标。上下级观点不一致时,我们强调通过沟通达成共识,沟通则要求以倾听作为基础,保持平等、开放的心态,并且下级可以越级汇报,而上级一般不允许越级指挥。

> 企业文化

　　对员工的尊重还体现在奖励上。在中国,曾经奖励的唯一办法就是提升,而事实上是不合理的。企业应接受一种观点:管理只是一个职位,不应成为奖励的一种。企业中每个人都是平等的,权力不是来自于地位,而是能力;个人影响力来自于个人能力,而不是地位,重要的是让每个员工在适合自己的岗位上发挥最大的才干。为此,我们为员工的职业生涯的发展设计了三条跑道,员工可以根据自己的特长选择管理、业务和技术三条线来实现自己的职业发展,在中兴并非当官才是成功人士,有成就的业务和技术骨干可以得到和总裁一样的待遇,这也是留住人才的最为重要的激励机制。事业、待遇和感情,是中兴吸引留住人才的三个法宝,三条跑道使员工与企业共同成长。企业总说要重视人才,体现在哪呢?"员工是企业最重要的资源。"我们的原则就是在企业发展的进程中,要让员工充分分享企业的成功。这一点也集中反映在中兴制定的分配原则上,企业收益先分配给员工和投资者,然后是国家和企业。

　　(2) 顾客文化:顾客至上,始终如一地为顾客的成功而努力。企业是为客户服务的。企业成功的关键是客户,客户决定企业的一切。中兴通讯的产品是由客户决定的。客户随时变化的要求就是一种市场信息,指导企业的发展方向,企业必须适应这种情况并作出相应变化。

　　建立顾客文化。永远保持对顾客的热情。同顾客做有利可图的生意,是成功企业发展的推动力。一般来讲,顾客可以自主选择供应商。因此,想留住顾客并吸引新的业务,企业必须首先争取到为顾客服务的权利。要做到这点,企业只能提供顾客想要的产品或服务,提出顾客愿出的价钱,而且要保证目标顾客明白企业所提供服务的好处所在。不仅如此,企业还要信守承诺并预见到顾客未来的需求。

　　成功属于那些持之以恒提供优质产品和服务的企业。它们能够预期并满足顾客的要求,并且公司里有着一种与众不同的独特氛围。所有员工都了解和支持企业目标,总能生产出顾客愿意掏钱买的产品或服务。他们不仅时刻检查自己目前的业绩水平,寻求各种方式迅速提高业绩,而且测控各项重要的健康标准。

　　企业总是要求员工爱顾客、永无休止地为他们从未谋面的股东赚取利润。为此,企业需要员工的责任心和信心。员工只有感到企业重视、尊敬和信赖他们,感到自己是企业中的一员,才会有信心和责任感。由此看来,企业应当公平对待员工,让他们了解所有事宜的进展及前因后果。培养出良好的士气,企业才能战无不胜。

　　(3) 学习文化:不学习的人,实际上是在选择落后。学习是一种美德,学习先进企业的成功经验,以开放的心态对待一切批评;挑战变革,敢于突破常规,力图改变大大小小的游戏规则,把变革甚至危机转为机会;激励创新,不断寻找一切好的设想,不管它来自何处。

　　知识经济下企业的竞争,不仅仅是产品、技术的竞争,更是人才的竞争,实质上是学习能力的竞争。企业必须建立有利于企业知识共享和增值的新型企业文化,将知识视为企业最重要的资源,支持组织和员工有效地获取、创造、共享和利用知识,提高企业核心竞争力,成为一种学习型组织,适应竞争的需要。

　　学习性组织是一个新的管理理念和手法,企业的生存需要吸收信息,消化信息,反过来指导行动。只有速度足够快的企业才能继续生存下去,因为世界的"脚步"在不断加快。世界正变得越来越不可预测,而唯一可以肯定的就是,我们必须先发制人来适应环境的变化。同时,新产品的开发速度也必须加快,因为现在市场门户的开关速度在不断加快、产品的生命周期在不断缩短。而"精简"的目的,正是为了更好地实现"迅捷"。简明的信息流传得更快,精巧的设计更易打入市场,而扁平的组织则利于更快地决策。

员工的态度是企业文化的一方面。中兴通讯的员工总是"从正面看问题",认为挑战是机会,失败是机遇。中国有一句古话:"生于忧患、死于安乐",保持健康的危机感是中兴通讯不断追求更好的一个前提。中兴通讯作为国内通讯行业中最大的企业之一,从企业到员工都具有"危机感",都不断的挑战自己,所以中兴一直稳健经营,保持持续健康增长,并准备迎接越来越大的发展空间。

本章小结

企业要进行企业文化建设必须了解企业文化的初始条件。不同的企业文化既具有共性特征又具有个性特征。在进行企业文化建设时,企业首先必须达到企业文化建设的共性条件,在其基础上根据企业的自身特点,选择不同的个性条件营造出适合本企业的先进的企业文化。

企业文化的建设需要企业领导者对影响企业文化系统的各因素有系统的认识。领导者对企业成员的水平要有基本的了解,为了达到企业文化建设的促进作用,领导者应该创造出符合员工基本期望和发展意愿的企业文化,制定出确实具有激励效果的企业文化机制,是企业文化建设的关键。领导者要对行业竞争性和工作属性有准确的定位,才能建立使企业更具市场竞争力的企业文化。

不同类型的企业文化还需满足不同的个性条件。而组成这些不同的个性条件的基本元素是企业本身所处的环境、员工素养、地域环境和文化特色等。

复习思考题

(1)企业文化设计原则有哪些?
(2)企业文化三个层次的设计是哪三个方面?

思考题解析

第六章 企业文化的实施

◆ 内容简介
1. 构建企业文化建设的领导体制
2. 建立企业文化的传播网络
3. 保证职能部门的人员构成
4. 编制企业文化建设的计划
5. 企业文化建设的组织运作
6. 企业文化建设的考核与奖励
7. 企业文化的实施艺术
8. 企业文化的功能

◆ 学习目标
1. 学会构建企业文化建设的领导体制
2. 了解如何建立企业文化传播网络
3. 了解保证职能部门的人员构成
4. 学会制订企业文化建设的计划
5. 了解企业文化建设的组织运作
6. 了解企业文化建设的考核与奖励
7. 了解企业文化的实施艺术

第一节 企业文化建设和规划

企业文化建设规划也称为"企业文化建设纲要""企业文化发展纲要""企业文化建设战略",是企业进行文化建设的统领性文件,对企业在一定时期内的文化建设具有十分重要的指导意义,也是企业文化年度计划、项目计划制订的基础和依据。

企业文化的实施,简单来说就是《孙子兵法》中讲的"令民与上同意"。企业文化管理与实施是企业文化建设的核心内容,主要可分为七个部分:构建领导体制、设置组织机构、人员配置、计划、组织、考核和奖惩(见图6-1)。

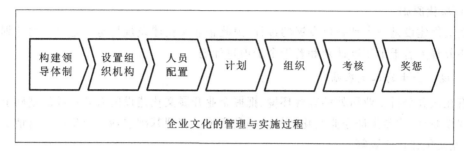

图 6-1 企业文化的管理与实施图

(一)规划的原则

企业文化建设规划的原则是在企业文化建设过程中必须遵循的基本要求,主要包括如下七项原则。

1. 行动化原则

企业文化建设是理论在组织中的实际运用,因此,必须围绕组织目标,将文化管理的理念体现在组织的各个领域,让企业文化和组织成员的工作结合起来。

2. 战略化原则

企业文化建设是企业的一项根本性、基础性建设,是整个企业发展战略的组成部分。企业文化建设规划不同于企业文化年度计划、项目计划,它所规划的是企业文化的战略性建设计划,而不是具体的作业性计划。

3. 长期化原则

企业文化建设规划一般是对三年至五年,甚至更长时间内的企业文化建设的总体构想、目标、实施方法进行设计,属于长期计划,是一种指导企业长时期实施企业文化建设,进而对企业文化进行积累和提升的规划。

4. 系统化原则

一方面,企业文化建设与企业战略、组织结构、人力资源等共同构成企业管理体系。另一方面,企业文化建设规划涉及企业文化建设的方方面面,包括精神文化建设、制度文化建设、行为文化建设和物质文化建设。因此,在实施企业文化时,必须考虑各个方面的条件和影响因素,才能使企业文化融入整个管理之中。

5. 全员化原则

企业文化建设必须着眼于全员、立足于全员、归属于全员。第一,要把组织成员赞不赞成、拥不拥护、认不认同作为检验企业文化成熟度的关键标准;第二,要从组织成员的价值观中抽象出基本理念,经过加工、整理、提炼、上升为组织的价值理念;第三,企业文化要在全体成员中达成共识;第四,要使全体组织成员成为企业文化的积极推行者、自觉实践者,充分发挥企业文化的主体作用;第五,组织要把培养人、提高人、发展人作为立足点,提高全员素质。

6. 实效化原则

注重实效,需要我们以科学的方法和务实的作风,做到文化设计有针对性,制度建设有可操作性,文化推进有可控制性。因此,在企业文化建设中,要求认真务实,重实际,办实事,反对形式主义,避免急功近利。要立足于组织实际,把企业文化的核心理念和行为规范深入落实到每一个环节,化为每一个组织成员的自觉行动,从而真正收到实效。

7. 层次化原则

企业文化建设是一个动态化发展的过程,因此企业文化建设规划也不是单一的计划。它可以进一步分解为若干个年度计划和若干个子项目计划。

(二) 规划产生的客观基础

只有在认真分析企业所处的客观环境、把握企业开展文化建设的有效资源的基础上提出企业文化建设规划,才能保证企业文化建设的顺利实施。客观基础包括企业生产经营情况和发展趋势、企业文化建设资源等。

1. 企业生产经营情况和发展趋势

如果企业生产经营遭遇重大困难,前途莫测,那么企业文化建设的目标就应着重于振奋广大员工精神、共渡难关,使企业寻找到突破口;如果企业处于蒸蒸日上时期,那么企业文化建设的目标就应集中于戒骄戒躁、增加创新意识、提高学习能力等方面,使企业更上一层楼。

2. 企业文化建设资源

企业文化建设是一个具有全局性的战略实施过程,为此必须有与其相匹配的战略资源作为支撑。这些资源涉及面很广,主要包括:

(1) 企业人力资源,包括企业的经营管理人员、生产技术人员、辅助生产人员等;

(2) 企业财力资源,包括企业的现金流量、融资能力、债务负担能力、资金培植能力等;

(3) 企业物力资源,包括原材料、厂房设备、存货等;

(4) 企业技术资源,包括企业产品技术能力、研究开发能力、技术创新能力等;

(5) 企业信息资源,包括企业内外部信息搜集、传递、整理、利用能力等;

(6) 企业管理资源,包括企业的管理层次、组织结构、决策能力等;

(7) 企业市场资源,包括企业的市场地位、用户群体、营销渠道等;

(8) 企业环境资源,包括企业的内部环境资源(生产生活环境、工作氛围、上下级关系等)和外部环境资源(经营所在地的经济环境资源、企业信誉资源、企业用户间关系、企业与政府关系、与银行等金融机构关系、同业联盟关系等)。

企业文化的建设过程,也是企业内外部资源的整合过程,能否充分利用企业的内外部资源关系到企业文化建设的成功与否。

(三) 企业文化建设规划的主要内容

1. 企业文化建设的发展阶段、环境与优劣势分析

在对企业文化进行盘点、分析、诊断的基础上,进一步对企业文化发展的政治、经济及人文环境作系统分析,厘清企业自身的优势和劣势,找到外部环境带来的机会和威胁,以此判定企业文化建设目前处在什么阶段,有哪些建设成就和经验,还存在哪些问题,企业将在哪些方面加速发展,会对企业文化建设提出什么要求,等等。这部分内容是提出企业文化建设规划的原因。

2. 企业文化建设的指导思想

企业文化建设的指导思想可以从政治化内涵、科学化内涵、人本化内涵、市场化内涵四个方面进行概括,体现了鲜明正确的政治导向和科学发展观的要求、以人为中心的现代管理的主旨、创新与竞争的市场经济伦理。这部分内容的表述要有本企业的特色,避免千篇一律。

如《中国电信企业文化建设三年规划(2004—2006)》的指导思想。规划期内企业文化建设的指导思想是以企业文化纲要"落地"、提高企业核心竞争力为目标,坚持科学发展观,坚持正确的文化方向,围绕企业改革发展战略,全面部署、广泛动员、突出重点、注重实效、开拓创新,深入开展精神、形象、制度三个层面的建设工作,为把中国电信建设成为世界级现代电信企业集团搭建坚实的文化管理基础平台,提供强有力的文化动力和支撑。

3. 企业文化建设的总体目标

企业文化建设的总体目标是企业进行文化建设期望获得的成果,是企业文化建设规划内容的核心。确定企业文化建设的总体目标,主要是明确在规划期内企业文化建设所达到的层次、特征和效果。总体目标的规划应该遵循以下5个原则。

(1) 企业文化建设总体目标应综合考虑企业发展和员工的实际利益,而不应仅仅是企业股东或经理层自己的目标。

(2) 企业文化建设总体目标应与企业所在行业的特点与发展趋势相一致,力争使企业文化能够长期支持企业在行业中立足。

(3) 企业文化建设总体目标应具有企业自身的特色,按照企业独特的经营管理特点来实施,可以借鉴但绝不能模仿别人。

(4) 企业文化建设总体目标应该是清晰的、可操作的和可测量的,应该紧密结合企业实际情况,从弘扬企业整体经营管理优势及着手解决企业的实际问题开始。

(5) 企业文化建设总体目标应该结合中国的文化传统并注意吸收国内外优秀企业的先进经验。

仍沿用上一小节中的例子,《中国电信企业文化建设三年规划(2004—2006)》的总体目标是:通过三年的建设工作,基本形成符合企业发展战略要求、具有时代气息、企业特色、健康向上并为广大员工所认同的企业文化体系。实现企业文化与企业战略的和谐一致,企业发展与员工发展的和谐一致,企业文化优势与竞争优势的和谐一致。

企业文化建设的主要任务是:①在集团统一推进企业文化建设的基础上,进一步检验、丰富企业文化内涵,实现省级特色文化、专业特色文化与集团企业文化的有机融合,逐步建立起完整而统一的中国电信企业文化体系;②全面推进企业文化从文本化向制度化进而向人格化的转变,使企业文化逐步为广大员工所认知认同,并真正成为指导员工生产经营活动的基本价值理念,使企业员工自觉实践;③建立高效的企业文化建设领导体制和工作机制,培育企业文化建设和企业文化管理骨干,使企业文化建设工作更加制度化、规范化;④努力实现企业管理水平进一步提高、员工素质进一步提升、企业凝聚力和向心力进一步增强、企业生产生活环境进一步改善,展现充满活力的企业形象、质量可靠的产品形象、健康文明的员工形象。

4. 企业文化建设的阶段性目标

企业文化建设总体目标从时间上可以分解为年度计划目标,包括企业文化建设的主要步骤和每年度应该完成的核心任务;从内容上可以分解为若干方面的分目标,如企业精神层建设目标、企业制度层建设目标、企业行为层建设目标和企业物质层建设目标,分目标下还可以具体划分为若干定性和定量的指标。

《中国电信企业文化建设三年规划(2004—2006年)》的年度计划目标

(一) 2004年:企业文化宣贯年

基本完成企业文化文本化工作,正式启动并开展以《中国电信企业文化手册(2004版)》为蓝本,以中国电信企业文化纲要为重点的企业文化宣传贯彻工作。通过普遍教育的开展,使广大员工文化知识水平进一步提高;企业文化核心理念体系教育在地级市及以上企业的覆盖面达到100%,员工对企业文化核心理念体系的知晓率达80%以上;中国电信企业文化核心理念在各级企业中达到统一共识;建立起集团及省级公司企业文化建设领导、管理体系,初步形成以宣贯骨干为主体的企业文化理论宣传及建设骨干队伍,为企业文化建设工作的深入开展奠定坚实的基础。重点做好以下工作。

(1) 完成企业文化纲要、企业及员工行为准则的修改,充实完善企业文化手册的内涵,在原《企业文化手册(试行本)》的基础上,升级形成《企业文化手册(2004版)》。

(2) 组织完成培训课程设计,参考教材的编写和审定工作,以《中国电信企业文化手册(2004年版)》和参考教材为基本教材,全面开展百人企业文化宣贯骨干的培训工作。

(3) 以经过培训的企业文化宣贯骨干为主体,由各级企业分层次、分步骤地在全体员工中开展形式多样的《中国电信企业文化建设手册(2004版)》的学习和宣传教育活动。同时,开展企业文化的外化宣传活动,做好外化宣传工作。

(二) 2005年:深入推进年

学习贯彻党的十六届四中全会精神,全面启动并深入开展精神层、形象层和制度层的企业文化建设的各项工作,重点做好以下几点。

(1) 继续深入开展企业文化宣传教育工作。

总结企业文化宣贯经验,检查宣贯实际效果,在全员认知的基础上,继续深入开展形式多样的宣传教育活动,促使企业文化由员工认知向员工认同深化推进,将企业文化理念贯穿于日常的生产经营管理等各项活动之中,逐步把广大员工的思想和意志统一到企业文化核心价值观上来,统一到集团使命、目标和集团改革发展战略部署上来。促使员工成为牢记神圣使命、战略目标,严格遵守行为准则的合格执行人,成为企业文化的传播载体、建设主体。

举行"中国电信企业文化知识竞赛"活动。在逐级竞赛选拔的基础上,举行集团知识竞赛总决赛。通过竞赛进一步加深全体员工对企业文化的理解,展现中国电信员工新的精神面貌和风采。

(2) 整合优化企业文化体系。

在现有企业文化纲要的基础上,完成省级特色文化和专业特色文化的提炼与整合,逐步形成符合企业发展战略、体现员工根本利益、以爱国奉献为追求、以人本管理为核心、以学习创新为动力、具有企业特色和时代气息的完整而系统的企业文化体系。

(3) 规范企业行为和员工行为。

规范员工工作着装、仪表,推行文明礼貌用语,整顿工作秩序,提高工作效率,塑造与世界级现代电信企业集团相适应的员工形象。

以真诚携手合作、提供卓越客户服务为重点,不断提升客户对企业的忠诚度和合作伙伴对企业的满意度,着手塑造中国电信讲诚信、有能力、负责任的优秀企业公民形象。

把握员工思想动态,关注员工需求,有计划、有步骤地为员工办好事、办实事,切实解决员工工作、学习和生活中的具体困难和具体问题,释疑解惑,鼓舞斗志,增加凝聚力和亲和力。

开展《中国电信企业文化执行手册》(暂定名,以下简称《执行手册》)的研究编写工作。

通过《执行手册》,细化企业行为和员工行为的具体要求,从而把企业文化内化落实到企业和员工的日常工作中去。

(4)全面推进外化宣传,着手开展文化营销。

从规范企业及员工的服务行为入手,进一步强化员工服务理念、整合企业服务文化,创新服务工作。完善服务制度和服务体系,进行营业窗口的优化整合,促进营业窗口环境的规范化、标准化,为客户创造舒适、整洁、优美的服务环境。

进行外部宣传工作的整合,以体现企业文化纲要的语言文字和系统化的视觉符号,向外部受众大力宣传中国电信的文化品格,着手开展文化营销。

进一步激活社会关系资源,广泛开展与客户、电信运营企业、产品供应商、新闻媒体、政府部门和单位的交流活动,打通相关联系渠道,增进相互理解和支持。

(三)2006年:制度建设年

在继续深化企业文化宣贯由认知向认同推进的同时,深入开展精神层、形象层和制度层的建设工作。把企业精神、价值观、经营理念等融入企业的规章制度、工作机制和工作体系中,以科学的制度体系规范员工行为,以有效的制度创新推动管理升级,推进企业文化"落地"。重点做好以下工作。

(1)全面推进企业文化制度化建设。

我们要摸清现有制度的现状,从新时期企业改革发展的总体要求出发,分析诊断现有规章制度的文化特点及存在的问题,研究提出中国电信企业文化制度化体系结构,提出整合修订的规划方案。本着先易后难,把握重点,逐步完善的原则,各部门分工负责,开展相关制度(规范)的整合制定和执行落实工作。

(2)开展"做企业文化合格执行人"工程。

我们要以提高员工企业文化执行自觉性为目标,做好已完成整合的企业文化各项规章制度的贯彻落实及监督检查;开展《执行手册》的学习、宣传和企业文化认同宣誓活动;引导员工脚踏实地从我做起,自觉执行企业文化,做合格的企业文化执行人。

(3)完善企业文化文本。

我们要完成人力资源管理、市场营销、运营维护、财务管理、客户服务、实业发展、党群工作等管理系统的理念和行为规范的总结和提炼;深化五项机制创新和五项集中管理改革,做好人本文化、营销文化、服务文化、廉政文化、安全文化的整合、总结和提升。在全面总结企业发展和企业文化建设实践经验的基础上,完成企业文化手册、企业文化培训教材等文本的改版升级。

(4)提出下一个三年建设规划。

5. 企业文化建设规划实施的组织保障

为了使企业文化建设规划的顺利实施,企业在领导体系、人员配备、资金预算、教育培训等方面所应提供的各项保障措施。

 案例6-2

中国电信安徽阜阳分公司印发企业文化建设三年发展规划

阜阳分公司企业文化建设三年发展规划为2013—2015年,总体思路是通过全员参与、共同落实,进一步加强企业文化建设的各项工作,把深化企业文化建设和文明创建工作有机结合,通过企业文化促进文明创建,通过文明创建弘扬企业文化,进一步凝聚力量、鼓舞斗志、提升竞争力、增强综合实力,发挥企业文化对公司转型发展的引领作用,实现阜阳电信的飞越发展。

规划成立阜阳分公司企业文化建设推进工作领导小组,组长由公司党委书记、总经理担任,成员由公司党委成员及各部门负责人组成。领导小组办公室设在党群工作部,负责企业文化建设的组织率头和日常协调工作,理论和实践的研究等工作。

总体目标是根据省公司企业文化建设指导意见确定的总体目标,结合分公司企业文化建设的现状和企业发展整体要求,争取用三年左右的时间,建设具有阜阳分公司特色的企业文化体系,员工对"亮剑"精神等核心理念知晓率达到95%,认同率达到90%以上;争取经过三年的不懈努力,到2015年,使公司"创新、服务、集约、运营"四大能力得到大力提升,收入增长率超过行业平均水平,收入市场份额实现正增长。

建设原则是领导率先,全员参与;突出特色,力求实效;运用载体,搞好结合;整体推进,富有特色。

实施步骤为三步走。一是文化推进年。2013年1月至12月,把学习宣贯、推进"亮剑"精神文化理念落地作为企业文化建设的出发点。最大限度调动员工积极性,促进企业效益增长,到2013年年末,实现收入市场份额25.8%的目标任务。做法是大力宣贯"亮剑"精神及相关理念内涵,通过宣传教育,倡导企业精神和企业价值观,为全体员工所熟知、认同,并内化到行为上,努力实现员工对理念掌握程度要达到95%以上。优化和完善企业管理各方面的管理流程、规章制度和管理办法并分类汇编、印发。设置先进典型风采展示区,重点区域布放企业文化用语画框,形成企业文化视觉系统,让员工在耳濡目染中,受到统一的教育与提示,振奋精神、提振士气。实施员工满意度提升各项工程,建立员工思想动态分析制度。加强工作作风建设,提升服务基层水平。实施启智工程,提升员工技能水平。持续开展岗位创新、合理化建议活动。营造以业绩论英雄的工作氛围。

二是行为养成年。2014年1月至12月,以"管理提升、习惯养成"为主题,通过文化建设活化企业的良好行为,把企业精神、价值观、经营理念、行为准则等融汇到企业的规章制度、工作机制和工作体系中,推进企业文化从文本认同向制度约束进而向人格化体现的转变,使企业文化真正成为指导生产经营的基本价值理念,成为企业和员工自觉实践的精神支柱。通过努力,实现收入市场份额达到26.8%的目标任务。员工对本阶段工作认可率不低于80%,其做法是明晰职责要求,规范员工行为。推进班组文化建设,彰显团队个性。推广先进的工作经验和操作法。完善公司激励约束机制,建立更加科学的绩效评估体系。

三是完善提升年。2015年1月至12月,主要是对企业文化建设进行总结完善,并在此基础上巩固升级,提出新三年企业文化建设规划。通过努力,实现收入市场份额达到28%的目标任务。员工综合素质达标率不低于80%,其做法是总结新经验,形成企业文化建设评估报告。

总结三年文化建设管理实践亮点和成果,出版企业文化建设汇报总结材料,通过实物、图片、影像、文字等展示企业文化成果。理顺文化体系和层次,初步形成独具特色的市、县、班组三个层次文化建设格局和体系。适应新形势,制定企业文化建设新规划。

第二节 企业文化建设的领导机制

一、构建领导体制

在企业文化的实施阶段,领导体制是必不可少的。领导体制的作用主要是从思想、组织、氛围上为企业文化的变革进行充分的铺垫,具体而言就是在思想上吹响文化变革的冲锋号,在组织上建立文化变革的团队,同时在企业中营造一个适合文化变革的氛围。建立强有力的领导体制,通过广泛宣传和有效培训,让企业内部的所有成员认识到变革的来临,引发组织成员的思考,才能使企业文化变革顺利进行。

企业员工只有通过学习新的企业文化,了解新方案的内容和实施步骤,才能理解企业文化建设的必要性与重要性,摆正自己在文化变革中的位置,从而接受、支持和参与这场变革。而作为变革的发起者(通常是企业最高领导者),最主要的工作就是要组建文化变革的领导团队。这个团队在刚开始可能只有几个人,随着变革工作的展开,领导者要有意识地对其进行充实,除了最高领导群体外,还应包括企业各管理层级的人员和非正式管理者,以形成科特所说的领导联盟。

一般来讲,企业文化领导小组由组长(总经理或书记)、副组长(副书记、副总或企划部长)等人组成,他们主要对企业文化的实施进行全员、全方位、全过程的领导和管理。

企业文化建设是一个长期渐进、动态完善的过程,领导小组作为一个决策和协调机构,无法承担其具体实施的职能。因此,我们还可以改组和加强党委宣传处的作用,或组建企业文化处,使其作为领导小组的常设执行机构,担当企业文化建设的重任。可以采取"一套人马、两块牌子"的做法,即在党委体系中它是宣传处,承担思想政治宣传工作;同时在行政体系中又是企业文化处,协调与实施新文化变革。这样设置既保证了党委对企业文化工作的核心领导地位,又可避免重复设立机构,导致组织臃肿。不过在企业文化处的人员配置上,除了现有的宣传人员外,还应该增加一些熟悉企业生产经营和工作流程的人员。因为企业文化的变革不仅仅要触动人们思想意识的转变,而且要引发企业在经营理念、管理模式、管理制度和行为规范等方面的变革。

对于已经建立现代企业制度的股份公司,可以设立"企业文化中心"或"企业文化部",承担企业文化建设的专业职能。

企业文化涉及企业的各个方面,没有其他职能部门和各直线部门的配合和参与,企业文化建设也就无法实施。所以,在领导小组的指挥下,由企业文化处(部)牵头,工会、行政、后勤、人事、生产、财务等部门密切配合、分工合作,才能推进企业文化建设的整个进程。

综上所述,只有充分调动各部门的力量和积极性,明确彼此的分工与合作,才能真正实现企业文化建设的目的,营造浓郁的企业文化氛围,达到"随风潜入夜,润物细无声"的境界。

二、传递危机感

系统科学理论告诉我们,如果把企业文化看成是不断与外界环境发生作用的系统,文化的变革则可认为是该系统的演化。而系统内部有稳定性要求,它会对外来"干扰"产生自觉的抵抗。只有系统处于临界点时,各种涨落都很活跃,系统原有的结构才能丧失稳定性。由此,我们可以得到一个启示:企业文化变革不能蛮干,要学会辨别系统演变的临界点,在该点上发力,则可以事半功倍;否则,在临界点前使劲,就会受到系统本身抗干扰机制的阻碍。

罗宾斯的《组织行为学》还告诉我们,在企业面临着危机的时刻,企业成员会积极地响应变革。这种危机状态可能包括财务困境、公司失去重要客户、竞争对手取得重大技术突破等。因此,企业文化变革要学会利用企业危机这个关键点,变不利因素为有利因素。只有让员工意识到企业的危机,才能使他们产生焦虑感和不安定感,产生对原有文化的怀疑,从内心产生对变革的需求和动力。当年美国罗斯福总统就巧妙地利用了珍珠港事件,迅速唤起全国人民的反法西斯热情,使整个国家的战争机器在极短的时间内就高效运转起来。

企业文化的变革团队要善于发现、利用甚至创造危机状态,使企业接近系统演变的临界点,在该点上对原有文化实施变革,达到"四两拨千斤"的效果。具体可以采取走出去、请进来的方法,如组织员工到企业文化的先进单位参观,组织员工与最终用户座谈,请企业领导或专家宣讲外部市场竞争环境等渠道,让员工直接感知企业面临的危机。

使企业员工保持一定的危机感,可以降低变革的阻力,提高变革的绩效。那么,在企业文化变革过程中,这种危机感到底应该达到什么程度呢?科特教授的经验是:当公司的管理层中75%的人真正认识到企业目前的状态非改不可时,企业变革才能成功。低于这一比率,将会给随后的阶段带来问题。可见,文化变革过程中保持一定程度的危机感能起到未雨绸缪的作用。否则,企业在未来就会出现真正的危机。

三、保证时间

企业文化变革的实施,领导团队最大的问题往往是时间的投入。在整个实施阶段领导团队要做许多工作,需要消耗大量的时间和精力。尤其在早期,尚未建立起一个有效的变革领导团队,这时的工作大部分是由少数几个人来完成的,特别是最高领导者。而领导者还有很多事情要做,会感觉到时间不够用,常常由于各种原因无法参加变革团队的工作,时间一长,就会拖延变革进程。

时间投入不足的最根本原因不是时间本身,而是领导的认识问题。领导并没有真正意识到企业文化变革是一场管理的质变,它将引发一场全面、深刻的组织变革,因而是一场长期、艰巨的任务。如果领导团队没有认识到这一点,就会以为这不过是一次小变革,不需要投入太多精力。

出现这种情况,我们可以采取一些积极措施来转变领导团队的观念:第一,组织领导群体进行学习,端正认识;第二,尽可能把企业在同一时间进行的其他变革,与企业文化变革整合在一起,避免各自为战;第三,改变领导风格,充分授权,相信别人可以做好他们的工作;第四,集中精力安排时间,把宝贵的时间用在文化变革这项重要的工作上。

第三节 企业文化建设的组织基础

一、建立传播网络

一般而言,企业可以建立以下传播网络。①加强公司报刊宣传。其内容可以包括:企业生产经营管理方面的重大事件和重要政策、方针、决策;企业主要领导的讲话;来自市场和用户的各种信息;企业员工的工作体会、心得及作品;企业的公共关系活动消息等。②企业和车间宣传栏、广告牌。这是一种传统而有效的传播媒介,应发挥其制作容易、成本低、时效性强、员工参与度高等优点,在员工日常工作环境中营造良好的企业文化氛围。③集中企业文化的精髓,编制《员工手册》,分发给每一位员工,作为员工日常学习和实施企业文化的依据。④利用一些特殊节日或庆典,汇总出版企业文化书籍和画册,举办企业文化展览,系统地宣传。⑤现在大多公司建立了内部网,可充分利用其信息传播速度快、不受时空限制、信息容量和传输量大等优点,加强企业文化的传播力度。

企业非正式传播渠道,也有助于建设优良的企业文化。通过全方位的引导,潜移默化地影响员工,可改变他们的思维和行为习惯。

在实施阶段,要充分利用企业文化传播网络,大张旗鼓地宣传新文化,对内形成良好的学习氛围和变革态势,对外发出企业进行新文化建设的信号。

1) 对内宣传

①举办企业文化论坛,发动员工参加研讨,发表对企业文化内容、实施的感想及相关建议。

②利用企业内部网和有关刊物,进行企业文化专题报道、开设专栏发表员工文章。

③构建多种沟通渠道,设立"直通信箱""直言制度",促进管理层与员工之间的理解。

2) 对外宣传

①充分认识新闻媒体的作用,企业文化变革要制订好宣传方案,以免口径不一。

②加强企业公关,树立企业形象。

③扩大对外宣传的方式,比如新闻发布会,参加电视台及报纸专题访谈节目,都可以给企业文化造势。

二、设立专项基金

企业文化建设涉及面广、周期长,需要企业领导和员工进行长期地努力。为了能够将这项工作顺利开展,有必要设立企业文化建设专项基金,专款专用,保证企业文化顺利变革。

具体的财务预算由企业根据实际情况制定,下面仅列出一些参考项目。

(1) 宣传费用:形象设计、公关、公益广告牌、新闻发布会、各种宣传手册、标语、条幅制作等费用。

(2) 文娱活动费用:关于文化建设的活动,如演讲比赛、征文、晚会、研讨会、团队建设、文体比赛等所需的费用和奖品。

(3) 培训费用:培训教材费用、外请专家讲座费用、参观学习等费用。

(4) 部门建设费用:人员配备,办公设备购买等费用。

三、营造变革氛围

营造变革文化的氛围,企业可以从以下环节入手。

1. 营造创新氛围

要完善现有的创新激励制度,以一种积极的心态对待创新尝试和创新失败。对于员工创新要以鼓励为主,不要过多地批评。有意识地把员工的创新热情,从技术创新扩展到组织创新、文化创新、制度创新和管理创新,自然就会产生内在动力。

2. 营造民主氛围

管理人员要和员工打成一片。一个人的能力毕竟有限，没有员工和部下的帮助，是很难走向成功的。

首先要平等对待员工。由个人自尊心产生的要求平等的精神、平等的意识在企业人才管理中是不可忽视的。优秀的企业家和管理人员都十分重视这种平等精神，准确把握并合理地安排员工，使企业上下齐心，让老板与员工们和谐相处。

在一些企业里，平等意识不够强，老板和管理人员以"统治者的面孔出现"，"脸难看，话难听"，往往会伤害员工的自尊心。

企业管理是对人的管理，老板也应是"人"，不能把自己当成"神"，人与人之间虽然职务不同，但在人格上是平等的，都应该受到尊重。讲究人本思想，像欧美企业的老板那样，以"人"的形象站在员工面前，以平等的身份与他们共处，员工们必定会接纳你。

其次，对部下亲切友善，具有关怀同情之心。管理人员对部下若能亲切随和，笑容可掬，不摆架子，就会使他们感到他们的老板很有"人情味"，他们也会更加努力地为公司、为企业效劳。

管理人员应该把自己的热情送到每一位员工的心坎上，而不仅仅做些表面文章。当员工生病住院时，送上一束鲜花；当员工生日时，给他以热烈的庆贺。这样做的目的，就是要让员工能感受到领导对他个人的关心，使他感到自己是公司大家庭中的一员。这样他们不仅把公司的事情看成是分内的事，自觉担起责任，肩负起一种使命感，也让他们从内心敬重领导，从而使上下打成一片。

作为企业的领导和管理人员，应该对员工广开建议大门，认真听取部下和员工提出的意见和建议，不管那些建议是否有价值。

最后，也是很关键的一点是，领导和管理人员要"深入基层，到处走走"。企业管理应该采取民主作风，不能让部下存在依赖领导的心理而盲目服从，企业的领导也不能整日"高高在上"。领导工作和管理工作都是在实践中产生的经营艺术，领导和管理者在"深入基层，到处走走"的过程中要做许多事情，例如，放开耳朵去听，听职工的闲谈，听部下的意见。

3. 营造学习氛围

提倡学习风气，鼓励员工主动学习，不断提高自身素质。为员工提供机会和条件，如设立助学金和奖学金制度，激发员工的学习热情。培养企业组织学习的能力，鼓励员工以车间、科室、生产小组等为单位组织学习，特别要认真学习企业的愿景、核心价值观、管理理念、经营理念、企业精神、企业作风。员工认识提高了，企业文化变革就会被大家所认同，这种自我学习的效果要胜过他人说教百倍。

4. 营造竞争氛围

一般而言，当一个团队长期处于一个相对稳定的状态，如团队成员没有减少也没有增加，成员的待遇也没有变动，成员的职位久未调整等，这样一个长期相对稳定的环境最容易销蚀人的积极性、主动性与激情。

第四节　企业文化职能部门的人员保证

一、人事政策

罗宾斯认为，企业文化一般要历经多年才能形成，它植根于企业员工的深层价值观中。它是一些相对稳定的要素,这些要素维系着原有文化的运作,主要包括:关于组织宗旨和经营理念的书面文件,组织的领导风格,员工的甄选标准,过去的晋升制度,固定的组织形式,关于公司主要人物和事件的故事,组织常用的绩效评估标准,组织正式的结构等。

其中,员工甄选和晋升制度会影响企业文化的变革。员工与企业的结合,往往是一种价值观的相互认同。当他们习惯了企业已有的环境,就会反对任何破坏这种平衡的力量。企业在选拔管理者时,会选择那些能够继承现有文化的人。可见,内部提升机制增强了企业的稳定性,减少了不确定性;同时,也强化了旧文化的顽固性,增加了文化变革难度。要想保证企业文化的连续性,就要选择认同现有文化的接班人。同理,要想变革文化,也要从组织层面和人员层面入手。

对人事政策的调整和新人的配置是企业文化建设的关键一步。主要考虑三个方面:一是根据需要配置变革型人才;二是调整考核指标;三是明确选拔机制。首先,根据企业文化变革的难度和规模,在企业文化处配置相应人员,力保他们成为文化变革或创建的中坚力量;其次,要在原有考核标准里,加入是否认同企业价值观、是否贯彻企业文化变革、是否在行动上率先示范、以身作则等内容,做不到这些,不予提拔;最后,在对管理者的选拔任用上,建立公平竞争、择优录用的制度,通过科学的选拔程序,满足职工自我实现的愿望,创造出一种奋发向上的氛围,这种氛围对企业文化建设的实施很有帮助。

二、统一认识

在企业文化实施阶段,领导者可能遇到两个问题。①没有足够的同盟者和无法与员工达成共识。领导者首先要从自身找原因,原因之一可能是领导者过于自信,以为自己可以一呼百应,不需要寻求别人的帮助;原因之二可能是领导者受传统思想的影响,认为企业文化是高层次的变革,普通员工根本不懂;原因之三可能是领导者在宣传上投入不足。②员工在认识上可能会有一些不到位。主要表现在以下两方面:第一,员工对未知文化心存疑虑,对变革前景难以做出精确的描述和判断,容易产生对文化变革的消极观望心态;第二,员工的选择性信息加工,使其只听自己想听的,忽视对自己构成挑战的信息,从维护自己利益的角度去感知变革,按照自己的心理感受去接收和传播信息,导致片面理解环境的变化或歪曲事实,很难接受新的价值观。

以上两个问题将导致价值观的群体化过程受阻,领导者缺少帮助和支持,倍感挫折。最终,大大降低了员工的工作热情和积极性,使文化实施进展缓慢,甚至被完全放弃。

为使全体员工达成共识,可通过以下几方面来努力:第一,在实施开始前做好筹划,配置好满足变革需要的核心人才;第二,在实施过程中,积极寻找合作伙伴,尽可能扩大文化变革的领导团队;第三,充分认识到企业文化变革决不是一两个人可以实现的,它必须要靠团队力量来完成;第四,加大对企业员工的培训力度,充分利用网络传播企业文化,通过演讲、授课、座谈、辩论等形式传播自己的变革理念;第五,领导者要带头遵守价值观和各项行为规范,以自己的实际行动来推动价值观的群体化进程,与更多的员工达成共识,争取更多的志同道合者。

三、全员培训

企业文化的落实需要员工的认同与配合,但当员工受到惯性思维、传统情结和既得利益的影响时,员工不会主动去接纳新文化。因此,在实施阶段,需要由企业文化处在领导小组的统一部署下,联合有关部门,对全体员工进行系统培训和宣讲,让员工能够真正理解新文化,接纳新文化,发自内心地认同和拥护新文化。

在培训对象上要分高层领导、中层管理者和基层员工三个层次,时间安排上要先领导层,再中层,最后是基层员工。之所以这么安排,是因为企业文化建设一般采取自上而下、层层推动的方式。首先,要在公司领导层内展开热烈的讨论和学习,形成统一意志,为企业文化的实施打下坚实的基础。其次,要对所有中层干部进行培训,这是实施阶段工作的重点。中层干部在企业中起着承上启下的作用,他们的认同与执行是整个企业文化实施成败的关键,所以要通过强有力的培训来取得他们的支持。对于拒绝新文化的人,在必要时候可以进行相应的人员调整。最后,是对全体员工的培训,通过中层管理者和企业文化处的共同努力,使员工从内心认同新的价值观,要向全体员工宣讲新文化,组织部门内的培训和讨论,调动起员工的积极性,使其以主人翁的姿态参与到新文化的实施中来。在培训前要编制培训手册,包括企业文化主要理念(企业价值观、企业最高目标、企业哲学、企业宗旨)、员工行为规范、企业重要制度等,这是培训和自学的主要教材。可采取多种培训方式,比如教师授课、中层宣讲、员工自学、小组讨论以及到优秀企业参观访问等。最终结果是使大家融会贯通,内化为个人的理念,外显为企业预期的行为。

四、企业文化建设的计划

(一)明确实施流程

制定企业文化建设计划,首先要确定企业文化的实施流程,了解企业文化实施的主要步骤。一般而言,企业文化实施过程应包括对现有文化的分析与诊断、文化设计、文化导入、实施变革、制度化、评估与反思、进一步深入等关键环节(见图6-2)。

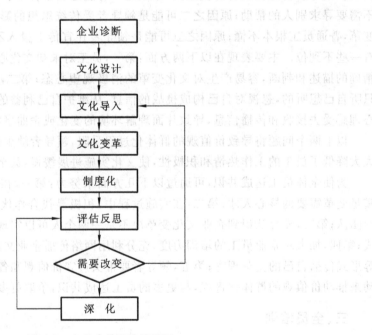

图6-2 企业文化实施流程图

（二）确定实施原则

在计划当中，不仅要说明计划的具体步骤和工作安排，更为重要的是确定企业文化的实施原则，以便对日后的工作进行指导。因为任何计划都难免或多或少的脱离实际，为了保证企业文化建设的一致性和连贯性，需要在制定实施计划时确定一些指导性原则。

1. 系统性原则

管理的系统方法，即将相互关联的过程作为系统加以识别、理解和管理，有助于组织提高实现目标的有效性和效率。系统的特征具有整体性、集合性、目的性和环境适应性，系统存于环境之中，必然与环境（外界）进行物质、能量和信息交换。企业作为一个系统，必须用系统的方法进行管理，才能适应市场变化，特别是适应全球经济一体化趋势。

2. 辩证性原则

企业文化建设是一种艺术，应该通过辩证性思考，把不利的因素转化为有利因素，把阻力转化成动力。因此，辩证性原则是企业文化实施的重要原则。领导者要学会辩证性思考，客观、冷静地面对文化变革，从容地应对各种意想不到的情况。有些时候，这种辩证性的思考，要求我们灵活变通，完全按既定方案推行，不见得是件好事。通过实践来矫正企业文化的设计是一种常见现象。

3. 团队领导原则

第一，团队的领导者帮助团队阐明目标与团队价值观，并且保证团队成员的行为过程不会偏离目标与价值观。

第二，团队的领导者抓住机会展示团队，鼓励人们评价团队成员的能力与技术，培养团队成员的责任感和信心。

第三，由于团队的行为总是变化的，所以团队的技术也必须随之得到相应地发展。

第四，团队的领导者要保护团队成员，避免无理由的责罚或可能降低团队工作质量的管理压力。

第五，团队的领导者通过让每一位团队成员负起责任和学会如何执行新的任务，来为每一位团队成员创造发展机会。

第六，领导者以实际行动显示并令人信服地证明他们的确相信团队，并且准备为他们的工作尽最大的努力。

4. 全员参与原则

各级人员都是组织之本，只有他们的充分参与，才能使他们的才干为组织带来收益。

成员是每个组织的基础。组织的质量管理不仅需要最高管理者的正确领导，还有赖于全体成员的参与，所以要对员工进行质量意识、职业道德、以顾客为关注焦点的意识和敬业精神的教育，激发他们的积极性和责任感。此外，员工还应具备足够的知识、技能和经验，才能胜任工作，实现充分参与。

（三）兼顾长期短期

长期计划的主要内容是规划企业文化发展的主要阶段，以及每个主要阶段的工作策略和目标。比如，规划导入期的时间长度、变革期的主要策略、控制期的有力措施等，这些指导性的原则，需要得到领导团队的认可，才能更好地开展工作，保证政策的持续性和连贯性。

同时，为了更好的开展工作，企业文化建设还要有短期计划。每一个主要阶段都要有明确的工作计划,把一些可能发生的情况都考虑到,以免出现问题无所适从。在导入期,主要考虑如何使大家了解企业文化建设的内容和步骤,利用什么传播渠道,采取什么措施来宣传企业文化。在实施阶段,计划的内容主要是如何组建领导团队、如何搭建组织机构、如何配备人才、如何制定考核奖惩机制、如何组织运作,等等。在控制阶段,要计划如何监督控制,如何保持企业文化。企业可以根据实际情况,制定较为详细的工作计划,及早向领导者汇报,得到主要领导者的支持,以便进一步开展工作。

制订计划不仅是为了指导工作,而且要与员工充分沟通,把进度安排告诉管理者和员工,让他们计划清楚。这也表明公司企业文化建设的决心,对员工具有促进作用。一般会制作企业文化变革所用时间表。(见表 6-1)

表 6-1 企业文化变革所用时间表

公 司 名 称	企 业 规 模	重大变革经历时间
通用电子公司	超大型	10 年,目前仍继续
帝国化学工业公司		6 年
尼桑公司		6 年,目前仍继续
施乐公司		7 年
银行信托投资公司	大型	8 年
芝加哥第一银行		10 年
英国航空公司		4 年
斯堪的纳维亚航空公司	中型	4 年
康纳格拉公司		4 年

资料来源:刘光明所著《企业文化》

第五节 企业文化建设的组织运作

一、企业文化建设组织运作

实施阶段是企业文化建设的关键,该阶段要全面建设企业文化理念层、制度/行为层、符号层,进行由上而下的观念更新,健全企业的一般制度和特殊制度,养成企业风俗,做好企业文化符号层的设计与应用。可以归纳为"四大工程",即"价值观工程""行为工程""凝聚力工程"和"企业形象工程"。它们之间相互联系、相互作用,其组织运作模式各有侧重。

(一)价值观工程

价值观工程引导员工反省企业的价值观,及由其决定的经营理念、管理方式和行为模式。从企业发展战略要求出发,理解企业提倡的价值理念,并最终自觉地拥护,这需要一个过程,我们可从以下三方面着手。

1. 愿景

愿景是由英文"vision"翻译而来,目前对"vision"有愿景、远景、景象等多种译法。愿景是个人或组织所描述的、为之奋斗并希望达到的愿望和景象。愿景的实质是要阐明个人或组织将要做什么和要做到什么。愿景可分为个人愿景和组织愿景,个人愿景是组织愿景的基础,组织愿景是个人愿景的升华。组织愿景,是组织成员就组织的未来所达成的共识,是组织有能力实现的梦想。企业愿景概括了企业未来的目标、使命和核心价值,是一种企业为之奋斗的意愿和最终希望实现的图景,它就像灯塔一样为企业指明方向。

2. **经营理念**

所谓经营理念(也称企业理念),是一种将组织的存在意义与使命通过能被大家理解的表达方式表现出来的基本价值观。经营者通过经营理念告诉所有利益相关者"公司与组织为什么存在,应该以什么样的目的和什么样的形式来经营组织",并且给员工一个明确行动、判断的指引。员工对这些价值观产生出来的共鸣有助于提高企业内部的凝聚力与员工的劳动积极性。因此,经营理念在企业文化的形成上也起着至关重要的作用。

经营理念通过行动规范、成功的必要条件、经营态度、企业的存在意义等各种形式体现。通常来说,很多经营理念都是以超越时间的长期观点来阐述与社会(顾客)、从业者相关的想法的。

3. **道德与作风**

企业道德指企业内部调整人与人、单位与单位、个人与集体、个人与社会、企业与社会之间关系的行为准则。企业道德就其内容结构来看,主要包含调节职工与职工、职工与企业、企业与社会三方面关系的行为准则和规范。它是社会道德理念在企业中的具体反映。企业道德所调节的关系具有复杂性,并且企业道德理念不是单一的观念与要求,而是具有多方面、多层次的特点,是由一组道德观念因素组成的道德规范体系。

而企业风气则是指企业及其员工在生产经营活动中逐步形成的一种带有普遍性的、重复出现且相对稳定的行为心理状态,是影响整个企业生活的重要因素。企业风气是企业文化的直观表现,企业文化是企业风气的本质内涵。企业风气一般包含两层含义:一是指许多与企业共有的良好风气,如团结友爱之风、开拓进取之风等;二是指一个企业区别于其他企业的独特风气,即在一个企业的诸多风气中最具特色、最突出和最典型的某些作风,它体现在企业活动的方方面面,形成全体员工特有的活动方式,构成该企业的个性特点。

道德观与作风的建设,是一个漫长的过程。可以通过一些活动和典型人物事迹的宣传,弘扬优秀道德与作风。同时,针对企业的不道德问题,发动员工对正反两方面的案例进行讨论或辩论,加强整改。工作作风与道德观不是一天两天形成的,也不是一天两天可以改变的。

(二) 行为工程

价值观要通过行为来表现,行为反过来影响价值观。"行为工程"就是通过强化外在行为规范,使价值观外化为员工的工作作风和行为,以巩固观念更新的成果。

人们常常会有一种"叶公好龙"的奇怪心态:积极地希望改善自己的现状,但同时还有强烈的求稳心态,不喜欢有太多变化,害怕变革带来的不确定性。尤其是知道变革将给自己带来什么时,会有一种强烈的惰性。所以在实施阶段,常常会遇到部分员工,特别是中高层管理者的公开反对或消极对待,他们会找出一堆的理由说明文化变革没有必要,根本不需要改变。正所谓"人们并不害怕改变,只是害怕自己被改变"。这种保守观念会使他们不自觉地抵制变革。

企业文化的实施过程则是对企业历史和经验的再认识,那些不适合企业发展的文化将被抛弃。现有企业文化是长期形成的,凝聚着公司创业者和元老们的心血。企业存在时间越长,旧文化的沉淀就越深,员工对文化变革的阻力就越大。不管一项变革有多少优点,但想要员工忘掉这些沉淀总是有难度的。这也是为什么老企业比新企业面临的变革阻力更大,资历深的管理人员比年轻的管理人员更加反对文化变革。一般来讲,最大的阻力往往来自于中高层的管理者,而不是基层员工。因为他们曾经努力营造过现有企业文化,排斥文化变革也在情理之中。

为解决这个问题,我们要注意以下几点。

第一,说明建立文化变革与企业实际经营的相关性,让员工感到文化变革对提高企业绩效、提高个人收益都有帮助。虽然企业文化的实施不可能短期奏效,甚至在变革期还可能有短暂的负面影响,需要领导者对企业文化建设的意义做出有说服力的解释。

第二,领导团队特别是基层领导者有责任向员工耐心解释企业文化建设的意义。要想让员工对文化建设有所贡献,就必须要让他们认识到工作的意义,否则他们只会口头允诺,不会真心投入。

第三,要加强沟通,增加决策透明度。想让员工了解更多的信息,领导团队就要利用各种机会,坦率地和员工探讨企业文化建设的内容和方式。

(三)凝聚力工程

凝聚力工程是实施企业文化的重要环节,主要包括以下几点。

(1) 健全成员民主参与机制,广泛深入群众、发动群众,并进行调查了解,听取员工的心声。

(2) 开展丰富多彩的文化活动,活跃员工的业余生活。

(3) 领导以身作则,廉洁自律,采取有效的奖惩措施,约束领导的不良行为,推动领导作风和工作作风的改进。

(4) 积极在员工中发现、宣传模范人物。通过宣传模范人物的先进事迹,实现企业文化的人格化,使得员工可以通过感性的方式来认识企业文化,理解企业所追求的价值观和经营理念。

企业文化建设是必将引发其他方面的变革,如经营模式的改变、组织机构调整、工作流程重组、薪酬体系改革,等等。这些都会打破现有的利益分配格局,产生权力和利益的重新分配。因此,都会影响到既得利益者的安全,给既得利益者带来不安的心理,使他们担心现有的地位、权势、收入和福利等方面的好处会受到损失,并容易产生恐慌和抗拒心理。这时候,不能因为部分人的反对或抗拒而推迟或放弃企业文化的建设,毕竟只是少数人的利益受损;而企业文化建设本质就是要否定旧价值观、打破原有管理体制,否则就不称其为变革了。只要我们坚信我们所实施的企业文化是顺应历史发展趋势,符合企业长远利益和全体员工根本利益的,就要坚定不移地执行。

当然,我们也不能漠视利益受损者,还要以积极、稳妥的方法来处理。具体操时,还需要注意以下几点。

第一,先从小事做起,逐步深入,积小胜为大胜,不要过于急躁,防止一下子就触及大多数人的利益,要制造障碍,分而治之。

第二,领导者要通过沟通让员工清楚企业文化建设的设想,培养员工的长远眼光,让他们理解到短期的阵痛是为了企业未来更好地发展。

第三,领导者在涉及现有利益调整时,要秉着"公开、公平、公正"的原则,对事不对人,不能有人借此机会打击报复。

第四,领导者要带头与员工进行充分的交流,鼓励对企业文化建设的公开讨论,消除员工的疑虑,增进彼此信任。

第五,为了保证实施进程,对某些关键岗位的员工有时还要给予适当的政策,让他们发挥其关键作用。

(四)企业形象工程

企业文化建设还有一个重要功能就是外塑形象。

企业形象包括领导者形象、员工形象、产品形象、服务形象、环境形象等。企业形象的这些组成部分是相互关联、密不可分的,它们从不同角度给外界一个知觉冲击,形成多层次、全方位的企业形象。任何一部分的失误都会对企业的整体形象造成损失。因此,要有计划、有体系地开展对外宣传工作和公关活动,让外界了解企业形象,提高企业的知名度和美誉度,提高企业的整体竞争力。

但是,我们也应该看到,企业文化建设不可避免地要涉及一些社会问题。例如,股东、消费者会要对企业文化有所评价,公众和社会舆论也会有不同的理解,还有来源于上级公司的干扰等。

为了解决外部干预,我们可以做以下几方面的努力。

第一,在企业文化建设的始终,都要通过网络积极向外界传播企业文化,特别是要向上级公司宣传文化建设的意义、目的和动态,获得他们的理解和认同。

第二,用自身文化建设的阶段性成果去积极推动上级公司的企业文化建设。如果能够从下而上引发上级公司的文化变革,阻力自然会消失。

第三,培养好的典型,用实际效果来说话,控制有利的宣传导向。

二、企业文化建设的考核

(一)考核的必要性

在企业文化的实施阶段,人们常常发现一些员工,甚至企业领导者的实际行动与企业倡导的价值观大有背离。有些领导者口口声声说要引进民主管理的企业文化,提高员工参与度,可一到做决策时就大搞"一言堂"。这种言行不一的做法将会严重损害企业文化领导团队的威信。

只有员工在思想和行为方面做好变革准备是不够的,实施企业文化建设关键要看领导者和领导团队。如果领导团队的信念模糊、言行不一或者内部思想不统一,自然不会赢得员工的信任,也不会建立起真正的新型文化。尤其是在企业文化实施还没有取得成效之前,领导者的威信和决心是员工决心的主要来源。如果领导团队被员工认为是"言行不一",员工会从内心放弃变革。

多数领导者在变革初期出现的言行不一,主要还是行为惰性问题。面对复杂的现实,人们往往会用习惯性思维来应对,这一点十分正常。但对于企业文化建设而言,领导者则要率先改变自己的行为规范、思维模式,而习惯不是一天两天养成的,对此我们一定要有心理准备。

因此,有必要通过硬性措施来推进企业文化建设,考核就是手段之一。通过一些考核措施,可以达到约束行为、规范理念的目的,主要体现在以下几个方面。

第一,通过考核可以让员工尽快改变。观念的转变可能需要一段时间,但一些行为的改变是可以具体考核的。尤其是对各单位主要负责人的考核,可以考查他们落实企业文化建设的力度和效果,并及时发现问题、解决问题,从而起到一定的督促作用。

第二,通过考核可以明确奖惩对象。没有比较,就没有鉴别。企业文化建设也是如此,没有考核,就很难及时发现先进典型。通过考核,奖励企业内符合企业文化要求的先进员工,这对企业文化建设具有极大的促进作用。

第三,通过考核可以表明企业变革的决心。制定考核制度本身就是向员工表明,企业进行企业文化建设的巨大决心,考核越严厉,表明企业越重视。当然考核目的重在鼓励,不要给员工制造恐惧感。

第四,通过考核可以塑造长期行为。企业文化具有长期性,如果没有形成制度,很难使一种新理念得到认同并长期存在。因此,考核制度作为企业文化实施的重要一步,应当被很好的应用。

（二）考核的制度化

随着企业文化实施的不断深化,它将由突击性工作转变成日常工作,企业文化处的工作也将从宣导、推动转变成组织与监控。企业文化实际上进入了一个制度的阶段,这些制度主要包括企业文化测评与考核制度、企业文化先进单位先进个人的表彰制度、企业文化传播制度、企业文化建设预算制度等,需要我们通盘考虑。

把企业文化考核制度化,需要做好如下几点。

1. **目标具体**

将相关考核内容进行目标细化,例如把企业文化宣传落实到培训次数、培训评估后达到什么效果等描述出来,便于执行和考核,也可以将看似虚的工作落到实处。

2. **明确时限**

考核要有时间为限,在规定时间完成规定任务,以保证企业文化建设的整体进度。有些部门由于工作繁忙,经常忽视这项看似不会给企业带来多少收益的工作,致使落在其他部门之后。这些人为滞后的因素,可以通过硬性考核来纠正。

3. **联系实际**

考核要保证部门之间的平衡,同时还要注意各部门和单位的实际情况,对于机构复杂,人员集中的单位要视情况安排进度和考核标准,具体问题具体分析。

4. **长抓不懈**

考核工作可以由企划部或企业文化处来长期执行,这也是现代考核制度的一个趋势,因为企业文化是对员工的塑造,是企业长远发展的基础,不能简单地认为只要大搞宣传,就可以高枕无忧了。

（三）考核的全员化

通过企业文化的引导和实施,企业将初步建立起新的企业文化体系;企业文化理念层的精神要素基本得到认同;企业特殊制度和风俗基本成型,成为人们日常工作的一部分;企业文化物质层也已设计完成,企业开始以全新的形象展现在员工、客户、社会面前。这时,企业文化建设就进入了巩固阶段,主要工作是总结企业文化建设的经验和教训,将成熟的做法通过一定的制度加以巩固。固化工作最有效方法,就是将企业文化纳入全员考核体系。

如上所述,企业文化处对下属部门要进行企业文化的专项考核,推动各部门把企业文化落到实处。为了引起全体干部和员工的重视,并长期维持下去,我们可以根据企业的实际情况,把各部门和每个员工贯彻企业文化的情况,纳入综合考核体系,给予一定的权重（如10%—20%）,通过月考核、季度考核、年度考核等日常的考评来提醒、督促员工遵守企业文化,奖励先进的,督促落后的,处罚个别的严重违反企业核心价值观的行为。

企业文化体系建立以后，企业原有的传统观念和习惯势力不会很快消失。如果不加重视，企业文化会随着制度执行的松懈而失去控制力，新文化体系将会逐渐被旧文化所腐蚀，最终导致前功尽弃。同时，社会上一些不良思潮和不良风气对员工也会产生影响。所以，对全员进行考核的同时，还有必要建立企业文化的监督机制。这项工作可以由企业文化处来承担，定期对企业文化的情况进行监测（如每年进行一次企业文化问卷调查），发现偏差及时纠正。企业文化建设是一个常抓并坚持不懈、动态完善的过程，贯穿于企业整个生命周期的始终。在企业发展的不同阶段，受外界环境和内部条件的约束与影响，企业的文化也表现出不同的内涵与外延。随着企业的发展，企业所处的外部环境和自身条件将发生变化。这意味着现有企业文化设计所依据的前提条件和基本假设也将随之发生改变，今天成功的经验可能成为明天失败的源头，目前先进的企业文化到时可能会表现出历史的局限性，成为阻碍企业继续前进的绊脚石。我们通过制定相应制度把文化变革的成果固化下来，但绝不是使之僵化。我们的固化应该是相对的，而不是绝对的。

三、企业文化建设的奖惩

当我们将所取得的成果，通过相应制度固化下来之后，并没有完全结束。企业文化建设成果真正意义上的固化，不仅是制度上的，更重要的是全体员工内在精神和心智模式的固化。要想改变人们的核心价值观、心智模式以及行为，不是一朝一夕可以解决的，它需要一个相当长的时间，中间还不免要有反复。这时，就需要我们从外界给予一定的强化，制定奖惩制度，就是要提醒和督促员工遵循企业文化。让企业文化建设进入考核指标，进入奖惩条例，使"软管理"硬化，使各级管理者把企业文化建设看成本职工作的一部分，其工作绩效同样会影响考核成绩，影响薪酬和奖罚，从而重视企业文化建设工作。

（一）奖惩制度

在制定奖惩制度时，需要注意一些基本原则：
①制度透明、规范严格；
②奖惩分明、以奖为主；
③长期执行、重在引导；
④形式隆重、公正公平。

建立一套奖惩制度要涉及以下几方面的内容，需要领导者通盘考虑，保持活动的合理间断，提高刺激频率。

1. 与企业文化考核制度结合，建立奖惩制度

将企业文化考核指标纳入全员考核体系，使之与员工的薪酬和激励挂钩，奖励先进的，鞭策落后的。奖惩制度是考核结果的运用，可以与考核制度一起设计和执行。要控制好优良中差的比例数，既确保足够的激励强度，又避免造成员工的不安心理，给企业文化建设带来负面影响。

2. 设立年度奖项，表彰先进分子

在企业已有奖项中，加入企业文化方面的奖励，既要有先进个人，也要有先进集体，并在企业年度大会上进行表彰。年度评比要控制好一定比例，尤其是要保证评比效果，名额不宜过多，随着企业文化建设的进一步深入，可以再逐步加大名额。

3. 设立专项基金，保持奖励的持续性

奖惩制度里可以设立专项基金，用于支持企业文化建设，特别是奖励先进单位和个人。除

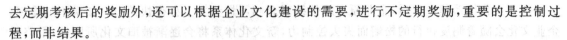

去定期考核后的奖励外,还可以根据企业文化建设的需要,进行不定期奖励,重要的是控制过程,而非结果。

4. 设立特殊荣誉称号,鼓励先进集体和个人

根据企业实际,设立一些有意义的荣誉称号是奖励的一种好形式。这不仅可以给予员工奖励,还可以带来一种特殊感受。比如,微软公司设立的"盖茨总裁奖",会给获奖者带来一种特殊的受重视感;四通集团公司的最高集体奖叫"优秀四通团队奖",最高个人奖叫"优秀四通人奖",其标准不仅有经济指标,而且有文化指标——做到"三高",即高效率、高效益、高境界。

(二)适时奖励

我们应当认识到,企业文化系统有其固有的稳定机制,当对其进行变革时,结构惯性就会成为一股反作用力。这种文化惯性是企业长期形成的,一个企业的过去越是成功,它的习惯认识就会越根深蒂固,难以改变。这种新旧文化之间的拉锯战将是长期的、艰巨的,是一场"持久战"。正如列宁所说的:"千百万人的习惯势力是最可怕的。"这种长期性往往表现为一种阶段性,这就要求我们针对每个特定的阶段采取不同的措施。作为奖惩制度,也应分析这种阶段性的特点,在内容和时间上多加考虑。

首先,企业文化变革是人理念上的变革,是一次思想教育,因此,多使用正面激励效果会好一些。奖励就是一种正面激励,而惩罚是一种负强化,它只适用于那些严重违反企业核心价值观的行为。奖惩制度要以奖为主,通过正面激励来培养企业文化,更能使企业理念深得人心。

其次,实施奖惩的时间要有统一安排,即在不同阶段形成重点和亮点,又要保持一种连贯性,不能一段时间特别推崇,一段时间特别忽视。奖惩制度是为了强化和保持企业文化的建设成果,因此,要把各项奖励活动进行统一安排,保持比较稳定的强化频率,不能太松,也不能太紧。

最后,在一定的阶段,企业可以组织大规模的活动,扩大奖励制度的影响面。例如,当企业文化建设初战告捷时,举办"企业文化活动周",进行企业文化建设先进集体和先进个人的评比和表彰,大范围宣传先进事迹,有组织地开展学习活动。这时,可以给小部分持怀疑态度的人一次很好的说服,让大家心悦诚服,会进一步扩大企业文化建设的战果。

(三)树立典型

人的行为改变主要来自模仿,因此,榜样的力量是无穷的。企业文化建设更是如此,先进个人的行为具有很强的示范作用,可以成为员工学习的榜样。企业可以定期评选一些执行企业文化的先进集体和个人,给予精神和物质奖励。还可以选择群众基础好的企业文化代表人物,进行有计划的培养和塑造,不断总结先进事迹,在时机成熟后推而广之。这些优秀人物会对企业文化建设起到很强的促进作用,是一个不可忽视的力量源。

中国平安保险股份有限公司把自己的企业使命叙述为:"对客户负责,服务至上,诚信保障;对员工负责,生涯规划,安家乐业;对股东负责,稳定回报,资产增值;对社会负责,回馈社会,建设国家。"由此提炼出其企业核心价值观为"诚实、信任、进取、成就"。那么,如何锻造平安精英文化呢?平安公司要求各级管理者首先成为精英。公司设立了"平安勋章""合理化建议奖",鼓励文化精英。每年他们都组织一次全系统的寿险高峰会,表彰文化精英,让业绩最佳的营销人员担任会议的"会长",主持这场自我教育、自我激励的活动。平安公司还成立了平安保险"明星俱乐部",鼓励产险业务员争当明星。

再比如,北京公交行业的售票员李素丽,不仅是公交行业的标兵,而且成为全国学习的劳动模范。许多公司员工都争先恐后地前去学习,由于公司员工在车上太多,公司只好规定不得在工作时间上车学习。这种自发的学习精神,是行为改变的最好形式。如果企业本身就是崇尚先进的风气,那么,塑造典型的做法就更不能缺少了。

还要注意,在评选先进典型时切忌名不副实。员工之间最相互了解,来不得半点虚假,不能为了塑造典型而刻意拔高,否则适得其反。

第六节 企业文化的实施艺术

目前,企业文化建设流于表面化是很多企业普遍存在的问题。多数企业满足于喊出几句口号,既没有对员工进行的教育普及,也不注意通过加强制度建设把企业文化建设落到实处。更多的企业是不知怎样有效实施企业文化,并且没有掌握企业文化的实施艺术。

一、软管理的"硬"化

企业文化是企业管理的软件。许多活动是"务虚",容易受忽视,因此怎样使企业文化建设这个"软管理"硬起来,便成为实施艺术的关键。

1. 制度要"硬"

所谓硬管理就是建立规章制度,进行直接的外部监督以及行政命令等刚性管理措施,也包括采用计算机管理信息系统、人机监控系统等现代化的管理手段。所谓软管理是指开展思想工作、培育共同价值观、建立良好的企业风气、形成和谐的人际关系等柔性管理。企业文化是一种软管理,不同于其他管理手段,它的效果是通过业绩、企业氛围等方面间接反映出来的。

科学管理主要依靠硬管理,而文化管理则要求刚柔并济、软硬结合。用中国企业习惯的语言来说,就是要把管理工作与思想工作有机结合起来,变两张皮为一张皮。企业文化建设正是把软、硬管理两者结合起来的最佳方式。

在建设企业文化时,可以采取一些"硬"的制度,作为辅助手段,帮助确立和巩固新型企业文化体系。群体价值观、规章制度都是企业文化的组成部分。制度和纪律是强制性的、硬的,它们靠企业精神、共同价值观得到自觉的执行和遵守;企业精神、企业道德、企业风气是非强制性的、软的,其形成的群体压力和心理环境对员工的推动力是不可抗拒的、硬的。特别是这种软环境的建立和维持,离不开通过执行制度、进行奖惩等手段来强化。

以一系列"硬"制度来规范员工行为是有效手段之一,它并不是要一种惩罚工具,而是起到一种提示作用,是用纸面化的制度来宣传、倡导员工的某种行为。所谓软环境保证硬管理,硬环境强化软管理,这就是文化管理的辩证法。

2. 机制要"硬"

健全而具有特色的制度层是企业文化的突出特点,各种制度构成了一个严密的管理机制,集中体现企业文化的理念,它与精神层和谐地统一起来,可以成为企业成功的有力保障。

世界零售业王国沃尔玛公司,就是一家把企业文化落到实处的公司。创始人山姆·沃尔顿提出"员工是合伙人"的企业口号,他说:"这些高技术的设备离开我们合适的管理人员和为整个系统尽心尽力的员工,都是毫无价值的。"他鼓励杰出员工,让他们成为企业真正的"合伙人",这是沃尔玛公司成为世界顶级公司的法宝。但山姆·沃尔顿并没有把这一观点作为宣传用语,而是把它落到了实处。他把"员工是合伙人"这一概念具体化为三大机制,即利润分享机制、雇员购股机制和损耗奖励机制。

1971年,山姆开始建立利润分享机制,他使每个在沃尔玛公司工作了1年以上,以及每年至少工作1000个小时的员工都有资格分享公司利润。通过一个与利润增长相关的公式,把员工工资的一定比例纳入此计划,员工离开公司的时候,还可以取走这部分钱。接着他又开始建立员工购股机制,即让员工通过工资扣除的方式,以低于市值15%的价格购买股票。凭借这个计划,沃尔玛公司80%的员工拥有了公司的股票,剩下20%基本上是不够资格的。第三个机制是损耗降低的奖励机制。"损耗"即偷窃,它是超市的大敌。这项制度就是通过与员工共享公司因减少损耗而获得的盈利,对有效控制损耗的分店进行奖励,使沃尔玛公司的损耗率降至零售业平均水平的一半。

由此可见,如果把"员工是合伙人"的理念挂在嘴上,它只不过是一句动听的口号,毫无实际意义,只有把它真正落实在管理机制中,才会令它大发神威,这证实了文化管理的巨大魅力。对于一个企业来讲,光有漂亮的理念表述是不够的,还需要用具体的机制和制度来保证。

3. 推动要"硬"

企业文化变革到底是一个什么样的过程呢?艾弗莱特·罗格博士的研究给了我们一些启示。罗格博士的"规范"理论认为,变革思想往往是从占很小比例的集体中产生的(只占总人数的2.5%)。它进而传到"早期采纳者"那里(他们可能占13.5%)。一旦这些人对变革思想予以赞同,则"大多数人"就会采纳它了(正态分布曲线中间68%的部分)。最后,"迟缓者"(剩余的15%)也接受了变革思想。因此,"变革者"倡导新文化的唯一方式就是联系"早期采纳者"。罗格博士认为,这些人认识到了出现的差错,却不知如何应对,他们也在寻找一种"好的方式"。"大多数人"与"迟缓者"不会直接从"变革者"那里接受新思想,必须先通过"早期采纳者"的认可过程,才能全面接受。

在企业文化变革过程中,会遇到很大的阻力,因此需要有力的推动,具体表现在以下方面。

首先,组建稳定的领导团队,推动企业文化的变革。领导者的决心关系到企业文化建设的成败,有些领导者自己决心很大,但没有使领导团队达成共识,没有形成有影响力的少数,结果使企业文化变革受到很大的阻力。领导团队是企业文化建设成功的有力保证,要建立一个相对稳定的领导团队,使企业文化建设当中出现的问题得到及时解决,才能保证企业文化建设顺利进行。

其次,组建长期实施企业文化管理的部门。有些企业成立了企业文化处(部),有些企业则由党委宣传部主抓,总之,要明确成立这样一个部门,负责企业文化的实施,遇到问题及时上级反映。有了这样一个部门,企业文化推动工作才能真正"硬"起来。

最后,调动全体员工的积极性,并且全面推动企业文化建设。企业文化建设是全体员工的事,得到广大员工的认同和支持,才能顺利推广。同时,一些认识上的阻力是在所难免,它需要领导者有耐心、有恒心,不容放松,常抓不懈,本着滴水穿石的态度,才能收到最佳效果。为了有效地推动企业文化建设,还应该将企业文化建设工作列入考核和奖励体系,即对于企业文化建设工作出色的部门和个人,其绩效评价较高,得到的薪酬也高,并且还会获得各种荣誉和奖赏。反之,那些轻视企业文化建设的部门和个人,其绩效评价较低,得到的薪酬较低,并且还会遭到批评和惩罚。这就使得企业文化建设"硬"起来,必然收到事半功倍的效果。

二、"虚功"实做

为了避免企业文化建设仅仅停留在"面子"工程上的出现,企业还要做好落实工作。

1. 制度落实

企业的内部管理制度,对员工来讲是外加的行为规范,它与内在的行为和道德规范是否一致,可以说明企业家是否真正确立了文化管理观念。有一些企业之所以搞不好企业内部的管理制度,是因为思想观念和企业制度之间不统一。

企业内部的管理制度存在决定意识,不同的制度强化不同的价值观。平均主义的分配制度强化"平庸"和"懒汉"的价值观,按劳取酬的分配制度强化"进取"和"劳动"的价值观,制度要做到泾渭分明。我们在承认企业制度对共同价值观的决定性作用的同时,也承认共同价值观对企业制度具有反作用,二者之间是相互影响、相互作用的辩证关系。最关键的是企业制度和共同价值观要协调一致,就像一个人必须"心手一致""心口一致"一样。我们来看看 IBM 是如何进行企业文化变革的。

从 1980 年到 1984 年,IBM 进行了为期四年的文化变革。这次改革共分为三个阶段:第一阶段进行了"风险组织"的试点;第二阶段进行了全面调整与总公司组织的变革,形成新的领导体制;第三阶段调整了子公司的领导体制。每一次制度的变革,都伴随着企业文化的变革。

在第一阶段,开发了风险组织。1980 年,IBM 内部就设立了"风险组织"的试验,到 1983 年先后建立了 15 个专门从事开发小型新产品的风险组织,这些组织有两种形态,一种是"独立经营单位"(IBV),一种是"战略经营单位"(SBV)。IBV 在产销、人事、财务等方面都有自主权,受总公司的专门委员会领导,总公司对其经营活动一律不干涉,故有"企业内企业"之称。这是一次由集权向分权的变革,这也使企业文化随之产生变化,让员工独立经营的意识不断加强。

在第二阶段,建立了战略领导体制。首先 IBM 进行了决策的民主化变革,从原来只有董事长和总裁等人组成的经营会议,变为由 16 人参加的决策机构,使更多的人才参与最高决策,这是一次集体决策制度的改革,增加了民主气氛。

在第三阶段则改变了传统的习惯,有秩序地授权与分权。根据新的领导体制,分层次、有秩序地扩大授权范围和推进分级管理。为进一步贯彻 IBM 的"三信条":尊重个人、服务至上和追求卓越。公司还完善了委员会制度、业务报告制度和直言制度,健全了授权和分权机制,充分发挥员工的主观能动性,为实现企业理念奠定了坚实的基础。

可见一切制度建设都是围绕企业核心价值观进行的,只有制度上的充分落实,才能保证企业理念的实现。

2. 工作落实

企业文化建设是由许多具体工作组成的,而每一项具体工作构成,正如韩非子所讲:"天下之难事必作于易,天下之大事必作于细。"企业文化建设尤其如此,想毕其功于一役是很困难的。

万向集团有一则故事,总经理要负责人把员工的生日蛋糕亲手送给员工,但这位负责人感觉太麻烦,就给员工一张票,让员工自己去领。老总得知后,开除了这位负责人,因为他没有理解和落实老总的企业理念。可见,企业领导者对企业理念的培养何等重视,而企业文化正是从一点一滴的小事体现出来的,如果具体工作不能落实,只去喊几句空洞口号,在企业文化建设上是达不到预期效果的。

企业文化的落实往往是从细小处着手,这样才能积少成多。英特尔公司是人类第一家突破万亿美元大关的企业,在企业内部有一项制度叫作"清洁大使"的制度。公司请一些资深管理者担任"清洁大使",在办公楼内检查卫生,如果发现哪里不合格,就要给予公布,直到合格为止。这看似琐碎的工作都得到如此重视,企业行事严谨的工作作风可见一斑。

我们再以三星集团创始人李秉哲为例,看一看他是怎样落实企业理念的。李秉哲坚持这样一个信念:"君子之仕也,行其义也。"他要求员工要有"质量第一""信誉第一""利润第一"的"三个第一"精神,利润的前提是质量和信誉。为了落实三星企业精神,李秉哲制定了"三星人生活守则",其中有十条要求:①每天清晨六时起床;②养成节俭朴素的生活习惯;③节省物资;④苦干实干,决不懈惰;⑤自动自发,完成分内工作;⑥公私分明;⑦要养成至少积蓄10%的习惯;⑧爱本公司产品;⑨不用外国货;⑩出差回国,不带(或不购)礼物送人。我们看到,李秉哲对员工生活的一些细节都提出了要求,可谓想到了细微之处。其实,企业文化建设就是由极细小的事情构成的,而每一个细节背后都隐约可见企业所提倡的核心理念。

3. 人员落实

企业文化建设是一项长期而艰巨的任务,需要自上而下的人员配合。如果人员不能到位,推行企业文化建设就会"有心无力"。所谓人员落实,主要包括三个层面:一是领导者要扛大旗;二是领导团队要努力推动企业文化建设;三是常设机构要长期抓。

1) 发挥企业领导者的主导作用,用企业家精神带动企业文化的建设

企业家精神是企业领导者面对市场竞争的精神风貌、价值体系,是企业家素质的核心和灵魂,理所当然地应该成为带动企业文化建设的主要动力。企业领导者是企业文化的倡导者、策划者和推动者,理应率先示范,身体力行,为员工做出榜样。身教胜于言教,企业主要经营者在企业文化建设中的作用往往是决定成败的关键。东方通信股份有限公司、三九企业集团、北京王府井百货大楼等企业,都是由于企业董事长或总经理亲自督促企业文化建设,并以身作则,形成风气,才建设起优秀的企业文化,并树立了良好的企业形象的。

2) 理顺领导体制,建立企业文化建设的领导职能

许多国有企业由党、政双方共同组成企业文化领导小组,一些三资企业和民办企业,则多由董事长或总经理为首组织领导小组。正所谓,"鸟无头不飞",所以,建立一个企业文化领导团队十分重要,但需要注意,这个团队首先要达成共识,不同意企业理念的成员最好不加入。以免领导意见不统一,给执行工作带来阻力。

3) 设立职能部门,坚持不懈

有些企业由党委宣传部或人力资源部作为企业文化建设的职能部门,也有的企业专门成立企业文化部,形成人力资源部、企业文化部或总经理办公室齐抓共管的格局。总之,要有常设机构来管理此事,无论是在企业文化导入期,还是实施期,都有大量具体工作需要做,没有一个职能部门会比较困难。如果一些职能部门工作负荷量小,又有相应工作能力的话,也可以采取两块牌子一套人马的办法。这样就可以形成从上到下的领导组织,层层落实,保证实施效果。

三、企业文化的人格化

1. 坚持以人为本

人在企业文化建设中也有双重身份:既是企业文化建设的主体,又是企业文化建设的客体。坚持以人为中心,就要从这两个方面入手,确立人的中心地位,发挥人的中心功能。

人是企业文化建设的主体。这是说,企业文化建设要依靠人,不仅依靠企业领导,更要依靠

广大职工。我们要看到企业的领导者在企业文化建设中起的重要作用,但同时也要注意,职工并不是被动的接受者。一方面,他们也是企业文化的创造者。作为企业文化灵魂的企业精神、企业道德、企业风气,主要是职工群众在长期的实践中创造形成的,企业领导者只是对其进行总结加工,升华倡导。企业离开了职工群众共同创造的企业历史,就无法形成企业的文化。另一方面,他们是企业文化的建设者、发展者。企业文化的建设,最终要落实到广大员工的思想和行动中,这一过程,离开职工群众的主动参与就不可能实现。人是有思想的,如果企业文化是强制、灌输的方式只能是事倍功半,甚至达不到目的。企业领导者应使企业文化建设成为职工的自觉行动,不仅要身体力行、认真贯彻,而且要积极参与、献计献策。这样就能够集中企业全体职工的能量和智慧,把企业文化建设好。

人是企业文化建设的客体,这是说,企业文化建设是为了人和塑造人。首先,建设企业文化的目的是为了企业的生存和发展,而企业生存和发展的目的又是为了满足人们不断增长的物质和文化需求,因而,企业文化建设的最终目的就是为了人。对内,是为职工;对外,是为消费者,这都体现出为人民群众的理念。当代日本学者村田昭治认为,"顾客至上""职工幸福"和"为社会服务"这三种价值观将成为企业经营的标志,过去那种市场占有率至上和销售额第一的观点将站不住脚,对人和社会做多大贡献将成为一个评价企业的标准。所以,企业文化的建设要体现企业存在的价值,要为实现企业的目标服务。其次,企业文化建设也要着眼于塑造人、培养人。企业文化是一种氛围,它的理念层和符号层无时无刻不在感染、引导着职工;企业文化又是一种机制,其制度/行为层具体规定了职工的权利和义务。企业要通过充实企业文化的理念层和符号层,在潜移默化中帮助职工树立正确的价值观和对企业的责任感,引导职工加强品德修养,提高思想觉悟。

2. 塑造高尚人格

随着市场竞争的日益激烈,一些企业采取了短期行为,不仅对企业形象造成巨大损害,而且对整个社会形成不良影响。此时,更需要企业家利用企业文化这个软件,对企业行为有意识的控制和引导。

作为中华民族品牌之一的冠生园,创立于1915年,它旗下的"大白兔"奶糖被称为"世界第一奶糖",在海外也有很大的市场。但由于出现了轰动全国的"南京冠生园陈馅月饼"事件,使这个老品牌受到巨大的打击,同时,对整个行业造成不良影响。人们不禁为此叹息,企业行为一旦脱离道德的轨道,企业终将灭亡。

企业文化建设实际上是一个观念建设,它的作用通过每个员工表现出来。塑造高尚的企业文化氛围,对培养员工崇高的人格十分有益,而企业文化的人格化正是其中一个有效的手段之一。

面对家电行业的一些恶性竞争,荣事达集团(以下简称"荣事达")推出了"和商"理念,发表了"中国第一部企业自律宣言——荣事达企业自律宣言"。荣事达地处合肥,是中国徽商商业文化的发祥地,徽商的传统精神是"和气生财""互惠互利",荣事达就是秉承了徽商这种传统美德,提炼出"互相尊重、相互平等、互惠互利、共同发展、诚信至上、文明经营、以义生利、以德兴企"为核心的"和商精神",和,就是中国人传统的"和为贵""和衷共济"精神。

荣事达公开宣布,"和商"理念是企业调整各种关系所得出的道德规范和自律准则,努力把"和商"理念转变为全体员工彼此共约的内心态度、思想境界和行为方式,以此激发全体员工的创造性,实现"办一流企业,创一流品牌,树一流形象"的企业目标。

可见,通过企业文化塑造员工人格,使每位员工从我做起、提高自身的职业道德、以一流的服务求生存、以信誉求发展,在当前激烈的市场竞争中有着特别的意义。

3. 培养典型人格

从企业中选择、培养企业文化的代表人物是实施企业文化的有效手段之一,但要注意这些先进人物的选择一定要有群众基础、有号召力,不能为了选而选,那样会适得其反。

北京同仁堂风雨兼程333年,生生不息,是中国企业的常青树。这与企业能够长期保持优良的传统文化和核心价值观是分不开的。同仁堂奉行的道德观包括:"同修仁德,济世养生"的发展观;"炮制虽繁,必不敢省人工"的工艺观;"品味虽贵,必不敢减物力"的生产观;"修合无人见,存心有天知"的自律观;"做人以德为先,待人亲和友善"的行为观。这些充分体现了孔子的"仁者爱人"的道德思想。

企业道德观最终要体现在企业领导者和员工的行为当中,因此,必然会涌现出许许多多符合企业文化要求的典型人物和事迹。在企业文化实施当中,这些突出人物的事例,会比空洞的说教更加形象,更容易被人接受。

同仁堂有大量代表企业文化发展方向的人和事,并且已经编写成书,在员工中广为流传。"人参王"——贾贵琛就是一个代表。贾老14岁学徒,在中药行业干了66年。贾老掌握一手中药鉴别的绝活,他恪尽职守,只求奉献,被称为同仁堂的参天大树,他的行为和精神,鼓舞着所有同仁堂人。

目前,在企业内都流传着许多关于贾老的故事,员工耳熟能详。他经常为病人义诊,上到中央领导,下到布衣百姓,分文不取。每年要看千人以上,许多病人为感谢贾老,给他送来礼金、礼品,都被他拒绝了。有一些经营药材的商人,给同仁堂推销的贵重药材中不乏伪劣产品,他们经常给贾老塞红包。每遇这种情况,贾老都严词拒绝,讲明利害,被供应商称为同仁堂的"门神"。他以实际行动实践着同仁堂"修合无人见,存心有天知"的道德观。

正是通过这种典型人物的宣传,使员工更加严格自律,注重内省,自觉履行企业提倡的道德观和价值观。企业文化可以通过生动的人和事,起到"润物细无声"的作用。

四、领导者的示范艺术

一个公司的企业文化,从某种意义上讲是企业家经营管理理念的集中体现,为了使企业更具竞争力,企业家必须引导员工的行为和思维模式。领导的示范作用是企业文化建设的关键。没有领导者的示范,整个羊群就没了"领头羊"。示范是一门艺术,又是一门必修课。

1. 巧妙引导

引导是指企业家在企业文化建设过程中,依靠领导权威和个人魅力将其倡导的价值理念传达给企业成员,通过自己的言行对整个企业员工产生作用,使他们在工作中慢慢接受和实践这种理念。

通用电气公司(以下简称"GE")的杰克·韦尔奇不仅善于通过他著名的"数一数二论"来合并改组,而且还在"软件"上成功地改变了员工的思考模式。他指出:"如果你想让车再快10公里,只需要加一加马力;而若想使车速增加一倍,你就必须要换铁轨了。资产重组可以一时提高公司的生产力,但若没有文化的改变,就无法维持高生产力的发展。"

GE的三大理念中"自信"是比较特别的一个,杰克·韦尔奇给予了极大的重视,他还把"永远自信"列入了美国能够领先于世界的三大法宝。他分析到:迅捷源于精简,精简的基础是自信。如何让员工执行这一看似简单的理念呢？杰克·韦尔奇通过对员工的放权和尊重他们,用他的话讲就是"掐着他们的脖子,你是无法将自信注入他们心中的。你必须要松手放开他们,给他们赢得胜利的机会,让他们从自己所扮演的角色中获得自信。"

一个好的表达,会使领导者的理念更好的被员工所接受。杰克·韦尔奇在表达三大理念之一的"速度"时,用了两个形象的比喻——"光速"和"子弹列车",这也是他很爱用的词。他坚信,只有速度足够快的企业才能生存。当这两个词被员工广泛传播的时候,杰克·韦尔奇的一种观点便被大家所接受了,那就是"世界正变得越来越不可预测,而唯一可以肯定的就是,我们必须加快速度来适应环境。"于是,大家行动起来了,使信息流传达得更快,产品设计得更易打入市场,组织的调整则更便于快速决策。这一切成果与他对理念的巧妙解释不无关系。

2. 以身作则

文化的变革需要领导者用示范来加以引导,尤其在新文化确立之初,更需要领导者以身作则。领导层具有对事业投入、对员工关心、对自己严格、对利益淡化、对公司认同的特点,才能使得管理团队的威信高、力量大,并成为公司获胜的基础。当责任、诚信、平易近人、远见、大度、思想开放、节俭、乐观精神等内在素质,体现在他们的领导者身上,就构成了企业文化氛围的决定性因素。

英特尔公司确立了六项准则:客房服务、员工满意、遵守纪律、质量至上、尝试风险和结果导向。为了贯彻公司文化,公司首先培训高层管理者。因为,高层管理者对企业文化具有很强的示范作用。

英特尔公司总裁巴雷特说,如果有什么关键因素指导我们如何推进企业发展的话,那么这个关键因素就是企业文化。20世纪80年代,世界上风靡"走动式"管理,这种管理模式就是强调领导者的身先士卒,又称"看得到"管理。作为英特尔的总裁,巴雷特每年都要巡视英特尔国内所有的工厂,并成为他的工作惯例。人们给了他一个"环球飞行管理者"的称号,他本人也已经把家安在了最大的制造基地,而不是英特尔公司在硅谷的总部。

在芯片制造上,日本公司给英特尔带来了很大的竞争压力,为了实现公司质量至上的信念,巴雷特不停地向购买芯片的大客户询问,倾听他们在日本供应商处的见闻,他还亲自到英特尔公司的日本合作伙伴处进行调查。他研究每一条有关竞争者如何设计、管理业务的各种信息,公开的和学术上的不同渠道的信息都会给他带来灵感,他同所有员工一起,从头到尾改进了英特尔的制造流程,保证了技术制造上的领先,这就是领导示范的作用。

3. 行动巨人

企业文化建设的本质不在于认知,而在于行动;不在于说,而在于做。作为领导者不能只做言辞巨人,还要做行动巨人,将自己对员工的要求通过自己的行表现出来,做到言行合一,行胜于言。

在领导管理下属的实践中,领导者本人的所作所为,就是影响最大的榜样。所谓"其身正,不令则行;其身不正,虽令不从"。领导者需要对一些行动做出示范,自身先表现出言行合一,员工才能口服心服。

再以杰克·韦尔奇为例,他坚信:简单意味着"头脑清晰"和"意志坚定"。这两个词的内涵:一是思维集中,二是流程明晰。如何达到这一理念要求呢？可能几条口号或要求永远达不到这一理念要求。

针对第一条,杰克·韦尔奇要求所有经理人员必须用书面形式回答他设定的策略性问题,问题涉及自身的过去、现在和未来,以及对手的过去、现在和未来。这样就使管理者明白什么是真正需要花时间考虑的问题,而书面的形式更利于把自己的思绪整理得更清晰更有条理。

针对第二条,他要求为各项工作勾画出"流程图",从而能清楚地提示每一个细微步骤的次序与关系。一旦流程图画出来,就会发现哪些环节是可以被删除、合并和扩展的,使作业速度与效率有所提高。

杰克·韦尔奇不仅自己头脑清晰和意志坚定,而且手把手地教会部下怎样做到,所以通用电气公司的企业文化才会层层落实。

五、情境强化的艺术

企业文化建设还要利用情境强化来实现,即通过营造一定的情境,让员工自觉体会其中隐含的理念,从而达到自觉自悟的效果。

1. 巧用情境感染力

企业的理念是抽象的,不易把握,更不易深入人心。怎样克服这一企业文化建设的瓶颈呢?"情境强化"是一把金钥匙。如果情境设计得巧妙,就可以发挥其视觉冲击力大、印象深刻等作用。

海尔铁锤砸冰箱

海尔集团创立于1984年,当时是一个亏空147万元的集体小厂,"砸冰箱"的故事改变了这家不知名小厂的命运。

1985年12月的一天,时任青岛海尔电冰箱总厂厂长的张瑞敏收到一封用户来信,反映工厂生产的电冰箱有质量问题。张瑞敏带领管理人员检查了仓库,发现仓库的400多台冰箱中有76台不合格。张瑞敏随即召集全体员工到仓库开现场会,问大家怎么办。

当时多数人提出,这些冰箱是外观划伤,并不影响使用,建议作为福利便宜点儿卖给内部职工。而张瑞敏却说:"我要是允许把这76台冰箱卖了,就等于允许明天再生产760台、7600台这样的不合格冰箱。放行这些有缺陷的产品,就谈不上质量意识。"他宣布,把这些不合格的冰箱要全部砸掉,谁干的谁来砸,并抢起大锤亲手砸了第一锤。很多职工砸冰箱时流下了眼泪。此情此景,刻骨铭心。从此以后,工人们生产时眼前总会浮现砸冰箱的情境,所以十分重视质量问题。张瑞敏的"砸冰箱"之举,就是利用情境的视觉冲击力,达到了触及灵魂的目的,有效地把企业理念渗透到员工的内心。"情境强化"艺术的关键也在于情境的设计,应该针对不同的理念、不同的参与对象,选择不同的环境、展现不同的场景、营造不同的氛围,以充分发挥这一特定场景的视觉冲击力和心灵震撼力,起到振聋发聩的效果。

2. 理念故事化

邮递员跳海的故事

夏威夷首府檀香山FEDEX快递公司的员工,在暴风雨天气中,正在送一封加急邮包。一阵强风把这个邮包从他的无篷货车上刮起来,飘落到海里。邮递员吉姆斯·布什毫不犹豫就跳进了海里,捞起了邮包。重新包装之后,顾不上换下自己湿淋淋的衣服,就急忙将邮包送到了客户手里。

FEDEX快递公司在系统内部大力宣传这位员工的故事,树立典型,号召大家学习他不计个人安危,全心全意为客户服务的崇高行为和优秀品德。这样爱岗敬业的事迹在公司的报纸网站等各类媒体上广为传播,收到了非常好的效果。

企业文化的理念大都比较抽象,因此,需要充分利用各种素材把理念变成生动活泼的寓言故事,需要充分挖掘体现价值理念精神实质的真人真事,以叙事方式在公司内部和相关媒体进行广泛地宣传,让价值理念通俗易懂、喜闻乐见、可亲可信。

《哈佛商业评论》的一位资深编辑曾经说过,有两种方法可以服人。一种是企业管理层惯用的训人办法。现在使用这个老套子显然不太灵验了,因为单靠说教是难以服人的。另一种方法是使用生动而简明的故事打动人,故事像胶水一样,把员工与企业文化牢牢地黏合。

讲故事的最大好处是形象生动、一目了然、一听就懂,而且通过故事本身就能告诉大家一个道理,比讲多少大道理都管用。生动的故事能打动人,真实的故事能说服人。传播自己的理念,铸就自己的企业文化,应当依赖真实感人的故事,而不是教条的说教。

通过讲故事的方式,定期举办活动,传扬与回忆企业文化传统,回味感人的故事,鼓舞一代又一代后来公司的员工。因为发生在身边的故事,比起数字来更容易感动人,更容易让人接受。从而达到企业价值观深入人心的目的。

通过讲故事来传播企业文化,扩大企业知名度,得到了世界的广泛认可。近几年,美国相继有一些企业利用各种传媒工具,以讲故事的方式,宣传企业精神,增强企业的凝聚力,收到了很好的效果。如耐克公司用公司创始人贝尔·鲍沃尔曼的故事,让员工能够理解公司的传统文化。

用别人的故事说明哲理,引导和启发员工的智慧;用自己企业的故事来凝聚人心,鼓舞士气,这才能给员工留下深刻的印象。为此,海尔撰写了《海尔的故事与哲理》一书,通过发生在企业中的真实故事,阐述海尔的管理经验,这些故事很有说服力。长春新星宇集团成立后,集团公司董事长张琪武先生就十分注重用生动的故事来说明道理,宣传自己的理念和价值观,在不同场合,讲了很多富有哲理的故事,收到了意想不到的效果。

3. 理念人格化

案例6-5

同仁堂的"人参王"贾贵琛

北京同仁堂是中国医药界的一块"金字招牌"。它的堂训是:同修仁德,亲和敬业,共献仁术,济世养生。三百多年来,同仁堂人都奉这样的堂训为圭臬,并取得成功。

在企业文化的建设过程中,同仁堂十分重视先进员工典型事迹的宣传,将代表企业文化的人和事编写成书,在员工中广泛流传。

贾贵琛先生就是一个代表。贾贵琛先生生于1919年,1999年12月逝世。他是教授,主任药师。自幼攻读中医药经典,14岁进店学徒,先后在天庆总店、药材公司总部工作,1958年调至北京同仁堂药店总部,为中医药事业辛勤工作了66个春秋。

贾贵琛先生在长期工作实践和潜心钻研中掌握了一手鉴别中药的绝活,尤其在参草鉴别方面独树一帜,被国内同行尊为人参鉴别泰斗。数十年间,他每年都深入东北山区,采购野山参等贵重药品,不断汲取各地参家的经验以丰富自己。从而能够对几十种人参的性状、差异、特征、疗效了如指掌。在同仁堂工作的40年里,经他手购进的10吨人参、鹿茸、冬虫夏草等贵重药材无一假冒,售出的中药材无一退货,经他评审鉴定的人参品种均得到批准,有的在国际上获得了金奖。

贾贵琛先生在针灸方面造诣亦很深,平时除尽职尽责完成本职工作外,每年都为患者义务针灸逾千人次,患者上至中央领导,下至布衣百姓,他从来分文不取。据不完全统计,他拒收的礼金、礼品达100多万元,贾贵琛先生的高尚医德受到人们的尊敬。

理念人格化就是运用典型教育群众,引导舆论,推动工作。一个典型就是"一面旗帜",贾贵琛先生就是同仁堂的"一面旗帜"。运用典型教育群众是企业文化建设中经常采用、行之有效的方法。它比空洞的说教更加形象,更容易令人接受。通过典型人物的宣传,可以使员工更加严格自律、注重内省,自觉履行企业提倡的价值理念。企业文化通过生动的人和事,起到"润物细无声"的作用。

4. 鼓励全员参与

员工的参与越广泛、越深入,宣传鼓舞的效果就越明显。同时,员工的行为由于可以相互模仿和影响,所以员工的改变也就会更加迅速。

案例6-6

通用电气的"大家出主意"会

1981年,通用电气公司的发展遇到了困难,几乎到了难以维持的境地。在这个紧要关口,杰克·韦尔奇走马上任,成为通用电气公司的总裁。

杰克·韦尔奇上任后就在公司进行了一系列的改革,其中,最重要的一条就是宣布通用电气公司是一家"没有界限的公司",并把"毫无保留地发表意见"作为企业文化的重要内容。为了调动员工参与管理的积极性,他宣称,无论任何人,无论什么职务、级别,都可以没有限制、没有拘束地和公司的各级管理人员交换意见。

1986年,一位年轻的工人冲着分公司的经理嚷道:"我想知道,我们那里什么时候才能有点管理!"杰克·韦尔奇听说后,不仅不允许处分这个年轻人,还亲自下去调查。几周之后,那个分公司的领导班子就被撤换了。

在通用电气公司,每年都有两万多名员工参加"大家出主意"会议。这种会议时间不定,每次有50~150人参加。不仅基层开,高层也开。每年1月,公司的500名高级主管会在佛罗里达州聚会两天半;10月,100名各级主要领导人会开会两天半。30~40名核心主管则每季度开会两天,集中研究基层反映的问题。这种畅所欲言的讨论,不仅有利于解决工作中的问题,而且还提高了大家分析问题、解决问题的能力。当基层召开"大家出主意"会时,杰克·韦尔奇总会带头参加。他常常只是专心地听,并不发言。这样,他不仅能及时找出经营管理中存在的问题,而且还有效地调动了员工关心企业发展的积极性。例如,在一次"大家出主意"会议上,有个员工提出,在建设电冰箱新厂时,可以借用公司哥伦比亚厂的机器设备。哥伦比亚厂是生产供空调使用的压缩机的工厂,与电冰箱生产正好配套。如此"转移使用",节省了一大笔开支。

让员工毫无保留地发表意见,除了为通用电气公司带来经济上的巨大收益外,更重要的是使员工认识到了自己的力量,使员工精神面貌大为改观,奠定了企业成功的基石。

从上面的案例,我们可以看到员工的参与越广泛、越深入,宣传鼓舞的效果就越明显。

5. 寓教于乐

企业文化培育很重要的一条就是贴近员工,符合企业实际,寓教于乐。尤其是员工行为规范和员工训条,一定要联系员工的实际工作,使员工在日常情境中可以随时想起企业提倡的理念,在一种非常轻松的氛围中真正实现对员工行为的指导。

案例6-7

美国西南航空公司的快乐工作

美国西南航空公司,创建于1971年,当时只有少量顾客,几只包袋和一小群焦急不安的员工,现在已成为美国第六大航空公司,拥有1.8万名员工,服务范围已横跨美国22个州的45个大城市。

当踏进西南航空公司总部大门时,你就会感受到一种特殊的气氛。一个巨大的、敞顶的三层楼高的门厅内,展示着公司历史上值得纪念的事件。当你穿越欢迎区域进入把办公室分列两侧的长走廊时,你就会沉浸在公司为员工举行庆祝活动的气氛中——令人激动地布置着有数百幅配有镜架的图案,镶嵌着成千上万张员工的照片,歌颂内容有公司主办的晚会和集体活动、垒球队、社区节目以及万圣节、复活节。早期员工们的一些艺术品,连墙面到油画也巧妙地穿插在无数图案中。

公司总裁赫伯·克勒赫是把每个员工视为西南航空公司大家庭的一分子。他鼓励大家在工作中寻找乐趣,而且自己带头这样做。比如,为推广一个新航线,他会打扮得像猫王埃尔维斯一样,在飞机上分发花生;他还会举办员工聚会或者在公司的音乐录像中表演节目。他时时刻刻走出来与自己的团体在一起,向团队传递信息,他告诉员工,他们是在为谁工作,他们的工作有多重要。他就是要让员工感觉自己很重要和受到尊重。公司鼓励员工释放自己,保持愉快的心情,因为好心情是有感染力的。如果乘务员有一个愉快的心情,那么乘客也更有可能度过一段美好的时光。如果整个工作氛围都很热情,那么当他面对其他人时也能很热情。他会很有礼貌地对待在那里的每个人,也会和人有很好的目光接触。爱的氛围使西南航空公司的员工乐于到公司来工作,而且以工作为乐。

赫伯·克勒赫说:"也许有其他公司与我们公司的成本相同,也许有其他公司的服务质量与我们公司相同,但有一件事它们是不可能与我们公司一样的,至少不会很容易,那就是我们的员工对待顾客的精神状态和态度。"快乐的工作气氛不仅使员工的服务态度更加热情,也使他们的工作效率大大提高。举个例子,西南航空公司的飞行员每月要飞行70个小时,而其他公司的飞行员只飞55个小时。他们的地面指挥站通常仅需要竞争对手一半的人手就足以完成全部工作,他们调度飞机的速度通常非常快,竞争对手需要45分钟,而他们只需要15分钟。西南航空公司员工的高工作效率是它保持低价的关键因素,并使它的价格比行业平均水平要低25%。

企业文化的终极目标是让员工沉浸在企业大家庭的温暖之中,沉醉于创造性工作的欢乐之中。企业领导者可以运用企业风俗,营造一种融洽快乐的工作氛围,感染和陶冶员工的心灵,使企业理念在不知不觉中深入人心。

如果企业可以为员工创造出一种和谐、愉快的工作环境,自然会得到员工内心的认同,产生一种归属感,从心底热爱企业,愿意为企业分忧而不愿离开。

六、观念、故事、规范三部曲

企业文化建设的艺术之一是用真实的故事来说明问题,故事越真实,教育意义就越大。这就是著名的"观念—故事—规范"三部曲。所谓观念,就是领导者清晰阐明的企业理念;所谓故事,就是最能体现这一理念的典型故事;所谓规范,就是由观念外化成为各种行为规范。

我们不妨以摩托罗拉公司(以下简称"摩托罗拉")和海尔公司(以下简称"海尔")的企业文化强化故事为例,观察其中奥妙之处。

摩托罗拉把公司数十年经营历史和成功经验总结为"精诚为本与公正",并确定为自己的企业理念。这是一种企业神圣的责任感,公司始终以这种企业责任感教育员工。摩托罗拉的CI手册中有这样一段话:"诚信不渝——在与客户、供应商、雇员、政府以及社会大众的交往中,保持诚实、公正的最高道德标准,依照所在国家和地区的法律开展经营。无论到世界的哪个地方进行贸易或投资,必须为顾客提供最佳的服务。"

这种理念不仅写在了手册中,还通过一些情境强化的手段,传达到每位员工的心里。公司的企业伦理顾问爱罗斯在布拉格第十届国际企业伦理研讨会上,用一个案例来说明产品安全和品质方面的重要性。他常年用这个案例来教育和提高摩托罗拉经理层的每一个人。

这一案例发生在1992年,以色列航空公司的货机在阿姆斯特丹遭遇空难,造成这场灾难的主要原因是引擎螺栓的设计问题,波音公司的主要责任是设计上的错误和质量控制上的疏漏。实际上,波音公司很早就已经发现这个问题,但没有引起足够的重视。爱罗斯就是用这个沉痛的教训,告诫摩托罗拉的经理们:企业必须认真对待产品反馈信息,不断改善产品设计。

摩托罗拉对员工的培训之所以引用这些事故案例,不是制造恐惧感,而是通过情境来强化员工的道德观念和责任感。每位员工由此知道,人的行为虽然不可能至善至美,但追求技术和产品质量的不断完善是每个人神圣的职责。

另一个著名的故事,是海尔公司贯彻"对用户忠诚到永远"服务理念的故事。

自从海尔提出这个理念,就引起了员工的普遍关注。但是,怎么理解这句话,怎么做才算达到了对用户忠诚到永远,这很抽象,很难准确把握。海尔公司收集了许多故事,这些故事形象地阐释了"对用户忠诚到永远"。例如,在2002年春节前几天,北京石景山区有海尔的一个用户,他买了一台海尔彩电坏了,很着急。海尔北京分公司经理亲自上门维修,在双方约定的晚上8点到达,但这个用户不在,门上了锁,灯却亮着。怎么办?等!一直等到第二天早晨6点,用户回来时,才进门维修。他和他的助手整整在门外冻了一夜,邻居们请他们进门休息,被他们婉拒。这件事深深地感动了那位用户和他的邻居们,也充分地体现出海尔"对用户忠诚到永远"的最佳服务精神。诸如此类的故事,把这个抽象的服务理念具体化、形象化,变成可感受的、易把握的东西,使之更容易被员工接受。

总之,企业的理念是抽象的,不易把握的。怎么克服这一企业文化建设的瓶颈呢?"典型故事"是一把金钥匙。有了故事,知道朝哪个方向努力,但还缺少具体的标准和行动的规范。因此,海尔又制定了一系列的服务规范,如"五个一""五不准"等,这就使广大的海尔服务人员清晰地了解服务文化的底线。久而久之,普遍达到了很高的服务水平,从整体上做到了"对用户忠诚到永远"的理念。"观念—故事—规范"三部曲,是一个企业文化落地的成功经验,值得很多企业借鉴。

七、企业文化实施的方法

人是企业文化实施的主体,企业文化的开展和推进离不开企业中各个层次的个体和总体的力量,同时在企业文化的实施过程中还应该从人性化的角度,采用各种易于被员工接受的方式,才能使企业文化,尤其是企业的核心价值观真正落实。

(一)领导垂范法

著名企业家张瑞敏在对媒体记者谈到他个人在海尔充当的角色时指出:"第一是设计师,在企业发展中如何使组织结构适应企业发展;第二是牧师,不断地布道,使员工接受企业文化,把员工自身价值的体现和企业目标的实现结合起来。"企业领导者作为企业文化的缔造者、倡导者和管理者,其示范作用,可以有效引导员工的行为和思考方式,是企业文化建设实施的关键。

企业文化并不像战略、组织机构、人力资源等管理职能一样清晰可见,也无法在短期内见效。要使组织中的每一个人相信并愿意去实践企业共同的价值理念,企业领导的身体力行是关键。在实施企业文化的过程中,领导者光是口头讲"这就是我们的价值观"是不够的,如果想让这种新的价值观深入到企业中去,领导者本身就应该成为企业核心价值观的化身,领导者的行为示范作用更为重要。

(1)领导者以身作则来引导员工的行为。领导者应当做到以下四点。

①表里如一。对本企业的价值理念确信不疑,信守不渝,诚心诚意地贯彻执行,而不是内心一套,外表一套,表里不一,内外相悖。

②言行一致。忠实于自己的承诺,嘴上怎样说,行动上就怎样做,而不是说一套,做一套,言行不一。

③带头履行文化价值理念。凡是号召员工做的,自己首先做到;凡是不让员工做的,自己首先不做,事事带好头。

④事事做员工表率。不以善小而不为,不以恶小而为之。一言一行都不偏离企业文化价值理念,大事小事都做员工的表率。例如,英特尔总裁巴雷特为了实现公司质量至上的信念,在受到日本竞争对手的强大压力的时候,亲自研究每一条有关竞争者如何设计、管理业务的信息,公开的和学术上的不同渠道都给他带来灵感,同所有员工一起,从头到尾改进了英特尔的制造流程,保证了技术制造商的领先。

(2)领导者通过象征性的行为表现出自己对企业文化始终如一的关注。特雷斯·迪尔和阿伦·肯尼迪的《企业文化——现代企业的精神支柱》一书中就讲到了通用电气公司前任董事长杰克·韦尔奇的一个故事。

那时候杰克·韦尔奇还是一个集团的主管经理。他为了表示出对解决外购成本过高的问题的关注,在办公室里装了一台特别电话,号码不对外公开,专供集团内全体采购代理商使用。只要某个采购人员从供应商那里争得了价格上的让步,就可以直接给杰克·韦尔奇打电话。无论杰克·韦尔奇当时正在干什么,是谈一笔上百万美元的业务,还是同秘书聊天,他一定会停下手头的事情去接电话,并且说道,"这真是太棒了,好消息,你竟然把每吨钢材的价格压下来两角五分!"然后,他马上就坐下来起草给这位采购人员的祝贺信。

在英特尔公司,当某个员工在工作中取得显著成绩时,企业高层主管就把这位员工请到自己的办公室,拿出一把M&M's公司的糖果作为奖励。这也属于领导者的象征行为,奖品虽然微薄,但是效果很好。

有人谈到象征在管理中的作用时指出,每一个使用象征手法的行动都是一出小戏,在这个意义上说,领导也是戏剧艺术家。

(3) 领导者通过天天讲、时时讲反映出对企业文化的重视。领导者要抓住价值观体系,全神贯注,始终不渝。例如,斯堪的那维亚航空公司的简·卡尔岑以服务作为经营的宗旨,从不放过任何一个微小的机会反复强调服务。你从来听不见他谈论飞机,他总是谈论乘客。他非常注意用词:斯堪的那维亚航空公司不再是"以资产为中心的企业",而是以"服务为中心的企业",不再是"技术型或经济效益型的公司"而是"市场型公司"。

此外,领导者应深入到企业的各个部门之中。几乎毫无例外,他们在"现场"要花费很多时间,尽可能多地与组织中的人员接触。领导者还可以提倡为公司的价值观做出努力并举行竞赛,给予公开奖励,以激励别人群起而效之,以及指派特别工作小组负责实现基本价值观方面的短期项目。这些方式在领导者打算强化企业价值观时是相当见效的。

案例6-8

山姆与沃尔玛的幽默文化

沃尔玛是由山姆·沃尔顿创立的。1945年山姆在美国小镇维尔顿开设了第一家杂货店,1962年正式启用"沃尔玛公司"的企业名称。经过40年艰苦奋斗,山姆以其独特的发展战略以及出色的组织、激励机制,终于建立起全球最大的零售业王国。它以物美价廉、对顾客的优质服务著称于天下。在沃尔玛内部有一种独特的文化氛围,它体现了一种团队精神,一种美国人努力工作、友善待人的精神——沃尔玛人一方面辛勤工作,同时在工作之余自娱自乐。这种文化是员工努力工作的动力之源,也是沃尔玛获得成功的最独特的秘密武器。而这种文化是沃尔玛董事长山姆创造的。其"幽默"文化有以下3个方面的特点。

(1) 以幽默鼓舞员工。

沃尔玛董事长山姆在工作上非常严厉,但在工作之余却非常喜欢寻求乐趣。著名的"沃尔玛式欢呼"就是山姆的一大杰作。1977年,山姆赴日本、韩国参观旅行,对韩国一家看上去又脏又乱的工厂里人群欢呼口号的做法很感兴趣,回沃尔玛后马上试行。这就是后来著名的"沃尔玛式欢呼"。在每周六早上7:30,公司工作会议开始前,山姆总会亲自带领参会的几百位高级主管、商店经理们一起欢呼口号和做阿肯色大学的拉拉操。另外,在每年的股东大会、新店开幕式或其他一些活动中,沃尔玛也常常集体欢呼口号。

(2) 以幽默赢得顾客。

沃尔玛是从小镇上发展起来的,小镇生活总的来说相当乏味,因此需要自己想一些办法制造一些热闹的气氛。山姆对于能增添乐趣的事总是不忘尝试。沃尔玛经常组织各种各样的游戏娱乐顾客,包括诗歌朗诵等轻松、愉快的促销方式获得顾客的欢迎。它不仅提升了公司在顾客心目中的形象,增加了公司的销售额,而且也让顾客感受到沃尔玛幽默的企业文化。

（3）自上而下的幽默。

如果企业家表现出幽默并鼓励员工工作时享受乐趣的话,员工就会对工作持有更积极的态度。沃尔玛在这一方面做得很成功。山姆和他的助手们都非常懂得幽默,只要是能令大家开心的事,他们都会很高兴去做。例如1984年,山姆与当时的高级主管格拉斯打赌说当年税前利润不会超过营业额的8%,但最后超过了,为此,山姆穿着奇装异服在华尔街上跳呼啦舞,并被记者刊登在报纸上,还特别注明他是沃尔玛的董事长。在沃尔玛,高级主管遭受愚弄是正常的事。山姆认为这也是公司文化的一部分,它使企业上下级更为贴近,沟通变得更加容易。

幽默的企业文化表达,使每一位员工有一家人的亲切感。这种企业文化的建立充分展示了山姆领导的艺术。

(二) 造就楷模法

企业楷模,又称企业英雄,是企业为了宣传和贯彻自己的文化系统而为企业员工树立的可以直接仿效和学习的榜样。企业楷模是企业价值观的人格化体现,更是企业形象的象征。许多优秀的企业都十分重视树立能体现企业价值观的企业楷模,通过这些英雄人物向其他职工宣传提倡和鼓励的东西。

阿伦·肯尼迪和特雷斯·迪尔认为:"如果说价值观是文化的灵魂,那么英雄人物就是价值观的人格化,并集中体现了组织的力量所在。英雄人物是一种强有力文化的中枢形象。"他们将企业英雄划分为两种类型。第一种类型是和公司一起诞生的"共生英雄",也叫创业式英雄,指那种创办企业的英雄。共生英雄在数量上很少,多数是公司的缔造者。他们往往有一段艰难的经历,但面临困难仍然有抱负、有理想,并终于把公司办起来了。在我国民营企业中,有许多这样的英雄。例如,联想集团的创始人柳传志、深圳华为的任正非、搜狐公司的张朝阳等。第二种类型是企业在特定的环境中精心地塑造出来的,被称为"情势英雄"。共生英雄对企业的影响是长期的、富于哲理的,可为全体职员照亮征途,而情势英雄对企业的影响是短期的(多则几年、少则几个月甚至几天)、具体的,以日常工作中的成功事例来鼓舞企业员工,使其他员工从英雄人物身上认识到英雄人物同自己一样,也是平凡的人,他们能成功,自己也一样能够成功。情势英雄一般为企业普通员工和部门管理人员。

在企业精心塑造出来的情势英雄中,又可以区分为以下四点。

（1）出格式英雄。这些人行为古怪,常常故意违反文化准则;但他们聪明过人,有独特的见解,工作能力较强。"人格"人物在强文化公司中具有很高的价值,他们推动公司不断地向前发展。

（2）引导式英雄。这是高级管理人员为了有力地推行经营改革,通过物色合适对象而树立起来的英雄。例如,美国电话电报公司,原来是一个没有竞争对手、接受政府管理的实体,其榜样人物是能够迅速装好电话并保证质量的人。后来,该公司不再受政府管理,参与市场竞争,面临经营改革,于是聘请IBM从前的一位管理人员麦吉尔担任市场经营的副总裁,他从小就习惯于竞争环境,善于识别和适应市场的各种特征,符合改革需要,就是引导式英雄。

（3）固执式英雄。这是坚韧不拔、锲而不舍、不达目的绝不罢休的人物。例如,3M公司一位职员试制新产品一年而未成功,结果被解雇,但他并不因此就离开公司,而是不计报酬,继续试制,终于试制成功,而被公司晋升为副总裁,并被尊为固执式英雄,为该公司铸造了一条"做你所信奉的事"的价值观。

(4) 圣牛式英雄。这是忠于职守(如卷起袖子只知道工作的高技术人员)、坚持传统、乐于奉献的人物。例如,一个制造大型精密仪器的公司中的一位工程师,为了检查一台声音不太正常的机器而把耳朵贴近机器,结果机器爆炸而烧煳了他的半张脸。但当他治愈后,他自豪地展示着一张破了相的脸。他就是一位圣牛式英雄,他的奉献精神,使人们不仅不觉得他那张脸可怕,反而为此而尊敬他。

企业楷模是在企业实践中逐步成长起来的,但最后真正成为人所敬仰的楷模又需要企业的精心培育。企业在造就楷模时主要应做好以下三个方面的工作。

(1) 善于发现楷模"原型"。

企业楷模在成长的初期往往没有惊人的事迹,但是他们的价值取向和信仰的主流往往是进步的,是与企业倡导的价值观保持一致的。企业的领导者应善于深入员工,善于透过人们的言行了解群体成员的心理状态,以及时发现具有楷模特征的"原型"。对楷模"原型"不要求全,但要善于发现其"亮点"。

(2) 注重培养楷模。

企业应该为所发现的楷模"原型"的顺利成长创造必要的条件。增长其知识,开阔其视野,扩展其活动领域,为其提供更多的文化活动的参与机会,使其增强对企业环境的适应性,更深刻地了解企业文化的价值体系。培养楷模切忌脱离员工,应该使楷模具有广泛的员工基础。

(3) 着力塑造楷模。

通过对楷模"原型"的言行给予必要的指导,使他们在经营管理活动或文化活动中担任一定的实际角色或象征角色,使其得到锻炼。当楷模基本定型,为部分员工所拥护以后,企业应该认真总结他们的经验,积极开展传播活动,提高其知名度和感染力,最终使之为企业绝大多数员工所认同,发挥其应有的楷模作用。

同时企业还应该注意对企业楷模进行奖励,这种奖励不应该只是一种报酬,而更应该是一种精神价值的肯定,一种文化的激励与象征;不应该只着眼于楷模本人,而更应该是着眼于能够产生更多的楷模。因此,优秀的企业在如何奖励企业楷模这个问题上往往"别出心裁"。比如上海宝山钢铁集团(以下简称"宝钢"),对在宝钢勤勤恳恳工作达到一定年限的职工颁发奖章鼓励,分设铜牛奖、银牛奖、金牛奖,以纪念牛年一期工程投产,并激发老黄牛的埋头苦干精神。

(三) 员工培训法

企业文化的教育培训是企业文化实施的基础工作。企业文化的落实需要员工的认同和配合,但员工受到惯性思维、传统情节和既得利益的影响,不会主动接纳新文化。因此在实施阶段,需要在企业文化领导小组或企业文化部的统一部署下,同相关部门,对全体员工进行系统的培训和宣讲,让员工能够真正理解本企业的企业文化的内涵、发自内心地认同和拥护企业文化。

企业文化的教育培训可以整合在企业的培训管理制度之中,将企业文化的教育培训作为重要的培训内容之一列入新员工培训、老员工在岗培训、专题培训之中。企业文化的培训应该是一种全员培训。因为企业领导层的价值观和信仰,只有反映和代表了全体员工的观念、信仰,对企业管理才有意义。同时,通过企业文化的全员培训所集聚的企业凝聚力,能紧紧地将员工分散的个体力量,聚合成团体的力量和行为,使每个员工对企业产生浓厚的归属感和荣誉感。

1. 全员培训的目标

一般全员培训目标的设置主要有三种。①理念目标。培训后,受训者在生产经营理念上将有什么新的转变;②行为目标。培训后,受训者将明确在工作中应该怎么做;③结果目标。通过全员培训要获得什么最终结果。例如,海尔兼并红星厂后所进行的全员培训,其理念目标为:从原咨询认证中心派出质量控制人员,教育新员工接受海尔的企业文化,树立新的质量观。行为目标为:建立健全质量保证体系,建立行之有效的奖罚制度,使产品获得走向市场的可靠保证。结果目标为:能够在较短的时间内生产出受市场欢迎的新产品。

2. 全员培训的层次性原则

全员培训并不意味着平均使用力量。为了提高培训投入的回报率,在全员培训的基础上,必须有重点,分层次,按需施教。如高层管理人员,应在明确企业战略规划的基础上,着重在如何提升企业理念、倡导企业精神、改革企业制度方面进行培训;中层管理人员应该在如何贯彻落实上述内容上进行培训;基层管理人员对企业文化的理解,则直接影响到普通员工的劳动积极性和对企业的忠诚。企业通过培训应该使他们懂得如何将企业价值观和企业理念,转化为员工的行为,懂得如何指导下属员工发挥团队精神和激发员工的潜能;而对于新进企业的一般员工,则应该将培训的重点放在企业创业史、企业传统以及企业文化的一般宣讲上。

3. 培训方式

企业文化的培训方式多种多样,具体采用哪种培训方式,要根据培训对象以及要取得何种培训效果而定。一般而言,培训方式有讲授法、演示法、案例法、讨论法、视听法、角色扮演法、行动学习法、商业游戏、在线培训、学徒制、工作轮换等。各种培训方法都有其自身的优缺点,为了提高培训质量,达到培训目的,往往需要各种方法配合起来,灵活使用。

4. 培训效果评估

培训效果评估可以帮助培训者全程审视培训的各个环节,同时使培训对象更清楚自己的培训需求与目前水平的差距。从而增强其未来参加培训的愿望,间接促进培训的深入开展。评估的内容包括以下几点。

①企业员工对企业价值观与企业精神的认同度,可以采用问卷法、访谈法等方法进行测评。

②企业美誉度和知名度,这一方面实际上是在测评企业文化培训后,企业员工行为改变对企业的影响程度的大小,可以在培训开展后的相当一段时间后进行,然后把测评结果与培训之前的结果相对照。

③销售额和企业利润率,这两方面的测定分析实际上是对企业文化培训效果的效益性的分析,也就是企业文化培训对企业经济效益取得的贡献有多大。

案例6—9

日本的企业文化培训

一、归属感教育

在日本,几乎所有的企业都将本企业奋斗史和现状编印成小册子发给员工,让员工认真学习。通过学习使员工认同企业,为成为该企业的一员而自豪。这样做是要树立企业在员工心目中的高大形象,使新员工为成为该企业的一员而自豪,从而增强员工对企业的归属感。日本企业特别强调对企业的忠诚,以各种形式教育员工,要把忠于企业作为自己一切行为的基本准则,要求每个员工都必须牢固地树立起"我是公司一员"的观念,并且对公司的一切都应担负起责任。这种教育训练不仅限于对新员工,对老员工亦不例外。

二、人格和精神教育

日本企业界流行着"塑造人先于制造产品"的观念,它们更注重员工人格的培养和精神教育。名刀是由名匠不断锻炼而成的,同样员工的人格培养,也要经过千锤百炼。松下认为,造成社会混乱的原因,可能在于忽略了身为社会人应有的人格锻炼,就会在商业道义上产生不良影响。人格比知识更重要。恶劣环境往往是人才成功的催化剂。松下强调真正的教育是培养一个人的人格,知识的传授只是教育的第二意义。一个具有良好人格的人,工作环境条件好,就能自我激励,做到今天胜过昨天,明天胜过今天,即使在恶劣的环境或不景气的情景下,也能克服困难,承担压力,以积极的态度渡过难关。

三、塑造"企业人"

日本企业通过唱社歌、戴企业标志等活动,向员工灌输"家族主义"观念。在企业文化教育中反复告诫员工:"一个人属于一家公司是最重要的,企业是员工的终身依靠。"它们认为,唯有企业与员工相互认同,才会真正融为一体,员工才能真正成为企业人。因此它们在员工中一直宣传"企业是大家"的思想,并且千方百计把企业变为一个大家庭,悉心照料员工的一切,对员工的工作、生活和未来发展负起全面责任。企业这样做不仅使"企业人"教育变得极具说服力,而且也表明了企业确实把员工当成了命运与其、休戚与共的伙伴,它必然会打动、感染员工,使员工由衷地把自己与企业一体化,并以这个家庭的一员——企业人,去自觉关心和促进企业的发展。

四、营造精神训练的和谐外部环境

日本企业倡导"和谐高于一切",追求和睦的人际关系。"和谐高于一切",也即儒家的"以和为贵""中庸之道"思想的现代应用。日本企业管理的经验证明,企业内部各类人员在利益上是一致的,可以在和谐的氛围中为企业的共同目标而奋斗。日本大金工业株式会社,是全球著名的商用空调和氟化工产品生产的企业。在亚洲金融危机中该企业做到了一不收缩撤退,二不裁减人员。为此,公司想了许多办法,诸如限量招工、实行内部转岗分流、对部分员工进行再培训等。它们认为,留住员工是企业的社会责任,而员工也会为企业渡过难关贡献出它们真诚的热情。经过共同的努力,企业活力依旧高涨甚至股票也不跌反升,就像井上社长所说:"这就是我们企业文化的精髓——'人和'的理念在起作用。"

(四)宣传推广法

有一家企业搞企业文化建设,为了塑造企业形象,在厂门口做了三尊雕像。大门做成了两个大拇指的造型,门口两侧的一侧是一匹奔腾的千里马,另一侧是一头低着头的垦荒牛。企业的本意是想告诉管理者和员工:大拇指表示永远做同行第一;用千里马的精神、速度来发展企业;用老黄牛的精神来做好本职岗位工作。然而,雕像做出来后,由于没有认真地做好宣传解释工作,管理者和员工的认识也就不一样。有的管理者认为,雕像的意思是,大拇指表示我们单位是老总一个人说了算,我们都当牛做马。而普通员工认为,大拇指表示我们单位是老总一个人的,与我们没有关系,中层管理者就会吹牛拍马。

这个故事告诉我们,在企业文化建设的实践中,不少企业有很好的企业文化内容和精神实质,但是一直未能够得到很好的传播和扩散,未能求得管理者和员工的接受和认同,致使在内部没有产生企业文化的导向、教化、凝聚等作用,在外部没有形成企业文化的扩散力、影响力和竞争力。究其原因,主要在于对企业文化的宣传推广没有予以足够的重视和充分的运作。

企业文化宣传推广,是指企业通过内外部渠道向员工、通过产品服务向社会传播企业文化并取得认同的过程。一般而言,企业文化的宣传网络存在两种形式:一种是正式网络,如企业创办的刊物、报纸、闭路电视、企业广播、宣传栏、内部局域网等;另一种是非正式网络,如非正式团体内部的交流、企业内的小道消息等。另外,编制企业文化手册也是一种有效的宣传推广的方法。

1. 企业文化宣传的正式网络

(1) 企业报刊。企业报刊分为企业刊物和企业报纸两类,比如华为公司的《华为文摘》和《华为人报》。报道内容主要包含以下几点:

①企业生产经营管理方面的重大事件和重大政策、方针、决定以及企业主要领导的重要讲话;

②企业各方面、各部门工作的报道和介绍;

③企业人物报道和专访;

④企业内外的各种信息及有关经验、资料;

⑤企业员工的工作体会、心得及作品;

⑥企业的公共关系活动消息等。

(2) 企业广播、电视。企业广播、电视的内容或栏目设置一般分为两大板块。一大板块是娱乐节目,例如,企业广播站在员工休息时间播出的音乐等,是企业文化的间接传播方式;另一板块是新闻板块,主要是报道企业内外的新闻、人物介绍、事件追踪等,是直接的企业文化传播途径。

(3) 企业宣传栏、广告牌。用作宣传、公告、通知的橱窗、墙报、黑板报、公告栏等宣传栏和广告牌,是我国企业使用最早且用得最多的企业文化宣传推广的传统模式。其内容可以包括以下几点:

①宣传企业的最高目标、宗旨、精神、作风以及工作的计划、方针、措施、要求等;

②介绍企业及部门的工作成绩、经验和企业的产品、服务;

③宣传介绍企业的劳动模范、先进工作者等各类英雄人物的事迹;

④反映员工的思想、工作、生活、学习情况;

⑤发布各种消息、通知等。

(4) 企业局域网。企业可以在 Internet 上建立自己的网站,并建立内部 BBS,进行企业文化宣传。企业网络不仅是一种企业文化内部的传播渠道,也是向外部传播企业文化的重要途径,具有传播速度快、不受时空限制、信息容量大等优点。

除上述介绍的几种途径外,企业还可以利用企业文化书籍,如《联想为什么》《北京同仁堂史》《四通与四通文化》等都是对各企业的企业文化比较全面的介绍和反映;企业可以通过开辟厂史室、荣誉室等专用场所,利用图片、文字展示和实物陈列等方式,介绍企业的发展历史、英雄模范、技术特色和主要产品等;很多企业都印制了精美的企业文化宣传画册,以图片、文字的形式综合反映企业文化在内的整个企业概况。

2. 企业文化宣传的非正式网络

美国学者特雷斯·迪尔和阿伦·肯尼迪在他们的《企业文化》一书中，认为在每一个企业中都存在"讲故事者、教士、幕后提词者、传播小道消息者、秘书消息提供者和小集团等"，他们传播、修饰和强化其价值观的主观意愿与员工们希望更多地了解企业中的每一件事情、每一个人的好奇心理和主观需要结合在一起，就形成了非正式的文化网络。

（1）讲故事者。是指那些把发生在企业里的逸闻趣事，按自己的观点进行传播和扩散的人。企业里的每一件事或每一个人都可能是他们故事加工厂的原料。讲故事是传达信息、统一行动的有力方式，在正向积极意义上，它起着保持文化凝聚力，并给员工们以行动指南的作用。

（2）教士。这类人物多为企业元老，他们对企业的历史了如指掌，熟悉企业的每一个重大事件，往往会不知疲倦地讲述企业的辉煌历史和企业英雄事迹。教士的作用：一是传播企业的基本价值观；二是为企业高层管理者提供决策所需要的历史资料和先例；三是帮助遭受失败、挫折和灰心失望的员工找回信心。例如，一家公司的年轻经理来到"教士"的办公室，向他倾诉："我的上帝，我已被任命到南美分公司于18个月。我即将离开，为此前来请教。唉，这又有什么用呢？"在他要离开办公室的时候，"教士"委婉地告诉了他，公司总经理如何在巴西工作了10年的故事。这位年轻经理虽然并不知道他的前景究竟如何，但是他会产生这样的想法而离去："说不定我也会在分公司待上10年，然后爬上总经理的职位。"教士正是通过这种方式，让那些灰心的员工找回信心的。

（3）幕后提词者。决策者周边类似"特别助理"式的人物。他们虽未担任某种正式职务，但是却能呼风唤雨，任何想办某件事的人都想听取幕后提词者的主意。这些人有两样重要本领：一是善于察言观色，迅速、准确地体察上司的想法；二是在周围建立了一套联系网络。幕后提词者一般与上司有着特殊的关系，高度忠诚是他们个人形象的重要组成部分。

（4）传播小道消息者。他们能够把小道消息迅速地扩散到企业的每一个层面，因此具有较强的渗透力和影响力。与"讲故事者""教士""幕后提词者"不同，他们并不创造企业英雄人物，也不讲大道理，更不接近企业里的大人物，而是以特有的方式传播企业价值观、提高英雄人物的地位，因此他们的作用也是不可低估的。

（5）秘书消息提供者。企业的秘书是企业文化网络中的一个重要信息源。由于特殊的工作关系，有时他们也会直接扮演"教士"和"幕后提词者"的角色。例如，他们有时甚至比总经理更详细地告诉人们：企业到底发生了什么事，谁明升实降，发生在老总办公室里的争论或在车间里谁对谁开了一个令人发窘的玩笑，等等。秘书消息提供者还有一个特别功能，就是通过小道消息网络把上司的功绩传播和扩散出去。

（6）小集团。在企业中两个或两个以上的人为了达到共同的目的，秘密地聚集在一起，形成互相照应的小集团。小集团的成员或者在同一车间工作，或者具有共同的爱好，或者由于职位关系相互接触频繁等。小集团往往拥有各种信息沟通渠道，内部交流频繁，容易形成一致的价值观和共同的经验，它们对小集团以外的其他人员的活动具有较大的影响力和控制力。

非正式网络具有传播速度快、影响面大的特点，又存在着失真率高甚至误导的问题。所以非正式网络的建设应该是以引导为主。比如管理者要经常发掘或创作反映企业价值观的故事或消息，并有意识地向非正式网络中的人员传递，特别是向传播小道消息者和小集团传递，可以运用和发挥非正式网络所具有的生动、灵活、迅速等特点，将企业所希望的文化信息广泛地传播和扩散开来，同时又能潜移默化地影响员工的思想观念，从而改变他们的行为、习惯，达到企业所希望的目标。另外,为了防止非正式网络的副作用,还需要加强企业宣传的正式网络的作用,保障正式渠道的信息畅通,以避免网络人物的不实宣传。

3. 编制企业文化手册

"企业文化手册",有的企业也叫"员工手册",是表达企业文化建设成果的一种文本形式,是企业文化建设的重要成果,也是宣传推广、传播企业文化的重要方式。

企业文化手册的编制,意味着企业文化建设的正式实施,在相当长时期内指导企业文化建设的方向,推动企业的发展。编制企业文化手册,并无严格的规定。一般而言,企业文化手册可以包括以下4项。

(1)序言(或概论)

主要概述企业的发展历程、当前的发展态势、今后的发展规划,特别要阐述企业文化的重要意义。

概述内容也可以用企业领导为手册所写的序言或企业简介的形式加以介绍。

(2)主体部分

着重阐述企业独具特色的企业文化特征,企业文化宗旨。主体部分是本企业的企业文化宣言或企业文化总纲。

(3)实体部分

详细地、全面地刊载已整合审定的企业理念文化体系、企业行为文化体系,展示企业的物质文化体系。企业歌曲、企业誓词等也可刊载在此实体部分中。

对于企业理念,可进行适当的必要性说明和内容阐释,还可附录相应的经典文化故事,以使抽象的理念便于理解。

企业文化手册还可插入适当的漫画,以增加手册的生动性和可读性。

(4)附则

刊载有关说明性条款,如执行时间、解释权、手册修订等。

案例6-10

七匹狼企业文化手册目录

序

一、品牌释义	十一、狼的十大处世哲学
二、品牌沿革	十二、狼之文化(弱肉强食——强者文化)
三、品牌诉求	十三、七匹狼的品质承诺
四、企业文化模式概括	十四、七匹狼的营销观念
五、七匹狼企业文化宣言	十五、七匹狼的管理哲学
六、经营理念	十六、七匹狼的经营目标
七、企业精神	十七、七匹狼的企业宗旨
八、经营指南	十八、七匹狼的人才观念
九、顾客价值链式经营管理	十九、七匹狼的办公文化
十、企业的核心价值观	二十、七匹狼的企业文化标语

(五)制度检查法

企业制度受企业文化的统率和指导,反过来,企业制度能促进企业文化的形成。由于企业制度中规定了企业整体以及员工个体遵循的行为规范,所以我们从中不仅可以看出这个企业崇尚什么、反对什么,即企业信奉的价值理念,而且可以看出这个企业的做事方式与风格。当管理者认为某种文化需要倡导时,他可能通过培养典型的形式,也可能通过开展活动的形式来推广和传播。但是要把倡导的新文化渗透到管理过程,变成人们的自觉行动,制度则是最好的载体之一。员工普遍认同一种新文化,可能需要经过较长的时间,但是如果在企业制度中体现企业文化,则可以加速员工对企业文化的认同,促进企业文化的实施。

企业制度与企业价值观念不一致,是使企业价值观念停留于企业领导人的倡导和企业的宣传的主要原因之一,它不能成为员工的行为。例如,一个企业的领导人认为,创新对于企业的生存和发展来说是非常重要的,所以在企业价值观念中将创新作为企业的核心价值观之一,并在各种场合宣讲创新的重要性。但在该企业中,员工并不热衷于创新,也不重视创新。企业的领导人不理解这是什么原因产生的,并将原因归结为员工的素质差,认识不到创新的重要性或不善于创新。而事实上,在进行企业文化诊断时,却发现员工之所以不重视创新或不热衷于创新,是因为企业尽管在提倡创新,却并没有将创新成果与员工的个人利益挂钩,也没有具体的措施保证员工能够开展创新活动。由于制度与企业主张不配套,以至于员工认为企业提倡创新做的是表面文章,所以也就不当一回事。而3M公司在宣扬创新的重要性的同时,不仅采用分权制度,容许研究人员有15%的时间进行他们自己所喜爱的任何研究计划,还创设了一个内部创业投资基金,制定了一条规则,规定每个部门年销售额的25%应该来自最近5年推出的新产品,从而将"创新"的核心理念落到了实处。

因此,在明确企业价值观念之后,应该将价值观念进一步落实到工作规范中去。对企业原有的制度进行系统的梳理,以剔除、修改与企业文化理念不相适应的部分,在原有的制度中增加与该制度相关的价值观念及其相应的规则。例如,薪酬制度必须根据企业的报酬理念来重新设计,营销管理制度则根据营销理念、客户理念、市场理念等相关理念来做进一步完善。只有坚决抛弃与文化价值观念相背离的各类规定,把企业的制度和企业文化对应起来,才能真正以价值观念引导员工的思维,以制度规范员工的行为,并使企业文化能够在员工工作中得到切实的落实。

案例6-11

德胜洋楼的制度化管理

德胜(苏州)洋楼有限公司(以下简称德胜)成立于1997年,是美国联邦德胜在中国苏州工业园区设立的全资子公司。德胜从事美制现代木(钢)结构住宅的研究、开发设计及建造,是迄今为止中国境内唯一具有现代轻型木结构住宅施工资质的企业。

这是一家真实到令人震撼的公司,它把农民工改造成高素质的产业工人,它建造的美式木结构住宅的质量标准超越了美国标准,它的员工手册一经发行就被誉为中国企业的管理圣经,这一切成功源自它把朴素的价值观融入管理制度中,在制度约束和人性化管理之间力求平衡。

制度管理要体现企业文化理念。德胜公司的企业文化核心是:诚实、勤劳、有爱心、不走捷径。对于散漫惯了的农民工,德胜首要任务就是让他们学会敬畏制度和遵守制度。德胜负责人曾经说过:"一个不遵守制度的人是一个不可靠的人,一个不遵循制度的民族是一个不可靠的民族。"为了保证制度能够"融入员工的血液",所有员工,在每个月的1日和15日的晚间都要集中在一起召开制度学习会,每次学习某一方面的制度条例,学习时间为半小时。会议采取接龙形式,由在座的员工每人朗读一句话,以保证大家的注意力不分散。每月两次的制度学习会旨在给大家反复灌输遵守制度的重要性,久而久之,这些制度规定就在员工的脑子中生了根,成为无形的约束。

2004年8月,德胜在第七次战略会议上,为解决连续发生的几次返工事件,提出了程序化管理,还专门成立了程序中心。编制程序是程序中心主要工作内容之一,将比较固定的或天天要做的、例行性的、非例行性的工作都进行程序管理,及时总结、固化、改进。

但从制度结构来看,德胜制度的原则条款、执行程序、检查程序三者之间的比例为1:2:3。德胜制度共39页,其中第一章的"职工守则"主要是原则性条款,只占3页多篇幅。在39页制度中,针对原则条款的实施执行标准、方法、具体措施等执行程序,占了较大篇幅,包括奖惩条例,每半月一次的制度学习,试用职工条例,申明与承诺,培训与复训制度等。

检查程序的分量最大,也最完整、最系统,它是德胜实行制度化管理的最大特色。经过长期的探索试验和总结,德胜创造出了许多别具一格而又严密有效的监督检查程序,如德胜公告、解聘预警程序、企业听证会程序、权力制约规则、1855规则、个人信用系统、程序中心、质量与制度监督系统、神秘访客制度等。

德胜公司主张,说到就要做到,坚决反对提出一些做不到的、无法实施操作的制度要求。凡德胜制定的制度,都有详细的可操作的执行程序和检查程序,特别是检查程序,更是制度组成中的重中之重。比如,制度要求员工不得接受客户的礼品和宴请,这是原则条款,针对这一原则条款,德胜定出了更具体的执行细则:不得接受20支香烟以上,100克酒以上的礼品,20元以上的工作餐,违者一经查实立即开除。企业文化实施谁来检查督导,德胜人力部非常正式的给200家供应商和合作商寄发反腐公函和员工表现反馈表,每年两次,雷打不动。而且其中10%的供应商,公司还要派专人上门(或暗访)调查采购员的工作和品德表现。供应商、合作商首次与德胜洽谈业务时,就要签"禁止回扣同意书",希望供应商也能理解德胜的制度,支持和配合德胜的反腐工作。这样的检查工作非常有效,客户也很配合,认真回函。公司成立至今,腐败行为少之又少。

(六)礼仪固化法

企业文化礼仪是指企业在长期的文化活动中所形成的交往行为模式、交往规范性理解和固定的典礼仪式。礼仪表面看来似乎是一种形式,但它不仅是企业价值观的重要体现,而且可以使企业规章制度和道德规范具体化为固定的行为模式,对制度和规范起到强化作用。具体而言,企业文化礼仪在企业文化实施中的作用总结为以下三个方面。

(1)企业文化礼仪体现并固化了企业价值观。企业是由价值观派生的,为价值观而存在的,企业文化礼仪是一种独特的传播企业价值观的方式。通过履行一定的礼仪程式,不仅可以使员工接受和认同价值观,同时,也推动了员工将其内化为自身的观念和行为。

(2)企业文化礼仪体现并固化了企业道德要求。在进行这种程式化和固定化的礼仪活动中,员工们自觉或不自觉地接受了一定的道德规范,如许多领导与员工们每天见面都互相问好,而有些企业的领导则趾高气扬、颐指气使。这两种不同的礼仪既反映了不同的企业道德水准,也反映了不同的企业人际关系。

(3) 企业文化礼仪可以增强企业的凝聚力和向心力。社会心理学研究表明,人具有相互交往和群体聚集的心理需要。企业举办的各种礼仪活动,有助于产生彼此认同的群体意识,并消除人际隔膜,增进情感,无形中增强企业的凝聚力和员工的向心力。

企业文化礼仪一般包括如下内容。

(1) 工作性礼仪,是指与企业生产经营、行政管理活动相关的带有常规性的工作习俗与仪式。建立这类礼仪的主要目的是为了警示员工履行自己的职责,进而规范员工的行为。这类礼仪一般包括早训(朝会)、升旗仪式、表彰会、庆功会、拜师会、攻关誓师会及职代会等。比如,有的企业举行的班前宣誓仪式,要求员工在走向工作岗位之前集中宣誓,诵读公司精神与有关理念,以达到振奋精神、激荡思想,进而规范行为之效。而海尔集团要求员工下班之后,在 6S 大脚印(在海尔车间入口处和作业区醒目的地方,设置一块 60 厘米见方的图案,上面印着一对特别明显的绿色大脚印,代表清理、整顿、清扫、整洁、素养、安全)上反省检讨一天的工作,旨在提醒下班员工,工作是否按"6S"的要求做了,即使做了,做得是否符合标准。

(2) 生活性礼仪,是指与员工个人及群体的生活方式,与习惯直接相关的习俗与仪式。这类习俗与仪式的目的是增进友谊、培养感情、协调人际关系。其特点是:气氛轻松、自然、和谐;具有民俗性、自发性和随意性;具有禁忌性,避免矛盾和冲突,抑制不良情绪,禁止不愉快的话题,要求人们友好和睦相处;具有强烈的社会性,有些礼仪直接由社会移植而来,又常常是由非正式组织推行,并在企业中广泛传播。这类礼仪一般包括婚庆会、联谊会、祝寿会、运动会、欢迎会、文艺会演及团拜活动等。

(3) 纪念性礼仪,主要是指对企业具有重要的纪念活动中的习俗与仪式。这类习俗与仪式的目的是使员工产生强烈的自豪感、归属感,增强自我约束力,其特点是突出宣传纪念活动的价值,烘托节日的欢快气氛,强化统一标志,穿着统一服装,戴企业徽记,举行升旗仪式,唱企业歌曲等。这类礼仪主要是指厂庆、店庆及其他具有纪念意义的活动。

(4) 服务性礼仪,主要是指在营销服务中接待顾客的习俗与仪式。规定这类礼仪的目的主要是提高企业服务质量和服务品位,满足顾客精神需要。其特点是:具有规范性,执行不能走样;具有展示性,即对外展示企业良好的精神风采,有特色的服务习俗与仪式能够成为企业文化的一景,能直接反映企业营销活动的内容和特点。礼仪执行的好坏直接或间接的影响企业的声誉和效益。这类礼仪主要指企业营业场所开门、关门礼仪、主题营销礼仪、接待顾客的程序规范和语言规范、企业上门服务的礼仪规范等。

(5) 交往性礼仪,主要是指企业员工在社会公众联系、交际过程中的习俗与仪式。这类礼仪表现了企业在待人接物、处理公共关系的良好风格,体现了企业对员工、顾客、竞争伙伴和相关公众的尊重,使企业在内外公众中形成良好的形象。比如有的企业还特别设立"家属答谢日",以表达企业员工家属对员工工作支持的感谢,该节日对于加强员工家庭与企业之间的联系,提供员工对企业的忠诚度有一定的作用。有的企业定期举办"开放日",让社会公众参观企业的生产情景,以增进公众对企业的了解、信任。交往性礼仪包括接待礼仪、出访礼仪、会见礼仪、谈判礼仪、宴请礼仪以及送礼、打电话、写信礼仪等。

三九医药公司的文化仪式

（1）誓师仪式。在每年的年终总结会后，公司举行誓师仪式，表达实现新目标的决心，激励员工的士气。考虑销售公司地区的分散特点，将全国划成四个大区，公司领导到片区去举行誓师仪式。

（2）团委活动。团委定期组织一些文体活动，实现加强沟通交流、提高情操、增强员工体质等目的。在活动中尽量考虑不同部门员工之间的交流，通过这种非正式的团体活动来实现沟通的目的。

（3）新员工入职仪式。组织新员工入职仪式和联欢活动，能表现公司对新员工的重视和关心，增强新员工的归属感和荣誉感。

（4）升旗仪式。每周一在总部和有条件的片区举行升旗仪式，轮流由员工将一面国旗，两面三九厂旗升起，同时播放国歌和三九厂歌。

（5）三九健康操。每天上午10点（10分钟），总部和片区的员工在各办公区域的位置上做早操。早操体现了健康、积极的精神面貌。

（6）亲情关怀计划。体现组织对员工的关心和爱，具体活动包括员工生日计划等。

（7）有计划地组织社会公益活动。如植树、献血、健康咨询、"3.15"宣传日、希望工程捐助等。

（8）跨部门的交流活动。组织一些活动来加强片区与总部之间、部门之间的交流，如培训、旅游、兴趣小组等。

（9）对重大成功事件和优秀个人或团队的表彰仪式。当有大的销售订单完成，优良的创新措施等重大的成功事件发生时，相关领导为该个人或团队举行表扬仪式，以示祝贺和肯定。

（七）情境强化法

情境强化法的关键，在于情境的设计。应该针对不同的环境、不同的参与者，营造不同的氛围，展现不同的场景，以充分发挥这一特定场景的视觉冲击力和心灵震撼力，收到振聋发聩的效果。

文化理念故事化也是情境强化的一种途径。企业文化的核心理念大都比较抽象，表现为本企业标榜的思维模式、价值观念和精神意识。企业理念要真正地进心入脑，内化为员工生产生活的内在动力，就要借助于生动活泼的故事，以人们喜闻乐见的形式进行宣传和渗透。故事的选择可以分为以下三种类型。

第一类：寓言类故事。如蒙牛集团的企业文化强调竞争，它们通过非洲大草原上"狮子与羚羊"的故事将这一文化生动活泼地体现出来：清晨醒来，狮子的想法是要跑过最慢的羚羊，而羚羊此时想的是跑过速度最快的狮子。"物竞天择、适者生存"的自然法则对于企业的生存和发展同样适用，即不管你是总裁还是小职员，为了保住自己的职位，都应该尽心尽责，全力以赴。

第二类：企业外部发生的真实案例。如果采用真实故事来传达企业理念，其强化效果可能更好。例如，摩托罗拉公司的实例。

第三类：企业内部的真实故事。将企业中的真人真事与文化理念故事化相结合，也是很好的一种情境强化的方法。在提炼和设计企业文化并进行培训和教育之后，有一部分人能够直接认同和接受下来，并用自己的实际行动来带动和影响其他员工，他们就是企业的骨干。这时，企业把发生在他们身上的故事介绍给全体员工使他们身上所体现的价值观发挥更大的辐射和示范效应。例如，海尔的"真诚到永远"的企业理念就曾在这一故事中得到充分体现。

八、企业文化实施的保障

为了保证企业文化的顺利实施，使企业文化尤其是企业价值观能够在组织内部落地生根，为企业全体成员所接受，企业必须在企业文化的实施过程中提供以下五个方面的保障。

（一）建立企业文化领导小组

作为企业文化的发起者，企业最高领导者的主要工作就是要组建企业文化实施的领导团队，对企业文化的实施进行全员、全方位、全过程的领导和管理。一般而言，企业文化领导小组（也可称为企业文化建设委员会）的组成人员包括：企业最高领导者、各中层部门经理（各部门负责人），适当情况下，还可以吸收来自外部的企业文化咨询专家，或者企业一线员工中具有代表性的人员或者其中的优秀分子加入。

企业文化领导小组的主要工作包括以下五点。

(1) 确定企业文化建设的宗旨，也就是要向公司全体成员说明为什么要进行企业文化建设。领导小组应该通过各种渠道，将企业文化建设的方向性问题向企业全体成员进行大量的宣传与贯彻。

(2) 制定公司企业文化建设的原则。如历史总结与不断创新和发展相结合的问题、理念体系与行为体系相结合的问题、文化建设形式与内容相结合的问题、过程不断优化和内容适时调整的问题、外部效应和内部效应相结合的问题等。

(3) 对公司的企业文化建设进行准确定位，同时，要对由于公司内外部环境的变化而可能引发的企业文化发展方向的变化提出指导性原则。

(4) 对公司企业文化建设的工作目标、推进计划与时间安排做出规定与指示，明确企业文化建设的分期目标，并制定一定的管理过程加以控制。

(5) 确定公司企业文化实施的管理体制、运行与保障机制，对于企业文化实施过程中可能因制度、组织或者个别管理者的阻碍而出现的问题，领导小组必须旗帜鲜明地表明自己的态度。

（二）构建企业文化工作机构

企业文化实施是一个长期的过程，领导小组作为一个决策和协调机构，无法承担具体的实施职能。因此，在领导小组之下，应该建立一个高效精干的工作机构。这个机构的名称，可以叫"企业文化部""企业文化中心"等。企业文化部的成员，应该由那些热心企业文化建设并有一定企业文化基础知识的人员组成。

企业文化部的基本工作职责有以下几点。

(1) 全面负责公司企业文化建设战略方案起草及部署和日常行政事务管理工作，制定公司内部企业文化建设及其管理方面的制度、规则。

(2) 做好公司企业文化建设的日常管理工作，严格按照企业文化管理模式的基本规定，主持与贯彻落实企业文化活动及企业管理理念的总结、传播、实施和提升。

(3) 负责对企业各部门及下属子公司的相关制度建设进行指导，督办下属公司及部门执行公司各项企业文化实施方面的管理制度,如工作与服务标准、对外形象、工作职责、业务流程、协作管理、考核办法等。

(4) 负责企业内部企业文化建设方面文件的起草、印刷、收发、保存、督办等工作。

(5) 负责策划、组织、通知召开公司企业文化建设方面的各种会议,做好相关会议的记录、归档工作。

(6) 根据企业发展的不同阶段,定期进行企业文化的自我诊断,或者邀请外部专家共同诊断,负责企业文化建设调研工作计划制定及相关调研工作,定期做出企业文化建设调研报告,制定企业文化建设新思路的可行性分析及具体操作计划,向企业领导提出相关研究报告。

(7) 负责公司企业文化及企业形象的策划、宣传工作,做好企业文化的外部宣传和社会效益提升活动及企业品牌形象塑造工作。

(8) 负责公司企业文化建设方面的对外接待及相关公关工作。

(9) 负责公司高层、中层及一般员工之间的沟通管理工作。

(10) 负责公司下属部门企业文化建设工作人员需求计划的制定、招聘、筛选、录用、劳动合同签署及日常工作网络的建立与管理。

(11) 负责新员工岗前培训,讲授企业历史、企业文化等方面的知识,负责公司所有与企业文化建设相关的教育、训练工作。

(三) 设立专项资金

企业文化建设不仅要经常管理,而且还要有资金的支持,否则这项工作难以顺利开展。因此,企业应该设立企业文化建设的专项资金,由企业文化部控制使用。具体的资金额度,由企业根据自身的实际情况制定。资金的使用去向主要包括以下几点。

(1) 宣传费用:企业形象设计费用、公关费用、公益广告牌费用、新闻发布会费用、各种企业文化宣传手册、企业文化书籍、画册、标语和条幅的印刷与制作费用等。

(2) 教育培训费用:培训教材费用、外请专家讲座费用、参观学习费用等。

(3) 文娱活动费用:关于文化建设的活动,如演讲比赛、征文、晚会、研讨会、团队建设、文体比赛等所需的费用和奖品。

(4) 企业文化设施建设费用:企业文化展览室、厂史展览室、产品展示厅、阅览室建设和维护的费用。

(5) 部门建设费用:人员配备费用、办公设备购买费用等。

(四) 企业文化建设动员

在企业文化建设之初,企业成员往往对企业文化有不同的认识,比如,有的员工认为企业文化就是企业中的思想政治工作或精神文明建设;有的员工认为企业文化就是企业形象标志、宣传口号等;有的员工则可能认为企业文化是一个说不清的、比较虚的东西。如果企业员工对于企业文化没有共同的理解,企业文化建设实施也就会无所适从。因此,在企业文化建设实施之初的第一步就是通过各种方式统一大家对企业文化及其作用的认识。

为了使企业员工对企业文化有所了解,可以采用如下两种方法。

(1) 通过邀请专家做专题讲座进行理论指导,使员工对企业文化的内涵和作用等大致有所了解。

(2) 在此基础上,由企业领导者对企业全体员工进行本企业文化的宣讲,要达到以下几个目的:一是使员工进一步加深对企业文化重要性的认识;二是使员工感受到本企业对企业文化建设工作的重视,意识到企业今后将按企业文化理念来指导各项工作,并且违背企业文化理念将影响个人利益,从而增强学习企业文化的自觉性;三是对企业的基本主张有一个大致的了解,进而奠定其进一步学习企业文化理念的基础。

另外,还可以通过选派相关人员(企业领导、企业文化工作机构人员或企业中优秀员工代表)到先进企业参观学习和交流的方式,使相关人员对于企业文化的梳理、企业文化的表现形式和作用有更直接的感受。

(五)建立企业文化考评机制

企业文化的建设实施必须有反馈和考评机制。在企业文化实施过程中,对情况的反馈和阶段性效果的评估以及对企业各部门和员工贯彻实施企业文化建设情况的考评时,实行"实时纠偏",是保证企业文化建设能够长期坚持下去的一种较好手段。

企业建立企业文化考评机制的作用体现在三点。一是通过考核明确奖惩对象。通过考核,及时发现先进典型,并予以奖励,对企业文化在员工中的生根落地具有极大的促进作用。二是通过考核可以表明企业实施文化建设的决心。考核越严厉,表明企业越重视。三是通过考核可以塑造长期行为。企业文化具有长期性,如果没有形成制度,很难使一种新理念得到认同并长期存在。因此考核制度作为企业文化实施的重要保障,应该被很好地应用。

在企业文化实施的过程中,企业可以指定专门部门对公司各部门、分公司和各位员工贯彻企业核心价值观的状况进行考核,并将这种考核结果纳入企业日常的绩效考核当中,给予一定的权重(如5%~10%)。因此,企业在进行企业文化实施贯彻力度的考核时,最好由人力资源部门主导整个考核过程,企业文化工作机构只是参与和配合人力资源部门的工作,而且只限于考核与企业文化实施有关的指标。

具体的考评内容可以分为三个方面。第一,对企业文化实施的领导层面和设计层面进行考评。可以包括以下内容:①企业文化实施方案、计划、措施须经过高层领导充分讨论,以保证体现领导层的真实意愿;②高层领导要定期对企业文化实施情况进行分析研究,提出明确意见;③企业文化要素在与本行业发展规划和国家政策保持一致性的前提下,符合本单位的情况,具有本单位的特点;④企业文化实施方案要与经营管理有机结合,其措施和具体办法具有可操作性。第二,对员工进行企业文化教育培训工作的考评。可以包括以下内容:①有计划地对企业文化核心要素及单位发展战略、目标、重大决策等进行教育;②领导经常向员工宣讲企业文化,与员工的沟通渠道畅通;③员工对企业文化的核心要素普遍了解;④员工对企业文化核心要素普遍认同。第三,对企业文化建设实践层面进行考评。只有把企业文化的各要素贯彻到企业经营管理的每一个环节,变成具体的规章、制度、措施、流程和规范等,并持之以恒地严格执行,才能够逐渐培养员工的文化意识。

九、企业文化实施与人力资源管理

(一)企业文化贯穿人力资源管理

企业文化贯穿着人力资源管理活动的全过程。企业文化规范和引导人力资源招聘、培训、绩效和薪酬管理工作的进行,为人力资源管理提供潜在的规范与约束,使人力资源管理与开发深刻化。人力资源管理活动必须在企业文化的规范下开展,各项活动必须与企业文化相一致;

同时,有效的人力资源管理也会对企业文化起着积极的改进和塑造作用。

不同的企业文化必然会导致管理方式的不同,人力资源管理作为管理的主要内容,自然也要受到企业文化的影响。企业文化对人力资源管理的影响,主要表现在它能够影响甚至决定人力资源管理的方式、内容等。不同的企业文化,影响到人力资源管理的具体活动。追求自由、崇尚冒险竞争、依靠规章制度、以自我为中心的企业文化,其人力资源管理活动具有开放性,注重能力、创造和竞争。强调人与人、人与事的和谐关系,群体意识和社会责任感强烈的企业文化,其人力资源管理活动具有整体性,强调奉献与团结精神。

企业文化一旦建立,企业内部就会采取一些措施将其核心理念融入人力资源管理之中,进而来维系企业文化。企业成员招聘过程、绩效管理过程、培训和职业开发活动以及晋升程序,进一步确保了企业雇用的是适应这种文化的员工,奖励的是支持和拥护这种文化的员工,那些挑衅企业文化的员工则会受到惩罚。而且通过人力资源管理活动使得抽象的企业文化的核心价值观融入员工日常工作实践之中,员工就会日复一日地受到企业文化的熏陶并对其做出反应。这样,对企业文化认同不够的员工就会不断地修正自己原有的价值观和思维方式,加强对企业文化的认同感。

例如,海尔运营理念中的人才理念是"赛马不相马",很多渴望成功的企业认为这个理念打破了传统的"伯乐相马"模式,为企业人才的选拔和成长提供了很好的机会,于是纷纷仿效。但是,经过一段时间却发现,根本无从下手、无法操作。海尔的"马"指的是企业所需要的优秀人才,要运用人力资源管理方法中的工作分析、职位设计、岗位任职条件分析以及素质模型分析等手段,才能知道企业为了取得竞争优势、实现战略目标需要做哪些工作,要做好这些工作需要的是具备什么素质的人。海尔在员工和准备来海尔工作的人中选择是否与岗位要求相适应的人才时,是经过一系列工作才将合适的人放在合适的岗位上的。但仅仅做到这一步还是不够的,因为企业是不断发展的,员工是不断变化的,"赛马"的过程其实是对员工工作的过程进行观察、指导和监控的过程,不仅需要对员工的工作业绩给予评价和指导,还需要在职位评价的基础上确定员工的薪酬等级,结合业绩评价结果给予奖惩和激励,同时将优秀的员工提升到更重要的工作岗位。这一系列关于"马"和"赛马"的工作需要系统的人力资源管理策略、管理方法和管理流程来支持。而只有将企业文化理念贯穿到人力资源管理的各个环节之中,才能使企业文化真正落地。

(二)人力资源管理承载企业文化

1. 招聘管理与企业文化

招聘是人力资源管理的第一个环节,引进的新员工必须是有潜力成为企业文化人的员工,也就是说,是能够经过培育成为企业文化人的人。因此从招聘阶段就要以企业文化,尤其是企业价值观念为导向。企业人力资源管理者要通过有目的的公关活动和广告宣传,让潜在的员工了解企业的文化,特别是企业的基本价值观念、基本的原则和宗旨。

要用合理的测试手段分析判定应聘者的价值倾向与企业的价值观体系是否一致,包括面试流程、场地布置、时间安排,都要体现出企业的文化。在制定职位的"入职要求"时应邀请企业文化主管人员参与,制订相应的员工发展政策,培养与发展那些与本公司企业文化契合度较高的员工。

有调查显示,新员工对公司的了解,除了网络、报纸、亲友等途径外,更重要的是通过面试的程序。科学、高效、专业的面试方法和流程,会给应聘者很好的印象,也是最初了解企业文化的开始。

2. 培训管理与企业文化

在企业文化导向的人力资源管理体系中,企业的培训包括对员工工作技能的培训和对员工价值观的培训两大方面。在对新员工的培训方面,培训内容应该满足新员工的文化诉求。他们应当对组织的过去、现在、文化以及未来的愿景有宏观的认识,并且了解政策和程序一类的关键事项,如组织的标准、行为规范、上级的期望、组织的传统与政策,包括进入组织的各种手续、资讯获取的方法、工作时数等。对于已经入职的员工,也应定期组织企业文化方面的培训或研讨会,以不断深化员工对新的企业价值观的理解。尤其针对企业中高层员工,应定期组织企业文化创新和变革方面的培训,以便让管理人员更加重视企业文化的建设,并且为其进行文化创新和变革提供理论框架和工具。同时,员工的培训应与员工的职业生涯规划相结合。企业文化导向的人力资源管理体系的终极目标是人的发展和自我价值的实现。结合员工的职业生涯规划开发培训体系,能使员工切实感受到企业中以人为本的企业哲学,使员工受到自己喜欢和愿意接受的培训,进而成为某一领域的专家。

3. 绩效管理与企业文化

成功的企业的绩效评估系统都会体现出特定的企业文化。不同的企业文化对绩效评估的标准和重点是不同的。例如,对于注重"团队精神"的组织,绩效评估会突出对"合作""奉献"及"对团队的影响"等,体现团队精神和团队业绩的相关要求的考核,并且增大这些指标的权重。而对于强调创新与竞争的组织,在绩效评估体系中就会突出对个人业绩与个人能力的评价。

另外,可以将企业文化所倡导的理念,变成详细的制度写入员工手册中,并按照标准来执行和进行考核,把内在的约束在一定程度上变成外在的约束。例如,企业文化强调诚信的重要性,那么在员工绩效考核上就应考评员工在取得绩效过程中是否遵循了公司的诚信原则。员工的绩效固然重要,但公司同时也应了解员工怎样获得的绩效。有的员工通过欺骗的手段来增加销售额,虽然绩效不错,但是却违背了企业的诚信原则,给企业的长期发展带来大于其个人业绩的损失。通过对员工是否遵守公司原则和价值观的考评,可以督促员工用正确的方式去获得业绩,从而使公司的长期利益最大化。

阿里巴巴的绩效管理

阿里巴巴的价值观被称为"六脉神剑",其含义是一剑刺中要害,客户第一;二剑做事,团队合作、拥抱变化;三剑做人,激情、诚信、敬业。

阿里巴巴的绩效管理充分体现了其价值观。

1. 以价值观作为重要考核内容

阿里巴巴的绩效考核主要是看价值观和绩效两个维度,而且同等重要,各占50%。六个价值观,每一个都会细分成五个可以去衡量的行为标准,每个形式一分,从最低的开始,通关制打分,以便于挑选出阿里巴巴优秀的员工,给他们更多的学习和晋升机会。

在六条价值观中,"团队合作""拥抱变化""激情""敬业"这四条是用来弘扬的,而"客户第一"和"诚信"则构成了阿里巴巴的"高压线",具体是:不能作假、不能作弊、不能欺骗客户、不能夸大服务、不能给客户回扣、不能为客户垫款等。很多公司对不诚信或损害客户利益的行为会有很多的处罚措施,但更多的是看事情对公司财务和各方面的影响;而在阿里巴巴,触碰"高压线"的事情犯一次就必须被开除。一位业绩十分突出的销售人员因为欺骗了客户,立刻被开除,一个能力很强的销售员工因为改动了销售数字也被清退。

上述考核制度以前只限于总监以下级别,从2007年开始,公司在这方面做了重大调整:包括总监、副总裁在内的全体员工都需要进行这个考核,对由6个价值观分解成的30种行为方式的考核每个月都要进行,考核结果跟工资、奖金和晋升挂钩。

从2009年开始,马云对各个子公司的负责人不再设置利润、市场占有率等量化的KPI考核,而是以"董事会是否满意"来作为标准。事实上,这一看似虚无的标准其实是对阿里的高管们提出了更高的要求。

2. "2—7—1"考核法

所有员工每季、每年的业绩、价值观的双重考核,各部门主管都按"2—7—1"原则对员工的工作表现进行评估,即:20%超出期望,70%符合期望,10%低于期望。

在考核过程中,为了保证考核结果的公正性,如果在阿里巴巴员工进行自我评估、主管对员工进行评估时考核成绩在3分以上或0.5分以下,都要用实际案例来说明这个分数。主管完成对员工的评估,同时跟员工进行绩效谈话以后,员工就可以在电脑上看到主管对自己的评价。同时,员工也可以随时找 HR,反映考核中的问题。

阿里巴巴的内部沟通也是非常通畅的。阿里巴巴有公开的总裁热线、open 邮箱,员工可随时致电、写信给总裁,总裁会及时回复。同时,企业高管还会定期召开圆桌会议,员工可自由报名参加,高管现场解答员工问题;不能当场解决的,也会在一周内制订行动方案。这些问题及回复,也会及时在企业内网、内刊中公布。员工有任何意见、建议,还可以在阿里的内网论坛中畅所欲言——不过,论坛实行实名制,员工可以说任何话,但要对自己说过的话负责。

3. 薪酬管理与企业文化

企业文化对薪酬制度具有内在的规定性,企业文化中的特性对应着薪酬制度中各元素的特征,薪酬制度的设计必须符合企业核心价值观和企业原则,才能真正地被企业所接受。例如,新的公司核心价值观中强调业绩导向,那么在薪酬系统设计上就应该拉大不同表现的员工的薪酬差距,并且真正让那些工作表现好、对公司贡献大的员工受到明确的奖励和赏识,特别是通过薪酬的调整予以体现。

案例6-14

潍柴集团文化管理实践透析

潍柴控股集团有限公司(以下简称"潍柴集团")是目前中国综合实力最强的汽车及装备制造集团之一。集团拥有员工5万余人,2011年实现营业收入983亿元,名列中国机械工业500强第7位。

潍柴集团是国内唯一一家同时拥有整车、动力总成、游艇和汽车零部件四大业务平台的企业,是国家重点支持的内燃机研发、制造、销售骨干企业,高速大功率发动机产销量居世界第一位,重型变速器产销量居世界第一位。

潍柴集团旗下的分子公司遍及国内8省市以及欧洲、北美、东南亚等地区,其控股子公司——潍柴动力股份有限公司是一家A+H上市公司,潍柴重机股份有限公司于2007年在深圳证券交易所上市。2012年1月,潍柴集团重组世界最大的豪华游艇制造企业——意大利法拉帝公司,标志着企业产业结构调整和国际化发展迈出了坚实一步。

潍柴集团的快速发展,离不开企业文化的引领与支撑。潍柴集团的企业文化建设实践,具有很好的启示作用。

(一)潍柴集团文化管理的特色

潍柴集团在企业文化管理实践中,逐步培育形成了以"责任、沟通、包容"为核心,以"执行文化、激情文化、创新文化和感恩文化"为特色的文化体系。这些特色文化是潍柴动力发展的动力和制胜的法宝。正是这些特色文化的支撑,使潍柴实现了超常规的发展,并一路赶超成为国内同行业领军企业。

1. 企业文化理念:责任、沟通、包容

(1)责任,是胸怀与激情。潍柴集团上下同心,牢记使命,以为振兴中国装备制造业为己任,自觉地承担起打造世界重卡、动力系统及汽车零部件驰名品牌,建设国际化集团的重任。

(2)沟通,是境界和方法。用沟通增进相互理解,用沟通形成统一意志。

(3)包容,是心态与行为。用包容的心态博采众长,用包容的行为合作共事。

2. 企业文化体系:执行文化、激情文化、创新文化和感恩文化执行文化的四条原则

(1)忠诚企业,恪尽职守,把事业成功作为历史使命。

(2)雷厉风行,令行禁止,把各项指令落到实处。

(3)重视过程,关注结果,把每项工作做得尽善尽美。

(4)服从全局,团结协作,把团队精神贯穿于工作始终。

3. 潍柴集团的激情文化

(1)打造全系列、全领域发动机提供商,成为全球第一。

(2)潍柴集团是潍坊的潍柴、山东的潍柴、中国的潍柴、世界的潍柴。

(3)中国,前进中有我。

4. 创新文化的"三不原则"

(1)"不关门"——以开放的姿态利用好世界资源。

(2)"不排斥"——积极利用世界上一切最先进的技术开展自主品牌的建设。

(3)"不违反"——遵守国际知识产权保护法。

5. 三条途径

(1)一是完全靠自身力量开发自主品牌。

(2)二是借助国际技术开发力量,跟踪世界先进技术。

(3)三是深化战略合作,合力打造中国动力名牌。

6. 感恩文化

(1)感恩企业。

(2)感恩员工。

(3)感恩客户。

(4)感恩社会。

（二）潍柴集团文化管理的创新方法

1. 企业家主导的管理团队文化建设

1）四项承诺

1999年年初，企业三项制度改革进入攻坚阶段。为痛下决心革除弊端、改善管理，厂长谭旭光代表各级管理团队，向员工做出了"四项承诺"：不断更新知识，提高决策水平，增强驾驭全局的能力；保持高昂斗志，坚定必胜信念，矢志不渝，坚韧不拔，全力实现既定目标；彻底转变作风，廉洁自律，求真务实，为职工做出表率；树立群众观念，发扬民主，爱护职工，做群众的贴心人。

2）四提倡、四反对

2000年，潍柴改革取得阶段性成效，初步实现脱困，生产经营开始走上正轨，全体干部职工为之欢欣鼓舞。谭旭光在3月11日召开的办公会上，结合领导干部作风问题，告诫广大领导干部要戒骄戒躁、继续艰苦奋斗，提出了"四提倡、四反对"：提倡阐明观点，反对掩盖矛盾；提倡身体力行，反对只说不干；提倡胸怀坦荡，反对相互猜疑；提倡表里如一，反对做小动作。

3）六项准则

2004年3月11日，潍柴动力成功在香港上市。针对企业发展面临的新形势和新问题，3月17日，在企业党政联席会议上，谭旭光提出"六条准则"：严于律己，规范行为，不利用职务之便谋取私利；艰苦奋斗，厉行节约，最大限度地发挥资金效益；团结一致，密切配合，凝聚加快发展的合动力；忠诚企业，摆正自我，在实现企业价值中实现自身价值；增强自信，坚韧不拔，不断追求攀登新的目标；加强学习，提高素质，适应国际化发展的要求。

4）六条标准

2007年，潍柴集团成功吸收合并湘火炬，企业规模快速膨胀，产值突破400亿元，成为装备制造行业的大型企业集团。12月4日，在领导干部会议上，谭旭光提前向全体领导干部发出了金融危机的预警，指出当前领导干部最突出的问题是"浮躁"，并提出领导干部六条标准：敬业奉献、持续创新、挑战标杆、团结合作、国际化素质、诚信与理解。

5）六点要求

2009年8月21日，在公司联席办公会扩大会议上.为使领导干部经受住经济危机的考验，适应企业发展，谭旭光提出新时期领导干部的六点要求：创新工作思维、扎扎实实工作、摆正心态位置、倡导表里一致、主动沟通协调、忠诚岗位事业。

6）五做五不做

2010年2月25日，在一次工作会议上，为使集团成为重组整合的典范，谭旭光向全体领导干部提出了"五做五不做"：要做团结正气的干部，不做制造矛盾的干部；要做激情干事的干部，不做四平八稳的干部；要做敬业奉献的干部，不做夸夸其谈的干部；要做持续创新的干部，不做僵化保守的干部；要做廉洁自律的干部，不做贪图私利的干部。

7）六个表率

2010年2月28日，谭旭光在经营年会上指出，在一个团队中，领导不仅是领路人，更是主心骨，要时时处处起到表率的作用。在新的形势下，各级领导班子要争做六个表率：做相互支持、彼此尊重的表率；做充满激情、干事创业的表率；做廉洁自律、坚守原则的表率；做融合、提升、践行集团文化的表率；做顾全大局、推动资源整合的表率；做科学决策、规范运作的表率。

8) "八不用"原则

2011年2月5日,谭旭光在领导干部会议上提出"八不用"原则:不敢暴露问题的干部不能用;不愿承担责任的干部不能用;不善沟通协作的干部不能用;不会带好队伍的干部不能用;不求学习提升的干部不能用;不想主动创新的干部不能用;不让客户满意的干部不能用;不知心存感恩的干部不能用。

潍柴集团十分注重管理团队企业文化素质的提升。2004年以来,每年举办领导干部培训班,对全体领导干部进行系统的脱产培训。近三年,还专门组织全体参训干部进行企业文化研讨和提炼,进一步提高了管理团队的企业文化理论水平和实践能力。

2. 集团文化融合

1) 明确集团文化定位

潍柴集团在集团文化建设中注重以战略为导向,由上而下逐步形成文化共识。首先,从战略层面统一各企业的认识。潍柴对企业战略进行统一规划,通过规划在战略层面确立了企业的使命、价值观、愿景和运营规则。其次,从战略层面提出集团文化核心理念。在战略层面目标的指引下,潍柴提出了"包容、沟通、责任"的核心理念,构建以"包容"为核心的融合文化,以"沟通"为核心的交流文化,以"责任"为核心的执行文化。2011年10月,潍柴又及时将新阶段的核心理念调整为"责任、沟通、包容"。

2) 制定集团文化建设规划纲要

潍柴制定了集团文化建设五年规划纲要。纲要以"一元为主、多元发展,阶段建设、注重实效,以人为本、人企共进,领导带头、指导实践,秉承借鉴、改革创新"为原则,分别确定了集团公司、分子公司、部门、员工的重点工作目标。纲要提出,要通过集团文化建设,把与企业发展不相适应的文化因子进行修正、更改、剔除,形成统一的思想意识,使集团文化服务于企业战略,以顺利高效地实现企业愿景。

3) 健全组织机构

潍柴集团构建了两级文化领导组织机构:集团成立企业文化研究会;执行总裁任会长;设企业文化办公室;统筹负责企业文化建设工作;结合企业实际开展企业文化研究和交流活动。各子公司成立企业文化建设领导小组,子公司文化建设责任组长,同时企业文化专员具体组织开展宣贯、推广、维护和提升工作。

4) 搭建交流平台

潍柴集团企业文化研究会创办了《企业文化》杂志,组织开展了若干专题理论研究,牵头编辑出版了《潍柴动力企业文化研究论文汇编》,组织了形式多样的文化建设活动。每年上半年召开一次企业文化年会,下半年在各子公司轮流召开一次企业文化现场会。2010年7月,研究会还在西安、潍坊和株洲三地,成功组织了潍柴动力首届文艺汇演和首届劳模事迹报告会。

5) 开展全员培训

潍柴将企业文化培训纳入年度培训计划,安排专人、专项资金组织实施。一是各单位主要管理团队成员,必须参加每季度一次的脱产培训。二是企业文化专职与兼职人员,每季度必须听一次专家讲座,读一本企业文化专著。三是全体员工通过收看公司网络授课、阅读《企业文化》杂志和参加文化交流活动等方式,学习相关知识,提升文化素质。

6) 建立考核制度

潍柴集团制订了一系列文化建设工作的考核制度。《企业文化推进考核办法》将企业文化纳入企业的绩效考核系统,将企业文化建设的量化指标以《党委工作目标责任书》的形式下达到各子公司,纳入子公司的业绩考核体系,形成了企业文化建设工作有效的约束和激励机制。

(三)WOS管理文化的构建

潍柴集团在2009年3月启动了WOS项目。潍柴运营系统(Weichai operating system)。这是潍柴集团以集团文化理念为指导,借鉴国内外相关研究成果,结合本企业具体实际,创新开发出来的一个运营操作系统。

潍柴集团全面推进WOS项目,旨在建立一套系统化的持续改进体系,以精益管理的理念不断优化管理流程,全方位提升管理水平,促进集团文化的贯彻落实,并逐步形成独特的运营模式,增强潍柴的核心竞争优势。

潍柴集团聘请了美国的专家小组,成立了公司WOS指导委员会,设立和推进办公室和培训办公室文化,各专业厂配备了相关职能部室,明确了各层次组织的职责。

谭旭光对WOS给予了很高的期望,要求全员参与,努力将WOS的管理理念融入企业文化建设和管理实践中。

1. WOS的四个目标

第一个目标:对企业目标进行量化,即建立起科学、合理、全面的运营评价量化指标体系,用于指导企业的运营管理和绩效考核。第二个目标:建立一个标杆,即确定企业的近期、中期、远期挑战性目标,开展赶超标杆活动。第三个目标:建立一支高素质、年轻化的人才队伍,即通过项目的展开,学习先进的管理理念和管理方法,提升人才队伍的国际化水平。第四个目标:提炼优秀的管理文化,即进一步培育潍柴人的共同价值观,提高企业的协同工作能力和竞争力。

2. WOS的运行步骤

潍柴集团组建了工厂管理、现场管理、质量管理、采购管理和物流管理等十个功能组。各功能组分别完成远景描述、卓越职能阐述及各职能量化评价标准的制定,展开系统的现场审核,并针对审核发现的差距,组织实施改进项目。每次审核后,各功能组根据实际情况对评价标准进行重新修订,以使评价标准不断优化。

本章小结

企业文化建设,通常需要发掘分散在员工中的优良品质和隐藏在企业日常运营中的优良传统。要想使企业文化逐渐得到升华,就需要全体员工出谋划策共同努力,使员工最大限度的发挥主观能动性,同时使员工成为企业文化的实践者和开拓者。要想让员工和企业同命运共呼吸,就需要企业把员工的命运当作自己的命运,把员工和企业看作是不可分离的整体,倾尽全力为员工解决好后顾之忧,给他们优厚的待遇和福利,增加员工满意度。企业应该通过建立健全的保险和公积金制度,使员工对企业形成一定的归属感,进而使员工自愿地融入企业的大家庭中,为企业发展贡献自己的聪明才智,使员工感受到自己的价值在企业中得到体现,这对于企业文化建设具有十分积极的意义。

企业文化制定完成之后不是一成不变的,它要随着企业的发展和所处环境的变迁,不断充实、完善和发展,不断吸收其他先进文化的精华,去除其糟粕,这样才能对企业的发展起到更积极的推动作用。企业在企业文化实施过程中短时间里看不到企业文化所带来的经济效益,而朝令夕改的案例也比比皆是。企业文化的建设是一个永远走不完的过程,只要企业运营一天,企业文化建设就一天不会停止。企业文化的建设也是永远没有终点的,只要企业在发展,时代在变迁，企业文化就必须不断完善提高，以适应发展的需要，并逐渐形成最适合企业自己的特色企业文化。

复习思考题

（1）企业文化建设的领导体制如何构建？
（2）企业文化建设是如何组织运作的？

思考题解析

第七章 企业文化的传播

> 教学内容和教学目标

◆ 内容简介
1. 企业文化传播的内涵
2. 企业文化传播的要素
3. 企业文化传播的条件
4. 企业文化传播的时机
5. 企业文化传播的过程

◆ 学习目标
1. 理解企业文化传播的内涵
2. 掌握企业文化传播的要素
3. 了解企业文化传播的条件
4. 把握企业文化传播的时机
5. 掌握企业文化传播的过程

> 引入案例

第一节 企业文化传播的内涵

企业文化建设的最高境界是让文化理念融入思想里、沉淀在流程中、落实到岗位上、体现在行动中。因此，企业文化建设的关键在于"落地生根"，无法"落地"的企业文化只是口号，只有倡导者的激情，却没有响应者的行动更像是空中楼阁，即使建构起健全的文化架构体系，它也只能悬在空中。因此，企业文化建设需要通过有效的方式传播，将理念转化为认知与行动，从而确保企业文化的"落地"生根。

企业文化的传播是通过不同的工具和途径，将已设计出来的企业理念、核心价值观等有针对性地、有计划地呈现出来，并为企业内部和外部所认知、认同。

企业文化只有通过有效地传播，才能真正地对企业的发展起到促进作用，企业的理念和价值观才能真正融入企业的生产和经营管理中。传播企业文化的具体意义表现在：一是为企业的发展创造良好的环境；二是为企业创造文化品牌，提升产品或服务品牌的附加值；三是增强客户或消费者对企业和品牌的忠诚度和依赖感;四是以文化的感召力影响社会。

企业文化的传播首先必须在企业内部进行有效的传播。内部传播一般通过企业文化的专题培训、规章制度的制定与学习、内部刊物、企业网站、各种会议、活动和内部人际关系等载体来实现。通过内部传播,使企业文化在企业内能够深入人心,并使内部成员产生认知与认同,从而使内部成员形成自觉行为,为企业文化有效地进行外部传播提供基础。

企业文化对于企业的意义已经得到广泛认同,然而,当企业拥有自己的企业理念,建立起自己的文化体系之后,如何才能让这些理念上升到职员的行动纲领、转化为推动企业发展的动力?怎样实现文化与企业核心竞争力的对接?这就需要企业文化传播来发挥作用。

一、企业文化与传播的关系

1985年,沙因出版了《组织文化与领导力》一书,他认为,组织文化是特定组织中的成员处理适应外部环境和内部事例过程中出现的种种问题时所发明、发现或发展起来的基本假说规范。在概念描述中,他明确强调了组织文化的同化传播意义,即当组织成员进入组织后,文化便成为其必须学习以获得价值认同的主要内容。一般而言,这种活动在成员加入组织之前便已开始。职员欲进入某一公司谋职,就必须了解一些关于公司的基本情况,如工资待遇、工作条件、公司主营业务及基本企业精神等问题,进入后还要把原来的初步认识加以强化。这些都是通过学习企业的文化获得的。

可见,在组织文化产生与发展过程中,传播处于基础地位。从这个意义上说,传播才是企业文化的根本。在一定历史条件下,某一企业在其发展过程中形成的共同价值观、精神行为准则以及在规章制度、行为方式和物质设施中,外在表现出来的企业文化,必然要围绕着相应的组织目标在企业内部成员之间和企业与外部环境之间进行信息传播以协调企业各种关系。

二、企业文化传播的概念

传播是人们为实现某种目的、凭借各种象征意义的符号,而进行的相互作用、相互影响的信息交流与沟通活动。组织传播是指围绕着相应的组织目标,组织成员之间以及组织与外部环境之间所进行的信息传播,以达到组织关系协调的活动。这一定义揭示了组织传播不同于其他传播活动,它含纳了人际传播、组织团体传播以及组织整体传播,但又不是这些传播的简单叠加。组织存在于特定的环境中,所以其传播行为是组织内部与外部的综合。

企业文化传播是一种组织传播。在实践中,按照传播范围的不同,企业文化的传播可分为企业内部传播和企业外部传播。其中,内部传播指的是通过各种手段和方式、在企业全体员工中加强、深化交流和沟通,形成对企业物质文化、制度及行为方式、企业精神和价值观的共识,以减少甚至消除企业内部的冲突和分歧,从而便于以一体化的风貌对外展示企业形象。外部传播则是全面、准确地对外展示、传播本企业的文化,塑造兼具文明度、知名度和美誉度于一体的企业形象,促使企业与其他组织间关系及行为的协调,从而保证企业具有良好的运作环境。

三、企业文化传播的特点

企业文化是物质文化、行为文化、制度文化和精神文化的综合体。其传播的特点可归结为物质文化特点与精神文化特点两种。这是因为:首先物质文化与精神文化是两种特点截然不同的文化,其传播特点不可一并而论;其次,企业文化的行为文化层面与制度文化层面是企业文化的中间层次,它介于精神文化与物质文化之间,是文化构成中极具弹性的一部分,行为层面和制度层面的企业文化内容可以分别归结到物质文化和精神文化中去。

（一）物质文化传播特点

企业物质文化是企业文化的表层形式,它是透过员工行为方式和创造性的劳动成果、企业物质环境和设备表现出来的可观察、可触摸感知的企业文化。企业物质文化具有以下特征。

(1) 物质性。物质文化由厂房设备、物质产品等物质构成,具有明显的物质性。

(2) 显示性。物质文化一般表现为物质和文化形体,可观察和感知。

(3) 可传播性。物质文化通过学习和模仿,易于输入和输出,并容易传播。

(4) 可变性。物质文化是企业文化的表层结构,容易受到各种外来文化因素的影响,具有动态特征。

（二）精神文化传播特点

精神文化是企业文化的内在形式,透过人们的思想、情感和行为表现出来,它通常表现为只可意会不可直接观察的文化特征。企业精神文化的传播,是人内在精神活动的外化,表现出一种隐性的、默会知识的传播特点。其具体特征表现如下。

(1) 默会性。根据英国科学家、哲学家波兰尼（Polanyi）的知识形态分类,精神文化内容中有很大一部分属于"隐性知识"。这类知识很难用语言表达出来,正如波兰尼所言,我们所知道的要比能够言传的多。事实上,人类的隐性知识在人类认识的各个层次上都起着主导性、决定性的作用,人类的理据活动实质上就是一个隐性知识发挥作用的过程。企业精神文化的隐性知识特征,决定了其传播具有默会性,需要寻找一种方式来表达其"可意会而不可言传性"。

(2) 多样性。从企业精神文化的传播方式、手段方面来说,它具有多样性的特点,这是由企业文化的系统性、长期性特点决定的。首先,企业文化是一个企业内相互联系、相互依赖、相互作用的不同层次、不同部分结合而成的有机整体。企业文化的物质、行为、制度与精神文化也是相互联系、相互作用的,精神文化的传播中体现着物质文化、行为文化与制度文化,这使得精神文化的传播出现多样性。其次,企业文化的塑造和重塑需要相当长的时间,且是一个极其复杂的过程。作为一种文化现象,组织的群体意识和共同精神以及价值观的形成不可能在短时间内完成,精神文化具有丰富的内容和深刻的内涵,其传播不可能用一种形式、手段就完全涵盖。因此,精神文化的传播具有多样性特征。

(3) 情境性。由于精神文化在很大程度上是一种"缄默"的、默会的知识,因此精神文化的传播首先要遵循隐性知识的特点,而隐性知识最典型的特点即"实践性",尤其是在特定情景中解决问题的能力。所谓情境性,是指隐性知识的获得总是与特定的问题或任务情景联系在一起,是对这种特定问题或任务情境的一种直觉的综合或把握。从另一方面来说,以隐性知识为主体的企业精神文化,所要传达的往往是支配人们实际行为的、根植于企业文化传统的"潜规则",这是显性知识无法表达的。从这个意义上说,企业精神文化的传播需要具体情境的支撑,还需要与实际问题相联系。

(4) 个体性。以默会知识为主体的精神文化是主要根据其实践经验而领会和总结出来的,事实上,企业精神文化的知识、灵感、诀窍、习惯、信念总是以个性化的方式显现。现实生活中,由于每个人所处的环境不同、经历的人生历程不同,所以实践经验也各异;同时由于个体的能力和悟性不同,在精神文化的传播中,处于同一情境下的不同个体所领会的结果也可能大不相同。

第二节　企业文化传播的要素

传播过程中的各个要素是构成传播模式的"点",而各个要素之间的内在联系则是构成传播模式的"线"。

一、传播者

传播者处于信息传播链条的第一个环节,应具有权威性、可信性、接近性、熟知性等特质因素,在企业文化传播中,传播的主体主要分为以下几类。

（一）企业领导层

某种意义上,企业领导者对文化传播所起的作用最大。一方面,在一定的条件下,企业主要领导的形象,也就代表着企业的形象。另一方面,从微观上看,任何群体意识总是先在个别头脑（主要是企业领导）中萌生,然后依靠所在系统的各要素间的相互作用,成长为真正的文化。他们能在企业文化传播中发挥作用,主要来自于两大因素:领袖魅力和权威性。

（1）领袖魅力。它是构成传播者可信性的一个重要因素。领袖的魅力基于两种条件:一是领袖力挽狂澜的能力;二是公众对其领导能力的接受。

马克斯·韦伯(Max Weber)对于领袖魅力曾做深入研究,并归纳出领袖魅力作为一个可信性因素的五大特征。一是领袖魅力程度依赖于追随者的信念。当追随者接受领袖时,其魅力增加。二是领袖魅力是在环境中体现出来,在企业出现危机时方能显示领袖魅力,正如美国学者法根所言:"没有普通的领袖魅力。"三是领袖的魅力来自使命感。四是领袖的魅力是通过传播活动传递的。五是领袖魅力具有相对不稳定性。随着时间的推移和环境的改变,领袖魅力的特征会有所改变。

（2）权威性。它是指传播者具有使受众者相信、听从的力量。通常,传播者越有权威性,其传播的影响力就越大,受众就越信从。传播者的权威性主要表现在权力和地位上。传播者的权力越大,地位越高,受众就越容易接受其影响。特别是传播者的权力和地位是通过个人的奋斗,并且是在为社会做出相当的贡献和个人的威信积累到相当的程度后得来的,这时公众的信任往往发自内心。

（二）专职进行文化传播的宣传机构和部门

（1）广告部门和公关部门。广告部门主要通过产品介绍等方式来提高企业产品的知名度,从而使企业的社会影响扩大。公关部门是以组织内外形象塑造为核心内容的组织边界延伸者。公关人员的工作不仅是对企业外部的形象塑造,还在于对企业内部关系的协调,从而使企业成员加强凝聚力。另外,公关部门对内的工作同样发挥着对外效益,它使企业与环境的传播活动显示出企业独特的形象地位,发挥了组织形象边界延伸的作用。

（2）传播顾问和解说者。在企业文化传播中,传播顾问担当着重要角色。解说人也称说客,负责企业政策与策略的宣传解释工作,在文化传播中也有不可忽略的作用。

在传播活动中,只要传播者多露面、增加与受众接触次数和信息互动的频率,就会使受众产生"熟人"印象,形成亲近的倾向。让受众经常看到其信息可以增强熟知性,直接与公众接触更有助于增强熟知性。当然,这并不意味着无限度地增加接触就一定带来好感程度的不断增加。

传播学研究表明：传授两者的接触保持在一定的限度内才会有好的效果，接触一旦超过限度，受众厌烦的感觉就会出现。而且，如果第一次接触的印象十分恶劣，以后无论怎样频繁接触也难以奏效。

另外，这部分专职传播者的权威性主要是表现在知识特长和信息掌握上。研究表明，如果传播者在受众的心目中是有关问题的专家，那么，在特定问题上，这位传播者就会比不具有专门知识的人更容易取得较好的传播效果。

（三）英雄模范人物

企业英雄是企业文化建设成就品质化的最高体现，又是企业文化建设进一步深入开展的最大希望所在。企业英雄使得职工在理智上明确工作方向，感情上奋发向上，行为上有所模仿。从企业文化传播的角度来看，企业英雄具有以下作用。

（1）具体化的作用。英雄群体是企业精神和企业价值观念体系的化身，从而向职工具体展示了精神和观念上的内容，客观上起到灌输价值观念和培育企业精神的作用。

（2）品质化的作用。企业英雄群体，把企业价值观念体系和企业精神，内化成自身的品质，从而使一个企业具有价值的东西得以保存、积累并传递下去。

（3）规范化的作用。企业英雄群体的出现，为全体职工树立了榜样，使全体职工知道自己应当怎样行动，从而规范了职工行为，而且这种规范是自然而然的，是被英雄事迹所感动、所鼓舞、所吸引而形成的，因而是文化规范。

（4）凝聚化的作用。每个英雄都有一批崇拜者，所有的英雄又都环绕着领袖型英雄，从而使整个企业成为紧密团结的、有文明竞争力的组织。

（5）形象化的作用。企业英雄群体，是企业形象的一个极其重要的组成部分，外界可通过企业英雄来了解和评价企业。

（四）普通职员

从一定意义上说，组织设立的所有部门及全体成员都具有边界延伸传播者的意义，而且延伸者的作用发挥也并非只通过业务行为加以表现，它实际上集中在几乎所有的组织行为之中。任何一个职员，总会参与一定的社会活动。因此，每个职员的素质及其外观，实际上都会参与企业形象的客观传播，如零售企业的收银员、导购员、用户服务修理人员、电话总机接线员、门卫等。他们的负责精神、友好态度、热情作风、无时无刻不在给企业形象增添光彩。相反，他们若不负责任、态度生硬、待人冷淡，就会对企业形象造成伤害。

（五）意见领袖

意见领袖又叫舆论领袖，是大众传播中的评价员、转达者，最早出现于英国传播学者拉扎斯菲尔德等三人的《人民的选择》（1944年）一书中提到，在信息传播中，信息输出不足全部直达普通受传者，而足有的只能先传达到其中一部分人，而后再由这一部分人把信息传递给他们周围最普通的受众。有的信息即使直接传达到普通受众，但要他们在态度和行为上发生预期的转变，还须由意见领袖对信息做出解释、评价和在态势上做出导向或指点。

意见领袖作为传播过程中的"中介"，在企业文化内部传播中首先扮演着企业文化的受传者，他们接受企业文化后，在企业内部二次传播企业文化，同时扮演了员工中的意见导向人物；在企业文化的外部传播中有一部分忠实受众，其中向外进行企业文化、服务经验等宣传的受众，就是企业文化外部传播的意见领袖。

二、受传者

受众是信息产品的消费者、传播符号的"译码者"、传播活动的参与者、传播效果的反馈者。企业的文化传播目标是满足受众需要,这体现了受众需要的重要性。

企业文化外部传播是指企业文化尤其是客观企业形象在企业之外的社会环境中对社会公众进行传播。社会公众与本企业人员不同,一般来说并不会去对一个企业做长期、全面的观察和研究,而只是就他们和企业发生关系的那个方面去认识企业,并形成关于该企业的印象。因此,全面、准确地对外展示、传播本企业的形象,最终在社会公众心目中留下一个优美的、兼具文明度、知名度和美誉度的企业形象至关重要。企业文化外部传播的受传者不仅仅是顾客,还应包括相应的政府管理部门、供应商等和企业有联系的群体。

在企业文化内部传播中,普通员工要充当两种角色。由于企业文化是体现在企业活动方方面面中的一种看不见且具有强大影响的力量,所以在员工之间的互动认同和相互传播过程中,员工一方面作为企业文化的接受者,另一方面又作为反复传播强化的基层实践者,具有双重身份。

三、信息

"信息=意义+符号表征"。意义是人对自然事物或社会事物的认知,是人给对象事物赋予的含义,是人类以符号的形式传递和交流的精神内容。符号表征,即信息的外在形式或物质载体,是信息表达和传播中不可缺少的一种基本要素。

企业文化传播的信息就是以符号为载体,以媒介为渠道进行的传播,传播的内容就是企业文化。企业文化可以从多个层面上来解析,德国慕尼黑大学教授海能在《企业文化理论和实践的展望》(2000年)一书中指出,一个完整的企业文化体系包括两个重要的层面,即企业文化的思想体系层面和企业文化的媒介层面。因而,企业文化传播的信息也可以分为两个层面的内容。

(1) 企业文化的思想体系,即企业的共有价值观念和行为准则。价值观念是关于正确评价状况或事件的基本意识和信念。行为准则体现为习惯、道德原则和理想规则;道德原则主要的规定与技术指令有密切联系;理想规则并非表达应该做什么,而是表达事物和状态应该怎样,要求知道理想事物或理想任务具有的某些特征,它是与良好状态的价值观念密切相关的。

(2) 企业文化的媒介:象征。象征是指"各种有意义的符号",是企业文化表述和传播的重要媒介,它有利于在企业内部形成关于价值观念和行为准则的共同认识。企业文化传播媒介是丰富多样的,企业的礼仪、欢庆仪式、故事、小说、歌曲、漫画、影视作品、戏剧、榜样、文体活动、实物等都是向员工、公众传达深层次的企业价值观和思维方式的有效媒介。例如,企业可选取发生在广大员工身边的英雄模范人物故事来渲染企业倡导的价值观,这样的故事更具亲和力、吸引力和感染力。另外,诸如揭牌仪式、新员工的入职仪式、企业周年庆典、表彰大会等隆重的仪式和庆典也是企业传播文化的重要方式。

四、传播载体

传播载体是介于传播者与受传者之间的用以负载、传递、延伸、扩大特定符号的实体,是各种物化的和精神的形式承载,是企业文化得以扩散的重要途径与手段,具有实体性、中介性、负载性和扩张性等特点。

企业文化传播载体的具体形式有以下几点。

(1)企业组织载体:指以整体组织存在的企业、企业内部各种正式的和非正式的组织团体以及全体员工。

(2)企业环境载体:指视觉环境和精神环境。视觉环境有办公环境、营业厅环境、基站环境、施工现场环境等;精神环境指人际关系、学习风气、职员素质、精神面貌、社会形象、客户口碑等。

(3)文化活动载体:指企业生产经营服务过程中的业务技能比武、知识竞赛、客户参观体验、客户联谊、公益活动等活动,以及表彰庆典大会、演讲会、故事会、歌咏会、文化研讨会、文化培训会、运动会等富有知识性和趣味性的活动。

(4)文化媒介载体:传统的媒介有企业标志标语、企业之歌、企业报纸、宣传板、办公用品、工作服、企业文化手册等;新兴的媒介载体有企业网站、论坛、电子邮件、班组博客、总经理信箱、视频广播、电子屏幕、电子期刊、手机报、手机短信、手机彩铃、QQ、飞信、微信等借助网络优势的信息化手段,全方位、立体化建立起企业文化传播的长效机制。

(5)文化设施载体:指教育培训设施、标志性建筑物、文化场馆与娱乐设施等。

五、反馈

反馈是从受传者送回给传播者的少量意见信息。反馈有助于传播者检验和证实传播效果;有助于传播者改进和优化下一步的传播内容、形式和行为;反馈能够激发和提高传播者的传播热情;反馈还有助于传播者检查媒介信息所反映具体事实的真实度和准确度。反馈是连接传播主客体的又一通道,是实现传播双向循环的有力接点,是改善传播的重要途径。在企业文化传播模式中,反馈是实现内外传播主客体转换的重要环节。

企业文化在企业内部传播,反馈都来自企业员工。企业文化的传播,使全体员工共享企业的价值观、企业精神、经营理念,共同遵循企业规章制度,共创企业独特的物质、精神风貌。在这一过程中,企业成员对企业文化的认同度、执行度并不完全相同,接受或不接受将反馈给传播者,以便进行企业文化传播的调整;企业文化在企业外部传播,反馈来自主要的传授者——顾客。顾客在接受企业通过产品、服务等方式传播的企业文化时会产生不认同的意识,通过提出意见、不购买等行为体现出来。其实,反馈不仅意味着不满意的反馈,满意也会形成反馈,美誉和口碑本身也是一种反馈。企业可以根据受传者的反馈来调整企业文化的传播行为。

六、噪声

香农和韦弗在《传播的数学理论》(1949年)一文中首次提出"噪声来源"的传播负功能,这一"噪声"被后人广泛运用在传播模式研究当中。噪声被理解为传播障碍,存在于整个企业文化传播过程中,是传播过程中不可回避的干扰,容易导致文化传播内容的失真。噪声存在于编码、媒介、译码、反馈等诸多传播过程中,具体到企业文化传播的过程,则体现在传播渠道、忽视反馈、个人素质等问题。它们影响着企业文化传播的效果,如何降低噪声是实现企业文化传播的有效传播的重要问题。

第三节　企业文化传播的条件与时机

企业文化的传播需要满足一定的条件，才能保证取得预期的传播效果；而在满足一定的条件后，选择合适的时机进行企业文化传播，更利于实现企业文化的有效传播。

一、企业文化传播的条件

任何事物的发生、发展都是有条件的，企业文化的传播也同样如此。企业文化传播是传播者将特定的文化信息有计划地传递给受众，使其得以共享，即通过传播行为对内影响企业成员，与成员达成共识，使成员遵循企业的价值观、伦理观和行为规范，从而增强企业的凝聚力；使企业对外树立良好、独特的企业形象，协调与社会公众的关系，获得社会广泛的认同，培养忠诚的消费者，以便在竞争中取得优势。要使企业文化传播能够完成如此艰巨的任务，则需要一定的条件来支持，也只有满足了这些条件，企业文化的传播活动才能起到更好的效果。

（一）企业文化本身应具备的条件

1. 企业文化易于理解

企业文化是一种核心理念，即一种精神财富。任何精神财富若无法被理解便不能被享用，更不可能在这种理念、精神的指导下创造物质财富、完善企业制度、规范员工行为。因而，企业文化必须易于理解。但是理解是一个很复杂的过程，它受信息接受者的愿望、需要、态度及其他心理因素的影响。贝内特、霍夫曼和普莱卡什指出，理解十分活跃，它包含了学习、更新视角、解释所观察到的现象等许多活动。所以，企业不能生搬硬套先进企业的成功理念。企业领导、部门负责人和企业文化的设计者，应该结合企业所处的国家或地域的文化背景，根据本企业的实际情况和本企业成员的特点，采用多种措施，使企业文化的内传播深入浅出，易于让成员理解，这样才能得到成员的认同，从而指导成员的工作行为和生活行为。一旦成员理解了企业文化，就能把企业文化所倡导的价值观念内化为自己行动的指南，也只有在此基础上企业文化的外部传播才不会失真。

2. 企业文化具有层次性

企业文化传播的对象不是单一的，无论是企业内部员工，还是企业外部的大众，他们的知识层次、教育背景、性格特点、工作任务和理解能力等都是不尽相同的。要求所有的受体对企业文化都能有深刻、全面的了解是非常不现实的，也是根本不可能的。因此，企业文化应该具有层次性，这并不是说要割裂企业文化，而是一种由浅入深，逐渐上升的过程。企业文化是一个大的理念范畴，这一理念在不同的层面应该有不同的表现形式。针对不同层面受体的思想实际和理解的深浅，在企业核心精神的引领下，设计不同的企业文化内容，从而使企业文化能够真正影响各个层面的受众。

（二）企业文化传播者应具备的条件

1. 学习能力

企业文化传播者要善于根据政治、经济的变化对新情况、新事物进行科学的分析、整理。这要求传播者有较强的学习能力和较强的调查分析能力，从而可以正确地评价自身所处的社会环境和优势条件、了解企业现状、员工思想状况和利益相关者的情况，并能把这些情况与同行业进行比较,以便博采众长,更好地传播企业文化。

2. 传播能力

从企业文化传播的角度看,传播能力主要体现在企业文化传播者对信息传播科学的具体运用上,按照拉斯韦尔"5W"模式的传播过程分析,要求企业文化的传播者掌握企业文化内容、精髓,通过合适的传播媒介,把信息传递给受众,并尽可能达到最佳效果。

3. 组织能力

企业文化传播是一项复杂的工程。企业文化传播者在内外部各种形式的活动中,如典型示范、讲座、培训、典礼、集会、联谊会等传递企业的文化信息。在这一过程中,传播者既要对本企业负责又要兼顾利益相关者的权益,尊重他们的意见和人格。因此,企业文化传播者要有较高的组织才能,这包括选择、策划活动方面的能力和良好的语言组织表达能力。在传播活动中高超的组织能力能够使受众最大限度地收到活动的组织者想要传达的信息,使企业文化传播收集到良好效果。

4. 具有主体性

企业文化传播者具有主体性指传播者的主动性、主导性、创造性和前瞻性等属性,即传播者的能动性。主动性是指能积极主动地进行企业文化传播;主导性是指在企业文化传播的过程中始终起主导和支配作用;创造性是指在企业文化传播过程中勇于探索各种新的途径、方法、开拓创新,具有创新精神和创新能力;前瞻性是指企业文化的传播既要立足现实,从受众的现实状况出发,分级分层传播企业文化,又要放眼未来,引导受众把与社会未来发展需要相适应的企业文化和价值观念内化为自己行动的准则。

这里还要特别强调的是,创造能力对企业文化传播者来说尤为重要。在经济全球化和信息技术迅猛发展的背景下,企业文化被视为在竞争中赢得先手的关键因素之一,因而各企业都竭尽所能地寻求企业文化传播的渠道和手段。想象力和创造性思维在传播活动中就显得非常重要。企业文化传播者需要运用创造性思维把企业文化的精华渗透到各种推陈出新的活动形式中,在增强对受众吸引力的同时也成功地将企业文化传递出去,在潜移默化中对受众产生影响。

二、企业文化传播的时机

古人云:"机不可失,时不再来。"这说明时机非常重要,但时机又不是一直存在的,它具有突发性、短暂性的特点。在企业文化的传播过程中,如果能够找准并抓住时机,对于提高企业文化传播的实效具有重要意义。

1. 兴奋点

当某件事或某项活动引起受众的特别关注时,会在他们的思想上产生兴奋点,当人们处于兴奋状态时,思维活动活跃,思维能力、理解能力也随之增强。兴奋点可能是由小事引发的,也可能是由大事引起的,企业还可以有意识地通过国内外企业或本企业最近发生的事情制造一些兴奋点。例如,当"三聚氰胺"事件发生时,在企业引发关于诚信和社会责任的探讨,等等。及时把握兴奋点,对企业文化的传播是很有利的。

2. 危机事件

企业在生存、发展的过程中,肯定会遇到一些困难,面临一些危机。然而,危机也很有可能刺激真善美的觉醒与回归,能够增强人与人之间的凝聚力,促使人的行为和意识往好的方向转变。不过,这种转变具有暂时性,想让它更持久更深刻,则需要企业做好引领工作。如果企业能够做到处乱不惊,在处理危机事件时坚持企业一以贯之的文化并使企业成功地渡过危机,也就成功地传播了自己的企业文化。

3. 典型对比

在企业文化的传播活动中凡是能够折射出企业文化精华的,或是与企业文化理念相悖的,都可以作为典型的。也就是说,这种典型可以是产品、事件,也可以是个人、团队,还可以是企业内部的生产、生活环境等。在这里,典型应该既包括好的典型,即能突出反映企业文化核心理念的人、事、物、氛围、环境等,也包括坏的典型,这种典型与企业文化的核心理念相背离。在企业文化的传播过程中,通过对比这两种性质相反的典型,可以使受众更清楚、更深刻地理解本企业的文化。

4. 企业变动

企业变动在企业的成长发展中是不可避免的,它会或多或少地引起企业的波动,但也是企业文化传播的良机。把握企业变动的时机,在企业改革、人员更迭、新产品开发、企业上市、组建企业集团、实施产品战略等重大变动活动中,奉行企业文化所提倡的价值观念、行为准则,会使企业文化传播收到事半功倍的效果。

5. 文化网络

文化网络是企业组织内部的、非正式的联系手段,也是企业价值观和英雄人物传奇的"载体"。充分利用文化网络的作用,放大企业理念和强势群体,是企业文化传播的良机。同时,对于企业在日常生产和生活中的惯例和常规,企业文化传播者也可以在文化网络中通过文字、语言等手段结合灌输、讨论等方式反复向企业员工表明对他们所期望的行为模式,使员工从各种细节更深刻地领会企业文化,形成良好的礼仪和礼节,这同样是企业文化传播的好机会。

6. 准确运用传媒

企业文化传播离不开传媒,通过媒体传播企业文化信息,受众更广、影响更大。随着信息技术的发展,传媒的形式和种类越来越多,信息的传递也更为及时和迅速,这对企业来说是一把双刃剑,既可能使企业美名远扬,也可能使企业声名狼藉。但是,如果企业了解传媒,把握各种传媒的特点,准确地策划出在何时、何事上运用何种传媒工具,使传媒为企业所用,也不失为企业文化传播的契机。

第四节 企业文化传播的过程

企业文化传播的过程包括内传播、外传播、由内向外传播三种循环过程。

一、企业文化的内传播

在企业文化的内部传播中,企业领导层、宣传部门、意见领袖扮演了传播者,他们首先自己接受本企业的文化,成为本企业价值观的忠实信徒,才开始向普通员工灌输企业价值观和企业精神,全方位传播本企业的文化。这些传播者将企业文化的思想体系,即企业的共有价值观念和行为准则通过一些传播渠道如企业分工角色及其角色意识、正规的或企业自身的教育体系等方式传递给员工。

在这一传播过程中,噪声是无时无刻不存在着的,其体现在传播渠道简单、传播主客体的个人素质差异等多个问题上。而企业的反馈机制是降低噪声的重要渠道,企业成员对企业文化的认同度、执行度并不完全相同,接受或不接受将通过态度、行为传递给传播者,它使企业文化内传播以连续闭合形式呈现,使传播过程形成一个小循环。这一过程使得企业的文化传播在企业内部的循环反复传播中不断调整改进,并有利于企业文化在企业内部的不断传播和发展。

在沃尔玛企业文化的内传播中,最重视的是员工的培养与教育。作为企业文化内传播的受传者,沃尔玛的员工从进入公司的第一天起就要接受定期或不定期的不同形式的培训。除培训这一主要传播途径外,沃尔玛还开辟了多种传播渠道来加强和丰富企业文化的传播。美国沃尔玛的员工每天上班的第一件事是相同的仪式:由经理带领全体员工高唱美国国歌《星条旗永不落》,然后齐声拼出公司的名称,再高呼"顾客第一",呐喊公司的经营理念。在这里,员工们充满激情地接受着企业文化的气氛,并把这种经营哲学与团队精神、自尊和执着的高销售追求联系在一起。沃尔玛公司重视对员工的精神鼓励,总部和各个商店的橱窗中,都悬挂着先进员工的照片。各个商店都安排一些退休的老员工,身穿沃尔玛工作服,佩戴沃尔玛标志站在店门口迎接顾客,不时有好奇的顾客同其合影留念。这不但起到保安员的作用,而且也满足了老员工的一种精神慰藉。沃尔玛以仪式和特殊奖励的形式,通过培训和鼓励向员工传播尊重个人、服务顾客、追求卓越的企业文化。

在沃尔玛企业内部,反馈是随处可见的传播形式。任何时间、地点,任何员工都有机会发言,都可以以口头或书面的形式与管理人员乃至总裁进行沟通,提出自己的建议和关心的事情,包括对不公平待遇的投诉。在沃尔玛,经常有一些各地的基层员工来到总部要求见董事长,董事长沃尔顿先生总是耐心地接待他们。如果员工是正确的,他就会认真地解决有关的问题。他要求公司每一位经理人员认真贯彻公司的这一思想,把员工当成合作伙伴,而不要只做表面文章。

沃尔玛开辟了立体化的传播渠道,如门户开放、道德热线、草根调查和员工基层会议等,这样,管理层便可以清楚地了解全球各地的员工满意度、员工最关注的问题。除以上传播渠道外,每隔一段时间,各店都会组织召开"员工基层会议",随机抽取各部门的员工倾听其意见和建议,并将公司的经营状况和管理动向及时反馈给员工。会后,将有专人负责将员工的意见和建议汇总,结合公司总体部署制定出非常具体的行动计划,并落实相应的负责人和完成期限。这些"倾听员工意见,广开言路"的做法,使得反馈得以顺畅实现,对企业文化的传播起到不可替代的作用。"周六例会"是最能体现其反馈机制的。每周六早上七点半,公司高级主管,分店经理和各级同仁近千人集合在一起,由公司总裁带领喊口号,然后大家就公司经营理念和管理策略畅所欲言、集思广益。

二、企业文化的外传播

在企业文化的外传播中,企业宣传部门和员工成为传播者,宣传部门将企业文化信息,即企业文化的精神和企业形象,通过企业文化语录、标记、口号等传播途径,传递给主要受传者——顾客。信息在传递过程中会受到理解、认知等个人接受的偏差,而顾客接受企业通过产品、服务等方式传播的企业文化时会产生不同的意识,通过提出意见、不购买行为或是美誉、口碑等正负两方面传播效果将信息反馈给传播者。这一过程将企业文化外传播贯穿为一个闭合的循环系统,也就是第二个循环。

企业文化的外传播效果取决于企业外部形象塑造的成功与否。有效的企业文化传播是创建优秀品牌的外在推动力。企业文化通过各种方式的外部有效传播,无疑将推动用户加强对品牌核心价值的认知、理解和信任。沃尔玛公司十分重视POP广告对企业形象的塑造,它们体现在商品购买场所、零售商店的周围、入口、内部以及有商品的地方。商店的招牌、商店名称、橱窗布置、商店装饰、商品陈列等都属于POP广告的范畴。沃尔玛不满足于单纯的商业形象塑造,它还致力于社会形象的塑造。企业的目标是服务顾客,成功的企业目标应该是回馈社会。沃尔玛在企业文化的大众传播中不仅重视企业品牌和文化的传播,更注重自身公益形象的塑造。公司不仅成立了"沃尔玛基金会",主要用于教育,捐助大学生奖学金,而且组织对全国性事业的捐助。正是通过开辟一系列的特殊传播途径使得沃尔玛的企业文化完美传承,保障了沃尔玛在全世界的每一个地方都能为大众提供卓越的企业文化。

沃尔玛的宣传部门将企业形象以平面广告等方式传达给顾客,又将社会形象通过公益活动等传播给顾客和普通群众。在这些显而易见的传播之外,沃尔玛创始人沃尔顿的传奇故事和企业开明的尊重员工的文化事迹都将影响着顾客对企业的判断。由于沃尔玛对售后的重视,顾客在接触企业的文化和服务后,很容易将个人意见反馈给沃尔玛。在顾客的反馈信息到达外传播的传播者后,沃尔玛文化的外传播循环得以闭合。企业文化的传播者在接到这些信息后重新调整,改进产品和服务,并再次将企业文化通过多种渠道传播给顾客。在这一循环反复上升的过程中,顾客逐渐得到满足,顾客满意的企业文化外传播效果得以实现。

现今已进入了网络的视觉传播时代,消费者如果想了解某种产品、某种品牌,一般都是直接去网上查找。很多企业都拥有自己的官方网站,企业文化可以在官方网站上拥有专门的版块,还可以通过网站平面设计、广告语、服务方式等内隐方式进行传播。沃尔玛门户网站的"关于我们"栏目中,图文并茂地介绍了企业发展历程、企业文化、经营理念等信息,"新闻中心"栏目中,网站还提供了许多珍贵的视频采访资料,反映沃尔玛公司在环保、食物健康等方面的理念;可下载的PDF文件向浏览者展示了该公司在社会公益方面的贡献,一方面是沃尔玛公司以及沃尔玛基金在帮助解决本国饥饿、贫困问题中所赞助物资的统计数据,另一方面浏览者可以点击地图上任何一个有沃尔玛超市的国家名称,了解该公司为当地提供的就业岗位的数量,平均待遇状况以及为当地社会事业所做的努力等。

企业不仅利用互联网在电脑上进行企业文化传播,目前包括沃尔玛在内的大型连锁超市都实行会员制,企业文化可以利用手机的彩信、微信等形式在会员中进行传播。同时,卖场里一般都有闭路电视、电子显示屏,卖场可以通过这些媒介进行传播,新媒介与新技术的出现要求企业在文化传播过程中既要兼顾传统方式又要与时代接轨。

三、企业文化从内传播到外传播的循环

企业文化外传播的传播者——企业成员,首先是作为企业文化内传播的受传者。在接受并认同企业文化后,企业成员将企业文化内化为一种信念和行为准则,通过提供企业所要求的标准服务,或与顾客进行直接或间接的接触等传播渠道,将企业文化信息传递给顾客,并接受顾客直接的反馈。而顾客对这一传播的反馈会通过多种方式,如直接反馈给员工或者反馈给企业其他对外部门。

企业文化内传播循环中的传播者——员工,对企业文化外传播循环中的受传者——顾客进行传播,形成新的传播主客体关系。因此,企业文化的内传播效果还作用于企业文化的外传播效果。这两条线索使企业文化内传播系统和企业文化外传播系统有机地联系起来,使之成为一个系统的整体。

沃尔玛非常重视员工的传播能力,不仅制定了员工规范的原则,而且在沃尔玛的顾客服务体系中采用与职位挂钩的"由上至下式"的培训方式。其中,高层管理人员主要接受由沃尔玛企业文化引导而生的服务理念方面的培训;中层管理人员既要接受服务理念培训,又要接触操作性培训,以担负起将服务理念通过自身的行为传递给下属的重任;基层员工则主要接受服务实操技能的培训,如怎样同顾客交谈,在交流中采用怎样的手势更合适等。沃尔玛相信,顾客服务的理念和热情要由上至下传递。

以员工为传播者、顾客为受传者的企业文化传播,是沃尔玛文化的内传播和外传播的联结点。沃尔玛员工在培训、企业仪式中接受了沃尔玛的文化,并内化为共同价值观和行为准则。在员工与企业文化外传播的受传者顾客接触时,会按照"顾客至上""十步原则"等企业文化准则,以语言、态度等服务方式传播企业文化。顾客在接受来自员工的服务和来自企业形象的共同传播后,将做出相应的反馈。这一反馈要么直接传播给员工,沿着企业文化内传播循环运动,要么沿着企业文化外传播循环返还给传播者。这样一来,内传播的受传者员工对外传播的受传者顾客的传播,就使得沃尔玛文化的内外循环能够相互作用,将两个循环统一起来,形成一个整体的系统。

本章小结

企业文化理念基本形成之后,要利用各种方法让形成的理念付诸实践,并大力宣传,推广实施。为了有效而快速地实现企业文化所确定的价值观,在对员工进行企业文化培训的同时要大力加以宣扬企业文化。为了在实践中得到员工的共同认可,要采用必要的手段对新的企业文化价值观念进行强化,使新型企业文化逐步得到推广和覆盖。此时,企业的老板和高层管理人员要身体力行,时刻牢记企业文化制度要求,给全体员工树立标杆和榜样,但同时也要导入CI(企业形象识别,是企业经营理念、行为活动规范、视觉传达设计的统一整体,它包括行为、视觉和理念识别)。实施企业形象识别战略,它使人们对企业产生普遍认同和信任感,从而为企业带来更好的经营业绩,为企业带来更大的经济效益。一个企业的企业文化可以体现在企业的外在形象之中,它是企业的核心和灵魂。通过导入CI,企业文化变成了实实在在可以触及的东西,同时又可以让全体企业相关者感受到企业文化的独特魅力。

复习思考题

(1) 企业文化传播的内涵是什么?
(2) 企业文化传播的条件是什么?

思考题解析

第八章　中国的企业文化建设

● 教学内容和教学目标

◆ 内容简介
1. 中国传统文化的特色
2. 中国企业文化建设的一般模式
3. 外国企业文化建设的一般模式
4. 领导与企业文化建设

◆ 学习目标
1. 了解中国传统文化的特色
2. 熟悉中国企业文化建设的一般模式
3. 了解外国企业文化建设的一般模式
4. 理解领导与企业文化建设之间的关系和联系

第一节　中国传统文化的特色

一、中国传统文化的特色

企业文化是有民族特色的,中华民族的优良传统在中国企业中比比皆是,这是一种重视伦理、追求和谐、含蓄深沉的文化,是我们进行企业文化建设取之不尽、用之不竭的思想宝库。

许多学者进行中西文化的比较研究,有一种形象的比喻——中国文化是"云",西方文化是"剑"。

所谓"剑",是指西方推崇技术理性、法律导向、个人本位、直露表达、结构性思维;所谓"云",是指中国重视社会伦理、关系导向、集体本位、含蓄表达、整体性思维。恰如西洋画与国画,西方戏剧与京剧,西医与中医。

如表 8-1 所示,中国与美国的文化差异,是根深蒂固的。2003 年,张德教授与美国明尼苏达大学杨百寅副教授对此进行了合作研究。表 8-1 是张德教授对二人研究成果的补充和修正。文化差异是一个十分复杂的问题,列表只是一种简明的表达方式,比较概略,不是非常准确。但是,了解并掌握中西文化的差异,对我们建设独具特色的中国企业文化是非常必要的。

表 8-1 中美文化的对比

文化维度	美国(西方)	中国(东方)
价值观体系		
人与自然世界的关系	主宰	和谐
人与人的关系	个人本位	集体本位
行为优先性	法律导向	关系导向
道德标准的基础	理性	感性
时间优先性	倾向于未来	倾向于现在
信念体系		
人性假设	性本恶	性本善
宗教信仰	上帝	没有超级权威
知识的本质	机械、分立的	有机、整体的
变化的本质	线性变化	回旋式变化
对人的激励	物质为主	精神为主
人的理想与归宿	个人的充分发展	社会和谐
思维方式	结构性思维	整体性思维
表达方式	直露	含蓄

二、中国深化改革与价值观念更新

改革开放以后,中国封闭性的经济开始面向世界,在中外经济日益密切的交流中,经历的不仅是经济上的中外合作,而且是文化上的中外交流。这种经济—文化的过程,在企业文化的变化上得到了集中的反映。

改革开放以来,西方发达国家的一些现代化企业管理制度和方法,相继传入中国,并逐渐在中国的企业中开始应用。诸如所有权与经营权适当分开的管理制度、企业的经营责任制、企业的科学管理方法,企业的各种现代组织模式、企业成员的优化劳动组合,以及对股份制、租赁制的借鉴和试点,等等。这些适合于社会化大生产和现代市场竞争环境的管理制度和方法,是提高我国企业的素质和管理水平,使我国企业管理实现现代化的积极因素,而且已经获得了良好的效果。

企业管理方法的引进,为我国深化改革、企业转轨变型,在制度层次上创造了必要的条件。中国的改革历经 20 多年,艰难起步,逐步深入。这是一场革命——抛弃僵化的计划经济体制,建立具有中国特色的市场经济体制。中国企业从领导体制、运作方式,到用工制度、干部任用制度、报酬制度、财务制度等,全部转到市场经济轨道,这是制度创新的过程。改革是一场天翻地覆的制度创新,它必然引发一场意识形态的革命。中国企业的观念更新,大体上可以总结为如下九条:

第一,破除"企业是政府附属物"的旧观念,树立"企业是自主经营主体"的新观念;
第二,破除"生产中心"的旧观念,树立"顾客至上"的新观念;
第三,破除"不求有功,但求无过"的旧观念,树立"无功便是过""追求卓越"的价值观;
第四,破除"大锅饭、铁饭碗、铁交椅"的旧观念,树立"岗位靠竞争,收入靠贡献"的新观念;

第五,破除"得过且过"的旧观念,树立"开拓创新"的新观念;

第六,破除"等、靠、要"的旧观念,树立"拼搏自强"的新观念;

第七,破除"态度导向"的旧观念,树立"结果导向""追求效率和效益"的新观念。

第八,破除"小富即安"的旧观念,树立"不断进取,自我超越"的新观念;

第九,破除"有了问题找首长"的旧观念,树立"有了问题找市场"的新观念。

当然,许多企业还远远没有完成上述观念的更新,所以,中国的企业经营远远没有摆脱困境。这是摆在中国企业面前的十分紧迫的问题。

三、中国对外开放与中西文化融合

中国的改革是与对外开放同步进行的。在对外开放过程中,西方发达国家在观念上对中国企业乃至中国社会的影响,是更广泛、更深刻,也是更为复杂的。

随着西方现代管理理论逐步到中国,以及在与外国企业交往中的耳濡目染,中国的企业家、管理人员和职工,不同程度地开始树立或加强了质量意识、市场意识、竞争意识、营销意识、服务意识、诚信意识、效率意识、效益意识、人才流动意识、产品开发意识、技术改造和创新意识、资本运作意识、经营战略意识等,这在很大程度上促进了中国企业家和职工队伍从传统观念向现代化观念的转变。这是改革开放取得成功的必要前提和条件。

现代企业管理理论和方法的引进,为我国企业的转轨变型,建设具有中国特色的社会主义企业文化,创造了必要的条件。但在借鉴外国这些有益的管理理论和方法的过程中,也出现了一些消极的影响:如西方管理者那种视工人为会说话的机器、忽视职工民主权利的现象时有也会发生在中国的企业中;在推行优化劳动组合过程中,一方面打破了铁饭碗,强化了按劳付酬和效率观念,另一方面也出现了职工的危机感与主人翁责任感逆向流动的问题;在借鉴泰罗的科学管理理论的同时,也受其"经济人"假设的影响;在激励方式上迷信经济杠杆,忽视企业精神的培育,造成了消极的后果;在经营思想上,片面追求利润最大化,甚至大搞"假、冒、伪、劣",丢掉了诚信原则,等等。如果企业不解决这些问题,我国的对外开放以及企业的现代化势必受到干扰。

这就提出了一个尖锐的问题:在改革开放的过程中,中外企业的文化冲突和文化融合,应该怎样正确对待和妥善解决,现在的问题不是要不要吸收外来文化,而是如何正确地分析外来文化。就不同民族文化的比较而言,可区分为评比性文化和非评比性文化两类。

所谓评比性文化是指有好坏、高下之分的文化,一般来讲,这都是比较容易鉴别其价值的文化。例如,美国文化中先进的科学技术,严格的管理制度、优质的服务,以及观念形态方面个人的独立性,创造性、进取精神、冒险精神,这些基本上属于优性文化。而充斥美国社会的吸毒、赌博、同性恋,以及作为其价值观基础的极端个人主义、金钱至上、享乐至上和颓废厌世、玩世不恭等思想,则是其文化中的糟粕,即劣性文化。再如,日本文化中的团队精神、敬业精神、职员对国家对企业的忠诚,以及坚毅、果敢、勤劳、刻苦的国民性,是日本的优性文化,而日本社会中的等级观念、盲目服从,轻视妇女和"经济动物"的贪婪,则是日本的劣性文化。

所谓非评比性文化,也叫中性文化,是指在文化比较中没有明显的优劣、高下之分的文化,这类文化多与人们生活方式、风俗习惯相联系。例如,日本人喜欢穿和服,讲究茶道,赞赏樱花;中国人喜欢穿旗袍、用筷子、赞赏梅花、荷花;欧美人喜欢穿西服,用刀叉,赞赏玫瑰花、郁金香等。承认这些中性文化的存在,意味着承认各民族的平等和对各国文化个性的尊重。

对待外来文化,首先要分清其中的评比性文化和中性文化。对于其中的评比性文化应认真、分清优劣,取其优、而去其劣。对于其中的中性文化,则没有必要加以提倡或阻止,而应采取顺应自然的态度。但鉴于中性文化是民族分野的重要标志,是形成民族传统的必要因素,有助于维系社会的团结和安定,有助于增强民族的凝聚力。因此,对外国的中性文化,也不宜盲目地,轻率地模仿和照搬。在对外开放中,应注意维持我国传统中性文化的连续性和稳定性,避免中性文化的轻易变迁,以及人们生活方式的剧烈变化,这有利于社会的安定团结,有利于改革开放的顺利进行。有些企业在引进全套日本技术的同时,把日本企业的厂旗、厂服也照搬过来,就大可不必。

总而言之,在对待外来文化方面,应遵循以下几条原则。

1. 总体原则

总体原则即在多种性质的文化交织在一起时,应当从总体上鉴别其基本上是属于优性的、劣性的还是中性的。

2. 利弊原则

利弊原则即在吸收外来文化时,应从社会效益和经济效益上进行综合衡量,看究竟是利大于弊,还是弊大于利。

3. 取舍原则

对外来文化的借鉴,最忌盲目照搬。文化的整体移植从来是难以成功的。我们应该立足于中华民族的文化传统和社会主义企业的独特个性,吸收外来文化的优秀成分,舍去外来文化的劣性成分。

4. 创新原则

创新原则即使外来文化的优秀成分,原封不动地拿到我国企业中也未必适用,成功的借鉴只能是两种文化的融合,并且以我们自己的文化为主体。把外来文化的优性成分之枝,嫁接到我国企业的文化之树上,才能结出丰硕的果实,融合后的文化果实是一种创新的品种,而且充满活力和生机。我们借鉴和吸收外国企业文化的优秀成分,最终是为了创造出独具特色的充满生机与活力的中国社会主义企业文化。

国内一些优秀企业在学习西方先进管理文化的同时,不断发扬中国传统文化,建立了优秀的企业文化。海尔和联想集团就是两个很好的例子。

海尔集团借鉴了西方先进的管理文化,提出售后服务要达到"国际星级服务"的标准;在质量控制方面,坚持"精细化、零缺陷";在产品设计方面,提出"市场细分,引导消费"的观念。但在企业核心理念上,海尔提出"敬业报国,追求卓越",并且海尔把"中正之道"(中和、公正;大中至正)作为企业哲学,这些充分体现出中国传统文化的底蕴。

联想集团(以下简称"联想")的企业文化也体现出中西融合的特点。在企业精神中,联想确定了做业务的原则:没钱赚的事不能干;有钱赚但是投不起钱的事不能干;有钱赚也投得起钱但是没有可靠的人去做,这样的事也不能干。这些反映市场规律的表达为联想经营指明了方向。同时,联想也把"光明正大干事、清清白白做人"的传统道德作为联想道德,并要求员工遵守其道德。

我们不难看出,中国传统文化和西方文化,对中国企业文化建设都具有一定的借鉴作用。尤其是中国传统文化,古代先哲凝练的概括,古老文明千年的沉淀,真可以说是我们企业文化建设取之不尽的思想宝库。在我们借鉴西方优秀文化的同时,千万不要忘记这一点。

第二节　中国企业文化建设的一般模式

从1984年美国的企业文化理论传到中国至今,中国企业文化建设经过将近30年的发展,已经形成"百花齐放"的局面。其中的佼佼者有青岛海尔、海信、四川长虹、江苏春兰、小天鹅、北京同仁堂、联想、深圳康佳、万科、中兴通讯、华为、平安保险、招商银行等。回顾中国企业文化由不自觉到自觉的发展历程,的确是解放思想、实事求是、与时俱进的过程,我们可以从中总结出企业文化建设的一般模式。

一、党政齐抓共管

如果说,欧美国家的企业更像是纯粹的经济组织的话,在亚洲则有所不同,日本企业是家族主义的组织,不仅是经济共同体,还是生活共同体、命运共同体,职工的荣辱进退与企业密切相关。中国的企业更不是一种纯粹的经济组织,它有明确的社会责任,尤其是思想教育的责任。

现代企业管理经历了经验管理、科学管理、文化管理三个阶段的话,中国绝大多数企业正经历由经验管理向科学管理阶段的过渡,在这个过渡中,不仅应健全制度,实行"法治",而且应"软硬兼施",建设好相应的企业文化,这是科学管理中国化的重要内涵。中国国有企业具有思想政治工作的优良传统和工作优势,我们充分利用这些优势,使之与企业文化建设紧密结合,党政齐抓共管,探索具有中国特色的企业文化建设模式。

文化管理是21世纪的管理,在文化管理下,企业文化建设成为企业经营管理的"牛鼻子"。国内一些优秀企业,如海尔、联想、同仁堂等企业,已率先向文化管理过渡,其重要标志是:以人为本,以文治企。它们无论在思想工作上,还是在企业文化建设上,都为众多企业指明了前进的方向。但是,许多中国企业在企业文化建设上还处在启蒙期或进入期,更加需要党政齐抓共管。

在中国,特别是国有企业中,除了经济活动以外,还有政治活动和文化活动。党组织、团组织、妇联、工会等在企业内发挥着重要作用,具有极大的影响力和号召力,这是企业文化建设不可忽视的力量源泉。如果能够发挥组织优势,企业文化建设就会取得广泛的群众基础,这就为企业文化建设奠定了成功的坚实基础。

许多企业已经形成了党政齐抓共管的格局,并值得我们借鉴。一些企业把企业文化建设的主要工作交给了党委,凭借党组织的影响力,推动企业文化变革,并且企业的各级经理则全力支持,使企业向着更先进的方向发展。为了党政配合得更好,企业文化建设可以由党委牵头,宣传部或企业文化处主管,或者一套班子,两块牌子。同时,在党委牵头的巨大号召力下,组织起团委和工会,使它们都成为企业文化建设的中坚力量,带动企业全体职员,投入到企业文化建设当中去。

还有一种模式,由董事长或总经理牵头,党委全力配合,人力资源部或企业文化部主管,其主要优点是企业文化建设与企业经营管理结合紧密,更有效地促进企业竞争力的增强。这在股份制企业中被广泛采用。因为它更适合现代企业的需要,是一种更有前途的企业文化建设模式。

二、企业思想政治工作与企业文化建设的交叉与融合

许多国有企业在企业文化建设和思想政治工作的具体实践中,提出了一个共同的问题——企业文化与企业思想政治工作是什么关系?

有人觉得,两者是一回事,因此抓企业文化是"画蛇添足"、多此一举,无非是给思想政治工

作戴上一顶时髦的帽子而已;也有人认为它们不是一回事,企业文化建设是企业管理的有机组成部分,而思想政治工作则是落实党的路线方针政策、保持企业社会主义性质的客观需要。两者相比较,我们更赞同后者的看法。实际上,企业文化与企业思想政治工作既不是相互包含、又不是完全重合,而是你中有我、我中有你,是一种相互交叉、互为依存的关系。

企业文化与企业思想政治工作(见图8-1)有许多共同点:目标基本一致、对象完全相同、内容有相似之处、手段大体重合。企业坚持以经济建设为中心,企业的一切工作就都必须从企业的生产经营出发、围绕生产经营进行,这就要求企业思想政治工作充分调动干部和员工的积极性、创造性,把企业内部的各种力量凝聚在一起,为实现企业目标服务,从这个意义上讲,企业思想政治工作与企业文化建设的目标是一致的。企业文化和企业思想政治工作的对象都是企业的全体成员,企业文化强调以人为中心、重视人的价值,思想政治工作则强调广大成员的企业主人翁地位,都提倡尊重人、理解人、关心人、爱护人。同时,两者又有很大的不同,企业文化本质上属于经济文化范畴,而思想政治工作属于政治文化范畴。

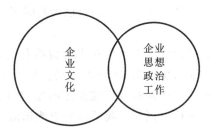

图 8-1　企业文化与企业思想政治工作

从企业文化的角度看,其核心层次——精神层的内容,如企业目标、企业哲学、企业宗旨、企业精神、企业道德、企业风气等都属于思想政治工作的范围;其中间层次——制度层的形成和贯彻,也离不开思想政治工作的保证和促进作用。从思想政治工作的角度看,其大部分内容直接与企业的生产经营活动有关,而且比例日益增大,这些内容都可以划入企业文化的范围;当然,有些思想政治工作(如计划生育、纯粹的党务工作等)则与企业文化建设没有直接关系。

由上述分析可以得出结论:思想政治工作是培育企业精神、建设企业文化的主要手段,而企业文化则为企业思想政治工作与管理工作的密切结合提供了一个最好的形式。加强企业文化建设,就可以使思想政治工作与企业管理工作更好地拧成一股劲,由"两张皮"变成"一张皮"。在企业文化建设中,要求思想政治工作紧紧围绕着生产经营工作开展,要求企业的管理工作以人为中心,向干部和员工的价值观和道德领域深入,使二者水乳交融、相得益彰。

自改革开放以来,企业实行了厂长、经理负责制,这对强化企业管理、改善企业经营无疑产生了巨大的推动力,但我们不可忽视党组织的政治核心作用,削弱企业内部的思想政治工作。作为企业的法人代表,处于生产经营活动中心地位的董事长、总经理,理所当然地应该成为企业文化建设的带头人;而负责企业思想政治工作、处于企业政治核心地位的企业党组织,则理应成为企业精神培育、企业文化建设的核心力量,广大共产党员应该成为企业文化建设的骨干和模范。

三、优良文化与不良文化的冲突与消长

改革开放以来,一些优良企业文化在国内产生,对企业发展起到了巨大的推动作用。但同时,一些不良文化也在企业当中滋生,如果不加以区别,企业就会受到不良文化的干扰,成为企

业发展的绊脚石。

1. 个人本位与集体主义

我国在改革开放过程中,破除了计划经济体制,同时也在相当程度上削弱了企业长期存在的集体主义精神、爱厂如家的主人翁精神,特别是打破"铁饭碗"之后,职工的主人翁精神远不如从前了。一方面,由于过多地强调竞争,使得"个人本位"的价值观空前强化,于是出现了技术上互相保密、工作上相互掣肘、成绩面前相互争功等现象。其直接后果是破坏了团队精神,破坏了真诚的协作关系,极大地破坏了企业的凝聚力,甚至重新出现"同行是冤家"的不良风气。

法约尔提出过14条管理原则,至今仍被奉为管理经典,其中有一条就是"整体利益至上",这也是我们国家的一项优良传统——国家利益高于一切,集体利益高于个人利益。如果丢掉集体利益,个人利益无从谈起,这一点是企业文化建设中必须强调的一点。

2. 等价交换与奉献精神

市场经济的大潮一浪高过一浪,"等价交换"的原则侵入社会的各个角落,利益杠杆似乎成为企业最有效的管理手段,而奉献精神在一些人看来已经过时了。难道奉献精神真的没有意义了吗?

台塑集团的创办人、台湾著名企业家王永庆在生前留给儿女们的一封信中写道,财富虽然是每个人都喜欢的事物,但它并非与生俱来,同时也不是任何人可以随身带走。人经由各自努力程度之不同,在其一生当中固然可能累积或多或少之财富,然而当生命终结,辞别人世之时,这些财富将再全数归还社会,无人可以例外。我日益坚定地相信,人生最大的意义和价值所在,乃是借由一己力量的发挥,能够对于社会做出实质贡献,为人群创造更为美好的发展前景,同时唯有建立这样的观念和人生目标,才能在漫长一生当中持续不断自我期许勉励,永不懈怠,并且凭以缔造若干贡献与成就,由此而不虚此生。基于这样的深刻体会,因此我希望所有子女也都能够充分理解生命的真义所在,并且出自内心地认同和支持,将我个人财富留给社会大众,使之继续发挥促进社会进步,增进人群福祉之功能,并使一生创办之企业能达到永续之经营,长远造福员工与社会。

可见,在讲究"等价交换"的市场机制面前,中国的企业家应保持头脑清醒:"三军可夺帅,匹夫不可夺志。"为了实现高尚的目标,奉献精神是永远不会过时的,并且是用什么"价"也不可以交换的。实际上,企业在激烈的市场竞争中欲求生存和发展,需要上下同欲、艰苦卓绝的奋斗,事事讲价、利字当先是不行的,企业的领导者应该以身则则,倡导新时代的奉献精神。

韩国大宇财团董事长金宇中曾说过这样一段话:苦干加牺牲精神,再加上科学管理,是韩国经济起飞的法宝。这位令人尊敬的管理者,就是在牺牲精神驱使下,把个人全部资产捐给了大宇福利基金会。可见,在讲究"等价交换"的市场机制面前,中国的企业家应保持头脑清醒。

3. 感情投资还是感情激励

"感情投资"这一概念曾一度传遍了大江南北,成为许多企业家的口头禅,还有人提出"无成本激励",也是利用感情沟通现实不花钱的激励。这在一定程度上不能说是坏事,但也给一些企业管理者带来了消极影响:企业领导把与职工的感情沟通,变成一种笼络人的技巧,而不是发自内心的关心和认同。所谓感情投资的技巧一般包括:员工过生日时送去贺卡;碰到职员时,采用"拍肩法"以示鼓励;每年举办一次"啤酒聚会"等。这种感情投资目的很明确,就是为"投资者"取得回报,如果员工没有投资价值是决不投资的。

而我们通常讲的是感情激励,是真诚的感情交流与感情投入。感情激励的要点有二点:一是真诚,只有真诚才会唤起真诚,真诚是友谊的基石,虚伪是友情的大敌;二是平等,感情激励不是上级对下级的感情施舍,而是两个平等自尊的人之间的感情交流,只有这样才会收到激励的效果。

如果说"感情投资"仅仅是驭下之术,而建立在真诚的感情投入基础上的"感情激励",方为领导者的率众之道。

四、社会变革过程中观念更新的复杂与艰难

在这个过程中,一定要把握企业理念的正确方向,不要被一些似是而非的西方观点左右。比如,西方经济学引导的"追求利润最大化"观点,就经常被人误认为利润是企业存在的唯一使命。其实,任何企业都兼有经济组织和社会组织的功能,企业竞争力最终来源于企业的文化力、政治力和经济力三个方面,只有经济力量是不够的。一些世界先进企业,树立的是一种将企业经济动机和社会责任感相结合的多目标模式,如惠普公司,树立了七个目标:利润、客户、感兴趣的领域、增长、育人、管理、好公民,体现出企业作为一个经济单位、科研单位、社会组织的多方面责任。日本松下公司的第一社训就是"工业报国",丰田汽车公司的第一条社训是"以产业的成果报效国家"。

再比如,西方企业的经济人假设,从亚当·斯密到泰罗,再到现代企业,这种看法被西方企业广泛接受。而人的本性是随着经济地位的改变而变化的,当他们在生存和安全等物质需要难以满足时,他们为物质需要而工作,是"经济人"。当温饱问题基本解决之后,社交需要、自尊需要和自我实现需要就成为主要工作动机,这时的员工是"社会人""自我实现人"。西方管理学也相继出现了"社会人假设""自我实现人假设""团队人假设",以及权变学派提出的"复杂人假设",都更加有说服力,更能满足我国企业实践的需要。在我们面对员工队伍的观念冲突、企业文化与个人文化、部门文化不协调时,应该保持清醒的头脑,在实事求是和求同存异的原则指导下,积极、稳妥地解决问题。

五、中国企业文化建设的发展趋势

(一)改革开放以来的两次企业文化建设热潮

中国企业于1984—1988年期间,经历了第一次企业文化建设热潮。当时,许多中国企业对西方的企业文化理论进行热烈的研讨,并结合中国企业情况,完善了自己企业的企业精神、企业作风等。与第一次企业文化建设热潮相伴随的是第一次思想解放运动,企业初步从计划体制的羁绊中解脱出来,开始树立商品经济观念、竞争观念、追求利润的观念、效率和效益观念、开拓创新观念、市场营销观念、战略观念、人力资源开发观念等,极大地推动了中国的改革开放和企业生产力的提高。

从2010年以来,面对全球陷入经济危机,增长乏力的挑战,特别是中国经济增速放缓的严峻考验,第二次企业文化建设热潮已经悄然来到。越来越多的企业管理者学习企业文化的理论,越来越多的企业把企业文化策划和企业文化更新列上议事日程,越来越多的学术团体和政府部门召开了丰富多彩的企业文化研讨会。这预示着中国企业的第二次思想解放运动已经开始。如果说,20世纪80年代第一次思想解放运动的主题,是由计划经济体制向市场经济体制转变的话,那么目前开始的第二次思想解放运动的主题,则是由不规范的相对封闭的市场经济向规范的、全球化的市场经济转变。它所解决的课题是:中国企业如何走向国际化经营之路,如

何面对全球化的竞争,如何与跨国公司争夺稀缺人才资源,如何应对知识经济,如何规范市场运作,如何进一步改革和完善企业经营和管理。特别是要破除对西方经营管理理论、西方文化的迷信。如果说第一次思想解放运动使"社会主义计划体制的意识形态"走下神坛,那么第二次思想解放运动应该使"西方意识形态"走下神坛。

　　有人会说,今天在中国人的思想层面还有"神"吗?有。它已不是传统意识形态中的那些符号,它恰恰是帮助中国社会冲破旧思想桎梏的那股力量,它就是"西方价值观"的逐渐被神化。我们应该对30多年的改革开放进行必要的反思,对本企业的正反两方面的实践经验进行总结,得出一些独立的判断。笔者相信,诸如"企业是纯粹的经济组织""企业追求的是经济效益最大化"等观念将被淘汰;与文化管理相对应的崭新观念,诸如诚信是金、以人为本、以义求利、学习型组织、育才型领导、绿色经济、战略同盟、追求"双赢"等,将被更多的中国企业所接受。一个内聚人心、外塑形象的企业文化修炼热潮,必将推动又一批中国企业走上世界,成为中国经济的航空母舰和高效的潜水艇。

　　在第二次企业文化热潮中,值得我们思考和解决的重要课题有以下几点。

　　(1) 企业文化与企业竞争力。
　　(2) 经济全球化与中外企业的文化较量。
　　(3) 企业核心价值观与企业持续发展。
　　(4) 知识经济与文化管理。
　　(5) 和谐社会与和谐企业、和谐文化建设。
　　(6) 企业文化与企业形象战略、名牌战略。
　　(7) 中国企业面临的伦理道德课题。
　　(8) 企业重组与文化融合。
　　(9) 企业改制与观念更新。
　　(10) 现代企业制度与现代企业文化的同步建设。
　　(11) 跨国并购中的文化冲突与文化融合。
　　(12) 企业文化与企业凝聚力。
　　(13) 企业经营者素质与企业核心价值观。
　　(14) 构建学习型组织与企业文化建设。
　　(15) 企业文化建设的领导体制。
　　(16) 网络时代对企业文化的影响。
　　(17) 中国企业文化建设的操作艺术。
　　(18) 科学发展观与中国企业价值取向的变革等。

　　中国的第二次企业文化建设热潮,要想取得实效,有赖于管理学界、企业界、政界的密切结合,有赖于中国改革开放的进一步深化,有赖于整个社会价值取向和社会风尚的进一步改善,虽然困难不少,但我们没有理由悲观。历史的车轮将推动中国企业驶向未来,成为21世纪的骄子。

(二) 和谐管理成为中国企业文化建设的必然趋势

　　有着五千年悠久历史的中国,不仅是礼仪之邦,更注重和谐社会的打造。早在春秋战国时期,以孔子为代表的儒家就提出了很多关于"以和为贵"的思想与主张。"礼之用,和为贵","己欲立而立人,己欲达而达人","己所不欲,勿施于人"等,其共同的核心思想即无论大小事都推己及人、以和谐的办法去做,那么人民就会幸福,社会就会安定,国家就会富强。无独有偶,在欧洲的资产阶级革命中,曾多次听到"自由、平等、博爱"的呼声,而这与"以和为贵"的儒家思想不谋而合。进入现代社会,作为社会主义国家,把"民富国强"、"共同富裕"、"民主、平等、和平、幸福"作为社会主义的奋斗目标。胡锦涛同志给和谐社会赋予了新时代的意义,即"以人为本","立党为公,执政为民","科学发展观","建立和谐社会","八荣八耻",进一步明确了建设和谐社会的价值体系。

企业作为社会的重要组成单元之一,也应走向和谐管理。企业要实现和谐管理,体现在以下六个方面。

1. 领导班子的和谐

没有失败的士兵,只有失败的将军。可见,领导团队的建设对整个企业稳定、和谐发展起到至关重要的作用。领导班子要和谐,首先价值观上要高度一致,尤其在关键问题上要有统一的判断标准,才能确保由上至下贯彻一致的思想。孔子曰:"君子和而不同,小人同而不和"(《论语·子路》)。企业领导要立足于"和",着眼于"不同"。没有"不同"的和只能是一团和气,不利于企业活力的激发。因此,"和"不是简单地"合",更不是靠领导意志的"统",而是一种"融"的境界,即在保持高度统一的同时,又要容纳不同意见,集中群体智慧,实现求同存异的真谛。

2. 上下级的和谐

领导班子的和谐是和谐管理的前提,那么上下级的和谐则是和谐管理最广泛、最深厚的基础。上下级和谐的关键在于领导者。首先,领导者要率先示范,只有上级以身作则、严于律己,才能赢得下级的信任,才能树立自己在广大员工中的威信。其次,是领导者对员工关爱。在工作上,上级要指导员工的成长和发展,重视对下属的培养;在生活上,上级要关心员工的冷暖、困难,保证下级的合法权益。最后,是领导者对下级的认可成绩。上级的认可,是对下级工作的最大鼓励。作为领导,应该清楚了解员工的需求与动机,并适时地给予鼓励与认可,调动下级的积极性,不仅有利于工作的顺利开展,更能获得上下级的和谐。

3. 企业与客户的和谐

首先,企业要做到与客户的和谐。客户是企业持续存在和发展的根基,质量可靠、价格合理的产品和服务是吸引和留住客户的基础。因此,对客户要诚实、诚恳,不能欺骗、欺诈顾客,将客户利益放在第一位。胡庆余堂正是凭借对"戒欺"堂训矢志不渝地践行,最终赢得客户的忠诚,成为如今的百年老店。随着如今愈来愈激烈的市场竞争,多元化成为趋势,客户需求也变得丰富多样,要做到与客户持久和谐,企业就要更加注重市场导向,强化服务意识,真诚地为客户提升价值。

4. 企业与政府的和谐

提高企业自身的效益是为地方、国家经济发展做出贡献的第一步,企业实现这点,才能做到规范经营、依法纳税,全面准确地贯彻执行政府的指导方针和政策;才能帮政府解决就业,维护社会稳定,维护经济的均衡发展。当然,企业也应主动搞好与政府的沟通,进行正确的公关,争取政府的帮助和理解,影响政府政策的制定。在政府与企业的关系中,政府往往起主导作用,所以就更应该要求各政府部门和各个公务员廉洁自律,做好对企业的管理和服务。只要政府与企业都顾大局,识大体,就一定会实现企业与政府之间的和谐。

5. 企业与社会公众的和谐

一个企业得不到社会公众的认可,不能与社会公众保持和谐的关系,是无法生存下去的,就犹如人没有了氧气。企业要把自己放到社会大环境中,积极承担社会责任,树立良好的企业形象,及时规避和化解各种冲突,与社会公众和谐相处。

企业要做到与社会公众和谐,还有一个重要方面——与媒体建立良好关系,争取媒体的合作和友好相处。

6. 企业与自然环境的和谐

自然环境是人类生活的共同家园,企业发展不能以破坏环境(生态、能源、原材料等)为代价。任何破坏自然环境的经营活动都应放弃,要实现企业与自然环境的共同可持续发展。

为了实现企业的和谐管理,必须树立一些新的观念。

(1) 和谐竞争观念

一是要认识竞争与和谐的辩证关系。无论是企业内部还是外部,没有竞争,就没有活力,可以说"竞争出效率"。但是一味地追求竞争,甚至是过度、恶意的竞争,必然带来内耗,破坏凝聚力。所以,要树立和谐竞争的观念——要在合作中竞争,在竞争中合作,实现适度竞争、良性竞争,从而达到双赢甚至多赢的效果。

2010年1月,中国移动与贝尔实验室等18家研究机构、运营商和设备制造商共同倡议成立绿色沟通联盟,致力于通过技术创新显著提升通信网络能效。该组织是目前全球最大的绿色通信产业合作组织。2010年11月,公司受邀参加了联盟在阿姆斯特丹召开的大会,与各方共同探讨和分享通信行业节能减排的实践经验。这是在国际竞争中,开展和谐竞争的有益实践。

二是要去掉破坏和谐的因素。"和谐"不是"一团和气",要想实现和谐竞争,有关单位和个人必须严格自律,坚持道德底线。对于违背企业底线、丧失企业伦理的行为,要坚决揭露,并依法处罚。企业可以通过领导与员工的共同践行来培育团结和谐、互利共赢的企业文化,彻底破除不利于和谐的因素。

(2) 和谐发展观念

我们不仅要在竞争观上追求和谐,在发展观上也要追求和谐,实现速度、结构、质量、效益等方面的和谐统一;人的发展与物的发展的和谐统一;发展主业与发展辅业的和谐统一;企业发展的可持续与自然资源、生态环境可持续的和谐统一;尤其是煤炭、石油、电力等资源企业,还要处理好发展现有产业与培育接续产业的关系,使二者实现和谐统一。这种和谐发展观与科学发展观具有异曲同工之妙。

上述这些适度竞争、良性竞争的和谐竞争观,以及统筹兼顾、协调统一的和谐发展观,应该成为新时代企业文化的重要内容。

(三) 迎接文化制胜时代

在建立社会主义市场经济体制的实践中,普遍存在着对市场经济的误解。诸如,"市场经济就是只认钱""市场经济只看效果,不论手段""心不黑,赚不来钱"等。似乎实行市场经济,什么精神、信念、道德都无足轻重了,随着经济"热"起来,文化只能坐冷板凳了。

事实并非如此。在经过了漫长的发展过程之后,市场经济不仅没有排斥文化,在21世纪的今天,反而进入了一个被称为"文化制胜"的时代。

1. 商品中蕴涵着文化

众所周知,商品都具有一定的使用价值的功能并可以满足人们的使用需要:衣服可御寒,面包可饱腹,汽车可行路,住房可安居。使用价值是商品存在的基础,也是用户购买的基本动力。

随着人们生活水平的提高,其对商品使用价值的要求也不断变化,对商品功能的要求也越来越高,集中表现在:人们不仅追求商品的使用价值,而且追求商品的审美价值、知识价值、社会价值,它们是商品附加值的重要组成部分。

人们买服装,不仅用来御寒,更重要的是为了美观,为了追求时尚,以及为了显示独特的个性。"文化衫"的热销,正是这种购买心理的集中表现。

人们买汽车、自行车、彩电、家具等耐用的消费品,除了考虑其性能、价格之外,更要考虑样式是否美观、大方,彩色是否悦目,品牌是否著名等。

某厂生产筷子,想出口到日本而不成功,后来他们把中国先哲们的名言刻印到筷子上,立刻成为日本筷子市场的俏货。这个例子,说明"文化"和"知识"可以引起顾客的购买欲望,并且增加商品的附加价值。

至于烟、酒、茶等传统消费品,则与烟文化、酒文化、茶文化密切相关。例如"孔府家酒"曾远销海外,受到海外华人的青睐,不仅在于它的酒味香醇,更在于"孔府家酒"满足了海外华人思乡恋祖的文化需要。

日本政府1989年3月进行了一次民意调查,有58%的日本人答称:"不想买什么东西了!"这是因为从使用价值角度,他们已经应有尽有了。唯一诱使他们购买的因素,是商品的文化附加价值。日本学者木村尚三郎一针见血地指出,企业不能像过去那样,光是生产东西,而要出售生活的智慧和欢乐,现在是通过商品去出售智慧、快乐和乡土生活方式的时代了。

2. 服务中凝聚着文化

随着经济全球化速度的加快,信息技术的迅猛发展,先进技术和工艺普及的周期大大缩短,相应的产品质量和价格的差距比历史上任何一个时期都更易于缩小。比如,目前中国的彩电生产厂家,几乎都采用了日本或欧洲的技术和设备,其彩电产品在质量和价格上难分伯仲,于是服务就成为市场竞争的关键因素。谁的售前、售中和售后服务完善,谁就能赢得用户。而良好的服务质量,必须有良好的服务观念做后盾。

美国的IBM,之所以能发展成世界第一,靠的是最佳服务。IBM的产品质量高,价格也高,但其提供的服务优于其他公司。这是因为几十万IBM职工把"IBM就意味服务""IBM靠优质服务独步全球"常记在心,并有"丧失客户联合调查制度"等做保障。一位美国分析家对IBM公司的服务及其文化赞不绝口,他说:"他们对企业信条的热诚可以同受过狂热教派洗脑的分子相媲美。"

日本松下公司把顾客看作是"衣食父母",在经营上贯彻"服务第一,销售第二"的方针。他们的服务标准是:"以乞丐为贵客。"这是松下公司长盛不衰的重要原因。

对于服务业,服务即商品,服务质量更是竞争的决定因素。人们去餐馆,已不仅仅为了饱腹,而且要体会一种文化环境,获得精神上的享受,因此"边吃边唱"的形式大行其道,人们形象地说:"卡拉OK是道菜。"

人们去商场购物,已不仅仅要求商品货真价实,还要求受到售货员的尊重和关怀。商场数量越多,人们越追求独到的特色服务。许多成功的商业企业,正是在这一点上赢得了顾客。北京的蓝岛大厦,居然能在开业5个月销售额达到2亿元,靠的是其独具个性的商业温情——"情意服务"。蓝色给人的感受是平静、温馨,到蓝岛,客人们处处感到蓝色的温馨:一楼大堂的总服务台,着蓝衣蓝帽的蓝岛小组会为抱孩子的父母送上免费的母子同乐;把您购买的礼品装进漂亮的礼品盒;为被雨困在店中的客人送上写有"雨中温情"的蓝色雨披;也为蓝岛留下建设性意见的客人送上蓝色温馨,蓝岛的特色服务是以"顾客至上"的价值观为依托。他们的口号是:"一箱一包一片情,天涯海角随身行""买走一份商品,带回千缕情丝"。同时,又有严格的制度不断强化这种服务意识——"过失单控制法"发挥了作用,一张过失单意味着罚款50元。对于整个大厦,有"服务质量控制表"遥控着各个部门。蓝岛文化是一种高明的服务文化。

3. 经营管理中浸透着文化

谈到优质服务,关键是如何使全体职员牢固地树立起服务意识,形成优良的群体价值观,这就要求企业家在经营管理中具有清醒的文化意识。

欧美企业家已经认识到:"要推广微笑服务,必须首先造就快乐的员工。"人只有在快乐时才会有真诚的微笑。一个内心痛苦的人笑出来也是苦笑,一个内心麻木的人往往"皮笑肉不笑"。那么,如何拥有快乐的员工呢?唯一的办法,是在企业经营中真诚地尊重员工、关心员工,给每个人提供施展才干的舞台和合理优厚的报酬,这就是"以人为中心"的管理。

美国IBM的三个基本价值观"尊重个人,顾客至上,追求卓越",构成了三位一体的价值观体系;美国波音飞机公司以"我们每一个人都代表公司"为信条;日本松下公司提出"造物之前先造人";瑞士劳力士手表公司则把"仁心待人,严格待事"作为座右铭。

以微笑服务闻名并多次被评为世界最佳旅馆的匈牙利布达佩斯论坛旅馆,其总经理在回答众人追问时说:"我们成功的诀窍只有一点,那就是不把员工当机器人看待",一语道出了他的经营理念。

一个企业有没有效率和效益,最终取决于人力资源的质量。"得人才者得天下"是市场竞争的永恒法则,人与物的区别在于人有思想,有感情。随着员工教育水平的提高和"知识型员工"比例的增加,只靠重奖重罚物质杠杆的管理方式越来越成为"明日黄花"。

在市场竞争中,我们如何增加企业的凝聚力?可以看到,人身上有三条纽带——物质纽带,这是基础;感情纽带,这是无形而有效的因素;思想纽带,这是根本,上下同欲才能行动一致。这三者都要求优良的企业文化做支撑。

"如何面对瞬息万变的市场竞争?"在全球化、信息化的时代更尖锐地提出这一问题。每个企业家都应对此有一个高屋建瓴的理性思考,这就是企业哲学和经营理念,企业经营者水平的高低,企业竞争战略的高下,在很大程度上取决于其哲学思考的能力。

而企业的品牌也与企业文化密切相关,品牌背后是企业形象,包括产品形象、服务形象、员工形象、企业家形象等,这种形象又是由表及里地从视觉、行为到理念层次被社会公众识别。因此,它不过是企业文化的外显。没有优秀的企业文化,就不会有美好的企业形象。

综上所述,企业哲学、经营理念、共同价值观,是把企业各类人员凝聚在一起的精神支柱,是企业把各种资源有效整合、形成强大竞争力的无形之手,它是企业之魂,是企业长盛不衰的保证,是企业在市场经济下竞争力的源泉。日本学者日下公人说:"产业革命其实就是文化的工业化现象",新的文化可以产生下一代工业。日本另一位学者木村尚三郎指出,今后的企业活动,说到底,非文化活动莫属。这些深刻的见解,揭示了同一个真理——文化制胜的时代已经到来。

4. 建立现代企业制度应与培育优良企业文化同步

面对21世纪的挑战,我国的企业在逐步建立现代企业制度。但至今,企业遇到很多困难,一个普遍的问题是不规范。种种不规范现象产生的原因之一,是没有实现观念的转变,没有建立起与现代企业制度相匹配的优良企业文化。

为了迎接文化制胜的时代,中国的企业家在建立现代企业制度的同时应该率先更新观念。

第一,企业的目的包括赚钱,但赚钱不是企业的唯一目的,更不是企业的最高目的,满足人民日益增长的物质和精神需要才是企业的根本目的。企业应深入挖掘自己存在的意义,并使其深入人心。日本松下公司的基本经营原则是:"鼓励进步,增进社会福利,并致力于世界文化的进一步发展。"新日铁的社训则是:钢铁立国。美国强生公司的使命是:"兴盛现代科学,贡献人类健康。"中国长虹公司把"产业报国"作为企业目标。这些企业的目标都高屋建瓴,将会产生强大的精神动力。

第二,市场经济不排斥道德和文化,相反,它呼唤更高层次的道德和文化的诞生。精神需求、道德需求、文化需求将主宰未来的市场,这是不以人们主观意志为转移的客观规律。在市场竞争中,企业的竞争力大体上由政治力、经济力和文化力三个因素构成。随着人们受教育水平和生活质量的提高,文化力将发挥越来越大的作用。

第三,文化是由人们创造的,企业家应该成为企业文化的倡导者。企业家都想圆一个梦——企业长盛不衰。人是企业之本,企业家应该以人为中心(对内以职工为中心,对外以顾客为中心)进行管理。美梦成真的关键在于你能不能培养出具有熟练技能和高尚思想品德的职工队伍,能不能培育出优秀的企业文化和企业理念、核心价值、企业哲学、企业精神、企业道德和企业作风,以及相应企业制度和物质载体,以及具有很高文化附加值的产品和服务。我们高兴地看到,诸如海尔、联想、康佳、同仁堂、中兴通讯、华为、万科等许多优秀企业,在科学管理的基础上,大力加强企业文化的建设,主动迎接文化制胜时代的到来。它们的成功经验值得更多的企业借鉴。

第四,文化制胜的时代呼唤新型的企业家。对新型企业家的描述各不相同,诸如"育才型领导人""服务型领导人""政治家型领导人",但有一点是相同的:除去卓越的组织指挥能力之外,他们应该具有良好的道德、哲学家的头脑、战略家的眼光和政治家的胸怀,总之一句话——具有深厚的文化内涵。因此,他才有能力在企业内培育出一种优秀的文化。正如美国管理学家沙因所提到的,领导者所要做的唯一重要的事情就是创造和管理文化,领导者最重要的才能就是影响文化的能力。

可以相信,适合文化制胜时代的新型企业家,将像雨后春笋一样,一批又一批地在中国产生,他们将驾驶中国的企业之船,在全球范围的竞争中乘风破浪,全速前进。

六、新型企业价值观体系已初见端倪

企业价值观是影响和左右企业发展的关键因素,这已经开始在管理学界和企业界形成共识。许多世界知名企业都有价值观的表述,比如,IBM 的价值观是:尊重个人、顾客至上、追求卓越。世界上最大的药品公司默克的核心价值观念是"制造药品是为了人们的生命,而不是利润。记住这一点,利润就会滚滚而来。"麦当劳的创始人克罗克设立了 4 项经营信条:quality(高品质)、service(服务)、cleanliness(清洁)、value(物有所值)。诺基亚的企业价值观是:顾客满意、尊重人、成就感、不断学习。诺基亚的信条有:第一,致力于创新,首要准则就是应用最先进的技术;第二,始终不渝地遵循诺基亚人自己的方式做事。通用电气的价值观是:①简明务实,以顾客为中心;②勇于承担责任和义务,制订并实现有进取心的目标;③追求卓越,废除官僚主义;④充分授权,群策群力,广纳忠言;⑤大力发展多样化的、面向全球的队伍;⑥鼓励变革,视变革为机会而非威胁;⑦充分激励他人,懂得速度就是竞争优势。其中,"诚信"是 GE 价值观的首要内容,正如杰克·韦尔奇所提,第一就是诚信,这永远是最首要的一条价值观。

我国的一些成功企业,也有关于企业价值观的表述。TCL 集团总裁强调说:"我们的核心价值观是三句话:为顾客创造价值,为员工创造机会,为社会创造效益。"可见,企业价值观日益受到企业领导的重视。企业价值观(群体价值观)的形成是企业领导者与员工之间、员工与员工之间的个体价值观相互影响、相互作用的结果。正如成思危所言,根据复杂科学的观点,一个组织的价值观是通过其各个成员之间的相互作用而产生的整体性质,因此,作为企业文化核心的企业价值观,既取决于企业各个成员原有的价值观,也取决于他们在企业内部的相互作用。

在我国企业文化建设中,一个普遍的问题是,价值观只有片段的表述,而缺乏完整的系统。但是,一些优秀企业为我们做出了榜样,中国企业新型价值观体系已初见端倪。仅以海尔为例。

(1) 海尔精神——敬业报国,追求卓越。
(2) 海尔哲学——中正之道。
(3) 海尔作风——迅速反映,马上行动。
(4) 海尔经营理念——企业现代化,市场全球化,经营规模化。
(5) 海尔管理模式——OEC 管理法。
(6) 海尔名牌战略——①核心思想:要么不干,要赶就要争第一。②质量控制:精细化,零缺陷。③产品设计:市场细分,引导消费。④科研开发:与国际水准同步。⑤市场营销:先难后易,先国外后国内。⑥售后服务:国际星级服务。⑦企业兼并:企业文化先行策略,以无形资产盘活有形资产。⑧跨国经营:大名牌,大市场,大科研,大集团。⑨人才战略:要让海尔成为赛马场,赛马场上选良驹,要让人人都有公平感、成就感。
(7) 海尔格言——①用户永远是对的;解除用户烦恼到零;海尔真诚到永远。②向服务要市场。③海尔卖的是信誉,而不是产品。④人人是人才。⑤你能翻多大跟头,我就给你搭多大舞台。

第三节 领导与企业文化建设

要建设强有力的企业文化,首要的因素是企业家。作为企业的领导人,企业家在企业文化建设中起着至关重要的作用。大凡成功的企业都有优秀的企业文化,而企业家是最主要的缔造者,他缔造、倡导、管理企业文化,他的价值观决定了企业文化的基调,他的观念创新带动企业文化的更新,他的素质不断完善并促进优秀企业文化的形成,一个人扮演着多个角色(见图 8-2)。

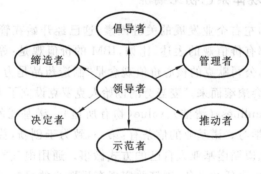

图 8-2 领导者在企业文化建设中的角色

一、领导者是企业文化的缔造者、倡导者和管理者

(一) 领导者是企业文化的缔造者

企业家在企业中所处的地位显要,不仅对企业的经营管理起主导作用,相应地,对企业的经

营哲学、企业精神、企业价值观等也都能施加较大的影响。企业文化要形成体系，就更离不开企业家指导下的总结、归纳和加工，离不开企业家的聪明才智以及对企业文化建设的高度重视。很多企业的企业文化的内容，甚至都是直接来自企业家的思想和主张。所以，美国企业文化专家斯坦雷·M.戴维斯在其著作《企业文化的评估与管理》中指出，不论是企业的缔造者本人最先提出的主导信念，还是现任总经理被授权重新解释主导信念或提出新的信念，企业领导者总是文化的活水源头。如果领导者是个有作为的人，他就会把充满生气的新观念注入企业文化之中。如果领导者是个平庸之辈，那么企业的主导信念很可能会逐步退化，变得毫无生气。

《企业文化》的作者特雷斯·迪尔和阿伦·肯尼迪指出，是不是每个公司都能有强烈的文化氛围？我们认为是能够的，但要做到这一点，最高层管理者首先必须识别公司已经有了什么类型的文化，哪怕是很微弱的。总经理的最终成功在很大程度上取决于是否能够准确地辨认公司文化并琢磨它、塑造它以适应市场不断转移的需要。

我们不妨来看看通用电气公司的前后两位总裁是如何缔造企业文化的。1956年GE总裁克迪纳创立了克顿维尔管理发展中心，它被塑造成一个命令中心和幕僚学院，用来传播当时GE的核心策略和分权理念。新总裁韦尔奇上任后，就"以克顿维尔式的学习过程在GE掀起了一场文化改革"。他专门投入4500万美元用于该中心的建设，每月至少去一次，发表演讲或回答问题，还承担了四门课的教学。就是通过这样的方式，杰克·韦尔奇快速将其企业文化变革倡导起来，为以后的改革创造了良好的环境。

(二)奥利拉与他创造的"芬兰神话"

奥利拉刚进入诺基亚时，担任过财务总管，1990年负责移动电话公司的业务，当时的公司已经进入了亏本的死角，发货量经常是用"十"为单位计算的。1991年，苏联解体，芬兰经济掉入低谷，诺基亚的老业务不再有市场，其最大股东试图将它卖给爱立信，但遭到拒绝。当时的手机业务陷入瘫痪，公司一片混乱。1992年，诺基亚公司任命41岁的奥利拉担任公司首席执行官，从那时起，奥利拉开始引导诺基亚走上了辉煌之路。

奥利拉提出著名的"科技以人为本"作为公司核心理念，采取芬兰式的温和管理，强调芬兰人的民族性与员工团结。1995年，诺基亚由于快速发展，管理上出现了一些混乱，造成股票暴跌，解雇经理的呼声很高，但奥利拉还是顶住了压力，没有解雇经理，而是与他们一道，用了几个月时间，终于解决了问题，使公司恢复了正常。从这件事中，我们不难发现，团结是企业制胜的法宝。

奥利拉还认为，需要树立诺基亚员工的危机意识，于是，他采用了轮换制管理。1998年，他让四位主要部门负责人对换了工作，负责基础设施部的经理去负责手机销售，手机产品部的经理负责新项目开发部。总之，除了奥利拉本人外，所有高层管理人员都做好了从事新工作的准备。从常理上看，这种做法是毫无道理的，但奥利拉却认为："把经理们从舒适的位子上赶走，是激发他们工作积极性的有效方式。"他认为，一个人如果长期从事一项工作，多少会有一些定式，换一个全新的工作岗位，会增加员工的危机感，有利于其创造性的发挥。奥利拉是用这种独特的方式，来激发诺基亚管理者的危机感，并转化为巨大的动力。

奥利拉在诺基亚这个跨国公司的建设中，特别注意文化差异，注重以人为本，尊重当地公司员工原有的文化习惯及价值观，使其成为公司文化中的一部分。在中国，2001年诺基亚成为我国出口额最高的外商投资公司，超过了摩托罗拉公司，拥有中国员工超过5000人。

(三)领导者是企业文化的倡导者和管理者

企业家对企业文化的管理,贯穿企业发展的全部过程,企业家所做的一切,就是要在企业中形成预期的文化。为此,企业家要使员工明白企业提倡什么、反对什么,要及时处理推行新文化的过程中产生的矛盾和问题,必要时还要对企业文化进行修正和补充,通过管理企业文化,企业家就能有效地管理企业,在《企业文化》一书中,这类企业家被称为"象征性的管理者"。

2001年年末,美国《时代周刊》评选的25位卓越的商界领袖中,其中排第14位的是联想集团董事局主席柳传志。因为15年来,他已经把联想从一个20万元起家的企业,发展成为中国一流的国际知名公司,掌控着30%的电脑市场份额。柳传志是联想集团及其文化的缔造者和管理者。

柳传志最喜欢"求实创新"这四个字,这四个字始终写在联想集团的大门上。他说,没有创新不行,但没有求实精神也不行。因此,这种创新精神体现在反思、求变上,柳传志是一个喜欢反思自己的人。他认为,如果缺乏反思,就会出现一个看上去欣欣向荣的企业突然垮掉的现象。正是在这样一种理念的指导下,柳传志塑造了联想集团,培育出了联想文化。

在联想招聘人才的时候,首先要求"血型要对",柳传志称之为"人模子"。但是,面对网络时代的到来,柳传志也在调整着自己的企业文化,不断改进企业的这个"模子"。现在对新人已经不再要求能够完全融入"企业模子"了,而是学着容纳各类"天才"。在联想研究院,管理者正在塑造一种自由轻松的科研气氛。可见,柳传志正在根据企业的不断发展和时代的需要,对联想文化进行微调。

企业家作为企业文化的塑造者,一方面要对企业已有的文化进行总结和提炼,保留其积极因素,去除其消极因素;另一方面又要对提炼后的文化进行加工,加入自己的信念和主张,再通过一系列活动,将其内化为职工的价值观,外化为职工的行动。因此,企业家的品格、智慧、胆识在很大程度上决定了企业文化的水准。

二、领导者的价值观决定了企业文化的基调

如果说企业文化是一首动听的乐曲,那么,唯一可以给这首曲子定调的就是企业主要领导者了。领导者的价值观仿佛是企业文化建设的灵魂,从企业文化的设计到企业文化的建设,无不受其左右,听其指挥。

(一)价值观是企业文化的核心

在价值观与企业文化的关系上,国内外管理学界和企业界形成了比较一致的看法:企业价值观是企业文化的核心。《日本企业的管理艺术》指出:在结构、战略、体系、人员、作风、技巧、共同的价值观7个S中,共同的价值观处于中心地位,成为决定企业命运的关键性要素。

美国管理学家埃德加·H.沙因甚至说:"领导者所要做的唯一重要的事情就是创造和管理文化,领导者最重要的才能就是影响文化的能力。"美国有篇文章分析了美国的一些百年公司为什么能够长寿,主要原因是这些公司上百年来的价值观没有被改变。所以,对企业来说,最为关键的是企业价值观。

惠普公司创立于20世纪40年代,如今已经与IBM、富士通并肩站在世界十大信息产业的前列,伴随着与康柏的合并,其实力又一次增强。惠普公司的成功正是在于它有正确的企业宗

旨和价值观,它的核心价值观就是:提倡改革与创新,强调集体协作精神。这是一种以创新精神和团队精神为核心的价值取向,多年来,公司的这一核心价值观基本上是稳定的,而根植于核心价值观之上的经营策略是经常变化的。这也同时反映出,核心价值观所倡导的创新思想已经成为一种内在的、自发的反应,这一反应要求企业改进经营方式,以便与外部环境保持协调一致。

惠普公司基于其核心价值观,逐渐形成了自己的企业文化,被称为"惠普之道",这是一种注重顾客、股东、公司员工的利益要求,重视领导才能及各种激发创造因素的文化系统。惠普公司强调以真诚、公正的态度服务顾客,在企业内部提倡平等与相互尊重,在工作中提倡自我管理、自我控制与成果管理,坚持轻松、自由的办公环境。

20世纪90年代以来,企业新一代领导者,保留了那些被认为是惠普企业灵魂的核心价值观。但是,惠普的文化体系不是一个僵化的体系,而是一个能适应变化的开放、动态的体系。惠普的领导者认为,有必要将惠普企业文化中的那些核心成分,那些较为稳定的成分与另一些不重要的容易变化的成分区别开来,前者是长期不变的,后者是不断调整的。

(二)优秀企业的核心价值观不尽相同

《企业不败》的作者指出,虽然许多目光远大的公司的核心价值观,都包括某些主题,如贡献、正直、尊重员工、为顾客服务、不断创新等,但是他们的侧重是完全不同的。所谓"唯一正确"的核心价值观是不存在的。威廉·大内在《Z理论》中指出,传统和气氛构成一个企业的文化,同时,文化意味着一个企业的价值观,如进取、保守或灵活,这些价值观成为企业员工活动、建议和行为的规范。由于不同公司有着不同的企业文化,因此,其核心价值观也必然不尽相同。

一些公司把顾客摆在了价值观的第一位,如强生公司就提出"顾客第一,员工第二,社会第三,股东第四",指出公司存在的目的就是为顾客"解除病痛"。但另一些公司则不是这样,比如,福特公司的核心价值观为:"产品是我们努力的最终目的",同时提出"人是力量的源泉";索尼的核心价值观为:"弘扬日本文化,提高国家地位,做开拓者——不模仿别人,努力做看似不可能的事情。"我们不难看出其中还是有一定差异的。

一些公司把关心员工摆在价值观的首位,比如IBM的汤姆·沃森从老沃森手中接过公司时,只有38岁。他提出了IBM公司的三大价值观:尊重员工、用户至上和追求卓越。IBM的管理原则第一条就是尊重人,汤姆·沃森认为:"公司最伟大的财富就是人。"和他父亲一样,他主张公司内彼此相互关心。有一段时间,白领员工调动比较频繁,大家戏称IBM代表着I've been moved(我被调走了)。当汤姆·沃森听到这种说法后,意识到这样会影响员工的家庭生活。他做出决定:"如果不能大幅度增加员工的薪水,就不要异地调动。"通过这样一件小事,我们不难看出,汤姆·沃森在塑造IBM这个"蓝色巨人"的时候,首先进行的是核心价值观的建设,只有在正确的价值观指导下,企业才能实现可持续发展。

还有一些公司,把产品或服务摆在核心价值观的首要位置;有些公司把冒险精神摆在第一位,如波音公司;有些公司把创新精神摆在第一位,如3M公司等。下面列举一些世界知名公司的核心价值观,以便比较。

(1)国际商用机器公司(IBM):充分考虑每个雇员的个性;花大量的时间令顾客满意;尽最大的努力把事情做对;谋求在我们从事的各个领域取得领先地位。

(2)3M公司:创新——不应该扼杀一种新的产品设想;绝对正直;尊重个人进取心和个人发展;容忍诚实的错误。

(3) 沃尔玛公司：我们存在的目的是为顾客提供等价商品——通过降低价格和扩大选择来改善他们的生活，其他事情都是次要的；逆流而上，向传统观点挑战；与雇员成为伙伴；满腔热情地工作，把全身心都投入进去；不断追求更高的目标。

(4) 波音公司：保持航空技术的领先地位，不断开拓；迎接挑战，迎接风险；产品的安全与质量；正直；讲究职业道德。

(5) 美国运通公司：我们的真正工作是解决问题；不惜一切为顾客服务；使我们的服务享誉世界；鼓励个人进取。

(6) 福特公司：人是力量的源泉；产品是我们努力的最终目的；利润是必要的工具和衡量我们成就的尺度；诚实与正直。

(7) 强生公司：公司存在的目的是"解除病痛"；我们把义务和责任分成等级：顾客第一，雇员第二，整个社会第三，股东第四；视贡献不同，个人机遇和所得报酬不同；权力下放＝创造力＝生产率。

(8) 摩托罗拉公司：本公司存在的目的是"光荣地为社会服务，以公平的价格提供高质量的产品和服务"；不断自我更新；开发"我们潜在的创造力"；不断改进公司各项工作——包括产品设计、质量和顾客满意程度；尊重每一位雇员的个性；诚实、正直、讲究职业道德。

(9) 索尼公司：享受有益于公众的技术进步、技术应用和技术革新带来的真正乐趣；弘扬日本文化，提高国家地位；做开拓者——不模仿别人，努力做看似不可能的事情；尊重和鼓励每个人的才能和创造力。

（三）领导者的价值观决定了企业文化的基调

企业家所塑造或设计的企业文化是企业的目标文化，它源于现实企业文化，又高于现实企业文化。培育这样一个企业文化的过程，是发扬现实企业文化中的适用部分，纠正现实企业文化中的不适用部分的过程，是微观文化的净化和更新的过程。在这个过程中塑造核心价值观是最为关键和基础的一步。

在塑造企业核心价值观的过程中，企业家始终居于领导地位。因此，企业家本人的价值趋向、理想追求、文化品位，对企业价值观的影响是决定性的。有人形象地说：企业价值观是企业家价值观的群体化。此话有些极端，但大体上是有道理的。事实上，企业主要领导者的价值观，的确可以决定企业文化的基调。小沃森对于IBM，杰克·韦尔奇对于GE，张瑞敏对于海尔，柳传志对于联想，都证明了这一点。

1980年，刚满45岁的杰克·韦尔奇正式接替琼斯，成为GE（通用电器公司）近百年历史中最为年轻的董事长兼首席执行官。他上任后最为重要的一大贡献就是重塑了GE的企业文化，他引入了"群策群力""没有界限"等价值观。他指出："毫无保留地发表意见"是通用电气公司企业文化的重要内容，每年有数万名职工参加"大家出主意"会议，员工坦陈己见。

杰克·韦尔奇还在GE实行"全员决策"制度，平时少有机会彼此交流的同事，坐在一起讨论工作。总公司鼓励各分部管理人员在集体讨论中做决策，不必事事上报，把问题推给上级。随着"全员决策"制度的实施，公司的官僚主义遭到了重创，更为重要的是，对员工产生了良好的心理影响，增强了他们对公司经营的参与意识，打破了旧有的观念和办事风格，促进了不同层次之间的交流，杰克·韦尔奇本人也经常深入一线了解情况。在公司中，所有人都直呼其名，员工亲切地叫他"杰克"。

在 GE,认同企业价值观被看成头等大事,甚至新员工参加培训后决定是否录用,主要就是看能否接受公司的价值观。对此,杰克·韦尔奇的观点就是:"如果你不能认同该价值观,那么你就不属于 GE。"在这一方面,许多知名企业的老总都有同样的感慨。HP(惠普公司)原总裁路易斯·普莱特说:"我花了大量的时间宣传价值观念,而不是制定公司发展战略,谈论价值观与单纯管理的效果是完全不同的。企业文化管理才是至关重要的一步。明确了这一点,其他事情就迎刃而解了。"

三、领导者的示范作用关系到企业文化建设的成败

人的行为大多数是通过模仿学来的,要想让员工表现出企业预期的行为,领导者的示范作用少不了。儒家强调人性关怀,所谓"己所不欲,勿施于人",如果领导者不以实际行动带头履行企业文化准则,员工会认为只要求他们没有道理,抵触情绪一旦产生,再好的企业文化设计也会搁浅。

企业家在企业文化建设中要起示范和表率作用。比如,衡电公司之所以能形成优秀的企业文化,一条重要的原因就是吕吉泽总经理的模范带头作用。新的企业文化的形成是一个学习的过程,在这一过程中,企业家的一言一行,都将被职工群众有意或无意地效仿,这时,其言行就不再只是个人的言行,而具有了示范性、引导性。

正如《成功之路》一书所说,企业家是"以身教而不是言教来向职工们直接灌输价值观"的,他们"坚持不懈地把自己的见解身体力行,化为行动,必须做到众所瞩目,尽人皆知才行",必须"躬亲实践他想要树立的那些价值观,堂而皇之、持之以恒地献身于这些价值观",这样,"价值观在职工中便可以扎根发芽了"。中国的儒家很早就提出了"知不若行"的观点,指的是一种实干精神,身为企业的领导者,既然已经设计了企业文化,达到了"知"的一步,何不体验一下"知行合一"的快乐呢?

需要注意的是,领导者如果进行的是错误示范,将对给企业文化带来巨大的灾难。1993 年,姬长孔来到秦池担任经营厂长,第二年,销售额突破 1 亿元。1995 年,姬长孔竞标中央电视台黄金标版成为第二届标王,当年销售额达 2.3 亿,第二年销售额猛增至 9.5 亿,被评为中国明星企业。姬长孔再次来到中央电视台招标会上,他也不曾想到这是他最后一次为秦池竞标。姬长孔以 3.212118 亿的天价夺得标王,比第二位竞标者高出 1 亿元。当记者问及这个数字是如何算出来的时,姬长孔回答:"这是我的手机号码。"这种决策模式的示范作用相当可怕,必然会给企业带来厄运。1998 年,秦池经营失败,姬长孔怅然离去。可谓"醉卧沙场君莫笑,古来征战几人回。"

通过无数成败企业的案例,我们也不难发现,企业领导者的言行对企业文化起着决定性的作用,正所谓"上梁不正下梁歪"。

孔子在《论语·子路》中说:"其身正,不令而行;其身不正,虽令不从。"

2001 年,《财富》杂志公布的美国 500 强中,零售业巨头沃尔玛以 2189 亿美元的销售收入位居榜首,这也是服务业公司首次居美国 500 强公司的榜首。2000 年排第一的埃克森美孚公司以 1915 亿美元的营业收入屈居第二。为什么在 2001 年美国经济不景气的大环境下,这个不被专家看好的"旧经济"的代表会成为美国的龙头企业呢?这与沃尔玛的创始人山姆·沃尔顿是分不开的。

山姆·沃尔顿出生于 1918 年,小时候家境不富裕使他养成了一种节俭的习惯,由己及人,

他把"低价销售、保证满意"作为企业经营宗旨,并写在了沃尔玛招牌的两边。为了实现这一宗旨,创业之初,山姆·沃尔顿就带领员工研究降低费用的最佳方法,把最初的30%的利润率,降到22%,而当时的竞争对手维持在45%左右。早在20世纪80年代,山姆·沃尔顿就直接向制造商订货,将采购成本降低了2~6%,并且采取统一配送策略,到2001年已经拥有了10万平方米的配送中心。这些成功举措来源于正确的经营理念的指导。山姆·沃尔顿始终珍视每一美元的价值,为顾客珍惜每一美元,他说:"我们的存在是为顾客提供价值,这意味着除了提供优质服务之外,我们还必须为他们省钱。如果我们愚蠢地浪费一美元,都将出自顾客的钱包。"

山姆·沃尔顿的节俭风格一直保持着,当他退休之后,这位亿万富翁依旧开着那辆旧货车,依旧光顾只要5美元的小理发店。在他的影响下,儿子罗伯逊和他一样节俭,在继任沃尔玛董事长之后,依然住在不起眼的老房子中。沃尔顿家族就是用这样的一种作风,经营着"沃尔玛帝国",这个家族中的5个人由于持有沃尔玛38%的股票,包揽了全球富豪榜的第六位到第十位。

沃尔玛的现任董事长,山姆·沃尔顿的儿子罗伯逊认为,沃尔玛取得成功,与独特的企业文化密不可分。在不同国家中,沃尔玛的店员会用不同的语言高喊"谁是第一?顾客",这是山姆·沃尔顿提出的口号,用它说明沃尔玛"让顾客满意"的经营目标,这是沃尔玛服务文化的核心内容。山姆还有句名言:"请对顾客露出你的八颗牙!"在山姆看来,这才称得上是"微笑服务"。他还教导员工,要在顾客走到离你十英尺时,温和地看着顾客的眼睛,鼓励他向你求助,这一条称之为"十英尺态度",成为员工的行为准则。正是这种企业文化,作为一股无形的力量,推动着这家拥有100万员工的巨型公司。

山姆·沃尔顿一直致力于"让商店保持轻松愉快的气氛",他在沃尔玛建立起了一种轻松、活跃的企业文化,并希望通过这种文化来激发员工的活力与激情。山姆·沃尔顿把每周的业务会定在星期六早晨7:30召开,他认为"星期六晨会是沃尔玛文化的核心"。在晨会上,主管人员和员工自由发表意见,他把星期六晨会作为"探讨和辩论经营思想和管理战略的地方。"如此重要的会议,却一直保持着愉快的形式,山姆·沃尔顿会安排一些娱乐来激发大家的兴趣。有一次,有人提出公司税前利润将超过8%时,山姆·沃尔顿表示不相信,于是打赌谁输了要在华尔街上跳草裙舞,结果山姆输了,他果真在华尔街上跳起了草裙舞,这一举动轰动全国,也使沃尔玛文化为大众所熟悉。1991年,因为山姆·沃尔顿卓越的企业家精神——创业精神、冒险精神和辛勤劳动,被布什总统授予"总统自由勋章",这是美国的最高荣誉。

四、领导者的观念创新推动企业文化的更新

由于企业的内外部环境在不断变化着,企业文化也不是静止的、永恒不变的,在必要的时候,也需要对企业文化进行变革,以适应新的形势。这种变革必须依靠企业家自上而下地进行,离开了企业家的领导,企业文化的发展就势必陷入一种混乱、无序的状态,新的良性的企业文化就不可能形成。

企业家只有不断提升自己的观念,才能创造出适合企业发展的企业文化。一个思想僵化和闭塞的企业家是无法缔造出优秀的企业文化的。

海尔文化的缔造者——张瑞敏,以他独有的思维构想出海尔的战略和企业文化,可谓中国企业家的成功代表。张瑞敏借鉴了老子《道德经》中的两个思想:其一是"无胜于有",天下万物生于有,有生于无。这个"无"在企业中就是企业文化;其二是柔胜于刚,重在转化。张瑞敏认为,美无关乎大小,真正的美是由小变大的过程。因此,他坚信,海尔的任何产品都可以被模仿,

唯独海尔文化是无法模仿的,它是一种哲学、一种品位、一种境界。

如上所述,张瑞敏从传统文化中,吸收思想营养,成为独具特色的海尔文化的历史源泉。张瑞敏还努力向世界著名跨国公司学习,洋为中用,这是海尔文化的又一思想源泉。张瑞敏借鉴松下的经验,打造了"敬业报国,追求卓越"的企业精神;他又从通用电气公司的企业文化中受到启发,提出了"零缺陷"的质量管理方针,等等。

创建于1986年的成都恩威集团,是由著名科技实业家、佛道高足薛永新先生抱着"服务社会,造福人类"的宗旨创建的,企业的经营理念是"愿众生幸福,社会吉祥"。从一家仅有几十名员工的小型乡镇化工企业开始,经过十四年的努力,发展为如今集科研、生产、贸易为一体,以制药为主体的高科技跨国集团企业。

薛永新总结几十年的经验,提出以"文化导向"来规范恩威公司的运作方式,他提出了恩威的企业远景,即:"建立世界最大的中草药研究中心、开发中心和第一流的中草药生产基地,实现跨国性的集团企业,立志以医学为先导,弘扬传统文化,劝救世界和平。"在这个远景的指导下,逐步形成了独特的恩威文化。

薛永新把恩威精神概括为:"清静无为,守中抱一",他认为有了"清静无为"的思想,才能从顾客角度出发,为顾客考虑,设计顾客需要的产品,而不是急于谋利,急于向社会索取。恩威开拓市场时,运用道家学说的"以无事取天下"。"无事"即不争,不把人力、物力、财力投到彼此的争斗中,而是要基于奉献。恩威从一开始的产品定位上,就选择了"无事"。薛永新曾说过,如果我们开发生产"洁尔阴"之前,市场上就已经有了相同产品的话,那我们就绝对不再生产。已经有了,我们又去搞,这就是争,就取不了市场。"以无事取天下"的道理,促使恩威从产品到市场一直采取"寻找空白"的战略,避开激烈的市场竞争。恩威公司创出的新产品"洁尔阴",为妇女带来了福音,"难言之隐,一洗了之",产品覆盖全国市场、远销海外。薛永新作为民营企业家,培育了独具特色的企业文化,关键在于他思想开放,兼收并蓄。他的新思路、新理念,都化作恩威文化的活水源头。

五、领导者素质的不断完善促进优秀企业文化的形成

在企业文化建设中,企业家要缔造出优秀的、高品位的文化,就要发挥好示范、表率作用,就需要具备企业家的优秀素质,包括完善先进的价值观、高尚的道德品质、创新精神、管理才能、决策水平、技术业务能力、人际关系能力,等等,尤其是要有良好的道德品质和深厚的文化底蕴。只有如此,企业家才会自觉地以身作则,才会真正信任、尊重职工,而不是凌驾于职工之上,把职工看成自己的工具;职工也才会敬重和支持企业家,心甘情愿地接受企业家的领导,并且自觉地以企业家为榜样,齐心协力建设企业文化。

孔子有一句名言:"为政以德,譬如北辰,居其所,而众星拱之。"讲的是领导者的品德和素质,应该成为部下的榜样,就像天上的北斗星,自然有凝聚力,"众星拱之"可以理解为部下对企业文化的认同。

领导者应该具备什么样的素质呢? 孙子兵法提出的"军人五德",值得借鉴。"军人五德"包括:智、信、仁、勇、严。

①智——指大智慧,高瞻远瞩,运筹帷幄,善于做出正确的决策;

②信——指大信用,诚实守信,正直可信,善于建立公共关系;

③仁——指大胸怀,海纳百川,仁者爱人,善于团结队伍、凝聚人心;

④勇——指大勇敢,挑战风险,当机立断,善于驾驭风浪、渡过难关;
⑤严——指大魄力,严谨务实,严格管理,善于统率指挥、夺取胜利。

中国的企业家和各类领导者,都可以把"五德"当作一面镜子,不断提高自己的素质,最终成为本单位的"北斗星"。也许,韩国三星的董事长李健熙的故事,对大家会有启迪。

1987年,45岁的李健熙继承父业,出任三星集团会长。5年后,他开始了对三星的重大改革,被称之为"三星新经营"。李健熙为三星确立的企业目标是"一定要成为世界超一流的企业,"并形成了"法兰克福宣言",其中第五条就是重塑三星形象,建立符合时代精神的三星企业文化:求实效而埋葬形式主义。1992年,李健熙成立了"精神文化研究部",全面梳理三星企业文化。1993年,李健熙将三星经营理念概括为"以人才和技术为基础创造最佳产品和服务,为人类社会做出贡献",将"三星精神"概括为:"与顾客共存,向世界挑战,创造出未来。"这被他的部下称为"三星的一场意识形态革命"。

从前的三星以事业报国为己任,常以占韩国GNP的5%而感到自豪。李健熙认为,以"天下第一"自居是可怕的,同时,目光不能只局限于国内。因此,取消了原来的"事业报国"的提法,取而代之的是"为人类社会做出贡献,与顾客共存"。李健熙以他广阔的胸襟、博大的气度,全球经营的眼光,指引三星走向国际。他还立下军令状,要在2000年进入世界十强之列,否则,自动告退。在李健熙坚定决心的感召下,三星集团向着成为世界级的大企业的目标快速前进。

六、企业领导与企业文化的匹配

在企业领导与企业文化相互作用的过程中,领导者既对企业文化产生能动作用,同时也接受企业文化的影响。在企业文化发展的不同阶段,领导者可以操控组织中的各种资源,塑造与其领导行为相适应的企业文化。从企业文化发展的不同阶段来看,领导与企业文化的关系呈现出不同的形态,可分为交易型和变革型两种。交易型领导有权宜奖励、积极的例外管理和消极的例外管理三种特征维度,变革型领导有德行垂范、领导魅力、愿景激励和个性化关怀四个维度。

变革型领导关心每一个下属,重视个人需要、能力和愿望,耐心细致地倾听,以及根据每一个下属的不同情况和需要区别性地培养与指导每一个下属。这时变革型领导就像教练和顾问一样,帮助员工在应付挑战的过程中成长。这一领导的特征是支持导向型文化、强调参与协作、以人为本、注重群体凝聚力以及个人成长,常采取口头的、非正式的方式沟通、交流并做出决策,鼓励员工表达对工作及他人的看法。

变革型领导是为下属提供清晰的、有感染力的,能对他们产生激励作用的目标和愿景,并领导和教育员工,培养一种具有创新性和成长性的文化,而不是使他们保持现有的标准,革新导向型文化强调在外部环境中搜集新的信息,强调创造、预测、试验以及对变革的开放性,常采取非正式的方式进行沟通,在管理上期望员工对工作及组织目标的认同和参与,这种企业文化特征与变革型领导的愿景激励具有高度的适配性。

规则导向型文化强调对权威的尊重、过程的合理性、工作分工及规范化,其组织结构具有等级特点,常采取自上而下的书面沟通方式。在交易型领导的领导下,组织通常会制定各种需要实现的经营目标,如财务目标的实现、忠诚度的提升、市场占有率的提高等,并根据任务的完成情况向员工提供相应的激励和奖励。交易型领导的有效工作依赖于完善的奖惩体系,更适应稳定的、规则化的文化环境,即规则导向文化,以保证其能够按照相关规定和程序来安排任务并相应给予奖励,这会直接导致组织员工对实现目标的关注,从而实现组织绩效目标。

目标导向型文化强调理性、目标管理、目标设置、信息选择、功能性绩效以及情境性报酬,其实质是在考虑外部环境的过程中,以一种合理的方式实现组织目标。这一文化特征与交易型领导的管理方式不谋而合,通过设置目标、情境性报酬来激励员工的行为,一般情况下不会对员工的行为加以干涉,使员工充分发挥其主观能动性,只有当员工出现困难或失误的情况下,领导者才会出面进行管理,保持员工目标与组织目标一致,从而实现组织任务。

从以上分析可以看出,企业文化的规则导向和目标导向型文化与交易型领导的特征维度适配性比较高;变革型领导、革新导向和支持导向型企业文化之间存在特征适配性。

本章小结

企业文化本身是一个不断改进,不断完善的过程,并不是说它们就是完美的了。如何建立有自身特色的、更有效的企业文化,值得我们去思考。

(1) 要选择适合自身企业的价值标准。具体领域不同,成立背景不同,企业文化的侧重点也应有所不同。这就需要企业立足于自身的具体特点,根据目的、环境、习惯和组成方式选择适合自身发展的文化模式;同时还要把握这个价值体系与其他文化要素之间的协调性,即企业核心价值观要体现企业的宗旨、管理战略和发展方向、是否反映员工的心态、被员工认可接纳等。

(2) 企业靠信誉生存,故而企业文化的核心在于塑造信誉。企业资本可分为两类:有形资本和无形资本。有形资本是指货币资本——"硬资本";无形资本是指政府的授信和公众的信任——"软资本"。这两类资本的主要作用都是维护企业的信誉。以银行为例,它是一个负债经营的实体,只要客户对其授信,它就可以正常运转;一旦客户丧失信心进行挤兑,它即使有雄厚的资本金也是远远不能支撑的。所以,资本金在一定程度上讲,起到的是一种宣示的作用。对企业而言,信誉比资本金实力更为重要。

(3) 企业文化的健康有效发展,离不开一个强有力的信用网络的支撑。本土的企业应当理顺与服务企业的关系,建立信用档案,帮助并督促企业树立信用观念。只有信用网络的保证,才能为企业开展业务创新提供强有力的支撑。而没有创新能力的企业也是没有竞争力的。所以,我们讨论企业文化问题,不应该仅仅是停留在企业自身内部去看,而应当将企业置于整个社会环境中去观察,去分析。

(4) 企业文化需要得到客户的认同和推广。企业文化不仅仅是企业创造出来,推广给客户就够了,还需要客户的认同及推动。文化的形成和发展,应该是企业和客户之间一个互动的过程。农业时代需要竞争的是劳动力,工业时代主要竞争的是生产工具和科学技术,而现代的信息时代,竞争的焦点则是认同感,相对过剩的信息,使注意力成为稀缺的资源。

复习思考题

(1) 中国企业文化建设的一般模式是什么?
(2) 领导与企业文化建设的关系是什么?

思考题解析

参考文献

[1] [美]埃德加·沙因.沙恩组织心理学[M].马红宇,王斌,译.北京:中国人民大学出版社,2009.
[2] 孙永正,等.管理学[M].北京:清华大学出版社,2007.
[3] 陈春花,曹洲涛,曾昊.企业文化[M].北京:机械工业出版社,2010.
[4] 袁勇志,等.组织行为学[M].2版.北京:经济管理出版社,2008.
[5] 陈春花,越曙明.高成长企业的组织与文化创新[M].北京:中信出版社,2004.
[6] [美]约翰·P·科特(John P. Kotter),詹姆斯·L·赫斯克特(James L. Heskett).企业文化与经营业绩[M].李晓涛,译.北京:中国人民大学出版社,2004.
[7] 埃德加·沙因.企业文化生存指南[M].郝继涛,译.北京:机械工业出版社,2004.
[8] 康晶,郑美群.管理学[M].长春:吉林人民出版社,2005.
[9] 史东明.核心能力论——构筑企业与产业的国际竞争力[M].北京:北京人民大学出版社,2002.
[10] 陈亭楠.现代企业文化[M].北京:企业管理出版社,2003.
[11] [美]小詹姆斯·H·唐纳利,等.管理学基础——智能·行为·模型[M].李柱流,等,译.北京:中国人民大学出版社,2005.
[12] 张尚仁.管理学与管理哲学[M].昆明:云南人民出版社,1987.
[13] 齐振海,袁贵仁.管理哲学[M].北京:中国社会科学出版社,1988.
[14] 杨文士,张燕.管理学原理[M].北京:中国人民大学出版社,2004.
[15] 卢现祥,朱巧玲.新制度经济学[M].北京:北京大学出版社,2007.
[16] 马璐.企业战略性绩效评价系统研究[M].北京:经济管理出版社,2004.
[17] 威译,朱秀君.经济博弈论[M].浙江:浙江大学出版社,2000.
[18] [美]斯蒂芬·P·罗宾斯.组织行为学精要[M].七版.北京:机械工业出版社出版,2003.
[19] 郭建志.组织文化研究之回顾与前瞻[J].应用心理学(中国台湾),2003(1).
[20] 刘光明.企业文化案例[M].北京:经济管理出版社,2007.
[21] 郑兴山.跨文化管理[M].北京:中国人民大学出版社,2010.
[22] 王超逸,马树林.最卓越的企业文化故事——软实力与企业文化力[M].北京:中国经济出版社,2009.
[23] 苗东升.系统科学精要[M].2版.北京:中国人民大学出版社,2006.
[24] 王璞.企业文化咨询实务[M].北京:中信出版社,2003.
[25] 张云初,王清.企业圣经[M].深圳:海天出版社,2003.
[26] 孙惠阳.构建中国特色的企业文化[J].商业经济,2006(1).
[27] 罗长海.企业文化学[M].北京:中国人民大学出版社,1999.
[28] 柯武刚,史漫飞.制度经济学——社会秩序与公共政策[M].北京:商务印书馆,2000.
[29] 张德.企业文化建设[M].北京:清华大学出版社,2009.